# 酒店管理

郭 琰　孙 靳　主编

东南大学出版社

## 内容摘要

本书结合我国酒店业的最新研究理论、酒店管理实务和酒店发展的最新动态,从酒店职业道德、酒店概述、酒店战略与组织管理、酒店业务管理、酒店服务与服务质量管理、酒店营销管理、酒店人力资源管理、酒店收益管理、酒店设备物资管理、酒店安全危机管理和酒店管理发展趋势十一个方面,系统论述了现代酒店管理的原理、内容、方法和实务。

本书把酒店管理的理论与实践有机结合在一起,突出了科学性、实用性、系统性和创新性的特点。本书既可作为应用型本科院校和高职本、专科院校酒店管理、旅游管理专业学生的学习教材,也可作为酒店行业继续教育和行业培训用书,还可以作为酒店管理和旅游管理专业教师和学生的参考书目。

### 图书在版编目(CIP)数据

酒店管理 / 郭琰,孙靳主编. — 南京:东南大学出版社,2022.8

互联网创新教材

ISBN 978-7-5766-0137-4

Ⅰ.①酒… Ⅱ.①郭… ②孙… Ⅲ.①饭店—商业企业管理—教材 Ⅳ.①F719.2

中国版本图书馆 CIP 数据核字(2022)第 098487 号

责任编辑:胡 炼　责任校对:子雪莲　封面设计:毕 真　责任印制:周荣虎

### 酒店管理

| | |
|---|---|
| 主　　编 | 郭 琰 孙 靳 |
| 出版发行 | 东南大学出版社 |
| 社　　址 | 南京四牌楼 2 号　邮编:210096　电话:025-83793330 |
| 网　　址 | http://www.seupress.com |
| 电子邮件 | huseu@21cn.com |
| 经　　销 | 全国各地新华书店 |
| 印　　刷 | 广东虎彩云印刷有限公司 |
| 开　　本 | 700mm×1000mm　1/16 |
| 印　　张 | 25.5 |
| 字　　数 | 268 千字 |
| 版　　次 | 2022 年 8 月第 1 版 |
| 印　　次 | 2022 年 8 月第 1 次印刷 |
| 书　　号 | ISBN 978-7-5766-0137-4 |
| 定　　价 | 68.00 元 |

本社图书若有印装质量问题,请直接与营销部调换。电话(传真):025-83791830

# 《酒店管理》编写人员名单

主 编

  郭 琰（郑州工程技术学院）

  孙 靳（河南信息统计职业学院）

副主编

  陈 萍（郑州工程技术学院）

  李裔辉（郑州升达经贸管理学院）

  芦 婧（郑州工程技术学院）

# 前　言

随着我国社会经济的不断发展和全面建成小康社会目标的实现，旅游业已成为社会经济发展的五大幸福产业之一，并位居五大幸福产业之首，成为现代人生活的重要组成部分。作为旅游业组成部分之一的酒店业，改革开放 40 多年来得到了突飞猛进的发展。近几年，随着我国供给侧结构性改革的深化，推动经济由高速增长向高质量发展转变，也带动人民群众生活水平的提高。随着国际、国内贸易的发展，商务与贸易活动日益频繁，带来商务、会议等消费活动越来越多，这些都给包括酒店业在内的第三产业的发展注入了活力。据相关部门监测，旅游业消费需求总的来看依然呈上升趋势。酒店业的入住率和平均房价都出现了增长。在酒店业快速发展的同时，我们也看到国外酒店集团大举进入中国市场，对中国酒店业带来了一定影响；我国酒店业与国际酒店业在经营理念、管理水平、品牌建设、营销能力和服务质量方面还存在一定差距；我国酒店业在发展过程中仍面临不少机遇和挑战。

提高我国酒店业的国际竞争力，人才是关键。本着不断提高酒店管理专业和旅游管理专业的教育教学水平，不断提高我国酒店从业人员素质和专业能力的指导思想，在新时代、新环境和新挑战下，参考国内外学者的相关研究成果和相关资料，我们修订了《酒店管理》这本教材，期望能对酒店管理专业和旅游管理专业的学生和酒店从业人员提供科学、系统的酒店管理理论，酒店管理实务和最新的酒店业发展动态和相关信息。

"酒店管理"是高等院校酒店管理专业和旅游管理专业学生必修的一门专业核心课程。本书从酒店职业道德、酒店概述、酒店战略与组织管理、酒店业务管理、酒店服务与服务质量管理、酒店营销管理、酒店人力资源管理、酒店收益管理、酒店设备物资管理、酒店安全危机管理和酒店管理发展趋势等方面进行了全面、深入、细致的阐述。

概括来说，本书具有以下四个方面的特点：

第一,时代性。本书围绕落实高校立德树人这一根本任务,把培养酒店从业人员的思想道德与酒店业务理论的学习相结合,教材每一章对学生的思想培养都提出了具体目标和要求。结合新时代酒店行业的特点和00后大学生思想、心理特点,专门编写了"酒店职业道德"一章。此外,把社会主义核心价值观等课程思政元素嵌入教材内容,帮助学生在学习过程中坚定中国特色社会主义道路自信、理论自信、制度自信和文化自信,把爱国情、报国志融入理想信念、专业知识学习和职业规划中。

第二,实用性。本书以酒店管理的理论为基础,结合当前我国酒店业发展的实际,做到了酒店理论与酒店业务的有机结合。结合讲授的内容,每章配有案例和相关习题,便于读者对专业知识、能力和技能的学习和掌握。课堂讨论和课后实践与训练,重点考察读者对本章知识点和能力要求的掌握情况,体现了操作性强和实用性强的特点。

第三,适用性。本书既可作为应用型本科院校和高职本、专科院校酒店管理、旅游管理专业学生的学习教材,还可以作为酒店管理专业和旅游管理专业教师和学生的参考资料。同时,也可作为酒店行业继续教育和行业培训用书,对酒店从业人员系统学习专业理论知识、进行岗位业务能力培训具有一定的参考价值。

第四,编写体例新颖。本书内容全面、深入,信息量大,体例新颖。为便于读者学习、理解应该掌握、熟悉和了解的专业知识,每章前面明确了读者本章学习应掌握的思想、知识和能力目标;每章前面的导入案例提出的问题,有助于调动学习的积极性;每章后面还附有典型案例、本章小结、类型多样的实践与训练题,供读者学习、练习和实践。

本书由郭琰教授总策划,编写组集体讨论了编写大纲。具体分工如下:

郭　琰(郑州工程技术学院)编写第二章;

孙　靳(河南信息统计职业学院)编写第八章;

陈　萍(郑州工程技术学院)编写第四章、第五章和第十章;

李裔辉(郑州升达经贸管理学院)编写第一章、第六章和第九章;

芦　婧(郑州工程技术学院)编写第三章、第七章和第十一章;

全书最后由郭琰教授统稿、定稿。

本书在编写过程中参考和引用了一些专家的研究成果和相关资料,在此,谨向这些文献的作者致以最诚挚的感谢。书中案例因教学需要,来自互联网,均已注明出处。

部分没有注明的,均不是作者故意漏写,如有问题,请联系作者。同时也由衷感谢东南大学出版社予以的大力支持。参加本书编写的老师虽长期从事"酒店管理"课程的教学,有一定的专业功底和丰富的教学经验,但一些作者缺少在酒店业工作的实际经验,因此书中可能存在一些疏漏、欠缺之处,真诚希望能得到各位专家、同行和读者的批评、指正,以便于今后的完善。

编 者

2021 年 12 月

# 目　录

◎ **第一章　酒店职业道德** ·················································· 01
　◎ 第一单元　任务导入 ·················································· 04
　　◎ 项目一　我要成为 ·················································· 04
　　◎ 项目二　什么样的人适合做酒店管理工作？ ········· 05
　◎ 第二单元　背景知识 ·················································· 07
　　◎ 第一节　酒店职业道德基本内涵 ··························· 07
　　◎ 第二节　酒店职业经理人道德要求 ······················· 09
　◎ 第三单元　实践与训练 ·············································· 14
　　◎ 第一部分　课堂讨论 ················································ 14
　　◎ 第二部分　课外练习 ················································ 14
　　◎ 第三部分　案例分析 ················································ 15

◎ **第二章　酒店概述** ························································ 16
　◎ 第一单元　任务导入 ·················································· 19
　　◎ 项目一　我的视野看酒店 ······································· 19
　　◎ 项目二　主题酒店的设计 ······································· 20
　◎ 第二单元　背景知识 ·················································· 22
　　◎ 第一节　酒店的基本概念与内涵 ··························· 22
　　◎ 第二节　酒店产品概念与特点 ······························· 24
　　◎ 第三节　酒店分类与等级 ······································· 28
　　◎ 第四节　现代酒店新业态 ······································· 37
　◎ 第三单元　实践与训练 ·············································· 61
　　◎ 第一部分　课堂讨论 ················································ 61

◎第二部分 课外练习 …… 61
◎第三部分 案例分析 …… 63

## ◎第三章 酒店战略与组织管理 …… 65

### ◎第一单元 任务导入 …… 67
◎项目一 发现新的酒店岗位 …… 67
◎项目二 酒店的非正式组织 …… 68

### ◎第二单元 背景知识 …… 70
◎第一节 酒店战略管理概述 …… 70
◎第二节 酒店业务战略选择 …… 74
◎第三节 酒店组织管理概述 …… 80
◎第四节 酒店组织制度与创新 …… 85

### ◎第三单元 实践与训练 …… 96
◎第一部分 课堂讨论 …… 96
◎第二部分 课外练习 …… 96
◎第三部分 案例分析 …… 97

## ◎第四章 酒店业务管理 …… 99

### ◎第一单元 任务导入 …… 101
◎项目一 酒店客房个性化服务调查 …… 101
◎项目二 高星级酒店康乐部发展现状分析 …… 102

### ◎第二单元 背景知识 …… 104
◎第一节 酒店前厅管理 …… 104
◎第二节 酒店客房管理 …… 111
◎第三节 酒店餐饮管理 …… 119
◎第四节 酒店康乐管理 …… 124
◎第五节 酒店会议服务与管理 …… 134

### ◎第三单元 实践与训练 …… 141
◎第一部分 课堂讨论 …… 141
◎第二部分 课外训练 …… 141
◎第三部分 案例分析 …… 142

## 第五章　酒店服务与服务质量管理 …… 144

### 第一单元　任务导入 …… 146
- 项目一　探寻酒店服务的真谛 …… 146
- 项目二　酒店服务质量评价 …… 147

### 第二单元　背景知识 …… 149
- 第一节　酒店服务管理 …… 149
- 第二节　酒店服务质量管理 …… 160

### 第三单元　实践与训练 …… 181
- 第一部分　课堂讨论 …… 181
- 第二部分　课外练习 …… 181
- 第三部分　案例分析 …… 183

## 第六章　酒店营销管理 …… 185

### 第一单元　任务导入 …… 188
- 项目一　设计酒店客人消费调查问卷 …… 188
- 项目二　策划酒店"美食节"营销活动 …… 189

### 第二单元　背景知识 …… 191
- 第一节　酒店营销概述 …… 191
- 第二节　酒店营销管理 …… 193
- 第三节　酒店营销策略 …… 204
- 第四节　酒店营销新理念 …… 212

### 第三单元　实践与训练 …… 227
- 第一部分　课堂讨论 …… 227
- 第二部分　课外练习 …… 227
- 第三部分　案例分析 …… 229

## 第七章　酒店人力资源管理 …… 232

### 第一单元　任务导入 …… 234
- 项目一　我的简历 …… 234
- 项目二　"面试官的一天"调研项目 …… 235

## ◎第二单元　背景知识 ⋯⋯⋯⋯⋯⋯⋯⋯⋯⋯⋯⋯⋯⋯⋯⋯⋯⋯⋯⋯ 237
### ◎第一节　酒店人力资源概述 ⋯⋯⋯⋯⋯⋯⋯⋯⋯⋯⋯⋯⋯⋯ 237
### ◎第二节　酒店人力资源管理内容 ⋯⋯⋯⋯⋯⋯⋯⋯⋯⋯⋯⋯ 239
### ◎第三节　酒店人力资源管理激励 ⋯⋯⋯⋯⋯⋯⋯⋯⋯⋯⋯⋯ 255
### ◎第四节　酒店职业经理人的发展 ⋯⋯⋯⋯⋯⋯⋯⋯⋯⋯⋯⋯ 260
## ◎第三单元　实践与训练 ⋯⋯⋯⋯⋯⋯⋯⋯⋯⋯⋯⋯⋯⋯⋯⋯⋯⋯ 266
### ◎第一部分　课堂讨论 ⋯⋯⋯⋯⋯⋯⋯⋯⋯⋯⋯⋯⋯⋯⋯⋯ 266
### ◎第二部分　课外练习 ⋯⋯⋯⋯⋯⋯⋯⋯⋯⋯⋯⋯⋯⋯⋯⋯ 266
### ◎第三部分　案例分析 ⋯⋯⋯⋯⋯⋯⋯⋯⋯⋯⋯⋯⋯⋯⋯⋯ 267

# ◎第八章　酒店收益管理 ⋯⋯⋯⋯⋯⋯⋯⋯⋯⋯⋯⋯⋯⋯⋯⋯⋯⋯⋯⋯ 270
## ◎第一单元　任务导入 ⋯⋯⋯⋯⋯⋯⋯⋯⋯⋯⋯⋯⋯⋯⋯⋯⋯⋯⋯⋯ 272
### ◎项目一　酒店收益管理情况调查 ⋯⋯⋯⋯⋯⋯⋯⋯⋯⋯⋯⋯ 272
### ◎项目二　收集了解酒店收益软件 ⋯⋯⋯⋯⋯⋯⋯⋯⋯⋯⋯⋯ 273
## ◎第二单元　背景知识 ⋯⋯⋯⋯⋯⋯⋯⋯⋯⋯⋯⋯⋯⋯⋯⋯⋯⋯⋯⋯ 276
### ◎第一节　酒店收益管理概念及内涵 ⋯⋯⋯⋯⋯⋯⋯⋯⋯⋯⋯ 276
### ◎第二节　衡量酒店收益绩效的指标 ⋯⋯⋯⋯⋯⋯⋯⋯⋯⋯⋯ 278
### ◎第三节　酒店收益管理实战技巧 ⋯⋯⋯⋯⋯⋯⋯⋯⋯⋯⋯⋯ 281
### ◎第四节　酒店收益管理工作的保障 ⋯⋯⋯⋯⋯⋯⋯⋯⋯⋯⋯ 296
## ◎第三单元　实践与训练 ⋯⋯⋯⋯⋯⋯⋯⋯⋯⋯⋯⋯⋯⋯⋯⋯⋯⋯ 301
### ◎第一部分　课堂讨论 ⋯⋯⋯⋯⋯⋯⋯⋯⋯⋯⋯⋯⋯⋯⋯⋯ 301
### ◎第二部分　课外练习 ⋯⋯⋯⋯⋯⋯⋯⋯⋯⋯⋯⋯⋯⋯⋯⋯ 301
### ◎第三部分　案例分析 ⋯⋯⋯⋯⋯⋯⋯⋯⋯⋯⋯⋯⋯⋯⋯⋯ 302

# ◎第九章　酒店设备物资管理 ⋯⋯⋯⋯⋯⋯⋯⋯⋯⋯⋯⋯⋯⋯⋯⋯⋯ 304
## ◎第一单元　任务导入 ⋯⋯⋯⋯⋯⋯⋯⋯⋯⋯⋯⋯⋯⋯⋯⋯⋯⋯⋯⋯ 307
### ◎项目一　探索绿色酒店 ⋯⋯⋯⋯⋯⋯⋯⋯⋯⋯⋯⋯⋯⋯⋯⋯ 307
### ◎项目二　当前酒店应用的新技术有哪些？ ⋯⋯⋯⋯⋯⋯⋯⋯ 308
## ◎第二单元　背景知识 ⋯⋯⋯⋯⋯⋯⋯⋯⋯⋯⋯⋯⋯⋯⋯⋯⋯⋯⋯⋯ 310
### ◎第一节　酒店设备概述 ⋯⋯⋯⋯⋯⋯⋯⋯⋯⋯⋯⋯⋯⋯⋯⋯ 310
### ◎第二节　酒店物资概述 ⋯⋯⋯⋯⋯⋯⋯⋯⋯⋯⋯⋯⋯⋯⋯⋯ 316
### ◎第三节　酒店节能技术应用 ⋯⋯⋯⋯⋯⋯⋯⋯⋯⋯⋯⋯⋯⋯ 320

- ◎ 第三单元　实践与训练 …… 327
  - ◎ 第一部分　课堂讨论 …… 327
  - ◎ 第二部分　课外练习 …… 327
  - ◎ 第三部分　案例分析 …… 329

## ◎ 第十章　酒店安全危机管理 …… 332

- ◎ 第一单元　任务导入 …… 334
  - ◎ 项目一　酒店安全管理知多少？…… 334
  - ◎ 项目二　酒店卫生乱象之安全危机处理 …… 335
- ◎ 第二单元　背景知识 …… 337
  - ◎ 第一节　酒店安全管理概述 …… 337
  - ◎ 第二节　酒店安全管理计划 …… 344
  - ◎ 第三节　酒店安全危机处理 …… 349
- ◎ 第三单元　实践与训练 …… 354
  - ◎ 第一部分　课堂讨论 …… 354
  - ◎ 第二部分　课外练习 …… 354
  - ◎ 第三部分　案例分析 …… 355

## ◎ 第十一章　酒店业发展趋势 …… 357

- ◎ 第一单元　任务导入 …… 359
  - ◎ 项目一　我身边的共享经济 …… 359
  - ◎ 项目二　"5G 技术在酒店中的应用"调研 …… 360
- ◎ 第二单元　背景知识 …… 362
  - ◎ 第一节　现代酒店业的集团化 …… 362
  - ◎ 第二节　现代酒店业的品牌化 …… 371
  - ◎ 第三节　酒店业的共享经济 …… 375
  - ◎ 第四节　酒店大数据应用 …… 379
- ◎ 第三单元　实践与训练 …… 387
  - ◎ 第一部分　课堂讨论 …… 387
  - ◎ 第二部分　课外练习 …… 387
  - ◎ 第三部分　案例分析 …… 389

## ◎ 参考资料 …… 391

# 第一章 酒店职业道德

## 学习目标

◆ 思想目标

（1）树立正确的酒店职业道德观,培养爱岗敬业、勤劳朴实的工作作风；

（2）能够从我国社会主义核心价值观出发,结合酒店管理与服务的实际岗位要求,积极践行酒店职业道德标准。

◆ 知识目标

（1）掌握酒店职业道德的含义；

（2）掌握酒店职业道德的特点；

（3）熟悉酒店职业道德的主要范畴；

（4）了解酒店职业经理人的职业道德要求。

◆ 能力目标

（1）能够分辨酒店职业道德标准；

（2）能够以酒店职业经理人的道德标准要求自己。

 导入案例

### 买机票、订酒店被"大数据杀熟"？ 文旅部出手整治

中国在线旅游市场快速增长,在线旅游企业和平台的数量不断增多,在方便公众出游的同时也促进了旅游消费,但也有一些在线旅游经营者损害消费者权益,给行业带来负面影响。为规范市场秩序,文化和旅游部印发《在线旅游经营服务管理暂行规定》(下称《规定》),并于2020年10月1日起正式施行。

一、"被大数据狠狠'宰'了一刀"

随着在线旅游平台的普及,"机票价格越搜越贵、酒店起价越看越高"已经不

是新鲜事,"大数据杀熟"也成为消费者普遍热议的话题。2019年暑期,家住北京的周女士准备带家人到海南旅行。为节省开支,周女士提前一个月就开始通过某在线旅游平台关注航班动态和价格信息。而令她没想到的是,自己的精心策划竟然被平台大数据"盯"上了。"机票第一次搜是一个价格,过一段时间再搜价格就涨了。"周女士向记者表示,最后订单票价比初次搜索票价高了近1 000元,朋友在同一天订到的同航班价格也比自己低了几百元。即使考虑机票余量导致价格变动,自己"显然也是被大数据狠狠'宰'了一刀"。

针对"大数据杀熟"等违规利用用户数据信息的问题,此次出台的《规定》提出明确要求,规定在线旅游经营者不得滥用大数据分析等技术手段,基于旅游者消费记录、旅游偏好等设置不公平的交易条件;在收集旅游者信息时,经营者必须事先明示收集旅游者个人信息的目的、方式和范围,并经旅游者同意。

"将'大数据杀熟'等行业积弊纳入监管,对保障游客消费权益,促进旅游业高质量发展有深远意义。"马蜂窝旅游研究中心负责人表示,利用行业信息壁垒进行"大数据杀熟"不仅侵犯消费者合法权益,也对市场竞争秩序造成了巨大冲击。《规定》的出台将有利于从根本上遏制这样的违法违规行为,为品质好、服务好的旅游产品提供更多市场空间。

## 二、不得擅自屏蔽、删除"差评"

除"大数据杀熟"之外,不少在线旅游平台之间为争夺客源进行恶性竞争,不合理低价游、诱导评价和擅自删除差评、退订扣费高和退款不及时等问题频频爆出,消费者合法权益遭到严重侵害。为了规范在线旅游平台的经营行为,《规定》明确了在线旅游经营者应当提供真实、准确的旅游服务信息,不得进行虚假宣传;旅游者的评价应保存并向社会公开,平台不得擅自屏蔽、删除旅游者对其产品和服务的评价,不得误导、引诱、替代或者强制旅游者进行评价,保障旅游者的正当评价权。

"对不合理低价游、评价权保障等热点问题纳入监管,既体现了行业监管的刚性,也保持了一定的开放性。"黑龙江省牡丹江市文旅局相关负责人介绍,《规定》对法规适用范围和主体作出具体说明,要求在线旅游经营者必须接受与线下相同的行业监管,进一步夯实了平台的企业主体责任。

与此同时,《规定》的出台也对旅游主管部门监管工作提出了更高要求。要求旅游管理部门建立全面的旅游大数据管理体系,提高旅游舆情监测管理能力,对旅游企业、景点相关的新闻报道和行业信息加强收集、分析和处理,主动引导形成有利于旅游业发展的舆论环境。

《规定》出台后,旅游主管部门服务监管平台与在线旅游平台之间将实现数据连通。在"政府管平台,平台管供应商"的基本思路下,相关部门须进一步拓宽大数据的获取,建立覆盖主管部门、在线旅游企业、景区及游客等多层次旅游大数据体系,以数据为抓手对在线旅游消费实施全程监督。

### 三、帮助在线旅游行业走出困境

在对全行业提出严格要求的同时,《规定》的出台也为在线旅游经营者送来诸多政策红利。"在疫情的冲击下,仅靠在线旅游行业龙头'输血自救'恐难以为继。"北京第二外国语学院文化和旅游政策法规中心副主任表示,此次出台的《规定》要求各级文化和旅游主管部门积极协调相关部门在财政、税收、金融、保险等方面助力全面复工复产,帮助在线旅游行业走出困境。

《规定》还提出,各级文化和旅游主管部门要鼓励在线旅游经营者利用平台和技术优势,充分发挥其在旅游目的地推广、旅游公共服务体系建设、旅游大数据应用、景区门票预约和流量控制等方面的积极作用,推动旅游业高质量发展。

"作为旅游数字新基建的重要参与者,我们非常需要国家政策的支持。"同程研究院首席研究员程超功认为,相关政策一方面为在线旅游平台持续创新提供政策保证,同时还有助于平台发挥在大数据应用等方面的核心优势,推动整个旅游产业实现数字化转型。

《规定》的出台将有助于提升在线旅游行业的整体形象,增强消费者的信任感和好感度。有业内人士指出,规范化的平台将促进在线旅游的快速推广,尤其是向二三线城市及中老年消费者群体扩展,为更多消费者提供丰富便捷、个性化的旅游服务体验。

资料来源:天眼新闻 2020-9-11

# 第一单元 任务导入

## 项目一 我要成为……

### 一、下达项目学习任务书

通过课程教材学习、查找图书馆相关资料、网络资源和实地考察等形式,对酒店从业人员的基本职业道德有初步认知。通过本章的学习,学生以小组为单位,以"我要成为……"为主题,借助PPT的形式进行演讲,表达对酒店从业人员的基本认识和看法。学习任务书见表1-1。

▼ 表1-1 学习任务书

| 项目名称 | 我要成为…… |
| --- | --- |
| 项目训练形式 | 主题演讲(以小组为单位、借助PPT) |
| 项目能力分解 | 观察能力、思维能力、沟通能力、基本职业道德素养等 |
| 项目评价 | 教师和其他小组现场提问 |

### 二、项目准备

**1. 调查访问**

同学通过分组以网络、实地、电话等形式,选取酒店高、中、基层各类从业人员进行访谈,获取其对酒店人员职业道德的认识。

**2. 资源利用**

结合本章所学酒店职业道德相关知识要求,搜集整理酒店经典案例,特别是能够整理搜集有关职业素养、酒店职业道德等相关案例。了解酒店从业人员在酒店经营、对客服务中如何践行良好的职业道德。

### 三、项目学习目标

1. 把握酒店职业道德的一般标准;
2. 通过项目小组合作研究,提高自学能力、资源搜集能力、调研能力和信息分析能力等；

3. 通过酒店职业道德标准的学习，规范自身的行为，优化自身在学习、生活和工作方面的言行。

### 四、项目学习情况评价

1. 对酒店职业道德标准的掌握精准程度；
2. 小组成员合作分工完成情况；
3. 成员项目成果展示完整性、准确性和针对性。项目活动评分表见表1-2。

▼ 表1-2 "我要成为……"项目活动评分表

| 项目名称 | 我要成为…… |
| --- | --- |
| 材料准备（15分） | |
| 内容（30分） | |
| PPT（10分） | |
| 语言表达（15分） | |
| 团队合作（10分） | |
| 回答问题（20分） | |
| 合　计 | |

## 项目二　什么样的人适合做酒店管理工作？

### 一、下达项目学习任务书

通过调查、访谈、网络沟通的形式，了解当前酒店职业经理人的基本能力、素养、道德要求。学生以在职优秀的酒店职业经理人为学习对象，分小组探讨"什么样的人适合做酒店管理工作？"。学习任务书见表1-3。

▼ 表1-3　学习任务书

| 项目名称 | 什么样的人适合做酒店管理工作 |
| --- | --- |
| 项目训练形式 | 酒店职业经理人道德、素质、能力构成汇报（以小组为单位、借助PPT） |
| 项目能力分解 | 学习能力、调研能力、归纳总结能力、酒店规范管理能力、酒店服务能力 |
| 项目评价 | 教师和其他小组现场提问 |

## 二、项目准备

**1. 调查访问**

同学通过分组以网络、实地、电话等形式,与酒店职业经理人进行访谈,获取其对酒店从业人员基本能力、素养、道德标准的要求。

**2. 资源利用**

结合本章关于酒店职业道德、素质和能力等结构组成,让学生整理有关酒店职业道德素养方面的经典案例,并通过对酒店职业经理人成长历程的了解,总结职业道德素养在工作中的作用以及提升的有效方法。

## 三、项目学习目标

1. 使学生掌握酒店职业经理人的基本能力、素养和道德标准要求;
2. 通过项目小组合作研究,提高自学能力、资源搜集能力、调研能力和信息分析能力等;
3. 制订酒店职业经理人成长计划,并制订本人在学校的学习方案。

## 四、项目学习情况评价

1. 对酒店职业经理人要求的掌握精准程度;
2. 小组成员合作分工完成情况;
3. 成员项目成果展示完整性、准确性和针对性。项目活动表见表1-4。

▼表1-4 "什么样的人适合做酒店管理工作"项目活动评分表

| 项目名称 | 什么样的人适合做酒店管理工作 |
| --- | --- |
| 材料准备(15分) | |
| 内容(30分) | |
| PPT(10分) | |
| 语言表达(15分) | |
| 团队合作(10分) | |
| 回答问题(20分) | |
| 合计 | |

# 第二单元　背景知识

## 第一节　酒店职业道德基本内涵

### 一、酒店职业道德的含义

在西方古代文化中,"道德"(Morality)一词起源于拉丁语的"Mores",原意为"风俗和习惯"。道德在汉语中最早可追溯到先秦思想家老子所著的《道德经》。道德是人们在长期共同的生活中逐渐积累并形成的意识、准则与规范,是一种社会意识形态,往往代表着所处社会的价值取向,起着判断行为正当与否的作用。不同的社会阶段和文化环境中往往有着不同的道德规范,随着时代与社会文化的发展,道德所包含的元素及其先后顺序、所持的道德标准都会发生相应的变化,也就是说没有哪一种道德是永恒不变的。

酒店职业道德就是酒店经营者在职业活动中形成的并符合所从事的酒店职业特点要求的道德意识、道德规范与道德品质的总和。酒店职业道德的形成离不开酒店职业活动的开展,是一般社会道德在酒店经营、管理和服务中的具体体现。酒店职业道德既包括员工在酒店生产经营活动中的行为要求,同时也包含酒店行为应对社会担负的道德责任和义务。酒店职业道德源于酒店职业活动,体现了对理想酒店职业行为的期望,对酒店职业活动的开展具有一定的约束力。

### 二、酒店职业道德的特点

1. 职业性

职业道德的内容与职业实践活动密切相关,酒店职业道德就是对酒店业从业人员职业行为的道德要求,同时能对酒店从业人员的职业行为起到规范的作用。

2. 实践性

酒店职业道德的形成来源于酒店行业的实践活动,是对酒店行业具体职业活动的道德要求的具体体现,并以此为基础形成了酒店行业职业活动所特有的道德规范与道德品质。

### 3. 传承性

酒店经营与管理活动中这种特定的道德规范与道德品质具有一定的历史继承性，如微笑服务、细心周到、服务的标准流程与规范等就体现了这一特点。

### 4. 多元性

酒店职业道德受到多元因素的影响。根据时代发展的背景，宾客需求的变化，以及酒店资源和产品的不断革新，酒店职业道德的内涵更加深刻，形式更加多元，内容更加丰富。如在电子商务和大数据背景下，对于消费者隐私的保护就是对酒店职业道德提出的新要求。

### 5. 规范性

酒店职业道德是酒店人员的行为准则，进而体现出酒店职业活动规范性、严肃性的特点。虽然职业道德主要是通过酒店文化、员工自律、共同的价值观来发挥作用，但有时也会以制度、章程或守则等形式出现，形成对酒店员工行为稳定的约束力，具有一定的规范性。

## 三、酒店职业道德的主要范畴

### 1. 职业认识

不断认识和理解酒店行业的特殊性和重要性，明确酒店服务的对象、目标以及自己在酒店工作中应该承担的责任和义务，以提高自己热爱本职工作的自觉性。

### 2. 职业感情

职业感情是在对职业有所认识的基础上，有意识地从点点滴滴的工作中寻找乐趣，培养自己对酒店职业的感情，并以酒店职业为自豪。

### 3. 职业意志

即要求从业人员在工作中能够妥善解决和克服所遇到的矛盾和困难，处理好各种人际关系，坚持为客人提供优质服务，这需要员工具备坚强的意志。

### 4. 职业信念

要求从业人员乐于从事此项工作，为此感到自豪，并把它当作自己一生的事业去努力。

### 5. 行为习惯

酒店从业人员还应有意识地通过反复实践，使自己养成良好的职业行为习惯。良好行为习惯的养成通常意味着一位真正合格的酒店业从业人员的诞生。

### 四、酒店职业道德的作用

**1. 提高酒店从业人员的素质**

行业的竞争，根本上就是人才的竞争。酒店的发展同样需要一支具有良好素质的专业化员工队伍，而员工素质的提高很大程度上取决于酒店对员工职业道德的教育和对员工品质的培养。

**2. 提高酒店的经济效益和社会效益**

酒店是个整体，各岗位工作既相互联系又相互影响，每一位员工工作的好坏都将影响客人对酒店的评价，最终影响酒店的经济效益和社会效益。

**3. 有利于推动良好社会风气的形成**

酒店业通常是一个国家、一个城市的缩影，从中可以看到社会风气的状况，反过来它又影响着社会风气。

【拓展阅读，扫码学习】：践行民族企业担当，勇担社会责任——锦江都城酒店站在抗疫最前线）

## 第二节 酒店职业经理人道德要求

酒店职业道德的基本原则是酒店从业人员在进行各项职业活动时应遵守的最基本的行为规范和准则，是进行酒店职业活动总的指导思想。

### 一、酒店职业经理人职业道德观念

**1. 组织纪律观念**

（1）酒店业是旅游业的一个重要组成部分，每天接待着形形色色的客人。客人构成的多样性和复杂性，使得酒店管理部门在实施服务过程中必须通过严格的组织纪律来约束员工的言行，使之符合酒店的规范和国家的利益。

（2）严格的组织纪律观念是做好酒店服务工作的保证。它可以约束每一个酒店从业人员，使其行动与整体的活动相互统一和协调，以发挥酒店整体的力量。

（3）酒店业属于劳动密集型行业，人员众多，层次不一。为使众多的具有不同素质的员工按规范要求进行工作，必须要有严格的组织纪律来进行约束和保证。酒店从业人员应具有严格的组织纪律观念，自觉遵守酒店的各项规章制度和员工守则，培养自己严于职守的工作作风和自觉的服从意识。

**2. 团结协作精神**

（1）认识到共同目标的实现，需要每一位员工的努力和相互支持。

（2）学习相关技能，在酒店需要时可以迅速补位。

（3）互帮互助，发扬团队精神和协作精神。

（4）勇于承担责任，养成严于律己、宽以待人的高尚品质。

**3. 爱护公物品德**

（1）加强工作责任心。

（2）应认真了解各种设备物品的特性和使用注意事项，并严格按操作规程开展工作。

（3）应养成勤俭节约的良好习惯。

**4. 集体主义原则**

（1）划清个人利益和个人主义的界限。

（2）划清集体主义和小团体主义、本位主义的界限。

（3）划清个人努力和个人奋斗的界限。

## 二、酒店职业经理人的道德要求

1. 热爱本职工作：敬业、乐业、勤业、创业、护业。

2. 提供令宾客满意的服务。

（1）培养服务之心——"主动、热情、耐心、周到"。

（2）提高服务质量，做到文明礼貌、优质服务。

（3）强化工作责任感。

## 三、酒店职业经理人的道德规范

**1. 热情友好，宾客至上**

树立"热情友好，宾客至上"的服务意识。在日常服务工作中，时时处处坚持履行这一道德规范。在接待 VIP 客人时,要特别认真地履行这一道德规范。在遇到困难和不顺利的时候,尤其要注意坚持这一道德规范。

**2. 真诚公道,信誉第一**

广告宣传,实事求是。按质论价,收费合理。诚实可靠,拾金不昧。诚挚待客,知错就改。

**3. 文明礼貌,优质服务**

真诚待人,尊重他人。仪表整洁,举止大方。语言优美,谈吐文雅。微笑服务,礼貌待客。环境优美,食品卫生。

**4. 不卑不亢,一视同仁**

谦虚谨慎,但不妄自菲薄。学习先进,但不盲目崇拜。热爱祖国,但不妄自尊大。既要做到"六个一样",还要做到"六个照顾"。

"六个一样"即:① 对高消费客人和低消费客人一样看待;② 对国内客人和境外客人一样看待;③ 对华人客人(包括华侨、外籍华人和港澳台客人)和外国客人一样看待;④ 对东方客人和西方客人一样看待;⑤ 对不同种族客人一样看待;⑥ 对新来的客人和老客人一样看待。

"六个照顾"即:① 照顾先来的客人;② 照顾外宾和华侨、华裔和港澳台客人;③ 照顾贵宾和高消费客人;④ 照顾少数民族客人;⑤ 照顾长住客人和老客人;⑥ 照顾妇女、儿童和老弱病残客人。

**5. 团结协作,顾全大局**

互相尊重,互相合作、互相学习、取长补短。

**6. 遵纪守法,廉洁奉公**

自觉遵守酒店职业纪律。严格执行国家政策法令。廉洁奉公,自觉抵制各种不正之风。

**7. 钻研业务,提高技能**

要有强烈的职业责任感和崇高的职业理想。掌握正确的学习方法,刻苦钻研,不断进取。掌握过硬基本功,扩大知识面。

**8. 敬业爱岗,忠于职守**

正确认识酒店服务工作。各种职业在本质上是平等的,应树立平凡职业的荣誉感,尊重平凡岗位的劳动。尽职尽责、忠于职守。把客人的安全、利益和酒店的声誉放在首位。

**典型案例**

### 餐厅服务员的职业素养

地点：某宾馆餐厅

礼宾引导几个客人从门口过来。几个客人簇拥着一位爱挑剔的老者。

服务员为她斟上红茶，她却生硬地说："你怎么知道我要红茶，告诉你，我喜欢喝绿茶。"

服务员不易被人察觉地一愣，客气而又礼貌地说："这是餐厅特意为你们准备的，餐前喝红茶消食开胃，尤其适合老年人，如果您喜欢绿茶，我马上单独为您送来。"

老夫人脸色缓解下来，矜持地点点头，顺手接过菜单，开始点菜。

"喂，水晶虾仁怎么这么贵？"老夫人斜着眼看着服务员，"有些什么特点吗？"

服务员面带着微笑，平静地、胸有成竹地解释道："我们买的虾仁都有严格的规定，一斤120粒，水晶虾仁有四个特点：亮度高，透明度强，脆度大，弹性足，其实我们这道菜利润并不高，主要是用来为酒店创牌子的拳头产品。"

"有什么蔬菜啊？"老夫人又说了，"蔬菜太老，我不要。"

服务员马上顺水推舟，"我们餐厅今天有炸得很软的油焖茄子，菜单上没有，是今天的时新菜，您运气正好，尝一尝吧？"服务员和颜悦色地说。

"你很会讲话啊！"老夫人动心了。

"请问喝什么饮料？"服务员问道。

老夫人犹豫不决地露出沉思状，"我们这里有椰汁、粒粒橙、芒果汁、可口可乐……"服务员说道。老夫人打断服务员的话："来几罐椰汁吧。"

分析：服务员在客人点菜时，将菜的形象、特点用生动的语言加以修饰，使客人对此产生好感，从而引起客人食欲，达到销售目的。

餐饮服务员，应兼有推销员的职责，既要让客人满意称心，又要给餐厅创造尽可能多的利润，只有这样才是称职的服务员。

当服务员问到客人需要什么饮料时，客人可能要或不要，或沉默考虑。第二种是选择问句，必定选其一。对那种犹豫不决或不曾有防备心理的客人效果极佳。在对客服务的工作中，语言的引导十分重要，用什么样的话语才能引起顾客的消费欲望，这是培训工作中不可忽视的重要内容，也体现了一名服务员应具备的优秀职业道德素养。

**本章小结**

　　酒店职业道德就是酒店经营者在职业活动中形成的并符合所从事的酒店职业特点要求的道德意识、道德规范与道德品质的总和。酒店职业道德源于酒店职业活动,体现了对理想酒店职业行为的期望,对酒店职业活动的开展具有一定的约束力。它具有职业性、实践性、传承性、多元性、规范性的特点。学习酒店职业道德需要从职业认知、职业感情、职业意志、职业信念、行为习惯等角度展开分析,进而起到增强组织纪律观念、团结协作精神、爱护公物品德、集体主义精神等的作用。

# 第三单元　实践与训练

## 第一部分　课堂讨论

1. 酒店职业道德标准是什么？
2. 在大数据背景下，谈一谈如何保护酒店消费者的个人隐私。

## 第二部分　课外练习

1. 基本概念

（1）道德

（2）酒店职业道德

2. 填空题

（1）在西方古代文化中，"道德"（Morality）一词起源于拉丁语的"Mores"，原意为_____。

（2）职业道德的内容与_____密切相关，酒店职业道德就是对酒店业从业人员职业行为的道德要求，同时也能对酒店从业人员的职业行为起到规范的作用。

（3）酒店职业道德是酒店人员的行为准则，进而体现出酒店职业活动规范性、_____的特点。

（4）_____是在对职业有所认识的基础上，有意识地从点点滴滴的工作中寻找乐趣，培养自己对酒店职业的感情，并以此职业为自豪。

（5）培养服务之心包括：_____、_____、_____、_____。

3. 简答题

（1）酒店职业道德的特点。

（2）酒店职业道德的主要范畴。

4. 实训题

组织学生参观附近的一家五星级酒店，并通过与其职业经理人的谈话，搜集整理酒店管理岗位对职业经理人具备的素质与道德要求。学生分小组以 PPT 的形式对酒店职业经理人访谈活动进行总结,并提出自己的体会和未来的学习方向。

## 第三部分 案例分析

**襄阳汉江国际大酒店拾金不昧的诚信案例**

襄阳汉江国际大酒店自开业以来,始终秉持"以人为本""宾客至上"的经营理念和服务信念,坚持规范化服务与个性化服务相结合,服务细致入微。从细节入手,增加人性化、个性化的服务。

酒店在日常工作中十分重视对员工的诚信教育,将诚实、敬业作为"选人"的硬指标。酒店更是将诚信教育培训常态化,引导员工以诚信为本,良好的教育培训取得明显成效。诚实守信、拾金不昧在员工中蔚然成风,员工拾金不昧的事例层出不穷,不胜枚举,小到一串钥匙,大到几万元的现金。

从宾客对物品失而复得的喜悦及情真意切的感谢中体现出了汉江人"坚守品质,诚信友善"的企业精神。

2017年11月21日早上7:50左右,2515房间客人退房,客房领班李保珍按照退房查房程序对该房间进行检查,未发现有异常情况,随后开始对房间进行清洁,当她在拆换其中一个枕套时,一个鼓鼓囊囊的小皮包掉了出来,她当时就想这一定是客人遗留的,于是急忙上报了楼层主管和客服中心。楼层主管接到报告后,立即前往该房间,并第一时间打电话告知了大堂副理,楼层主管和李保珍按程序打开了客人遗留的小皮包进行物品清点,发现包里装有两万元现金和一张银行卡。楼层主管在客人物品遗留本上做好遗留物品记录。

大堂副理根据客人住店时预留的信息及电话,及时与客人取得了联系。客人在接到前台电话后,才知道把小皮包遗留在了酒店,并于当天早上9:30左右返回酒店,酒店大堂副理陪同客人一起到客服中心认领小皮包。客服人员按酒店遗留物的相关程序对客人的身份及小皮包内的物品核对无误后,将所有物品交还到了客人手中。客人对酒店员工拾金不昧的行为深表感谢,对酒店的诚信经营理念深表赞扬!

资料来源:襄阳市信用办2018-11-02

请结合酒店职业道德的相关要素,评价上述案例中所体现的优质服务。

# 第二章 酒店概述

## 学习目标

◆ 思想目标

(1) 在对我国酒店业初步了解的基础上,端正职业态度、树立正确的酒店从业观;
(2) 养成良好的酒店职业习惯,不断提高自身的职业素养。

◆ 知识目标

(1) 掌握酒店业务的特点和酒店业的作用;
(2) 掌握酒店产品概念的内涵和酒店产品的特点;
(3) 掌握酒店的分类;
(4) 了解酒店业发展的新业态。

◆ 能力目标

(1) 对不同类型和档次的酒店进行比较和分析;
(2) 了解酒店业发展的新业态,能够正确分析酒店业发展的趋势。

## 导入案例

### 酒店趋势:未来酒店如何关照 Z 世代的"五感"审美?

说到新一代消费者,Z 世代是经常被提到的,泛指 1995—2010 年间出生的人,也被称为网络原住民。他们的消费更追求情怀和个性审美,愿意为更独特的商品买单。

酒店人思考一下,就会出现很多关键词:智能的、环保的、奢华的、个性的……可能一万个关键词都无法得出这个问题的答案。

各个酒店集团也都在用自己的方式探索,从目前情况看,产品之丰富与多元化,是过去任何一个时代都无法企及的。

对于未来酒店经营,显然没有标准答案。但没有标准答案,并不代表没有方向。

1. 科技塑造酒店未来的"形"

以往酒店业最先进的科技应用,或者说最有价值的科技应用就是订单系统(PMS),方便酒店管理订单、排房和对接第三方预订渠道等。现在,PMS仍是关键系统,但已是最基础的科技应用。

5G商用已普及,移动互联网、大数据、人工智能等技术已经形成一批可以应用于酒店行业的技术解决方案。两三年前,在酒店里碰到智能机器人给用户导航、送餐还是新鲜事,但现在智能机器人已经变得比较常见;虽然绝大部分酒店仍在使用门卡开锁,但人脸识别开门已登场;得益于智能家居的前期积累,客房内的智能客控也取得了长足发展。

这只是科技应用于酒店的一部分,科技在酒店场景的应用创新,这几年的升级迭代也符合"摩尔定律"。

2. 审美提升酒店未来的"体"

酒店向来被称为"家外之家",是人们除了家之外最注重体验的一个场所。

体验的好坏之分,来自人的五感——视觉、听觉、嗅觉、味觉和触觉。其中,视觉最被重视,因此,几乎所有的商品均首先解决颜值问题,酒店业也不例外,迎合年轻消费群体审美的产品设计也是各大酒店集团在产品迭代中重点突破的方向。

当下的年轻人比他们的父辈、祖辈更有主见,也拥有自己的个性审美观,简而言之,就是更高级、更丰富多元。酒店产品要想击中年轻人的心,让他们心仪买单,就必须要么在审美上做到极致,要么在视觉单一维度上做得非常特别,要么选择"视觉+听觉"等多个维度以融合的方式打造让年轻人向往的酒店空间。

"这是我要的色彩搭配""我想在房间里更方便地听音乐""住酒店,当然是睡得好、吃得好""我就喜欢酒店大堂有点迷人的香氛味"……

任何一个有追求的酒店,在产品迭代时,对年轻消费者的"五感"审美都不能怠慢。

3. 服务连接酒店未来的"魂"

在酒店,消费者体感最强烈的是什么?相比智能应用和空间设计,服务依然是消费者最在意的。

对于未来酒店而言,服务是串联一切的"魂"。它既可以是消费者能够直接感知的服务,例如进入酒店大堂,前台服务员的一个微笑、一句问候,递上门卡的一句温馨提醒……也可以是消费者看不到的服务,例如,客房保洁打扫房间时打开窗户通一下风、更换床品时提拉的尺寸拿捏……

服务不仅仅是迎来送往的礼仪,也不仅是看不到的开窗通风这些背后的工作,而在于更懂客户的需求,甚至是超越客户预期的惊喜。这些都需要通过科技赋能来实现。

亚朵集团创始人兼CEO耶律胤曾说,"什么都不说就能被满足应该就是未来酒店需要达到的目标。比如,在抵达酒店之前,我想要的都已经准备好了,我住酒店睡觉要荞麦枕、70℃的温水、牙线、床头放了苹果充电线……"亚朵在这一方面付诸了不菲的努力,有形、有体、有魂,如果完全都做到位,那就是一个完美的答案。

实验阶段是人类将科学从理论成果从研究推向普及的关键阶段。探索酒店未来发展,亦复如是。

名为"亚朵LAB"的酒店位于上海市吴中路亚朵总部楼下。据亚朵内部人士介绍,亚朵LAB采用了多项智能技术应用,其目标正是面向Z世代消费者。亚朵LAB将如何诠释"形、体、魂",又将带给业界什么样的惊喜与启发,我们拭目以待。未来酒店品牌的发展趋势是多维全面的,只关注一方面远远不够,关键还是看落地呈现的时候各个环节有没有落实到位,呈现的细节有没有渗入灵魂。

资料来源:劲旅网 2019-11-25

# 第一单元　任务导入

## 📄 项目一　我的视野看酒店

### 一、下达项目学习任务书

通过课程教材学习、查找图书馆相关资料、网络资源和实地考察等形式,对我国酒店行业有初步的认知。通过本章的学习,学生以小组为单位,以"我的视野看酒店"为主题,借助 PPT 的形式进行演讲,表达对酒店业的初步认识和看法。学习任务书见表 2-1。

▼表 2-1　学习任务书

| 项目名称 | 我的视野看酒店 |
| --- | --- |
| 项目训练形式 | 主题演讲(以小组为单位、借助 PPT) |
| 项目能力分解 | 观察能力、思维能力、沟通能力、语言表达能力、团队合作能力 |
| 项目评价 | 教师和其他小组现场提问 |

### 二、项目准备

**1. 实地考察**

考察所在地 3—4 家四星或五星级酒店。

**2. 资源利用**

结合本章所学背景知识,登录 5—6 家国内和国际知名酒店网站,了解其概况、发展历史、企业文化、特色及营销活动等。

### 三、项目学习目标

1. 做到知识学习与社会实践有机结合。
2. 提高自学能力、知识应用能力、观察与思考能力、沟通能力、语言表达能力和团队合作能力。
3. 以准酒店职业经理人的角色进行学习和实践,做好自己的职业发展规划。

## 四、项目学习情况评价

1. 对酒店业有较全面的了解和认识。
2. 小组成员合作完成项目活动的调研和展示。
3. 讲解内容主题突出，内容丰富；语言表达流畅；对问题思考较全面，且有一定深度。活动评分表见表2-2。

▼表2-2 "我的视野看酒店"项目活动评分表

| 项目名称 | 我的视野看酒店 |
| --- | --- |
| 材料准备（15分） | |
| 内容（30分） | |
| PPT（10分） | |
| 语言表达（15分） | |
| 团队合作（10分） | |
| 回答问题（20分） | |
| 合　计 | |

# 项目二　主题酒店的设计

## 一、下达项目学习任务书

通过课程学习、查找图书馆相关资料、利用网络资源、实地考察等形式，对主题酒店有全面的认识。通过本章的学习，学生以小组为单位，设计一家主题酒店，借助PPT的形式进行展示，表达所设计主题酒店的设计思路和设计理念。学习任务书见表2-3。

▼表2-3 学习任务书

| 项目名称 | 主题酒店的设计 |
| --- | --- |
| 项目训练形式 | 主题酒店设计演讲（以小组为单位、借助PPT） |
| 项目能力分解 | 观察能力、思维能力、设计能力、知识应用能力、语言表达能力、团队合作能力 |
| 项目评价 | 教师和其他小组现场提问 |

## 二、 项目准备

**1. 实地考察**

考察所在地2—3家主题酒店。

**2. 资源利用**

结合本章所学背景知识,登录一些酒店网站,了解主题酒店的设计理念、设计方案等。

## 三、 项目学习目标

1. 做到知识学习与社会实践有机结合。
2. 提高自学能力、知识应用能力、观察与思考能力、设计能力、语言表达能力和团队合作能力。
3. 以准酒店职业经理人的角色进行学习和实践,做好自己的职业发展规划。

## 四、 项目学习情况评价

1. 对主题酒店有较全面的了解和认识。
2. 小组成员合作完成项目活动的调研和展示。
3. 展示内容主题突出,特色鲜明,内容丰富;语言表达流畅;设计方案有新意、有创意,具有较强的推广价值和可行性。活动评分表见表2-4。

▼ 表2-4 "主题酒店设计"项目活动评分表

| 项目名称 | 主题酒店设计 |
|---|---|
| 材料准备(15分) | |
| 内容(30分) | |
| PPT(10分) | |
| 语言表达(15分) | |
| 团队合作(10分) | |
| 回答问题(20分) | |
| 合　计 | |

# 第二单元　背景知识

## 第一节　酒店的基本概念与内涵

酒店业是人类社会古老的行业之一,并伴随着社会的发展而不断发展,成为社会生活的重要组成部分。现代酒店还是一个地区或城市经济发展水平的重要标志之一。

### 一、酒店的基本概念

酒店(Hotel)是以一定的建筑物和设备设施为基础,通过提供住宿、餐饮、会议、康乐、商务、购物及其他服务,获得社会效益、经济效益和环境效益的综合性服务企业。

酒店是客人在目的地一切活动的基地,是"客人的家外之家"。

### 二、酒店业务的特点

酒店业作为现代服务业,其业务有如下特点。

**1. 服务性**

酒店是综合性服务企业,除了销售客房、菜点、酒水和会议等有形的物质产品外,还凭借设备设施向客人提供无形的服务。酒店产品的使用价值中包含有大量的劳务价值。客人最终得到的是服务的使用价值和对服务过程的体验与感受。

**2. 综合性**

现代社会,客人不仅要满足食宿等基本生活的需要,而且还要追求生活上的享受。为了满足客人的需要,酒店不仅提供住宿、餐饮基本服务,还提供前厅、会议、康乐、商务、购物、安全等综合服务。做到设施配套、功能齐全、项目多样、服务优良。酒店要建立完善的综合服务系统,满足客人的不同需要。

**3. 营利性**

酒店是自主经营、自负盈亏、自我发展、独立核算的经济实体。效益最大化,是酒店追求的目标。

**4. 文化性**

酒店的文化性主要体现在有形的物质文化和无形的精神文化两个方面。有形的物质文化主要表现在酒店建筑的外观造型、功能设计、环境气氛、装饰风格、家具用具、员工服饰、菜品酒水等方面;无形的精神文化主要表现在企业的经营思想、企业文化、管理艺术和服务艺术等方面。

随着社会和经济的不断发展,人们的消费需求不断增加,由简单的生理需要逐渐向精神需求、心理需要和文化享受等方面发展。酒店经营的内涵呈现显著的文化性。酒店不仅能够满足人们物质方面的需要,还要突出文化性,提供一个高雅、有特色,愉悦客人身心的消费场所。

**5. 波动性**

酒店业务活动极易受外部因素的影响。客观上看,影响酒店经营的外部因素主要有:

(1) 政治和社会因素

即受国家的方针政策、外交关系、社会安全稳定、公共卫生事件等影响。

(2) 经济因素

即受社会经济的发达程度、发展速度和人们收入高低、消费水平等因素影响。

(3) 本地区旅游资源的吸引力、季节性影响以及交通状况

酒店所在地的旅游资源对人们的吸引力,人们对酒店产品淡旺季的需求,以及酒店所在地的交通状况等都对酒店的业务产生明显的影响。

受以上因素的影响,酒店业务活动具有一定的波动性。

综上所述,酒店业是一种综合性服务企业,容易受外部因素的影响,并具有显著的文化内涵。

## 三、酒店业的作用

酒店业是旅游业的重要组成部分,从属于第三产业中的现代旅游业。随着世界旅游业的不断发展和国际交往的日益频繁,酒店业在国民经济发展中发挥着越来越重要的作用。

**1. 创造旅游收入**

酒店通过提供住宿、餐饮、会议、康乐、商务等服务满足客人需要的同时也在创造经济收入。作为旅游业重要组成部分的酒店业,是旅游业收入的重要来源。

### 2. 拉动内需、促进消费

国内旅游在拉动内需和刺激国民消费等方面发挥了重要作用。

我国不断推出加快发展现代服务业和扩大内需的政策。积极发展酒店业，充分满足人们旅游、休闲、度假和康养等需求，促进现代服务业的发展。旅游业不仅成为国民经济新的增长点，而且是国民经济的重要产业，具有竞争力的强势产业和促进整个国民经济协调发展的动力产业。

### 3. 创造就业机会

酒店业具有就业容量大、岗位门槛低、机会多、经济效益较好、产业关联度高和带动能力强等特点，在安排劳动力就业方面发挥着重要的作用。据测算，酒店业每增加一间客房，可以为社会提供大约1—3个直接就业和3—5个间接就业的机会。同时，由于酒店建设和经营活动的开展，也为建筑、装饰装修、家具、电器、纺织、农产品生产和加工、食品、物流等行业的发展提供了更多发展和就业机会。

### 4. 进行对外交流的窗口

酒店接待来自不同国家和地区的客人，客人通过酒店可以了解所在地的经济发展、城市发展、地域文化、民俗风情和居民生活习惯等。酒店业是窗口行业，其在一个城市或地区发展中的作用不可忽视。

### 5. 社会多元交流的场所

酒店是进行经济、外事、商务、技术、文化和社会交往的场所。许多外事接待、新闻发布、产品推介、经贸活动、会议和社交活动等都选择在酒店举行。同时，酒店高档的设施、齐全的设备、优雅的环境、优质的服务等为人们的社交活动创造了条件。

## 第二节 酒店产品概念与特点

### 一、酒店产品概念

认识酒店产品，从以下两个角度进行。

#### （一）从客人的角度认识酒店产品

客人选择了一家酒店，就开始了一段酒店生活的经历，开始消费酒店产品。尽管客人在酒店消费住宿、餐饮、商务、会议和康乐等不同产品，但客人住店期间对酒店产品的认识是一种综合感受和体验的过程。综合来看，酒店产品由以下三部分组成：

### 1. 物质产品

这是指酒店为客人提供的住宿、餐饮、会议等物质产品。物质产品是酒店产品的有形组成部分,是实现酒店基本功能的保证。

### 2. 精神产品

寻求精神上的享受与满足,是客人在酒店消费的目的之一。客人通过使用酒店设备设施,通过服务人员提供的优质服务,借助于视觉、听觉、嗅觉和触觉,综合感受酒店的环境、氛围和服务,实现精神上的享受。所以,酒店不仅满足了客人物质方面的需要,还是客人寻求精神享乐的地方。

### 3. 心理产品

客人在酒店消费往往追求心理上的满足,以实现舒适感、地位感、成就感、满足感。某种程度上,客人对心理产品、精神产品的追求超过了对物质产品的需要。因此,酒店在满足客人基本需求的同时,还应积极为客人营造一个安全、健康、温馨、舒适、休闲、轻松、惬意的消费空间。

所以,从客人的角度看,酒店产品是物质产品、精神产品和心理产品的有机组合。缺少其中任何一个方面,客人都会认为酒店产品不完整、不完美。

【拓展阅读,扫码学习】:亚朵创始人王海军:如何打造出"亚朵级"服务)

## (二) 从酒店的角度认识酒店产品

提供有形设施和无形服务相结合的综合产品,是酒店的职责和任务。从酒店的角度认识酒店产品,包括以下六个方面:

### 1. 酒店位置

这是指酒店所处的地理位置,包括酒店周围的环境和交通状况。如酒店与火车站(高铁站)、机场、汽车站、码头、市中心和商业中心的距离;酒店是否紧邻交通主干道;酒店周边的绿化、美化等情况。酒店要注意发挥位置的优势招揽不同类型的客人。如海南三亚亚龙湾分布有丽兹·卡尔顿、万豪、喜来登、希尔顿、美高梅、瑞吉、假日、铂尔曼等一批国际品牌的高星级酒店,这些酒店面向南中国海,蓝天、白云、大海、沙滩、椰树、绿草、鲜花构成了酒店优雅、舒适、安静、美丽的外部环境,成为人们休闲度假的好地方。酒店成功的选址和优雅舒适的环境,成为吸引客人的主要因素之一。

**2. 酒店设备设施**

酒店设备设施包括酒店建筑物、空调、电梯等;客房内的家具、电器、用品等;餐厅内的家具、餐具、用具等;会议室的家具、音响、投影等会议设施;康乐部的健身、康体设备和器材等。如我国旅游饭店星级的划分与评定规定,五星级饭店客房的房门能自动闭合、有门窥镜、门铃及防盗装置;房间配备与五星级饭店相适应的文具用品,以及服务指南、住宿须知、所在地旅游景点介绍、旅游交通地图;配备的彩色电视机的播放频道不少于24个,并编辑好频道顺序,备好频道目录。

完好、齐全、一流的设备设施既是酒店开展正常业务活动的物质基础,也是营销酒店产品的重要条件;同时,还要符合《中华人民共和国星级酒店评定标准》中对不同星级酒店设备设施的具体要求。

**3. 酒店服务**

酒店产品的质量主要取决于服务水平的高低。提高酒店服务水平是提高酒店产品质量的关键。酒店通过礼貌、微笑、热情、主动、周到、耐心、细致、快捷、标准和个性服务实现酒店产品的销售,实现酒店社会效益、经济效益和环境效益的目标。

**4. 酒店气氛**

酒店气氛通过酒店建筑、装饰、设备设施、用品、服饰、服务等综合表现出来,目的在于给客人营造一种高雅、温馨、舒适,有主题和文化的氛围。酒店气氛是酒店文化的体现,是酒店经营的重要影响因素。酒店气氛要与酒店经营宗旨和经营特色相一致,有自己显著的特征,为客人留下深刻的印象。

**5. 酒店形象**

酒店形象是人们对酒店的认识和看法,包括酒店的知名度、美誉度、信誉度、酒店品牌、酒店历史、经营思想、经营风格等。

**6. 酒店价格**

价格是酒店产品价值的货币表现,并受市场供求关系的影响。酒店产品价格水平的高低是客人选择酒店的重要因素之一。因此,酒店价格要与酒店档次相协调、一致。客人在消费酒店产品时,不仅要得到"物有所值"的感受,还希望有"物超所值"的感觉。

综上所述,酒店产品是酒店为客人提供的实物产品、有形设施、无形服务及企业文化的有机结合。

## 二、酒店产品的特点

酒店是服务性行业,在为客人提供物质产品的同时,还提供文化、精神、服务产品。它是有形的实物产品和无形劳务的有机结合。

### (一) 产品的综合性

酒店是一个由业务部门和职能部门组成的多功能、综合性现代服务企业。每个业务部门都有自己相应的产品。如客房部的住宿产品,餐饮部的餐饮产品等。酒店各种产品具有相对独立性,但从酒店整体的角度出发,一家酒店向市场推出的形象只有一个,即酒店整体形象;推出的产品也只有一个,即酒店综合产品。从客人对酒店的认识看,客人眼中的酒店是统一的有机整体,对酒店产品的认识也是一种综合感受。随着客人需求不断向多元化、深层次方向发展,酒店的分工越来越细,功能越来越多,产品综合性的特点也越来越明显。因为酒店是一个系统,产品价值的实现以各时期价值的总和形成为基础。酒店必须注意加强各单项产品的综合协调,以实现酒店最佳的效益目标。客人在消费酒店产品时追求的是完整意义的产品,任何部门、任何环节的工作失误,都会导致客人对酒店整体产品的不满。

### (二) 生产、销售和消费的同步性

一般来讲,客人来酒店消费时,酒店产品的生产过程才开始,生产以后立即销售给客人,客人再就地消费酒店产品,即生产、销售与消费是同步进行的。再加上酒店提供的是面对面的服务,酒店员工的一言一行,一举一动都成为影响客人消费的重要因素。员工的服务态度、服务效率、服务技能等直接影响客人对酒店产品的满意程度。只有不断提高服务质量,才能使客人最大限度地满意。

面对面的服务要求酒店员工具有双重身份,既是酒店产品的生产者,又是酒店产品的销售者。因此,酒店员工既要精于服务,又要善于销售。员工服务水平和营销水平的高低,影响客人对酒店产品的认识程度,影响客人对酒店产品的购买决策,影响客人在酒店的消费水平。

酒店产品的生产、销售和消费的同步性,酒店提供面对面的服务,再加上客人直接参与了产品的生产和销售过程,这些因素决定了酒店服务具有不可补救性。同时也为酒店提出了更高的标准,要求酒店尽可能提供完美的产品。

### （三）产品价值的不可储存性

由于酒店产品具有就地消费的特点，很难将酒店产品的价值储存起来供客人以后再消费。这就决定了酒店经营者要通过各种营销方式最大限度地销售酒店产品，吸引客人到酒店消费。

### （四）产品的季节性

由于受季节、气候等自然因素和节假日、各种活动等人为因素的影响，酒店产品具有明显的季节性。旺季的时候，前来消费的客人络绎不绝，对酒店产品的需求猛增，客房出租率很高，产品价格居高不下。此时，酒店的管理和服务等方面均面临着考验。淡季的时候，对酒店产品的需求下降，客人数量明显减少，酒店往往通过各种有吸引力的营销方式吸引客人。淡季的时候，酒店应注意抓住时机加强对员工进行培训；开展设备设施的维护、保养、改造和更新等工作。

### （五）受客人的影响较大

经济状况、职业、爱好、生活习惯等因素影响了客人对酒店产品的评价和选择。再加上客人参与了酒店产品生产的全过程，因此，酒店要高度重视客人、研究客人、分析客人，最大限度地满足客人的合理需要。

## 第三节 酒店分类与等级

### 一、酒店分类

#### （一）按客人性质（或特点）不同划分

**1. 商务型酒店（Business Commercial Hotels）**

此类酒店一般位于城市的商业中心，以接待商务型客人为主。

改革开放以后，我国与世界各国和地区的经贸活动、商务交往越来越频繁，投资谈判、会议展览、技术与服务贸易、经营管理等商务活动大量增长，商务客源明显增加，带动了商务型酒店的发展。越来越多的酒店把商务型客人作为重要的目标客户。由于商务型酒店档次较高，客人消费水平较高，也为酒店带来了良好的经济效益。这类酒店占比最大。

（1）商务型客人的特点

① 多为公务消费，消费水平较高，对价格不太敏感；

② 重视服务质量,重视酒店的环境和气氛,重视酒店的硬件和软件;
③ 有一定的地位和身份;
④ 要求从事商务活动所需要的设施齐全。

(2) 商务型酒店的设施与服务

① 客房设施

客房设施包括家具、电器、电脑、互联网设备、WiFi 设备、打印扫描一体机和保险柜等。

② 商务楼层(行政楼层)

为商务客人在商务楼层办理预订、入住、退房、结账等手续。

③ 商务设施

它包括通信设施、会议室、商务谈判室和资料室等。

④ 康乐设施

设置娱乐、健身、球类、游泳和按摩等项目,为客人康体健身、休闲娱乐和社会交往提供活动场所。

⑤ 商务服务

提供文印、秘书、翻译、管家、摄影、摄像、投影、光盘制作等服务。

商务型酒店要加强与政府机关、事业单位、工商企业等部门的联系,力争客源。针对商务客人回头率较高的特点,酒店应注意完善客人档案。还可以通过 VIP 会员等形式,对入住一定次数或累计消费一定金额的客人给予价格上的优惠。

**2. 会议型酒店(Conference Hotels)**

一般位于交通便利的都市或风景宜人的度假区。主要接待各类会议团队客人。

(1) 会议型客人的特点

① 客人到店和离店时间相对集中;
② 客人食宿一般均安排在承办会议的酒店;
③ 参会客人的消费水平由会议主办单位决定;
④ 要求举办会议所需要的设备设施齐全。

(2) 会议型酒店的特点

① 客房数量较多,能满足会议客人住店的需要;
② 酒店有大小不一的会议室和规模较大的多功能厅;

③ 配备有较完备的会议设备，如：投影仪、音响设备、录放像设备、同声翻译装置及视听设备等。

近年来，会议旅游、度假旅游和商务旅游在一定程度上融为一体。因此，会议型酒店、度假型酒店与商务型酒店在发展上有不断融合的趋势。

### 3. 度假型酒店（Resort Hotels）

主要接待休闲度假和休养的客人。度假型酒店具有以下特点：

（1）多建在海滨、湖滨、山区、森林、温泉等休闲度假地，以接待休闲、度假、休养的客人为主

度假型酒店以经营休闲、娱乐、康养等项目为特色，如温泉洗浴、高尔夫球、游泳、森林氧吧等，吸引休闲度假的客人。随着大众消费的兴起，以接待普通大众为主要对象的中低档度假型酒店逐渐成为主流。

（2）除提供普通酒店应有的服务外，还为客人提供文化、娱乐、康体、健身等综合服务

如游泳池、球馆、健身房、棋牌室等康乐设施；游泳、潜水、快艇、划船、滑雪、骑马等休闲项目。这些设施和活动的质量和特色，是度假型酒店经营成功的关键因素之一。

（3）受目的地气候和客人出游时间的影响，度假型酒店的淡旺季较明显

地处海滨、湖滨、山区、森林的度假型酒店，受气候、节假日和旅游淡旺季的影响，客房的出租率波动明显。

### 4. 公寓式酒店（Apartment hotel）

这类酒店一般采用公寓式建筑，以接待长期居住，或在当地长时间工作的企业中高层管理人员和度假的家庭为主。酒店与客人之间通过签订协议或租约，对居住时间、价格和服务项目等作出明确的约定。酒店一般只提供住宿等基本服务。公寓式酒店兼具传统酒店和公寓的长处，采用"酒店式服务，公寓式管理"，既具有酒店品质，又低于酒店价格，既能满足商务和白领阶层居住的需求，同时还受到投资者的追捧。

公寓式酒店具有以下特点：

（1）客人在酒店的租用房兼做办公场所，并且租期较长

公寓式酒店的客人多为一些企业或组织代办机构的工作人员，他们一般选择在租用的酒店居住、办公。租期一般在半年以上。

（2）酒店一般只提供住宿等基本服务

酒店通常提供住宿、厨房设备、家用电器等基本条件，设施和服务较其他类型酒店

简单。为客人营造了有家庭生活氛围的居住环境。

（3）经济实惠

由于客人租住这类酒店的时间较长，所以，价格也相对便宜。

（4）设施生活化

酒店配备有居家所需要的基本生活设施，如电脑、洗衣机、微波炉、厨房设备等。客人可以上网、洗衣、做饭，感觉如同在自己的家里一样，安全舒适、生活便利，方便随意。

从发展趋势来看，公寓式酒店一方面向豪华型发展，即服务设施与项目日趋完备，提供高质量的服务；另一方面向产权式酒店发展，向客人分单元出售产权。

**5. 旅游民宿（Bed and breakfast）**

按照中华人民共和国旅游行业标准《旅游民宿基本要求与评价》（LB/T 065—2019）定义，旅游民宿是利用当地民居等相关闲置资源经营用客房不超过四层，建筑面积不超过 800 平方米，主人参与接待，为游客提供体验当地自然、文化与生产生活方式的小型住宿设施。

旅游民宿一般具有以下特点：

（1）地域性

民宿有城市民宿和乡村民宿之分。不同地域的民俗，体现了所在地的地域文化。

（2）文化性

民宿反映了所在地强烈的民俗、文化等特征，具有显著的乡土气息。客人在民宿入住期间，可以充分地体验当地百姓的生活，领略当地的民俗风情，品尝当地的特色美食，让客人充分融入当地的文化中。

（3）个性化

民宿是一种全新的住宿和生活方式。个性、自由、随性的性格特征，满足了不同消费者个性化的需求。所以说，非标准化住宿就是民宿。每一个民宿都有自己的主题和文化，不同的地域环境，不同的装修风格，丰富多彩的产品，成为民宿吸引客人的关键。

（4）品牌化

高端与时尚，成为民宿发展的方向。近年来，传统农家乐转型升级为民宿，体现了传统民宿向高端民宿的蝶变。品牌化、精品化、主题化等是民宿蝶变的体现。

**6. 青年旅舍（Youth Hostel）**

青年旅舍即青年旅馆，是为外出旅游的青年、学生提供的安全、卫生、经济的住宿场所,有"青年之家"之称。青年旅舍已成为当今世界上最大的住宿连锁组织。国际青年旅舍标志见图2-1。

图2-1　国际青年旅舍标志

随着中国旅游业的蓬勃发展,自驾旅游、自助旅游、研学旅游、家庭旅游成为旅游市场的重要部分,也为青年旅舍带来很好的发展前景。一些有一定特色的青年旅舍见图2-2和图2-3。

图2-2　具有民族特色的拉萨东措国际青年旅舍　　图2-3　杭州千岛湖蓝山国际青年旅舍

【知识拓展】2.1

### 国际青年旅舍（Hostelling International）
——青年之家

1912年,世界上第一个青年旅舍在德国一个废弃古堡Altena中诞生。1932年,国际青年旅舍联盟(International Youth Hostel Federation,简称IYHF)在阿姆斯特丹成立。该组织总部现设在英国,注册为一家非牟利机构。其最高权力机构为两年一届的国际大会。

青年旅舍奉行的理念是"通过旅舍服务,鼓励世界各国青少年,尤其是那些条件有限的青年人,认识及关心大自然,发掘和欣赏世界各地的城市和乡村的文化价值,并提倡在不分种族、国籍、肤色、宗教、性别、阶级和政见的旅舍活动中促进世界青年间的相互了解,进而促进世界和平。"(摘自IYHF宪章)。

该联盟致力于为全世界会员,特别是青年和学生旅游者提供"安全、卫生、友善、舒适、经济、环保"的住宿服务,鼓励青年热爱旅游,热爱自然,广交朋友,从而达到促进青年间的文化交流和推广自助而健康地环保旅游的目的,进而为社会培养青年的社会意识、自律意识、文化意识、多元化意识及环保意识等提供一个场所。

该组织是联合国教科文组织成员,同时也是世界旅游组织成员。经历了近百年的发展,IYHF已成为全球最大的青年旅行服务连锁组织。其由小木屋和小杉树组成的蓝三角标志,已成为知名品牌,在全世界青年人中享有极高的声誉。

目前,该联盟下面共有70多个会员国协会和20多个附属会员国协会及业务代理机构;共有3 800多家青年旅舍分布于世界90多个国家和地区;每年全球有超过3 500万的青年旅游者在使用青年旅舍;会员400多万;年平均总收入12亿至14亿美元。现在,国际青年旅舍已遍布各个国际旅游区的中心地带,除了传统的学生和青少年外,今天的青年旅舍客人很多是二三十岁左右的自驾出行族和独自出游的背包一族。

由于青年旅舍的独特文化和在青年事业特别是青少年素质教育及国际交流方面的贡献,使得这一事物近百年来一直受到多国政府、机构及有识之士的大力支持。如在青年旅舍的发源地德国,有专门为青年旅舍制定的法律,规定每位在校学生每学期必须有一周在青年旅舍度过,并为之专门编写了四册《青年旅舍的课程》,这也是迄今世界唯一一部关于青年旅舍的独立立法。其理事会是由国家青年、教育、旅游等相关部门的部长出任。又如英国女皇及皇夫爱丁堡公爵,亦分别是英格兰、苏格兰和北爱尔兰青年旅舍的赞助人。澳大利亚和新西兰总督分别是澳大利亚和新西兰青年旅舍的赞助人。荷兰女皇和丹麦女皇每年都要去参加本国青年旅舍的交流活动,以示对这项事业的支持。日本的皇叔也是日本青年旅舍的赞助人,在日本青年旅舍的发展史上,其政府许多高官,如议院的前首席议员樱意内雄、前首相森喜朗、福田康夫都是日本青年旅舍协会的名誉会长。香港历届特首也是目前香港青年旅舍的赞助人等。

1963年,联合国道路安全委员会通过一项决议:允许青年旅舍的标志进入欧洲公共交通系统。从此,在欧洲的机场、车站、地铁等地,人们可以顺着蓝三角标志找到青年旅舍。这也是联合国至今唯一允许一个机构的路标进入公共交通系统。同时,IYHF 的环保宪章也被列入了联合国的环保程序。

另外,还有许多国家的政府给予青年旅舍多种政策支持,如免收青年旅舍的物业税、增值税和所得税等。青年旅舍发展至今,还有很重要的一条是基于世界各国有着无数不分贫富、不论地位高下,但怀着同一理想的志愿者的无私奉献。

【实训题】2.1

登录 http://www.yhachina.com 国际青年旅舍·中国官网,了解中国国际青年旅舍的发展情况。

### (二) 按酒店规模不同划分

按照目前国际上通行的划分标准,酒店按规模大小可分为三种:

1. 小型酒店(Small Hotels):客房数在 100 间以下。2020 年,我国酒店中小型规模约占 56%。

2. 中型酒店(Medium Hotels):客房数在 100—500 间。2020 年,我国酒店中中型规模约占 43%。

3. 大型酒店(Large Hotels):客房数在 500 间以上。2020 年,我国酒店中大型规模仅占 1%左右。

2020 年,我国酒店仍以中小型规模为主,参见表 2-5。

▼ 表 2-5　2020 年全国星级酒店按照规模统计表

| 酒店规模 | 酒店数量/家 | 房间数/间 | 床位数/张 |
| --- | --- | --- | --- |
| 客房数 500 间及以上 | 141 | 99 430 | 182 900 |
| 客房数 300—499 间 | 718 | 224 500 | 413 300 |
| 客房数 200—299 间 | 1 016 | 291 200 | 535 800 |
| 客房数 100—199 间 | 4 328 | 594 700 | 1 098 600 |
| 客房数 99 间及以下 | 7 896 | 447 470 | 823 300 |
| 合　计 | 14 099 | 1 657 300 | 3 053 900 |

### (三) 按酒店星级等级划分

我国《旅游饭店星级的划分与评定》(GB/T 14308—2010)把旅游饭店按星级由低到高划分为:1. 一星级酒店;2. 二星级酒店;3. 三星级酒店;4. 四星级酒店;5. 五星

级酒店。

## 二、酒店等级

酒店等级是指一家酒店在豪华程度、设备设施的水平、服务质量、管理水平和安全管理等方面所反映的级别和水准。目前,世界各国酒店等级评定大多采用星级制。我国从20世纪70年代末、80年代初开始引进境外酒店先进的技术和管理方法,实行酒店星级标准和评定制度。我国酒店星级标准制定发展情况,参见表2-6。

▼ 表2-6 我国酒店星级标准制定发展情况统计表

| 时间 | 标准名称 | 实施时间 |
|---|---|---|
| 1988年 | 《中华人民共和国旅游涉外饭店星级标准》 | 1989年3月1日 |
| 1993年 | 《中华人民共和国旅游涉外饭店星级划分与评定》(GB/T 14308—1993) | 1993年10月1日 |
| 1997年 | 《旅游涉外饭店星级的划分与评定》(GB/T 14308—1997) | 1998年5月1日 |
| 2003年 | 《旅游饭店星级的划分与评定》(GB/T 14308—2003) | 2003年10月1日 |
| 2010年 | 《旅游饭店星级的划分与评定》(GB/T 14308—2010) | 2011年1月1日 |

### 1. 我国酒店的星级评定工作

1998年开始执行的《旅游涉外饭店星级的划分与评定》,把酒店划分为一星级、二星级、三星级、四星级、五星级五个等级。2003年12月1日起执行的《旅游饭店星级划分与评定标准》对于星级的划分作了补充规定。对酒店管理的专业性、酒店氛围的整体性、酒店产品的舒适性提出了要求,打破了星级饭店终身制,增加了白金五星级饭店标准。2010年制定的《旅游饭店星级的划分与评定》(GB/T 14308—2010)将一、二、三星级饭店定位为有限服务饭店。更加注重饭店的核心产品,弱化了酒店的配套设施;突出绿色环保的要求;强化安全管理要求,将应急预案列入各星级的必备条件。

【知识拓展】2.2

《旅游饭店星级的划分与评定》(GB/T 14308—2010)(节选)

我国《旅游饭店星级的划分与评定》(GB/T 14308—2010)总则规定:

(1)星级饭店的建筑、附属设施设备、服务项目和运行管理应符合国家现行的安全、消防、卫生、环境保护、劳动合同等有关法律、法规和标准的规定与要求。

（2）各星级划分的基本条件见附录A，各星级饭店应逐项达标。

（3）星级饭店设备设施的位置、结构、数量、面积、功能、材质、设计、装饰等评价标准见附录B。

（4）星级饭店的服务质量、清洁卫生、维护保养等评价标准见附录C。

（5）一星级、二星级、三星级饭店是有限服务饭店，评定星级时应对饭店住宿产品进行重点评价；四星级和五星级（含白金五星级）饭店是完全服务饭店，评定星级时应对饭店产品进行全面评价。

（6）倡导绿色设计、清洁生产、节能减排、绿色消费的理念。

（7）星级饭店应增强突发事件应急处置能力，突发事件处置的应急预案应作为各星级饭店的必备条件。评定星级后，如饭店营运中发生重大安全责任事故，所属星级将被立即取消，相应星级标识不能继续使用。

（8）评定星级时不应因为某一区域所有权或经营权的分离，或因为建筑物的分隔而区别对待，饭店内所有区域应达到同一星级的质量标准和管理要求。

（9）饭店开业一年后可申请评定星级，经相应星级评定机构评定后，星级标识使用有效期为三年。三年期满后应进行重新评定。

### 2. 我国饭店星级划分与评定的内容与标准

2010年10月颁布的《旅游饭店星级的划分与评定》（GB/T 14308—2010）由前厅、客房、餐饮、其他服务、安全设施及特殊人员设施、酒店总体印象、员工要求7个大项构成，基本涵盖了饭店各项服务产品。其中，重点突出前厅、客房、餐饮等核心产品的质量控制。《星级饭店访查规范》明确了酒店各项服务的基本程序和应具备的服务要求，对设施设备维护保养、清洁卫生、整体舒适度等在星级标准中难以操作的指标提出了具体要求。这一行业标准的出台，对于指导星级饭店提升整体管理水平，提高服务质量，促进企业诚信经营具有重大而深远的意义。

按照《星级饭店访查规范》规定，具备检查资格的专业人员受全国旅游星级饭店评定委员会及相应星评机构的委派，以普通客人身份入住酒店，针对已评定星级的酒店，对落实和执行星评标准的情况进行检查，或在不通知酒店管理方具体检查时间的情况下，以"神秘客人"的形式对酒店质量进行暗访和一系列检查活动。

当前，我国星级酒店正在完成从数量扩张到质量提升的重大战略转变。我国星级酒店的"硬件"水平已有很大的提高，但在"软件"管理能力系统方面尚有待提高。

【实训题】2.2

请同学们课外认真阅读我国《旅游饭店星级的划分与评定》(GB/T 14308—2010),全面了解我国星级饭店的评定标准,为今后在星级酒店工作奠定专业知识基础。

## 第四节　现代酒店新业态

### 一、主题酒店

（一）主题酒店概念

主题酒店是围绕某一特定的主题,设计酒店的外部建筑,进行内部装饰,陈列用品,营造酒店特定的文化氛围,提供与之相呼应的酒店产品和服务项目,让客人获得富有个性的文化感受,从而提升酒店产品的质量和品位。

作为一种新兴的酒店业态,主题酒店越来越受到消费者的欢迎。

（二）主题酒店的特点

**1. 主题性**

主题酒店最大的特点就是赋予酒店特定并富有特色的主题。围绕主题设计酒店产品、营造酒店环境,开展生产经营和销售活动。酒店从硬件到软件的设计都应该围绕统一的主题开展,各业务部门产品、各服务细节均要展示和深化同一主题。酒店外观建筑,内部装饰,房间内装饰装修、家具、灯具、地毯,乃至酒店卫生间的细节之处都要融入酒店特定的文化元素。主题酒店非常强调酒店整体的主题化,围绕酒店主题构建完整的酒店体系,围绕同一核心内涵,利用酒店的全部空间和服务,营造一种无所不在的主题文化氛围。

**2. 文化性**

文化是主题酒店的灵魂,主题酒店必须通过特色文化来凸现、支撑。挖掘特色文化、设计特色文化、制作主题产品和服务,是主题酒店管理的重要工作。主题酒店的主题要与酒店所在地的地域特征、文化特质密切联系,彰显地域文化的特点。但主题酒店在设计过程中不是简单地把文化作为一种标签,不是停留在形式上,而应将主题文化融入酒店的建筑、装修、装饰、环境、氛围、管理和服务中,作为企业文化的组成部分贯彻在酒店经营管理中,让客人在独特的文化氛围中享受酒店的文化内涵。如天津利顺德大饭店始建于1863年，是全国重点文物保护单位。作为原天津租界内现存的19世纪中叶建筑之一，中国历史比较悠久的饭店，留下了许多名人明星的足迹和故事。中国第一代电报、电话、电灯、电梯、自来水和消防设备等见证了中国的历史。酒店拥有专属的博物馆，近千平方米的展厅，3 000余件文物和展品，展示了利顺德的历史文化、建筑文化、名人文化、餐饮文化和企业文化。

**3. 独特性**

主题酒店的独特在于不同主题之间的差异。不同的主题酒店有其不同的内涵，满足了不同目标客人的需求，酒店在各个细节上的差别和给客人带来不同的体验内容，使主题酒店成为避免酒店同质化竞争的有效方法之一。如深圳茵特拉根瀑布酒店群坐落在深圳东部美丽的海岸线和梧桐山森林氧库之间，以"让都市人回归自然"为开发宗旨，是一家融合东西方文化精粹、倡导精神体验的主题酒店。它包括以瑞士文化为主题的茵特拉根酒店，以汽车文化为设计理念并提供德国原装豪华房车的茵特拉根房车酒店，位于东部华侨城最高山巅的华兴寺菩提宾舍，以及茵特拉根瀑布酒店和以时尚舒适、自然简约为主题的茵特拉根青年客栈。每家酒店各具特色，其设计理念、建筑风格以及整体氛围都是特定文化的集中体现，将经典浪漫、大乘境界、自由肆意和艺术品位等元素演绎得淋漓尽致。

**4. 体验性**

主题酒店产品是体验产品。酒店从外观建筑、内部装修、装饰艺术、家具用品、特色产品、服务、员工服饰等方面形成特色，渲染主题，对客人的视觉感官、心理体验产生冲击，让客人在特定的文化主题中体验独特文化带来的不一样的感受。如成都京川宾馆以三国文化为主题，形成了吃有"三国宴""蜀宫乐宴"，住有"蜀汉帝宫""丞相府""将军府"，赏有"三国茶艺"，每天定时为客人现场服务并奉献古筝表演。上海外滩英迪格酒店紧邻黄浦江畔，酒店设计完美融合了上海现代本土化家居装饰的特点与江水、码头这两个中国传统元素。墙壁用原汁原味的石库门装饰，打造了一家亲切随和、充满个性，同时完美体现地域文化的酒店。

**（三）主题酒店表现形式**

**1. 历史文化**

酒店可以选择某一特定的历史时期为题材，围绕该历史时期的文化特点设计酒店建筑、对酒店内部环境和用品进行装饰，让客人一走进酒店就能充分感受到特定历史时期带给人们的文化感受。

**2. 自然风光**

回归大自然,成为现代人追逐的生活目标。以大自然清新、自然、美丽的风光为主题的酒店,越来越受到人们的追捧。把富有特色的自然景观搬进酒店,可以为客人营造一种身临其境的感觉。

**3. 艺术**

音乐、电影、美术、文学作品、陶瓷、建筑等艺术形式都可以成为酒店的主题。如位于瓷都江西景德镇的青花主题酒店,是世界上第一家以陶瓷文化为主题的主题酒店。酒店以特制的青花瓷为装饰元素,每间客房均挂有当地的旅游景点和陶瓷工艺的图片介绍,让客人在休息之余增加对陶瓷文化的了解。独具特色的青陶坊提供作品展示、现场手工表演等活动,客人可以在酒店亲手制作陶艺作品,体验陶瓷艺术的独特魅力。同时,酒店还提供陶艺专题讲座、艺术交流、陶瓷资讯、包装运输、古瓷鉴定等服务。酒店如同陶瓷艺术的天堂,客人在酒店充分感受到了陶瓷带给人们的艺术魅力。如澳门威尼斯人度假酒店拥有3 000间豪华客房及大规模的博彩、会展、购物、体育、综艺及休闲设施。酒店以著名的水城威尼斯水乡文化和著名雕塑为主题,酒店建有威尼斯特色拱桥、小运河及石板路,让客人在酒店就能充分领略地中海风情和威尼斯的水域文化。

**4. 名人文化**

酒店可以选择所在地诞生的伟人、历史文化名人作为酒店的主题,弘扬名人文化。如山东曲阜是我国著名思想家孔子的故里,曲阜香格里拉大酒店巧妙地将儒家理念、中国传统文化及现代建筑风格融为一体,借助现代手法彰显历史传承。酒店两栋主体建筑的正面宛如中式亭苑,青砖飞檐的庑殿式屋顶错落有致,红漆回纹屋顶由八大圆柱支撑,构成一组气势恢宏的建筑群。酒店的内部设计理念表现了儒家"礼、德、仁"三大主体思想,结合孔子"礼、乐、射、御、书、数"六艺的理念,传递给客人浓厚的文化气息。酒店大堂设计引申了孔子关于仁德的学说,用建筑和装饰中的层次和对称体现了高雅和谐。餐厅的内部装饰色彩以柔和的金色、深木色和橙色相呼应,古典而现代。墙面由丝绸装饰,上有手工刺绣的中国花鸟庭园图案,寓意吉祥美满。五个包房和开放就餐区由玻璃墙隔开,上绘水墨山水花鸟图。香宫中餐厅不仅主理粤菜、山东鲁菜,还特别推出再现昔日辉煌的孔府特色菜。曲阜香格里拉大酒店很好地把孔子文化、中国传统文化体现在酒店的经营文化和企业文化中,让客人在酒店消费的同时进一步了解中国儒家思想。

## 【案例】2.1

### 我国第一家鲁迅文化主题酒店——绍兴咸亨酒店

绍兴咸亨酒店由鲁迅先生的堂叔周仲翔于清光绪二十年(1894年)创建。酒店苦撑了几年后关门歇业。1981年,为纪念鲁迅先生100周年诞辰,尘封的咸亨酒店重新开业。酒店因鲁迅先生在《孔乙己》等多部作品中的生动描述而名扬海内外。经扩建改造,酒店提升为以鲁迅文化为主题,以越文化和江南文化为背景,融名城、名士、名酒风情于一体的五星级文化主题酒店。

走进咸亨酒店大门,前厅走廊、吊顶、灯饰以绍兴特有的乌篷船为造型,让客人领略鲁迅笔下《故乡》中的游子返乡、下船上岸的意境。总台背景墙上"品物咸亨"四个字出自《易经》,诠释用"咸亨"二字作为酒店名称的由来,意思是"万物得以皆美",寓意生意兴隆,财源广进。

咸亨酒店紧邻鲁迅故里,以其特殊的地理位置,与鲁迅故居、百草园、三味书屋等文化遗迹共同构成解读鲁迅原著的钥匙。酒店大堂借助文房四宝的装饰表现形式,揭示出一代文豪、革命家鲁迅以文房四宝为战斗武器,也表达了鲁迅先生弃医从文的重大人生转折。大堂两个刻有"好雨知时节""润物细无声"的玉石篆刻印章,既表达了吉祥美好的意境,也表现出鲁迅在篆刻艺术上的深厚造诣。酒店风味餐厅则把鲁迅先生笔下的《孔乙己》描绘的场景予以再现。三间门面,当街曲尺柜台,似乎让人看到当年孔乙己站着喝酒"多乎哉,不多也"卖弄斯文的场景。酒店咖啡厅命名"朝花舫",取意鲁迅文集《朝花夕拾》对水乡意境的描绘。"仙台阁日本料理"展示了鲁迅先生留学日本的经历和鲁迅与他的老师藤野先生之间的深厚情谊。酒店会议中心的每一个会议室命名均出自鲁迅先生的文集。如中流厅之名取自他的《自嘲》中"破帽遮颜过闹市,漏船载酒泛中流";春山阁取自鲁迅先生的诗《赠画师》中的"愿乞画家新意匠,只研朱墨作春山";荷风厅取自先生的《无题》诗中的"明眸越女罢晨装,荇水荷风是旧乡"。主题套房配有书房,摆放鲁迅先生文学作品的书籍,供客人阅读。

### 5. 民俗文化

我国富有特色的民俗文化和酒店所在地的独特民俗,都可以作为酒店的主题。

【案例】2.2

## "欢乐迎宾，喜悦送福"
### ——主题年画酒店成都岷山安逸大酒店

四川绵竹年画与天津杨柳青年画、山东潍坊杨家埠木版年画、苏州桃花坞年画并称中国四大年画。成都岷山安逸大酒店以中国年画文化为主题，全新演绎了绵竹年画的风情和魅力。把"欢乐迎宾，喜悦送福"作为酒店年画主题中心思想，让客人体会到一种喜悦和时尚交融的年画文化。酒店处处打下了年画主题的文化烙印：以福字为主题符号，通过年画文化为客人传递福气、福分、福祉；以祥云为辅助元素，客人进入酒店时看到、听到、感受到的都是"祥云环绕，福气随身"。酒店以红色为外观主色调，以金黄色、胡桃木色为主要装饰色调，以各种年画题材的挂画、摆件、陈设等装饰酒店，景观、宣传品、员工服饰都展示了年画民俗文化元素。大堂中庭的"蜀画苑"从年画文化故事介绍开始，把客人带进了年画的"世界"。餐厅四个小包间以"福、禄、寿、喜"命名，取意年画"四喜临门"，四幅年画"福""禄""寿""喜"分别挂在四个包间的正中位置，整个餐厅营造出四川民俗文化的浓郁氛围。酒店客房以年画命名为"喜居苑"，各楼层区域布置以不同的文化载体：6楼祈福阁是年画剪纸，7楼如意阁是绵竹年画，8楼古韵阁是彩绘年画，9楼童趣阁是杨柳青年画，10楼康寿阁是拓片，11楼仕女阁是手绘绵竹年画美女，12楼传承阁和15楼游思阁是现代年画，16楼纳福阁处处见"福"字。

酒店"导游"也是该酒店与众不同的服务特色。为了让客人深入体验和理解年画主题文化酒店的深刻内涵和文化价值，酒店在前厅、餐饮和客房都设立了"导游"，向客人介绍各区的文化主题产品及寓意。酒店还将年画文化主题植入服务营销、服务用语、文化主题宴席、文化主题礼品、背景音乐、宣传册中。酒店前厅地面上，用大理石花纹精心装饰着一个巨大的"福"字，在直径1米多福字的圆圈内，前厅员工或"导游"会为客人提供主题情景服务"踏福留影"。服务的每一环节、每一步骤都充分让客人体验了年画主题酒店的祈福欢乐文化。

### 6. 宗教文化

佛教、道教、儒教等都可以作为酒店的主题。如四川鹤翔山庄地处道教圣地青城山脚下，酒店以"道家文化"为主题，体现了青城山显著的地域文化内涵。道家文化作为中国的优秀传统文化，尤其是道家的养生文化，其文化精髓符合现代社会人们的精神需求。围绕道家文化，酒店推出了鹤翔长生宴、青城道茶、道家养生月饼等产品，在凸显酒店道家文化内涵的同时，满足了现代人对健康、养生的追求和消费时尚。

**7. 名著文化**

一些经久不衰的文学名著，如《红楼梦》《水浒传》《三国演义》等都可以作为主题酒店的主题。以三国历史典故命名的主题餐厅，分别以"龙凤阁"中餐厅、"蜀汉堂"宴会厅及以"桃园厅""煮酒轩"命名包房，传递出鲜明的三国文化。

## 二、经济型酒店

### （一）经济型酒店的概念

经济型酒店又称有限服务酒店。世界旅游组织对经济型酒店的定义是，经济型酒店一般为廉价酒店，通常以经营客房为主，酒店本身没有餐饮服务设施或仅有十分有限的餐饮和其他服务项目，价格相对低廉。经济型酒店只提供酒店的核心消费——住宿，有的酒店提供简单的早餐。取消了会议、购物、康乐等功能，降低了产品成本。

### （二）经济型酒店的特点

经济型酒店是一种以安全、卫生、快捷、方便的服务来满足大众消费者需要的新型酒店业态，具有以下特点。

**1. 经济性**

经济型酒店经营的宗旨就是让客人以相对较低的价格享受单项质量较高的服务，以有限的价格提供有限的服务。除配置客房外，还有公共休息区域、公共卫生间、中央消防系统、电梯、电视、分体空调、停车场等基本设施。在核心需求得到满足的前提下，自助服务设施的比例较高。

**2. 安全性**

安全是客人最关心的问题，也是酒店的中心工作。尽管酒店价格相对较低，但经济型酒店在安全上不能打折扣，需尽一切努力为客人提供安全、放心的酒店环境和产品。

**3. 方便性**

随着市场经济的迅速发展，商务活动和城乡居民休闲、自驾旅游和自助旅游活动的增多，许多商务或旅游客人并不讲究住宿的豪华、排场，更多追求的是方便、舒适。经济型酒店满足了人们外出对住宿方面的需要。经济型酒店一般选址在商贸、旅游比较发达的城市。选址又考虑到交通便利，如靠近火车站、公交站、地铁站等，为客人外出提供方便。

**4. 简约性**

经济型酒店的特点之一就是住宿功能突出,力求在住宿这一核心服务上精益求精。餐饮、购物、娱乐等其他功能压缩、简化,甚至不设。因此,经济型酒店设施简约、服务有限、运营成本较低。

**5. 舒适性**

经济型酒店为客人营造一种家的氛围,具有温馨、方便、简约的氛围。有的还为客人提供直饮水、消毒柜、微波炉、洗衣机和厨房设备等设施。客人如同生活在自己的家里一样方便、舒适。

**(三)经济型酒店的发展**

1997年,我国第一家经济型酒店——锦江之星乐园店在上海成立。2002年6月,由首旅集团控股、两家境外投资基金参股的如家酒店连锁公司成立。

**1. 大众消费迫切需要经济型酒店**

按照旅游发展的规律,人均GDP突破1 000美元后,国内大规模的大众旅游就会开始形成。2019年我国人均GDP达到10 276美元,随着城乡居民收入的增加,休闲度假需求越来越旺盛,自驾和自助旅游的比例大幅上升,对提供基本食宿条件的经济型酒店的需求也不断增加。随着我国经济的高质量发展,安全、卫生、方便、价格适中、经营规范、能够提供基本服务的经济型酒店成为大众消费者追捧的热点。

所以,无论从大众需求还是从供给的角度看,经济型酒店都将成为今后我国旅游接待设施发展的趋势和方向,并将优化我国酒店业的结构格局。

**2. 经济型品牌崛起,市场供给加速**

目前,我国经济型酒店的主要品牌有:

(1)国际经济型酒店品牌

这包括国际经济酒店集团和高档酒店集团中的经济型品牌。如美国胜腾集团旗下的速8(Super 8)、英国洲际酒店集团旗下的"快捷假日"、法国雅高集团旗下的宜必思(ibis)等。

(2)国内经济型酒店品牌

有资料显示,2020年,我国有经济型酒店23万家,客房942.4万间。我国部分酒店集团拥有的经济型酒店品牌情况见表2-7所示。

▼ 表2-7　部分酒店集团拥有的经济型酒店品牌

| 酒店集团 | 下属经济型品牌 |
| --- | --- |
| 锦江酒店集团 | 锦江之星酒店、7天酒店、白玉兰酒店、锦江都城酒店 |
| 首旅如家酒店集团 | 如家酒店、莫泰酒店、驿居酒店、云上四季、雅客e家、欣燕都 |
| 华住酒店集团 | 汉庭酒店、星程酒店、海友酒店、怡莱酒店、宜必思酒店 |

（3）国内区域性经济型酒店品牌

如广东城市便捷酒店主要分布在广东,山东银座佳驿连锁酒店主要精耕胶东半岛,河北区域的驿家365,湖南区域的莫林风尚酒店等。

**3. 行业整体发展尚需规范**

经济型酒店是我国酒店行业的一个新型业态,在我国只有20多年的发展时间,仍处于发展阶段,并且整个业态经营管理尚处于较低水平。目前,急需有关部门制定经济型酒店的行业标准,对经济型酒店在管理上予以规范。

**（四）经济型酒店的经营与管理**

**1. 经济型酒店的经营管理模式**

经济型酒店的经营管理模式主要有直营、连锁加盟、品牌特许经营、合同管理、顾问管理和租赁经营等。采取连锁和特许经营,是国内外经济型酒店发展的成功模式。经济型酒店规模小、财力有限,发展连锁和特许经营,可以使酒店在品牌、客源、管理和质量等方面有所保证。

**2. 经营理念**

经济型酒店的经营理念是为客人营造一个温馨的"家外之家",并不单纯地把客人当成酒店的"上帝"。所以,经营经济型酒店的时候,应注意对客人亲和力的培养,为客人营造家的氛围和感觉。例如,如家快捷酒店的名字"如家",就给客人一种家的感觉。如家快捷酒店从"洁净似月,温馨如家",到"不一样的城市,一样的家",又到"心有家,行天下",再到"温馨便捷、舒适如家"主题宣传口号的变换,充分体现了其经营理念。如家快捷酒店客房一改其他酒店普遍采用的白色床单,而是用淡粉色、淡绿色等系列,让客人感觉到来到如家酒店,好像回到了自己的家。

【拓展阅读,扫码学习】:锦江之星25年:经济型酒店的荣光和未来

### 3. 经济型酒店的管理

经济型酒店无论从经营还是管理方面都亟须规范。

（1）规范经济型酒店管理

经济型酒店不能只单纯追求价格低廉，而应保证满足目标客人最根本的需求，提供具备国际接待水准、有限服务并适合日益增长的大众需求的住宿设施。通过低成本运营获取竞争优势和市场份额。

（2）制定经济型酒店的行业标准

市场上的经济型酒店如雨后春笋般发展起来。但由于绝大多数经济型酒店的经营管理处于较低水平，面对庞大的客源市场，无法拿出有性价比和竞争力的产品。结果出现了一方面经济型酒店数量庞大，另一方面客人对一些经济型酒店的产品和服务质量出现不满意的情况。尽快制定经济型酒店的行业标准，规范行业发展是当务之急。

（3）加强经济型酒店的品牌建设

品牌能为企业带来源源不断的利润，利润是成功品牌的回报。品牌本身就是一笔巨大的无形资本。品牌的市场知名度、美誉度和影响力、号召力决定了酒店在市场中的竞争力。

对于经济型酒店来说，品牌的重要性尤为重要。因为不同区域市场的容量有限，单体酒店的规模有限，经济型酒店要发展，必须走集团化发展之路。影响消费者购买意向和决策的是酒店品牌。品牌宛如一张看不见的网，将集团内的酒店连接在一起。品牌竞争也标志着经济型酒店的竞争进入了成熟阶段。

2019年我国经济型连锁酒店品牌规模10强排行榜见表2-8。

▼ 表2-8　2019中国经济型连锁酒店品牌规模10强排行榜

| 序号 | 品　牌 | 所属集团 | 成立时间 | 已开业客房数 | 已开业门店数 |
|---|---|---|---|---|---|
| 1 | 汉庭酒店 | 华住酒店集团 | 2005年 | 224 626 | 2 317 |
| 2 | 如家酒店 | 首旅如家酒店集团 | 2002年 | 215 056 | 2 133 |
| 3 | 7天酒店 | 锦江国际酒店集团 | 1997年 | 190 087 | 2 195 |
| 4 | 格林豪泰 | 格林豪泰酒店管理集团 | 2004年 | 171 414 | 2 013 |
| 5 | 锦江之星 | 锦江国际酒店集团 | 1997年 | 125 553 | 1 058 |
| 6 | 尚客优连锁酒店 | 尚美生活集团 | 2009年 | 85 489 | 1 621 |
| 7 | 城市便捷 | 东呈国际集团 | 2007年 | 87 849 | 1 098 |
| 8 | 都市118 | 都市酒店集团 | 2011年 | 82 472 | 1 353 |

续表

| 序号 | 品牌 | 所属集团 | 成立时间 | 已开业客房数 | 已开业门店数 |
|---|---|---|---|---|---|
| 9 | 怡莱酒店 | 华住酒店集团 | 2005 年 | 37 836 | 648 |
| 10 | 骏怡连锁酒店 | 尚美酒店集团 | 2009 年 | 37 020 | 809 |

资料来源:盈碟咨询经济型酒店官网

## 三、绿色酒店

### (一)绿色酒店的概念

绿色酒店是指以可持续健康发展为理念,坚持清洁生产、倡导绿色消费、合理使用资源、保护生态环境的酒店。酒店在经营管理过程中运用安全、健康、环保的理念,坚持绿色管理、倡导绿色消费,向客人提供安全、健康、环保的住宿和餐饮产品和消费环境。

### (二)绿色酒店的主要特点

**1. 一个标准**

2006 年 3 月 23 日,国家旅游局颁布实施的《绿色旅游饭店》标准(LB/T 007—2006)。

**2. 四个理念**

"节约、环保、放心、健康"是绿色酒店倡导的主要理念。

(1) 节约

节约指酒店在经营过程中要采取必要的措施节能降耗。餐饮消费中倡导客人积极响应"光盘行动",客房中不主动提供"六小件"(泛指酒店为顾客提供的一次性免费洗漱用品,包括牙刷、牙膏、香皂、沐浴液、拖鞋、梳子)等。

(2) 环保

环保指酒店在经营中开展节能降耗,减少对环境的污染。

第一,减少浪费、实现资源利用的最大化。如倡导消费者适量点菜、"光盘行动";提供剩菜打包、剩酒寄存等服务。

第二,在酒店建设和运营过程中,把对环境的影响和破坏降低到最低限度。如绿色酒店可征求客人的意见,对没有使用完的客房用品不再添加,避免一次性用品过度使用导致的污染。现在不少地区和酒店已经不再给客人提供客房使用的"六小件",大大降低了不必要的浪费。

第三,把酒店的物资消耗和能源消耗降到最低点。如客房设置 LED 灯,公共区域通过声控开关控制光源,公共区域设置感应式水龙头等。

【拓展阅读,扫码学习】:你的酒店够绿吗?

(3) 放心

酒店要保证客人在住店期间的人身、财产、食品、精神、心理、信息等各方面的安全。让客人吃得舒心,住得放心。

(4) 健康

健康指酒店为客人提供有益于身心健康的服务和产品,即绿色客房和绿色餐饮。酒店要确保为住店客人提供健康的起居环境和健康安全的食材,为客人的健康负责。在疫情防控常态化的背景下,提供无接触服务,可以减少安全隐患。

**3. 五个等级**

根据酒店在提供绿色服务、保护环境等方面做出不同程度的努力,绿色酒店分为1A 至 5A 五个等级。绿色酒店由中国酒店协会组织专家委员会进行评定。

绿色酒店通过采取一系列有效的软硬件措施,用较少的投入,使酒店对环境产生较小的影响,实现节能降耗,降低酒店成本,实现酒店社会效益、经济效益与环境保护的和谐统一。

(三) 绿色酒店标志

绿色酒店按国家行业标准用具有中国特色的"银杏叶"作为标志。见图 2-4。

图 2-4 中国绿色饭店标志

2006年，国家旅游局出台了我国首部绿色旅游饭店标准，细分为绿色设计、能源管理、环境保护、降低物资消耗等几项内容。酒店"绿色"分为金叶和银叶两个等级。评分达到240分以上的酒店可获"金叶"级；达到180分的可获"银叶"级。

【知识拓展】2.3

### 绿色旅游饭店金叶级和银叶级应具备的条件

1. 金叶级应具备的条件

(1) 饭店建立绿色管理机构，形成管理网络；

(2) 自觉遵守国家有关节能、环保、卫生、防疫、规划等法律法规；

(3) 分区域、分部门安装水、电、汽计量表，并有完备的统计台账；

(4) 锅炉安装除尘处理设备；

(5) 厨房安装油烟净化装置，并运行正常；

(6) 污水处理设施完备或接入城市排污管网，不直接向河流等自然环境排放超标废水；

(7) 室内空气质量符合《室内空气质量标准》(GB/T 18883—2002)的要求；

(8) 不加工和出售以野生保护动物为原料的食品；

(9) 一年内未出现重大环境污染事故，无环境方面的投诉；

(10) 在"绿色旅游饭店"评定细则中得分在240分以上。

2. 银叶级应具备条件

(1) 饭店建立绿色管理机构，形成管理网络；

(2) 自觉遵守国家有关节能、环保、卫生、防疫、规划等法律法规；

(3) 主要区域安装有水、电计量表，并建立台账或记录；

(4) 锅炉有除尘处理措施；

(5) 厨房有烟净化处理措施；

(6) 不直接向河流等自然环境排放超标废水；

(7) 不加工和出售以野生保护动物为原料的食品；

(8) 一年内未出现重大环境污染事故，无环境方面的投诉；

(9) 在"绿色旅游饭店"评定细则中得分在180分以上。

### （四）绿色酒店的内容

**1. 酒店建设方面**

酒店建设要经过科学论证、合理规划设计，充分利用自然资源，尽可能减少人为因素对环境的破坏和影响，把对环境的影响降到最低。

**2. 酒店运营方面**

实行水、电等能耗定额和责任制，采用节能新技术，加强变频、光控等技术的使用，减少对能源的使用，提高设备的利用效率。变频节电，冷凝水回收，无纸化办公，厨房油烟净化，太阳能利用等技术在绿色酒店被广泛运用。

**3. 酒店物质方面**

尽量减少客房一次性用品，减少布草洗涤次数，不使用一次性木质筷子、一次性发泡塑料餐具等。积极使用绿色食品、有机食品和无公害蔬菜，禁食国家保护的野生动植物等。实施餐饮食品清洁生产，杜绝用污染的原材料加工产品。

**4. 酒店产品与服务方面**

开发各种环保产品、绿色产品，如绿色客房、无烟餐厅。实行垃圾分类，有机垃圾无害化处理，建立低温、密闭垃圾房。

**5. 酒店社会意识方面**

环境保护已成为全球关注的热点，在满足客人需要的前提下，酒店应从设计、建设开始，满足绿色酒店发展的需要。员工和客人应共同树立环境意识，以最合理的资源配置保证良好的服务质量和经营效益，提供更多的健康产品，最终实现酒店的可持续发展。酒店有责任、有义务在降低物资消耗、节约能源、环境保护等方面发挥作用，为酒店业和社会的可持续健康发展做出应有的贡献。

【实训题】2.3

业余时间学习《绿色旅游饭店》标准(LB/T 007—2006)中的"绿色旅游饭店"评定细则。

【案例】2.3

后疫情时代，看君澜如何攻心消费者

新冠疫情的爆发，使得我国以人员流动和要素配置为基础的旅游住宿业饱受冲击。疫情作为酒店行业经营的试金石，充分考量了酒店行业的风险能力和运行维护能力。各个酒店品牌纷纷着力内功修炼,在经营上推出"安心住"产品,以期打开新的局面。

基于人们对安全产品的需求,未来,这种新的产品形态或许将影响市场竞争态势。狭义的、停留在表面的"安心住1.0"产品已不能满足消费者的需求。打造常态化、广义化、覆盖化的"安心住2.0"产品才能进一步攻心消费者,通过差异化产品增加客户粘性。全球酒店集团40强、中国饭店集团10强的君澜酒店集团旗下的君澜酒店首创性将安全产品作为常态化运营,推出"安心住、放心吃、快乐行"活动,将"宿""食""动"产品有效植入产品服务的点点滴滴中,呈现其始终如一的温暖关怀,推动防疫产品在酒店落地、生根,给予消费者更多安全感。

**一、 升级服务、赋能产品、提供多维度安全感**

1. 着力吃住行,共筑安全堡垒

"安心住、放心吃、快乐行"活动在"宿""食""动"方面着力,夯实安全防线的同时,升级服务、打造吃住玩闲环产品,提供多元化休假模式,全方位满足客人需求。

(1) 安心住,防疫落到实处。君澜酒店集团所有上岗酒店员工接种疫苗、佩戴口罩,对所有进入酒店人员进行体温监测;前台客人的业务办理均设置一米的安全防线,使用房卡消毒柜对房卡进行消毒;每间客房都免费为客人提供一次性消毒用品,房间配备含75%酒精的免洗手凝胶或同类产品,用滴露湿巾对马桶进行二次消毒,定期用紫外线灯对房间进行灭菌消毒,用除螨仪对房间布艺用品进行深度清洁,用酒精擦拭房间电话机表面和按键;公共区域配备全自动喷雾消毒机、免洗洗手液、感应消毒喷液器;入住和退房处处体现智慧化,酒店前台设置智能自助办理机,引导客人零接触自助办理"快速入住",增设体温检测仪、健康码识别器,为客人提供AI机器人无接触服务检测及数据搜集,独有的"零秒退房"零接触的服务模式让客人安全离开,免去后顾之忧。

(2) 放心吃,食物皆可追根溯源。君澜酒店集团所有原材料的采购都有详细的供应商及采买记录,且在各用餐区增加视频,客人可通过监控了解厨房制作过程,实现食物出品透视化,食物制作可视化。此外,还推行分餐制,集中用餐区中式用餐的每位客人增加公筷公勺;设置分散用餐区;提供"早餐送餐入房"服务。

(3) 快乐行,享受一站式全服务以及优惠。君澜酒店集团致力于让消费者"宅"在酒店,潮玩"酒店+产品",塑造多元化的度假模型;利用其强大的供应链,联动旗下的酒店,跨地区打包产品,提供一价全包服务,实现周边景点及游乐资源全覆盖;深度联合OTA平台以及各项目酒店,扩大"酒店＋产品＋活动"的组合边界,升级"澜嘉会"服务,在增加会员与各项目酒店的黏合度和忠诚度的同时,有效转化"澜嘉会"流量。

2. 创新细节和标准,高品质攻心消费者

后疫情时代,消费者对安全、便捷、品质的需求更甚,对酒店而言,细节化的服务和安全化的保障要兼而有之。君澜酒店集团在推出"安心住、放心吃、快乐行"的基础上,严格把好防控的每一道关,智慧化和人性化结合,将防控管理措施落到实处。无论是客房的全方位消杀还是食物出餐可视化、透明化,着眼于细节处的创新都给了消费者满满的安全感。不仅如此,君澜酒店集团在防疫准则上的不断更新也让人看到了其用心,酒店拥有完善的《安全管理机制》,还制定了《君澜集团疫情防控措施100条》等,防疫制度的保障使得君澜酒店集团酒店维持着高质量的防疫服务,赢得消费者的大量赞誉。

二、夯实体系、丰富业态、实现防疫与管理共赢

君澜酒店集团量化准则,制定严密的防疫措施。从"安全运营规范"到"防疫措施100条",丰富制度,在日常运营中兼顾智慧化和人性化,融合智能服务和人力服务提供基础保障,进一步夯实其服务体系,赢得消费者赞誉的同时,推动了潜在客群的显化和已有客群的回流。

在客群方面,君澜酒店集团结合客户画像,植入其产品,以"住"为切入口,融入"食、聚、动、乐"＋"X"的产品生态,针对"亲子群体"配置儿童俱乐部;针对"银发族"群体的出行度假需求推出长者俱乐部;针对"年轻人"设置网红打卡点和时下流行的"剧本杀",丰富业态,同时提供多种组合套餐,"酒店＋活动"的模式,打造了沉浸式的酒店体验和闭环式旅宿体验。

渠道会员系统是酒店社群布局的重点,其中蕴含着巨大的商业价值,君澜酒店集团提供多元化选择和多组合优惠,多种价格销售的会员模式的推出,助力掘金会员,高价值会员体系打造。

凭借对于消费需求的精研,君澜酒店集团升级了经营模式——将"安心住2.0"植入酒店的常态化运营中,夯实服务体系、细分客群提供闭环式旅宿体验,从细节处给予客人安全感、幸福感和满足感,为酒店经营打开了新局面。

资料来源:迈点网　张瑞　2021-10-21

## 四、智慧酒店

### (一) 智慧酒店概念

智慧酒店是指酒店借助物联网、大数据、人工智能、互联网等新一代信息技术,实现酒店产品的信息化、智能化、数字化和网络化,满足客人的个性需求,提高客人的满意度,降低酒店人力与能耗成本,提高酒店的经营管理水平,形成投资合理、安全节能、高效舒适的现代化新型酒店。

建设智慧酒店是我国酒店行业进行结构调整、升级的必然选择。不仅能使客人的入住体验得到提升,感受到高科技带来的舒适和便利,同时,酒店物耗、能耗、人员成本等也能降到最低,效益与效率大幅度提高,树立酒店行业新形象,参与国际竞争,在高速发展的市场环境下保持领先的竞争力。

### (二) 智慧酒店特点

酒店通过提供智能化、信息化和个性化的服务,满足客人不断提高的个性化的需要。

#### 1. 智能化

酒店智能化是以全新高科技产品装配酒店,通过酒店完善的智能化体系,实现内部管理智能化,对客服务智能化,对外宣传智能化,为客人带来智能化的体验。智能化是酒店产品升级换代的必然选择。

如酒店智能化的服务系统,让刚下飞机的客人就能看到酒店安排的专车已经在机场等候;客人通过车上的移动设备即可进行身份验证并快捷办理入住手续;房卡具有引导功能,一出电梯,系统就自动感应客人的房卡信息,引导客人循着指示牌找到房间。由于酒店给服务员配备了 PDA(Personal Digital Assistant,掌上电脑)客人的专属信息会实时通过无线网络传输到 PDA 上。不管客人身处酒店哪里,附近的服务员都能为客人提供个性化的贴心服务。

#### 2. 信息化

酒店信息化是指酒店利用系统集成方法,通过现代计算机技术,融合统一的通信技术、现代控制技术以及现代建筑艺术,向客人提供投资合理、安全节能、高效舒适、便利灵活并且具有人性化的智慧酒店。

随着信息技术和互联网技术在酒店中的广泛应用,酒店之间的竞争日益加剧。酒店要尽快适应新形势、新变化,充分利用互联网技术进行酒店产品的宣传和营销,并加强在线销售人员的培训。

**3. 人性化**

智慧酒店既能满足客人的个人隐私和个性化的需求,又能为客人提供省时、便捷的服务,给客人带来优质的入住体验。无线无纸、节能环保,在为客户提供简单省时的服务体验的同时,还可以帮助酒店细分客流,提升效率。如希尔顿酒店集团下属的11个品牌的4 100余家酒店,客人通过PC、平板电脑和移动设备check-in,使用数字化平面图或列表,自己自由选择房间,给予客人对入住酒店全程的选择权和控制权。再如,自助入住登记和退房系统,可以让客人在大堂或电梯里的自助登记设备上直接办理入住登记和退房手续。客人只需要在触摸屏上显示的入住登记表上签字就可以完成入住手续,通过USB接口的小型制卡机立刻可以完成房卡的制作。

**【案例】2.4**

### 阿里第一家未来酒店开业,为行业提供"未来酒店"方案

2018年12月18日,阿里首家未来酒店——菲住布渴(FlyZooHotel)正式开业。这家由阿里巴巴集团建设、运营的未来酒店选址在杭州阿里巴巴西溪园区旁,背靠阿里经济体,整合了一系列黑科技,为消费者带来智能又舒适的体验。

菲住布渴依托阿里强大的技术与生态支持,实现了全场景身份识别响应和大面积的AI智能服务。住客从大堂到电梯再到房间,乃至餐厅、健身房等,涵盖人脸识别、语音控制、智能机器人等黑科技服务。通过AI智能服务中枢、数字化运营平台及管理系统,酒店采用了系统数字化解决方案。

其中,阿里云提供稳定安全的大数据底层服务;淘宝技术团队提供酒店整套数字化运营平台、AI智能服务中枢以及智能场景系统的研发;人工智能实验室(A. I. Labs)提供最新设计的智慧机器人;钉钉团队支持构建了酒店的数据运营平台;飞猪作为整体业务领衔方,协调阿里内部各方生态资源,共同设计了全链路的体验流程。

作为阿里经济体内多个团队协同打造的新物种,菲住布渴可以说是阿里巴巴新零售战略的一次尝试。

同大步迈入新零售时代的电商业一样,旅行行业也正面临数字化转型。而阿里未来酒店希望打造一个数字化实体样本,即如何通过线上与线下的融合,将旅行、体验消

费与相关产业链紧密结合,为商家与消费者了解未来旅行提供方向,为酒店沉淀技术能力与经验。

在智能科技全面渗入各行业的当下,未来酒店也是阿里对于科技＋旅行、酒店行业的一次探索。通过系统的数字化、智能化解决方案,阿里尝试为酒店装上智慧大脑,用智能代替简单、重复性的服务工作,提升服务效率的同时,加强消费者的个性化体验。

阿里未来酒店通过智能算法生成酒店数字化运营模型,实时反映酒店的运行状态,为酒店提供"一站式"决策支持。同时,针对酒店行业的管理痛点,未来酒店在人效、能效和多点协同上下功夫。阿里未来酒店 CEO 王群介绍,"未来酒店的人效比是同档次、同规模酒店的 1.5 倍。比如,同规模的酒店需要 20 人左右的财务人员匹配,菲住布渴只需 3 人。"这些沉淀下的能力将很快有机会赋能到相关行业。坐落在亲橙里的这座未来酒店,也将同身边的智慧门店、新餐饮等一道,共同在这个新零售体验中心为人们带来关于未来的更多想象。

## 五、精品酒店

### (一) 精品酒店的概念

精品酒店(Boutique Hotel)一词是从开发商伊恩·施拉德(Ian Schrager)和他的合作伙伴史蒂夫·鲁贝尔(Steve Rubell)在将一个小楼摩根斯(MORGANS)改建成一个高档酒店时得来的。Boutique,其译意为"较小的女士服饰店、珠宝饰物",因此 Boutique Hotel 中 Boutique 一词的意思可理解为小、时尚或与时尚、潮流紧密联系的。

精品酒店是指规模相对较小,配置一整套高标准硬件设施和酒店服务系统,聘请专业酒店服务公司经营和管理,为高端消费群体定制的具有时尚、个性风格,讲求私密、奢华的住宿体验,提供贴心专属服务的高品位酒店。

### (二) 精品酒店的特点

**1. 体量小**

精品酒店一般客房间数少于 100 间,且一般配备规模较小的餐厅或酒吧。在配套功能方面,精品酒店一般取消客人使用率较低的行政酒廊、夜总会、大型会议室和大型宴会厅,而选择保留关系到客人住宿体验的豪华客房、咖啡厅、商务中心以及豪华的大堂等使用率较高的公共区域。所以,精品酒店虽然接待宾客数量有限,但酒店的占地面积、建筑面积及客房面积往往较五星级酒店有过之而无不及,继而确保顾客享受到私密且极致的住宿体验。

**2. 无与伦比的地理位置**

对于追求与众不同与精益求精的精品酒店来说,酒店的选址极为重要,好的选址能与酒店的定位与设计风格相匹配,更能体现出这家精品酒店的不俗品位。对于度假类精品酒店,好的风景往往成为其选址的重要考量因素。世界知名的安缦酒店集团,其遍布世界各地的三十余家酒店无一不选址在坐拥独特历史文化景观或绝美自然景观之地。北京颐和安缦酒店作为安缦集团的中国内地首秀,选址在中国最知名的皇家园林——颐和园东门,且为其宾客提供进出颐和园的私人通道。

**3. 匠心设计**

不同于连锁酒店追求酒店产品品质的始终如一,精品酒店从建筑设计、装饰设计等方面首先摒弃的就是标准化,而追求设计的差异化和独特的文化属性。所以纵观整个市场,即便是集团化经营的精品酒店也绝看不到两家一模一样,甚至在一些度假型精品酒店中也绝无两间一模一样的客房。

## 【案例】2.5

### 英迪格酒店的"耳目一新的邻间文化"

洲际酒店集团旗下的 INDIGO Hotel 英迪格酒店品牌,定位高端精品酒店。其有别于传统奢华酒店,强调好的材料和最新的设施,在英迪格酒店更多融入的是文化与艺术设计。这个创立于 2004 年 10 月的品牌发展至今,无论是大洋彼岸还是中国内地,都不会有两间相同的英迪格酒店。每一家英迪格酒店都独居个性,充分诠释了"耳目一新的邻间文化":以当地独特的历史及人文故事为衬托,将充满艺术气息的现代设计与浓郁的当地邻里文化风情完美融合,并以亲如近邻又不失创意惊喜的服务,为追求品质和个性体验的创意阶层提供令人耳目一新的当地旅居体验。

在丽江古城英迪格酒店中,酒店里很多细节都源自连接云南与西藏的茶马古道:以玉龙雪山为主题的英迪格高级房,床头壁画是连绵的雪山壁画;豪华房的主体则是雪山村落,房内的灯饰与衣架依据马蹄造型设计。而上海外滩英迪格酒店则一进门就是一幅巨大的上海豫园墙画。设计师 Hirsch Bedner Associates(HBA)把整个酒店和海派情调相结合,打造出象征石库门建筑的灰砖墙、怀旧的纱幔、仿古的宫灯、墙上的豫园黑白照片、民俗浓郁的花布抱枕,仿佛把人拉到了那风姿摇曳的夜上海。

**4. 私密的专属服务**

精品酒店从人员配备、员工培训、服务流程和产品设计各个方面力求为客人呈现私密的、贴心的服务。无论是选址在郊野的度假精品酒店,还是选址在城市的商务精品酒店,隐秘与低调是其一贯的风格,意图为客人打造更私密、放松的住宿空间。即便选址在繁华的闹市区,你也看不到硕大的酒店标识牌,豪华的旋转玻璃门,精品酒店总是努力地隐身于周边的环境(图2-5、图2-6)。同时,精品酒店在服务过程中的服务员与客人之比高达5∶1,训练有素的专属服务人员会在客人入住全程提供定制化服务,确保客人卓越的住宿体验。

图2-5 成都博舍酒店入口

图2-6 北京瑜舍酒店入口

在消费者需求不断迭代升级的今天,精品酒店独具特色的住宿产品打动着消费能力强且关注住宿品质,追求极致住宿体验的消费人群。加之精品酒店往往采取低调的定向营销,定位市场中的小众人群,入住精品酒店也逐渐成为高端人士彰显个人品位与身份的标签。

**📖 典型案例**

能和"老酒店"学什么?
——中国服务品牌打造正当时

服务经济时代,酒店如何借力中国礼仪之邦的优秀传承,打造"中国服务品牌"?走进有着38年历史沉淀的金陵酒店管理公司,看看他们怎么做好对中国传统文化艺术的重新领悟和运用,呈现金陵独有的"细意浓情",创新演绎"东方的,世界的"品牌精髓。

当今,酒店市场品牌如林,竞争不断加剧,大家都在寻找提升品牌辨识度的方法,在做好常规服务的同时,研究并推出更具有"中国印记"的服务。而抢先谋划的酒店品牌已经挖到了第一桶金,比如金陵酒店管理公司。据财报数据显示,金陵饭店2021年上半年营业收入6.17亿元,同比增长25.5%,实现归属母公司所有者的净利润达1 671.34万元,同比增长5 250.18%。其中,主营业务中的酒店业务占比33.29%。

### 一、积淀三十八年,金陵饭店见证中国改革开放历程

金陵酒店管理公司(以下简称"金陵酒店")隶属于金陵饭店集团公司酒店业务板块,融汇金陵饭店38年的丰厚积累,深耕酒店连锁运营管理近20年,目前已发展成为品牌化管理、专业化运营、连锁化发展的大型酒店管理机构,形成立足长三角区域、全国多点布局的新态势。

金陵饭店集团公司发展大事记:

1. 1983年,金陵饭店正式开业。中国改革开放以来首批旅游涉外饭店、江苏省首家五星级酒店。

2. 1993年,金陵(国际)饭店管理公司成立。中国旅游局批准的全国首批国家级饭店管理公司。

3. 2002年,金陵饭店集团有限公司及其控股的金陵饭店股份有限公司成立。

4. 2007年,金陵饭店(601007)在A股上市,成为全流通后国内酒店业首发上市第一股。

5. 2012年,"金陵Jinling"商标被认定为中国驰名商标、中国酒店民族品牌。

6. 2018年,金陵位列中国酒店前30强,并成功跃入HOTELS杂志"全球酒店集团50强"。

7. 2019年,实施多品牌、多模式发展战略,在管酒店突破160家,遍布全国17省77市,在管五星级酒店总数位居全国前列。

8. 2020年,以多品牌战略引领酒店主业拓展,打造金陵酒店多品牌、多层级、多体系的发展模式,立足长三角区域,实施北上、南下、西进的战略扩张,实现

金陵从区域性走向全国性的战略升级。

最新资料显示,金陵酒店已经签约207家酒店、超5万间客房,遍布19个省90余市,在管五星级酒店位居全国前列。在酒店品牌矩阵上,除金陵主品牌外,衍生出金陵精选、金陵嘉珑、金陵文璟、金陵山水、金陵嘉辰等子品牌,构建涵盖高端商务酒店、精品商务酒店、休闲旅居酒店、主题文化特色酒店、智能服务公寓酒店的品牌体系。

从品牌发展的角度来说,金陵饭店可以说是含着"金汤匙"出生。作为1979年经国务院批准建设的全国首批六家大型旅游涉外饭店之一,在服务品质上也被加以最高的要求。1983年10月建成开业之时,它以"第一家由中国人自己经营管理的大型国际酒店"蜚声海内外,国际媒体视之为"中国改革开放的窗口""中国四个现代化在旅游业的试金石"。

这座不平凡的建筑,见证了中国改革开放40年的历程,同时也孕育了一个传承千年国韵、集民族娟秀与全球视野于一体的"中国人自己的酒店品牌"。

金陵饭店率先在全国服务业创立了"细意浓情4-8-32"质量经营模式——细在精准、意在卓越、浓在超值、情在人文,将之品质内涵升华到魅力质量的全新境界,成为中国酒店业的服务典范。因此,金陵酒店已相继荣获中国质量最高奖——"全国质量工作先进单位标兵",中国质量领域最高政府性荣誉——首届"中国质量奖"提名奖,并10度蝉联世界品牌实验室评定的全球服务业最高奖项——"五星钻石奖"。

**二、根植传统文化,金陵酒店重磅推出十大服务产品**

这些荣誉背后是金陵酒店对于中国文化的传承,和对本土特色的深耕,正如南京金陵酒店管理公司总裁李成勇在接受采访时所说:"金陵饭店的核心竞争优势就是文化,依托六朝古都,金陵饭店不仅演绎了中国的宋、齐、梁、陈的文化,也演绎了民国文化,如今更演绎了苏商文化,演绎出江苏作为中国经济大省、经济强省的文化。依托于这些文化,金陵酒店形成了吃住行、游购娱具有生活气息的文化氛围。"

基于内容的演化,金陵酒店重磅推出了独具金陵特色的十大服务产品——以茶香迎客,进行贴心问候的金陵之韵;奉以手作之礼,表达情深意浓的金陵之情;让消费者能享梦金陵,呈现睡眠关爱的金陵之享;提供阳光早餐,讲究面面俱到的金陵之典；发挥金陵特色菜肴的魅力，传承经典的金陵之味；创新设计，让消费者能歆享尊荣的金陵之魅；提供品牌专属形象萌宠的金陵之礼；体验金陵，呈现细意浓情的金陵之雅；优化体验，创新服务的金陵之梦；打造尽属贵宾登顶礼遇的金陵之尊。

从酒店入住、享受睡眠、品味美食、歆享尊荣等各个层面，金陵将对文化的深刻理解，融合到酒店的服务产品中，融入住客的生活里，形成了金陵品牌独特的"细意浓情"，形成了金陵美肴，形成了金陵花道、书道、茶道，让原本无形的内容，被看见、听到、吃到、闻到、摸到，并且能让人从感官上与它充分融合，感受来自东方的婉约气质，打造具有中国服务特色的旅居文化。

具体到十大服务产品架构的一一拆解，我们可以看到金陵酒店对于细节的充分关注。以商旅客人尤其关注的睡眠服务为例，立足于全方位为宾客打造五维感官体验的完美"睡眠系统"，金陵酒店在听音助眠的声、萦香助眠的闻、小食助眠的味、好物助眠的触、心情助眠的形五个细节上齐下功夫，提供满足需求的睡眠包，让身心疲惫的客人得到完美的睡眠体验。在大家习以为常的客房服务中，睡前一杯放在保温杯中的热牛奶、一张员工手写的心意卡片，都能让客人感受到被"重视"。

在后疫情复苏推动力担当的餐饮模块，金陵酒店发扬创新淮扬菜系，使其成为酒店餐饮主打品种、经营亮点，并辅以金陵之味、金陵之典、金陵之魅展现金陵餐饮的独特优势。其中令人印象深刻的是"金陵之味"，从传承到创新，基于淮扬菜系，金陵酒店已经推出了四冷八热四点十六道"金陵经典美食"。

在打造极具当地特色美肴的基础上，金陵酒店还定制金陵节气特选美肴产品。比如在2021年中秋，金陵系列月饼销售也突破重围，共售出24万盒，为中秋献上一份满意答卷。而金陵之魅则是金陵餐饮的加分项。这缘于站在背后的"金陵点菜师"，他们仔细聆听每一位消费者的心选口味，将金陵美食与当地特色菜肴有机结合，从合理膳食到健康养生，为之进行专属定制化服务。

借助细致的服务，金陵酒店收获了诸多的粉丝。据最新资料显示，金陵贵宾会员数量已经突破1 000万。从0到1 000万，和"金陵之尊"服务产品分不开。聚焦会员真实需求，金陵酒管公司将会员权益细化为权益礼遇和关怀礼遇。在权益礼遇方面，金陵酒店持续根据会员等级为之提供尊享礼遇产品。在关怀礼遇方面，则从VIP礼遇、升级礼遇、生日礼遇和尊享礼遇四个模块对会员进行全方位关怀,不断增强客户黏性。

### 三、"东方的"细意浓情,成就"世界的"金陵

服务经济时代,中国服务将成为中国经济的主要增长引擎,而酒店作为城市窗口,也将肩负起自己的使命——传递东方美学与生活方式,输出不同于西方服务标准的中国服务,为中国国家形象增添一张"软实力"名片。

"细在精准、意在卓越、浓在超值、情在人文",金陵酒店以醇厚的人文素养与婉约的殷殷之情,铸就了"东方的、世界的"金陵连锁酒店品牌文化内核。在这个内核的指引下,金陵酒店不断复制延伸、深化创新——"当客人需要帮助时,就是我们用心为客人做事的时刻到了;当客人遇到困难时,就是我们让客人感动的时刻到了;当客人需要个性化服务时,就是我们给客人惊喜的时刻到了。"这就是服务的要义,也是中国礼仪之邦待客之道的有效实践。

资料来源:根据迈点网2021-11-09《能和"老酒店"学什么?|中国服务品牌打造正当时》相关内容进行整理。

思考与分析:

1. 我们能向"老酒店"金陵酒店学到什么?
2. 你是如何理解"东方的、世界的"金陵连锁酒店品牌的文化内涵?

## 本章小结

酒店是以一定的建筑设施为凭借,通过提供住宿、餐饮、会议、康乐等业务,取得良好的社会效益、经济效益和环境效益的现代综合性服务企业。酒店是客人在目的地一切活动的基地,是客人的"家外之家"。酒店业作为现代服务业,业务活动具有服务性、综合性、营利性、文化性和波动性的特点。酒店产品不同于一般意义上的产品,从客人的角度看,包括物质产品、精神产品和心理产品;从酒店的角度看,包括酒店位置、酒店设备设施、酒店服务、酒店气氛、酒店形象和酒店价格。酒店产品具有生产、销售和消费同时进行、综合性、季节性、产品价值的不可储存性和不可捉摸性的特点。选择不同的分类标准,酒店有不同的类型。随着全球经济一体化的进一步加剧和社会需求的不断变化,酒店逐步向酒店集团、主题酒店、经济型酒店、绿色酒店和智慧酒店的方向发展,为现代酒店业的发展提供了更广阔的发展前景。

# 第三单元　实践与训练

## 第一部分　课堂讨论

1. 酒店仅仅是让客人住的地方吗?
2. 我国三四线城市是未来快捷酒店发展的主阵地吗?

## 第二部分　课外练习

1. 基本概念

(1) 酒店产品

(2) 智慧酒店

(3) 主题酒店

(4) 经济型酒店

(5) 绿色酒店

2. 填空题

(1) 酒店业作为服务性行业,其业务活动具有_____、综合性、营利性、_____和波动性的特点。

(2) 从客人的角度看,酒店产品包括_____、精神产品和_____;从酒店的角度看,酒店产品包括酒店位置、酒店设备设施、_____、酒店气氛、_____和酒店价格。

(3) 主题酒店具有主题性、_____、独特性和_____的特点。

(4) 经济型酒店具有经济性、_____、_____、简约性和舒适性的特点。

(5) 民宿具有_____、_____、_____和_____的特点。

3. 单选题

(1) 我国酒店星级评定总则规定,取消星级的终身制,规定旅游酒店使用星级的有效期限为(　　);增加预备星级,酒店正式开业一年后可申请星级评定。

① 三年

② 四年

③ 五年

④ 十年

(2) 经济型酒店的经营管理模式主要有(　　)和顾问管理等。

① 租赁经营

② 特许经营

③ 直接经营

④ 合同管理

4. 多选题

(1) 酒店业在我国国民经济发展中发挥着越来越重要的作用,体现在创造旅游收入和(　　)方面。

① 拉动内需、促进消费

② 安排就业

③ 对外交流的窗口

④ 社会多元交流的场所

(2) 酒店产品具有(　　)和季节性的特点。

① 生产、销售和消费同时进行

② 综合性

③ 不可捉摸性

④ 产品价值的不可储存性

(3) 精品酒店是为高端消费群体定制的具有(　　)特征的高品位酒店。

① 时尚、个性风格

② 讲求私密、奢华的住宿体验

③ 提供贴心专属服务

④ 收费昂贵

(4) (　　)是构成绿色酒店的四个理念。

① 环保、安全

② 节约、环保

③ 放心、健康

④ 生态、环保

5. 简答题

（1）试述酒店产品的概念和特点。

（2）简述旅游酒店在我国经济和社会发展中的作用。

（3）商务型酒店有何特点？

（4）会议型酒店如何根据会议型客人的特征满足客人的需要？

（5）目前，我国经济型酒店在发展过程中存在哪些主要问题？

6. 实训题

组织学生参观本地一家中国本土品牌五星级酒店、一家国际品牌五星级酒店和一家特色快捷酒店，了解酒店的地理位置、规模、服务项目和特色。学生分小组以PPT的形式对参观的酒店进行总结，并比较它们之间的不同和各自的特点。

# 第三部分　案例分析

## 亚朵酒店热捧背后：人文内涵与属地化体验

亚朵酒店以中产阶级商务人群为目标市场，以满足他们的归属感与自我成长需求为利益诉求，通过注入人文内涵形成差异化定位，由此深深植入目标消费群的心里，从而积累富有竞争力的品牌资产。亚朵重点从产品、文化象征、服务等诸方面来执行这一定位。

亚朵的每家酒店都选址在城市核心商务区，方便商旅目标客人的出行。在产品功能上，亚朵并不是一味在房间里堆砌硬件，而是把价值直指商旅客人的核心需求点：睡眠、网络、早餐。亚朵与行业顶尖供应商梦百合以及康乃馨合作定制了PLANET BED床垫、床品系列，媲美威斯汀的天梦之床，优于希尔顿等五星酒店的床品；酒店的洗浴用品为定制的BODY LABO系列，轻奢系品牌，天然香氛塑造与众不同的呵护体验；酒店提供50M无线上网信号，满足现代人保持时刻在线的需求；亚朵的早餐丰富，有中西各式餐点，更设有星级酒店才有的明档；而地暖的使用让每个公共空间温暖如春。

亚朵明确突出酒店的人文内涵，它是中国第一家图书馆连锁酒店、摄影众筹酒店。它提出24小时图书馆理念，每家亚朵都设有上千册人文书籍的"移动图书馆",客人可无抵押免费借阅书籍,异地还书,赠送积分。"以书易书"计划进一步提高图书流动性。同时图书馆也向社区免费开放,实现真正的全民阅读。每家亚朵都是当地人文摄影作品展览馆,主题照片则由知名人文摄影师提供属地化作品,客人足不出户即可了解当地风土人情。客房、公共区展示的摄影小品由亚朵客人、亚朵粉丝众筹组成。亚朵还开设以阅读、摄影、音乐、旅游、人文等为主题的大讲堂,免费向社会开放,为酒店增添文化内涵。

亚朵在服务上重视"信任待客、感受邻里"的理念。入住亚朵,客人无须抵押即可借阅图书馆书籍,没读完可带走异地归还,对于还书的客人,亚朵赠送积分。退房的时候,亚朵选择相信客人,不查房让客人快速退房离店。为了提高服务质量,亚朵对一线服务员工大胆授权,一线员工有权根据实际情况,给予客人免一间夜房费;当客人需要帮助时,无论在店内、店外,任何员工有权根据具体情况支配人民币300元以内的资金帮助客人。

亚朵酒店的特色与优势在于其人文内涵和属地化体验。2013年7月第一家酒店开业,一年内已在西安、成都、南京开了6家酒店,表明人文和属地化体验对目标消费群具有巨大吸引力。亚朵需要在未来坚守和强化"人文"定位,紧紧抓住商务旅客这一核心目标群,除了提供精品入住体验之外,更应提供属地的独特文化体验。在营运上,通过直营店积累丰富经验之后,再尝试加盟复制才是稳健之策。

资料来源:王海忠,亚朵酒店热捧背后:人文内涵与属地化体验.经济观察报,2014年9月23日

思考与分析:

亚朵酒店的人文内涵与属地化体验受到消费者青睐的原因?

# 第三章 酒店战略与组织管理

### 学习目标

◆ 思想目标

（1）以社会主义核心价值观教育为引领，对学生进行诚信教育，要求学生了解酒店的规章制度，做一名尊法、守法、用法的准酒店人；

（2）帮助学生树立团队意识，培养学生团结、进取、合作的团队精神。

◆ 知识目标

（1）掌握酒店战略管理的概念和主要特征；

（2）掌握酒店的战略选择。

◆ 能力目标

（1）科学设计酒店组织结构；

（2）创新酒店组织制度建设，使之适应发展需要。

### 导入案例

别样的酒店接待

盛夏的七月，李女士来到某城市旅行。经过几小时的旅途奔波，出租车停在一家五星级酒店门口，在给出租车司机付款时，李女士透过车窗看到华丽的旋转门门口一位帅气的酒店员工快步走向出租车后备厢，帮忙取出行李后，来到车门前致以问候："李女士下午好，欢迎您选择我们酒店，我叫 Peter，很高兴为您服务。"Peter 一边拉行李一边引领李女士走向酒店前台。出乎意料的是 Peter 并没有把客人交给另外一个等候在前台的员工，而是俩人互换位置，前台的员工前往酒店门口，Peter 则继续为李女士办理入住手续。之后，Peter 拿着房卡和行李引领李女士前往客梯处，并与她一同乘坐电梯。

这一路上，Peter与客人相谈甚欢，且初步介绍了这座城市。到达客房，他熟练地将房卡插进取电口，将行李放置在行李架。在走出房门前，他真诚地说："李女士，再次感谢您下榻××品牌酒店，很高兴为您服务，入住期间如果您遇到问题，可以随时找我，我叫Peter，祝您入住愉快！"两次自我介绍，让李女士牢牢地记住了他的名字。在完成旅行后，李女士在预定渠道给这家酒店一份五星好评，并提到了Peter这位员工。

酒店的这一波操作，是不是跟你以往的入住体验不太一样？一般完成以上流程，你会接触到不同部门和岗位的员工，但是在这里，你基本上只需要对接一个人，由他帮你解决入住期间的所有问题。这究竟是如何做到的，我们一起来一探究竟。

这家五星级酒店在前厅部将前台和礼宾两个岗位进行合并。按照酒店部门的编制，前台和礼宾部均隶属于前厅部，是房务部的一部分，通常是旅客进入酒店后最先感受到服务的部门，是冲在服务第一线的先锋。前台为客人办理入住登记及退房手续，对酒店作整体房态控制及客户信息整理和归档。礼宾部是一个全方位对客服务的集合处，礼宾部员工是无所不知的活地图，是车辆安排小能手，是行李搬运专家，是24小时随时待命的万能"工具人"。所以合并不是简单的岗位合并，前提是员工变得一专多能。

案例来源：李益彤《酒店评论》岗位创新，酒店组织变革的下一个突破口

问题：1. 什么是复合型员工？

2. 这样的岗位创新给酒店带来哪些好处？

# 第一单元 任务导入

## 项目一 发现新的酒店岗位

### 一、下达项目学习任务书

通过本章的学习,学生以小组为单位,以"发现新的酒店岗位"为任务,以实地考察的酒店为例,借助 PPT 的形式来谈谈酒店的岗位发生了哪些变革和创新。学习任务书见表 3-1。

▼ 表 3-1 学习任务书

| 项目名称 | 发现新的酒店岗位 |
|---|---|
| 项目训练形式 | 主题演讲(以小组为单位、借助 PPT) |
| 项目能力分解 | 观察能力、思维能力、沟通能力、分析能力、语言表达能力、团队合作能力 |
| 项目评价 | 教师点评和小组互评 |

### 二、项目准备

**1. 实地考察**

考察所在地 1—2 家四星或五星级酒店。

**2. 资源利用**

结合本章所学知识,查阅考察酒店网站,结合人员访问和实地调研等形式了解走访酒店开展了哪些岗位的合并与创新。

### 三、项目学习目标

1. 做到知识学习与社会实践有机结合。
2. 提高观察与思考能力、分析问题的能力、沟通能力、语言表达能力和团队合作能力。
3. 了解酒店业务岗位变革的内在驱动力。

## 四、项目学习情况评价

1. 对酒店业务部门的岗位变革进行较全面的了解和认识。
2. 小组成员合作完成项目活动的展示。
3. 设计讲解内容主题突出,思路清晰;语言表达流畅;对问题的分析有一定深度。活动评分表见表3-2。

▼ 表3-2 "发现新的酒店岗位"项目活动评分表

| 项目名称 | 发现新的酒店岗位 |
| --- | --- |
| 材料准备(15分) |  |
| 内容(30分) |  |
| PPT(10分) |  |
| 语言表达(15分) |  |
| 团队合作(10分) |  |
| 回答问题(20分) |  |
| 合　计 |  |

# 项目二　酒店的非正式组织

## 一、下达项目学习任务书

通过课程学习、查阅相关资料、利用网络资源、实地访问等形式,对酒店存在的非正式组织有全面的认识。通过本章的学习,学生以小组为单位,通过实地访问酒店和典型案例分析,借助于PPT演示,选择典型的非正式组织案例进行深入的分析和研究。学习任务书见表3-3。

▼ 表3-3 学习任务书

| 项目名称 | 酒店的非正式组织 |
| --- | --- |
| 项目训练形式 | 主题报告(以小组为单位、借助PPT) |
| 项目能力分解 | 分析能力、思维能力、应变能力、解决问题能力、沟通能力、团队合作能力 |
| 项目评价 | 教师点评、小组互评 |

## 二、项目准备

**1. 实地访问**

考察所在地1—2家四星级或五星级酒店。

**2. 资源利用**

结合本章所学背景知识,通过实地考察,人员访问,了解酒店内存在的非正式组织形态和酒店经营者对非正式组织的意见及管理方式等。

## 三、项目学习目标

1. 做到知识学习与社会实践有机结合。

2. 提高分析能力、观察与思考能力、应变能力、解决问题能力、沟通能力和团队合作能力。

3. 以酒店管理者和非正式组织成员的双重角色进行研究和实践,探索非正式组织内部与外部人员对于非正式组织的认识与态度,从而了解其对酒店企业的意义。

## 四、项目学习情况评价

1. 对酒店非正式组织有较全面的了解和认识。

2. 小组成员合作完成酒店非正式组织项目的分析和总结。

3. 汇报内容主题突出,内容丰富;语言表达流畅;分析问题准确得当。活动评分表见表3-4。

▼ 表3-4 "酒店的非正式组织"项目活动评分表

| 项目名称 | 酒店的非正式组织 |
| --- | --- |
| 材料准备(15分) | |
| 内容(30分) | |
| PPT(10分) | |
| 语言表达(15分) | |
| 团队合作(10分) | |
| 小组互评(20分) | |
| 合计 | |

# 第二单元　背景知识

## 第一节　酒店战略管理概述

对于个体来说,战略是走向成功的秘诀,人人都需要战略。没有战略,生活就没有了目标,人生就没有了方向。没有了战略,就失去了前进的动力。

对于酒店企业来说,战略是企业获取、维持竞争优势的核心力量,失去了战略,企业就失去了方向,失去了竞争优势,难以在竞争中获得领先地位,进而实现企业的使命和目标。

### 一、酒店战略管理的概念

战略管理是伴随着企业的管理理论和实践发展而逐渐形成的,从 1938 年巴纳德首次将战略的概念引入管理理论,战略管理的发展大致走过三个阶段,分别是:早期战略管理阶段(20 世纪 50 年代前)、古典战略管理阶段(20 世纪 60 年代至 80 年代)以及现代竞争战略理论阶段(20 世纪 80 年代至今)。在不同阶段,学者们对战略管理的定义各有不同侧重。

企业战略首先于美国产生,巴纳德(1938)首次将战略引入管理领域,认为管理和战略是企业管理者的两个重要工作。随着经济的高速发展,企业间的竞争更加激烈,复杂多变的环境需要有新的管理理念,企业战略管理登上了历史舞台。钱德勒(1962)出版了《战略与结构:美国工业企业的历史的篇章》,他认为企业经营战略应当适应环境,满足市场需要,而组织结构又必须适应企业战略,随着战略变化而变化。安索夫(1965)则在前人的基础上提出了战略管理的概念,他将战略管理定义为将企业的日常业务决策同长期计划决策相结合而形成的一系列经营管理业务。在这之后,大批研究者涌入企业战略研究领域,迈克尔·波特(1980)提出了著名的五力模型,斯坦纳(1982)将战略管理视为动态过程,亨利·明茨伯格(1989)则通过对诸多学者的研究总结,将战略管理定义概括为"5P",即策略(Poly)、计划(Plan)、模式(Pattern)、定位(Position)和观念(Perspective)。

结合上述战略管理的经典定义,我们将酒店企业的战略管理定义为:酒店企业在分析外部环境和内部条件的现状及变化趋势的基础上，为了求得酒店企业的长期成长与发展所作的整体性、长远性的谋划。

## 二、酒店战略的主要特征

### （一）全局性

酒店企业的经营战略是以全局为对象，根据酒店总体发展目标的需要而制定的。它所规定的是酒店的总体行动，寻求的是酒店企业发展的总体效果。虽然经营战略也必然包括一些局部的活动，但是这些局部活动是作为总体行动的有机组成部分在战略中出现的，这样也就使经营战略具有综合性和系统性。

因此，经营战略的全局性要求在制定酒店战略时局部利益服从全局利益。具体来说，酒店企业经营战略不是强调酒店中某一事业部或某一职能部门的重要性，而是通过制定酒店的使命、目标和总体战略来协调各部门自身的目标，明确它们对实现组织使命、目标、战略的贡献大小，以全局的眼光统筹各部门和业务单元，以全局的视野去制定各层级战略。

### （二）长远性

酒店企业的经营战略，既是酒店谋取长远发展要求的反映，又是酒店对未来较长时期（通常5年以上）内如何生存和发展的通盘筹划。经营战略的制定往往是以组织长期生存和发展为出发点，关注更长远的利益而非短期利益，这要求战略制定必须面向未来，具有一定的稳定性。因此，经营战略的长远性体现在两大方面：① 酒店所处的外界市场环境不断变化，需要不断调试自身以适应环境的变化。因此，对于企业而言，战略管理"永无止境"。② 动态环境促使企业进行必要的战略调整，但经营战略又不能"朝令夕改"，仍需保持战略体系的相对稳定性。

### （三）抗争性

酒店经营战略是关于酒店在激烈的市场竞争中如何与竞争对手抗衡的行动方案，同时也是针对来自各方面的许多冲击、压力、威胁和困难，迎接诸多挑战的行动方案。战略是企业适应市场竞争的需要而产生的，是为增强企业竞争力而制定的。经营战略是酒店企业主动适应外部环境变化，迎接挑战的一种行为。在优胜劣汰的市场环境中，酒店企业需要设计适宜的业务模式以不断增强适应市场竞争的能力。因此，酒店企业的经营战略是企业积极主动的抗争行为。

## （四）纲领性

经营战略规定的是酒店企业总体的长远目标、发展方向和重点，以及所采取的基本行动方针、重大措施和基本步骤，这些都是原则性、概括性的规定，具有行动纲领的意义。它必须通过展开、分解和落实一系列过程，才能变为具体的行动计划。企业的战略只是确定企业所要取得的目的和发展方向，仅仅是一种原则性和概括性的规划，是对企业未来的总体谋划。因此，酒店企业的经营战略对其经营活动起着核心导向作用，是经营活动的指导纲领。

## （五）创新性

酒店要想生存，在众多竞争者厮杀的市场中生存和发展壮大，势必要打造、培育自己的核心资源，实施创新性的战略，创造有别于其他竞争者的独特优势。因此，酒店企业的经营战略要促进其在技术、组织、管理等方面的创新，并充分利用这些创新成果，增强企业的竞争优势，巩固自身的竞争地位。只有将创新性贯穿于酒店企业的经营战略之中，才能帮助企业在激烈的市场竞争中获得最大收益。

## 三、酒店战略管理体系的构成

### （一）企业愿景

愿景是指酒店企业未来想要成为什么样的企业，是企业的长远发展目标。它是企业对前景和发展方向的高度概括性描述，是企业未来可能并希望达到状态的一种设想。愿景简明扼要地回答了：企业想成为什么样的企业。例如，7天酒店的愿景是"让顾客天天睡好觉"，在这个愿景的统领下，7天酒店确定的使命是：以直销低价模式，快乐自主的服务理念，致力为注重价值的商旅客人提供干净、环保、舒适、安全的住宿服务，满足客户核心的住宿需求。亚朵酒店则不认为酒店只是"睡觉"的地方，它把酒店定位为"亚朵生活"，提出的愿景是"第四空间，成就一种生活方式"。在这个愿景下，亚朵酒店非常关注酒店公共空间尤其是书吧等场地的氛围营造。我们从表3-5中可以看到一些酒店企业对自身愿景的描述。

▼ 表3-5  酒店企业愿景列举

| 酒店品牌 | 愿景 |
| --- | --- |
| 汉庭 | 成为世界住宿业领先品牌 |
| 如家 | 成为大众住宿业的卓越领导者 |

续表

| 酒店品牌 | 愿　景 |
|---|---|
| 维也纳 | 创世界品牌,立百年伟业 |
| 香格里拉 | 诚恳的款客之道,缔造难忘记忆 |
| 丽思卡尔顿 | 让丽思卡尔顿激发生命中有意义的旅程 |

## （二）企业使命

使命是企业存在的理由,是指酒店企业所从事的事业及其目的与方向,它表明了酒店企业的宗旨、信念和所从事事业的目的,揭示了酒店要发展成为什么的关键问题。酒店使命是贯穿于企业各种活动的主线,为员工、顾客以及其他相关组织和个人提供一个认同的理念和形象,表达的是"我们是谁""我们要做什么"以及"我们为什么成为这样"。例如,文华东方酒店集团的使命是"取悦和使旅客感到满意""我们致力于每天作出改变,持续地变得更好而使我们保持最好"。例如,假日酒店20世纪80年代初的使命为:成为一个在住宿、餐饮、娱乐、交通行业提供服务的多元化经营的国际化企业。20世纪90年代初其使命修订为:努力成为一家在世界上受顾客和旅行社偏爱的饭店和饭店特许经营权企业。我们可以从表3-6中看到部分知名酒店企业的使命表述。

▼ 表3-6　酒店企业使命列举

| 酒店品牌 | 使　命 |
|---|---|
| 希尔顿逸林 | 细致入微、体贴入心 |
| 文华东方 | 取悦和使旅客感到满意,我们致力于每天做出改变,持续地变得更好而使我们保持最好 |
| 假日酒店 | 努力成为一家在世界上受顾客和旅行社偏爱的饭店和饭店特许经营权企业 |
| 香格里拉 | 为顾客提供物有所值的特色服务与产品创新,令顾客喜出望外 |
| 丽思卡尔顿 | 提供真诚的关怀以及精致的产品和服务,实现利润领先 |

## （三）企业价值观

价值观是指企业的经营哲学、信念和行为准则,一般不随环境、条件的变化而变化,是一群人认为有益的、正确的或有价值的信条或特点,因此,企业价值观就是指企业在追求经营成功过程中所推崇的基本信念和奉行的目标,是企业全体或多数员工一致赞同的关于企业意义的最终判断。酒店企业的生存,其实就是价值观的维系,以及大家对价值观的认同。实际上,企业价值观是把所有员工联系到一起的精神纽带;价值观是酒店企业生存、发展的内在动力，同时也是企业行为规范制度的基础。而正是由于企业价值观的重要性，许多公司提出了自身的价值理念。例如，希尔顿饭店（Hilton）的价值观则包括以下内容：① Hospitality（热情好客），我们以万分热情提供超凡出众的客户服务；② Integrity（正直诚信），员工的行为自始至终符合道德规范；③ Leadership（领导团队），我们是行业及所在社区的杰出领导者；④ Teamwork（团队合作），我们在任何工作中都会发挥团队合作精神；⑤ Ownership（主人翁精神），我们以认真负责的主人翁精神来指导自己的行为和决策；⑥ Now（即时行动），我们在运营过程中始终意识到紧迫感和纪律性。

### （四）目标与衡量指标

目标是指酒店在一定时期内，按照其经营宗旨考虑企业的内外条件和可能，沿其经营方向所要预期达到的理想成果，反映了酒店在未来一段时间内经营活动所期望的水平。它是酒店在一定阶段要达成的阶段性任务，是酒店的最终追求，同时也是酒店用于衡量自身绩效的标准。

### （五）主要战略的选择与组合

在确定了企业愿景、使命、价值观及目标后，需要通过具体的战略选择策略与组合将企业战略付诸实施。在实际中，企业将会面临着多种多样的情况，企业必须明确各种战略的优劣、利弊、成本与收益。事实上，企业战略的选择是在明确自身优劣势、市场竞争地位的强弱以及市场增长的快慢等方面来选择相应的战略，并将不同战略进行组合，从而形成战略互补，最终达到1+1＞2的效果。目前，战略的选择往往会借助多种模型及工具，例如SWOT模型、财务分析工具、战略钟模型等，通过这些工具，企业评估、选择战略并组合战略，促使战略的实施带来最大化收益。

### （六）战略实施计划

战略实施计划是指为保障战略目标的实现，对战略实施过程中的主要工作、人员职责及具体时间所进行的计划和安排。通过战略实施计划，企业将战略细化为小目标。

## 第二节　酒店业务战略选择

被誉为"竞争战略之父"的美国学者迈克尔·波特（Michael E. Porter）于1980年

在其出版的《竞争战略》(*Competitive Strategy*)一书中提出了三种卓有成效的竞争战略。它们是成本领先战略、差异化战略和专一化战略。

## 一、成本领先战略

### （一）成本领先战略的内涵

成本领先战略也称为低成本战略，是指企业通过有效途径降低成本，使企业的全部成本低于竞争对手的成本，甚至是在同行业中最低的成本，从而获取竞争优势的一种战略。

成本优势的来源因产业结构不同而异。它们可以包括追求规模经济、专利技术、原材料的优惠待遇和其他因素。在酒店等服务业，成本优势要求有极低的管理费用、源源不断的廉价劳动力和因人员流动性大而需要的高效率培训程序，追求低成本的生产厂商地位不仅仅需要向下移动学习曲线，而是必须寻找和探索成本优势的一切来源。

成本领先并不等同于价格最低。如果企业陷入价格最低，而成本并不最低的误区，换来的只能是把自己推入无休止的价格战。因为，一旦降价，竞争对手也会随着降价，而且由于比自己的成本更低，因此具有更多的降价空间，能够支撑更长时间的价格战。

实行成本领先战略企业的优势是显而易见的。由于企业的成本低于同行业中的其他企业，所以产品在以行业平均价格进行销售时，企业取得的利润就高于同行业的平均水平，这一优势在行业内进行削价竞争时尤其明显；低成本可以有效防御竞争对手的进攻，形成竞争壁垒；强有力的成本领先企业还可以迫使供应商维持原价格。

### （二）成本领先战略在酒店企业的应用

根据酒店企业获取成本优势的方法不同，我们把酒店成本领先战略应用概括为如下几种主要类型：

**1. 相对标准化的产品**

酒店要想使自身服务产品成本处于同行业的最低水平，就必须围绕这一目标采取一系列措施。最首要的措施便是生产相对标准化的产品。通过生产相对标准化的产品，企业一方面塑造了令人深刻的统一品牌形象；另一方面，企业通过相对标准化的产品严格控制了服务生产成本和管理费用，并且降低了内部复制的成本，使快速扩张成为可能。

**2. 基于消费者体验简化产品**

企业想通过成本领先战略获得竞争优势,首先需要明确低成本所产生的产品和服务是否能使顾客接受,并且满足顾客的需求。顾客希望企业的产品或服务"物美价廉",也希望"物有所值",如果企业一味地追求成本领先而忽视了顾客的接受度和满意度,那么成本领先战略只能成为加速企业灭亡的催化剂。

**3. 控制酒店生产成本**

成本是酒店产品价格弹性的底线。酒店要想实施成本优先战略,就必须控制酒店各项产品成本。从酒店前期工程设计到日常运营管理,成本控制无处不在,例如:采用旧楼就地改造而非推倒重建;灵活用工控制人员成本等。

**典型案例**

**如家酒店的成本领先战略**

2002年由携程旅行网和首旅集团共同成立的如家酒店连锁,比起1996年锦江集团推出的国内第一家经济型酒店锦江之星而言,无论是股东或资金层面,都没有更加显著的优势,但却从2006年开始就取代了锦江之星的行业老大地位,并且把第一的宝座坐到了今天,不难看出如家在竞争战略方面下足了功夫。

1. 降低物业成本,同时发挥规模经济优势

传统的星级酒店一般先购买土地然后兴建酒店,而如家酒店则采用另外一种轻资产的方式——租赁直营。通过租用和改造陈旧学校、厂房等方法,如家酒店大大缩短了酒店的建造周期,同时减轻快速扩张带来的资金压力。星级酒店的建设一般要2到3年,而如家租用和装修酒店只要6个月就能开业。为了更好地节约时间和资金,如家酒店的筹备和建设采用的是一种"平行工序"——在改造和装修的同时,市场推广、组织培训和质量检查等各方面的工作同时开展,并且有非常严格的时间约束。为了更好地发挥单家分店的规模经济优势,如家把每家分店的客房数定在120间左右,同时尽可能地减少其他设施占用的空间:不设宽敞的大堂、没有娱乐中心和购物设施、餐厅面积也尽可能小。这些措施在酒店经营成本控制上起到了重要的作用。

2. 在不降低服务标准的前提下,提供有限的服务;在客房装修成本的控制上,如家酒店比其他经济型酒店品牌做得好一些。

在客房装修成本方面,锦江之星和汉庭酒店约花费7万元/间,莫泰、格林豪泰约花费6万元/间,如家酒店则花费约5万元/间。相比于传统酒店提供的多样化服务,如家的服务是有限的,它明确地把更好地满足客户的住宿需求作为企业的定位。其他超出"住宿"的需求,如桑拿、KTV、酒吧、购物等,如家均不提供。最能体现住宿服务质量的是床和卫生间。如家酒店十分重视客房及卫生间的清洁卫生,而且给顾客享用优质的床及床上用品,并提供叫早服务,致力于提升客户的住宿质量及舒适度。

3. 工作人员占比低,人力成本较少

在人力成本上,如家酒店也比一般星级酒店要低。该酒店实行店长负责制,酒店经营上的大小事务由店长负责,没有部门经理和领班。因此,如家酒店的客房员工比例为1∶0.3到1∶0.35之间,每100间客房仅需要30至35名员工即可,比一般的高星级酒店节省70%左右的人力。

资料来源:企业竞争战略分析报告——如家快捷酒店.

## 二、差异化战略

**差异化战略的内涵**

所谓差异化战略是指企业向顾客提供的产品或服务在行业范围内独具特色,这种特色因其特殊性可以给产品带来额外的加价,使顾客愿意为之付出较高的价格。

目前,差异化是酒店行业最重要的和最常见的战略选择。而酒店的差异化战略的运用要求酒店深入思考以下问题:① 酒店的目标群体是谁,是针对哪些群体需求实施差异化?② 目标群体的需求是什么?他们看重什么?③ 要在酒店产品或服务的哪些方面突出差异化?差异化的主题是什么?通过对以上三大问题的思考,企业进一步明确差异化战略的规划与实施,以竞争对手做不到的方式满足顾客需求,获得顾客的忠诚度及卓越的盈利能力。

**差异化战略在酒店中的应用**

**1. 酒店产品创新**

差异化的实质是为顾客提供独一无二的消费体验。为此,酒店需要强大的创造力不断推陈出新,为顾客提供独特的服务价值。

【案例】3.1

## 威斯汀酒店的天梦之床

1999年,在全球31个国家及地区拥有169家酒店和度假酒店的威斯汀酒店及度假村(Westin Hotels & Resorts)在对住客的调查中发现"一整夜舒适睡眠"是酒店应该为客人们提供的最重要服务。在这个重要信息的指引下,威斯汀酒店迅速启动了打造"最佳睡眠体验"的巨大工程——投入3 000万美元打造了天梦之床(Heavenly Bed),天梦之床已经成为威斯汀酒店的标志性符号。

做工精细的天梦之床由10层组成,包括威斯汀特有的被套、羽绒被、定制弹簧床垫、埃及棉质床单、13英寸双垫层舒适床垫和豪华的五个各式枕头及靠枕。在这张全白色的大床里安睡,宛若被朵朵白云环抱。所以威斯汀的天梦之床,并不仅仅是一张床的事,是一个睡眠系统,还包括毯子、睡袍、蜡烛、白茶和香薰,以及其他一些免费的小件比如说肥皂、浴盐、洗头膏等。舒适的睡眠体验使天梦之床很快赢得客人的青睐,而威斯汀酒店则按照"让顾客带着比入店时更好的体验离开"的理念,不失时机地开展了天梦之床零售业务,并由此衍生出"天梦(Heavenly)"全方位生活品牌,推出包括天梦之浴、天梦水疗等系列产品,甚至还推出天梦爱犬睡床。

如今,天梦之床已经成为威斯汀酒店的标志性符号。而威斯汀酒店品牌也年年高居最受商旅人士青睐的酒店品牌前列。

资料来源:威斯汀10层天梦之床的奢宠.万豪旅享家精品店

### 2. 上乘的质量

差异化一方面体现在企业产品或服务的创新差异上,另一方面体现在质量差异上,上乘的质量促使顾客选择企业的产品。以酒店的餐饮部门为例,其质量的上乘取决于食物的美味与否,同等价位下,顾客往往会选择食物更为丰富、烹饪技巧更加高超的酒店餐厅。

### 3. 优质的服务

酒店的优质服务多种多样,酒店业往往会从人性关怀的角度为住客提供优质服务,包括掌握酒店长住客户与VIP客户的生活习惯,处处为他们提供快捷的服务;了解长住客人所在国的国庆日、主要客人的生日等,向他们的国庆日、生日进行祝贺,帮助长住客人解决急难的问题;另外通知他们参加酒店的重要活动,定期召开长住客座谈会,虚心听取客人的意见,改进服务工作,使长住客人到店如到家,处处感到亲切、方便、舒适、安全等。

**4. 更好的供应商关系**

在高度分工的现代社会,没有哪一家企业能够单独完成产品从设计到输送再到顾客手中的全部价值过程,企业总是或多或少地需要外部人员的帮助,而在酒店业,这一外部人员往往是酒店供应商。酒店企业通过与酒店供应商保持良好的关系,进而影响酒店的采购战略,获得与其他企业差异化的供应商产品,从而获得更高的收益。

**5. 不寻常的特性**

酒店是一个成功经验容易被复制和模仿的企业,但这种模仿往往是企业内部硬件设施条件的模仿,真正使酒店有别于市场上其他企业的是酒店不同寻常的特性。

(【拓展阅读,扫码学习】:世界第一家3D打印酒店,6年打造!)

**6. 鲜明的品牌形象**

品牌形象是存在于人们心里的关于品牌的各要素的图像及概念的集合体,主要是品牌知识及人们对品牌的主要态度。酒店塑造的品牌形象会给消费者一个明确的定位,传递出"我是谁""我是怎么样的"以及"我在市场的排名"。正如迪拜阿拉伯塔酒店,提到它,人们脑海中浮现的第一印象是那如同帆船一般的酒店,它的高端奢华以及富丽堂皇。

(【拓展阅读,扫码学习】:一片红海的酒店行业,亚朵如何破局?)

**7. 创造性的广告**

在社交媒体广泛应用,人人都是自媒体的时代,要想从众多酒店企业中脱颖而出,打响知名度,靠的不是"酒香不怕巷子深",而是有创意性的传播推广,酒店也需要创造性地广告传播,通过广告,打响酒店知名度,与其他酒店品牌形成差异化。例如,在2018年8月,速8酒店中国区整合线上线下开启了一场声势浩大的"OK 8"的互动营销活动。线上参与微博热门话题"OK 8"的讨论转发,线下门店广告和顾客到店打OK手势暗语获得惊喜礼物的多样化互动活动极大地提高了品牌的知名度和认知度。

## 三、专一化战略

### (一)专一化战略

专一化战略也叫聚焦战略。在小市场,可以做专一低成本和专一差异化的服务。其关键是提供的产品或服务能迎合某一特殊的细分市场,这就要求必须能识别细分市场,也必须能比竞争对手更好地评估和满足细分市场的需要。主攻某个特定的客户群、某产品系列的一个细分区段或某一个地区市场。其前提是公司能够以更高的效率、更好的效果为某一狭窄的战略对象服务,从而超过在更广阔范围内的竞争对手。

### (二)专一化战略的运用

汽车旅馆就是典型地运用了专一低成本化战略的旅馆,如各种小型精品酒店就是做专一差异化战略服务的,包括精品客栈、设计酒店和主题酒店等。高端酒店中的奢华精品酒店也采取专一差异化战略,如安缦酒店,定位非常高,价格不菲,市场却非常小。全球30多家安缦酒店,每间酒店都设计风格迥异,力图融合所在地文化与特色。在每间酒店的几十个有限客房中,每间客房面积、格局各不相同。例如中国杭州的法云安缦酒店就复刻了18世纪中国古村落的样貌,每间客房各不相同,就连里边的家具摆设也是木头搬进来,就地组装,以期最好地适应不同的房间格局,同时依赖高质量对客服务为客人提供极致服务,培养客户的忠诚度。

## 第三节 酒店组织管理概述

### 一、酒店组织与组织管理

酒店组织是指为了达到酒店目标经由分工与合作及不同层次的权利和责任制度而构成的人的集合。这一定义包含三层意思:第一,组织必须具有目标,因为任何组织都是为目标而存在的,目标是组织存在的前提。第二,没有分工与合作也不能称为组织,分工与合作的关系是由组织目标限定的。第三,组织要有不同层次的权利与责任制度,要赋予每个部门乃至每个人相应的权利和责任,以便实现组织目标。

组织管理就是通过制定合理的组织结构,并设立组织的规章制度、行为规范、监督机制等将企业的人力、物力和财力以及各种资源进行有效地整合利用,从而形成一个完整的系统机构,促进组织目标的实现。酒店企业进行有效组织管理的意义在于提升组织效率,根据酒店目标,建立组织机构,合理分配人员,明确责任和权利,协调各种关系,有效实现组织目标的过程。

## 二、酒店组织结构的基本类型

酒店的组织结构是阐明全体员工在职务范围、工作责任、任务和权力方面所形成的相互关系的结构体系,用以确定各项工作的任务分配。组织结构是组织内部分工协作的基本形式或者框架。随着组织规模的扩大,仅靠个人的指令或者默契远远不能高效实现分工协作,它需要组织结构提供一个基本框架,事先规定管理对象、工作范围和联络路线等事宜。酒店企业的组织结构基本类型包含以下三种。

### (一)直线型组织结构

直线型是最简单最古老的组织结构模式,它的特点是垂直领导,层层负责,通常主要由管理层、执行层和操作层组成,部门经理向总经理负责,部门主管人员向部门经理负责,基层管理人员向主管负责。各层次负责人往往身兼数职,负责本部门的一切事务。直线型组织结构的优点是便于管理,各层管理人员管理权限明确,由于层次简单明了,信息传递非常方便快捷,各层次间沟通与协作也较容易;缺点是各个层次的管理人员由于身兼数职,因此管理的事务比较多,任务重,工作起来较为辛苦,有一定的难度。直线型组织结构常见于规模小的经济型酒店、家庭旅馆、民宿等。

### (二)职能型组织结构

这种组织结构也被称为U型组织。授予各职能部门一定的指挥和指导权,允许他们在自己的业务范围内对下属各部门实施此项权力。一般地,酒店的业务扩大,服务和管理趋向复杂化和高标准化时,简单的直线型组织结构将不能适应酒店发展的需要,酒店必须划分出相应的职能部门进行规范化管理,酒店的组织结构也因此要进行进一步的细化,即采用职能型的组织结构。职能型组织结构的优点是加强了各部门的业务监督和专业性指导,使各职能部门注意力集中,便于高效率完成本部门职责。多适用于大型酒店,酒店部门越多,层级越多。其结构示意图如图3-1所示。

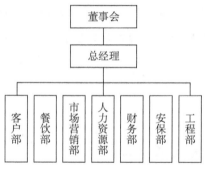

图3-1 职能型组织结构示意图

### (三) 事业部制组织结构

事业部制组织结构所体现的是"集中政策,分散经营"的指导思想。我国酒店业公司化、集团化趋势越来越明显,许多大型的酒店集团已经开始采用多元化事业部制组织结构。总公司总体指导各个事业部,主要控制人事、财务、战略、投资等,总裁下面设置若干副总裁,每人分管若干个事业部。各个事业部的经营有相当的自主权,可以在总公司的总体指导方针范围内独立经营,独立核算。事业部制组织结构的优点是不仅可以减轻酒店高层管理人员的负担,使之集中精力于酒店的发展战略和重大经营决策,而且也有利于各事业部针对本地区的实际作出快速反应,利于公司的专业化分工,提高生产率。但同时它也具有一定的局限性,这种组织结构模式需要雇用更多的专业人才,雇用更多的员工,经营成本会有所增加,各事业部也可能会过分强调本部门的利益而影响整个企业经营的统一指挥。如图3-2所示。

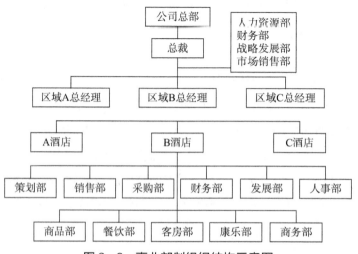

图3-2 事业部制组织结构示意图

## 三、酒店组织机构设置的原则

酒店组织机构设置的原则指的是酒店组织构建的准则和要求。它是评价酒店组织结构设计是否合理的必要条件。一般情况下,酒店组织应遵循以下六个基本原则:

### (一) 目标导向原则

在组织职能运作过程中,每一项工作均应为总目标服务,也就是说,酒店组织部门的划分应以企业经营目标为导向,酒店的组织形式必须要以能产生最佳效益为原则,组织层次和岗位的设置必须以切实符合酒店需要、提高经营运作效率为依据,对于任何妨碍目标实现的部门或岗位都应予以撤销、合并或改造。在总的目标导向下,组织会有许多大大小小的任务要完成,所以我们在组织结构设计中要求"以任务建机构,以任务设职务,以任务配人员"。同时,考虑到酒店提供的服务和产品的复杂性和灵活性,在具体的酒店服务工作实践中有时候会无法真正找到与职位要求完全相符的人员,因此酒店组织在遵循"因事设人"原则的前提下,应根据员工的具体情况,适当地调整职务的位置,以利于发挥每一位员工的主观能动性。

### (二) 分工协作原则

分工协作原则是社会化大生产的客观要求,适度的分工可以提高工作专业化程度,进而达到提高劳动生产率的目的。酒店提供的服务产品的复杂性和机动灵活性要求酒店组织对具体的工作任务进行合理分工,并进行有效的协调,分工与协作是促进组织任务顺利完成的保障,也是酒店组织要遵循的重要原则。组织分工有利于提高人员的工作技能、工作责任心,提高员工服务质量和效率。但是,分工过细往往会导致协作困难,协作搞不好,分工即使再合理也难以取得良好的整体效益。因而在具体职责权限划分中,在依据需要设置岗位的基础上,应秉承提高工作效率的原则,灵活地进行工作分配和任务安排,给员工足够的自我展示空间,同时也要安排中间协调机构,做好中间协调与整合工作,促进组织内部的良好合作。

酒店的专业分工通常是通过部门化实现:① 职能部门化。把相同或相似的活动归并在一起,如酒店中的财务、人力资源、营销等活动。② 产品部门化。产品部门化是围绕产品或产品大类的活动来划分部门。如酒店餐饮部根据所提供的产品不同,设置中餐、西餐、酒吧等部门。③ 过程部门化。酒店按生产过程、工艺流程或设备来划分部门。酒店餐饮部按其生产过程,分为采购、验收、厨房、餐厅等部门。

## （三）等级链原则

法约尔（Henry Fayol）在《工业管理与一般管理》一书中阐述了一般管理的14条原则，并提出了著名的"等级链和跳板"原则，它形象地表述了企业的组织原则，即从最上级到最下级各层权力联成的等级结构。它是一条权力线，用以贯彻执行统一的命令和保证信息传递的秩序。酒店组织结构的层次性、等级性使得等级链原则成为酒店组织必须遵循的重要准则。对酒店来说，等级链原则包含三个重要的内容。其一，等级链是组织系统从上到下形成的各管理层次的链条结构。因此，酒店高层在向各个部门发布命令时，对酒店各部门和各管理层而言必须是统一的，各项指令之间不能有任何的冲突和矛盾，否则就会影响酒店组织的正常运行；同时，任何下一级对上级发布的命令必须严格执行，因为等级链是一环接一环，中间任何环节的断裂都会影响到整个组织工作的进行。其二，等级链表明了各级管理层的权力和职责。等级链本身就是一条权力线，是从酒店组织的最高权威逐层下放到下面的各管理层的一条"指挥链"，酒店组织中每一级管理层以及每一个工作岗位的成员都必须清楚自己该对谁负责，该承担什么义务和职责，责、权、利非常清楚明了。其三，等级链反映了上级的决策、指令和工作任务由上至下逐层传递的过程，也反映了基层人员工作的执行情况，以及将信息反馈给上一级领导的信息传递路线，等级链越明确，酒店组织的决策、信息传递以及工作效率和效果就会越好。

## （四）控制跨度原则

由于个人能力和精力有限，每个管理人员直接管辖的下属人数应该有一定的范围，不可能无限多，也不能太少。控制跨度原则就涉及对特定管理人员直接管辖和控制下属人数范围的确定问题，即是管理跨度的大小问题。跨度太大，管理人员管辖下属的人数过多，会影响信息的传递，容易造成人浮于事，效率低下；而跨度太小则容易造成组织任务不明确，工作任务执行起来不力，同样也会影响组织的运作效率。因此，正确控制管理跨度，是提高酒店工作效率、促进组织活动顺利开展的重要保障。现代管理学家对管理跨度问题也进行过广泛的研究，管理跨度与管理者的岗位和管理者本人的素质有关，它受到个人能力、业务的复杂程度、任务量、机构空间分布等多方因素的影响，还要考虑上下级之间接触的频繁程度，上级的交际与领导能力等多方面的因素。一般来说，针对酒店服务和产品的特点，高层管理人员的管理跨度小于中层管理人员的管理跨度，中层管理人员的管理跨度又小于基层管理人员的管理跨度，例如，一个部门经理管理 5—6 位部门主管就不是一件容易的事情,而一个客房部主管管理 10 位客房服务员则是轻而易举的事情。因此,管理跨度的确定必须综合考虑各方面因素,且需要在实践中不断进行调整。

### (五) 有效制约原则

酒店组织作为一个整体,它的各项业务的运转离不开各部门的分工与合作,在分工协作原则的基础上,还应有对由这种分工所引发出的部门与岗位彼此间的牵制与约束。适当的约束机制可以确保各部门按计划顺利完成目标任务,实现组织的总目标。有效的制约机制不仅是上级对下级的有效监督和制约,还包括下级对上级的监督和制约。上级对下级的制约可以促进员工更好地完成本职工作,提高工作效率与服务质量;下级对上级的监督和制约则是通过员工层或低一级的管理层对上级的监督,从而提高酒店管理层的决策和执行能力,如对领导人的约束机制可以避免其独断专行,对财务工作进行监督可以避免财务漏洞等,下级对上级的有效制约必须是在下级对上级的命令坚决执行的前提下进行的,应同时遵循统一指挥,确保酒店的组织运作井然有序。

### (六) 动态适应原则

动态适应原则要求酒店组织在发展过程中,以动态的眼光看待环境变化和组织调整问题,当变化的外部环境要求组织进行适度调整甚至产生变革时,组织要有能力做出相应的反应,组织结构该调整的要调整,人员岗位该变动的要变动。而且反应速度要快,改变要及时,从而可以应付竞争日益加剧的外部环境。当前酒店的集团化和全球化扩张的趋势对我国酒店组织结构也提出了更新的要求,我国各大旅游酒店必须迅速适应这种市场竞争势态,尤其是组织结构的动态适应,应不断优化酒店的组织结构,提高酒店的日常经营管理能力,提供更优质的酒店产品和服务,从而不断提升酒店的核心竞争能力。

## 第四节 酒店组织制度与创新

酒店组织是一个有机的整体,组织结构和组织形式变化多样,组织工作也纷繁复杂,要保证酒店的正常运行,并实现酒店的预期目标,就必须有一套非常周密严谨的组织管理制度,实施酒店组织的制度化管理。酒店的组织管理制度使得酒店的各部门、各岗位以及成员的工作和行为都有章可循,它是酒店提供产品和服务标准化和规范化的重要保障。通过酒店组织制度管理,可以统一组织的行动,统一组织的意识,从而实现组织的目标。

## 一、酒店组织制度的含义

酒店组织制度是酒店企业组织管理过程中借以引导、约束、激励全体组织成员行为,确定办事方法,规定工作程序的各种章程、条例、守则、规程、程序、标准和办法的总称,是以文字形式表述的规范与准则。

## 二、酒店组织制度的类型

随着消费者对酒店提供产品和服务的要求不断提高,酒店组织工作和任务也日趋复杂和精细,这些都决定了酒店组织管理制度类型的复杂性。根据酒店组织层次和酒店产品生产所涉及的内容,可将酒店组织管理制度分为如下四大类别。

### (一)酒店基本制度

酒店基本制度包括总经理负责制、酒店经济责任制、岗位责任制、员工手册等,它规定了酒店企业的所有制形式,确定酒店财产归谁所有以及酒店收入和财产的分配方式。它制定酒店章程,明确酒店所有者、酒店经营管理人员以及酒店组织成员各自的权利、义务和责任,决定着酒店组织的根本性质。

### (二)酒店管理制度

酒店管理制度因酒店组织部门的不同而分为两大类:一类是部门管理制度,一类是业务技术规范制度。职能部门管理制度包括人事管理制度、财务管理制度、安全保卫管理制度、行政管理制度、设备设施管理制度等。业务技术规范制度则是针对酒店前厅、客房、餐饮、康乐等业务部门制定的服务规程、工作流程、操作程序、服务质量标准等制度。

### (三)酒店工作制度

酒店工作制度则是针对酒店在日常经营运作过程中的许多日常事务工作所制定的制度,如会议制度、酒店总结制度、决策计划制订制度等。这些日常事务在酒店业务活动过程中会经常出现。因此,需要用制度的形式进行管理,使其程序化,从而提高酒店常规事务的处理能力,提高酒店的运作效率。

### (四) 个人行为规范

个人行为规范是专门为酒店的全体员工制定的制度,用以规范酒店全体工作人员的行为、言谈举止、着装打扮以及精神风貌等。个人行为规范包括员工礼貌用语、员工服务守则、员工行为规范等,它是酒店最具基础性的制度规范,也是必不可少的制度规范。酒店服务性工作的性质决定了员工对客户服务的重要性,只有用个人行为规范来约束员工,增强服务工作的标准化和规范化程度,酒店产品和服务的质量才能得到保障。

【案例】3.2

#### 酒店员工行为规范——形象礼仪篇

##### (一) 仪表的含义

仪表包括:容貌、身材、服饰、举止、言谈、神态、姿态、体态等。仪表是一个人精神面貌的外观体现,是人际交往中不可忽略的一个重要因素。

##### (二) 酒店员工保持整洁个人卫生的标准

头发:干净,无头屑,无汗味。

面容:面容清洁,化淡妆。

口腔:牙齿清洁,口腔清新,上班前不吃有刺激性气味食物。

身体:勤洗澡,无体味,无汗味,只能用清淡的香水。

手:不能留长指甲,指甲干净,不涂指甲油。

鞋袜:清洁,无异味。

##### (三) 酒店员工的着装标准

衣、裤(裙):穿各自岗位制服,制服清洁整齐,无污迹,无汗味,无破损,无褶皱,无漏缝,保持衣扣齐全且标准统一,裤缝挺直,系好领结、领带及飘带,名牌佩戴于左胸上方。

鞋:穿酒店统一工鞋,皮鞋洁净光亮,布鞋洁净。

袜:男员工穿黑色棉袜或丝袜,女员工着肉色丝袜。

##### (四) 酒店员工的饰物标准

除手表、订婚或结婚戒指外,不戴其他饰物(餐饮部员工不得戴戒指)。

##### (五) 酒店员工的发型标准

女员工长发:前额刘海儿不超过眉毛,脑后长发盘起,并使用酒店统一的发结、发网;长度不低于衣领,不高于发际,耳后碎发用发夹固定。

女员工短发:前不过眉,侧不过耳垂,后不过肩,不留怪异发型。

男员工:前不遮眉,侧不过耳,后不过领。

酒店组织管理制度的涉及面非常广泛,包含的内容也非常多,上面所提到的只是酒店主要的管理制度。只有将酒店所有的管理制度综合运用于酒店的日常经营运作活动过程中,并按照规章制度严格执行,方能真正提高酒店组织管理质量,提高酒店运作效率,实现酒店的组织目标。

### 三、酒店组织制度的功能

#### (一)规范员工的工作行为和意识

酒店组织管理制度能对员工的工作行为产生有效的控制和约束作用。常言道:"没有规矩,不成方圆",酒店工作的复杂性和员工提供服务产品的无形性决定了酒店组织管理的困难性,酒店唯有通过严格的规范化管理,方能最大限度地保证酒店服务和产品的质量。酒店管理制度为酒店员工制定了有章可循的标准和规范,从员工的外部形象到员工工作的具体内容都进行了制度化的管理,使员工在工作过程中有了具体的行动指南,能够积极向规范化和标准化方向努力,从而使所表现出的工作行为和提供的服务产品越来越好。另外,在这种长期的规范化的工作环境中,酒店组织制度将逐渐内化成个人行为的自我约束机制,酒店员工的工作意识会不断加强,工作积极性也会不断提高。

#### (二)保障酒店组织的正常运行

酒店组织的有效运转离不开酒店全体人员的共同努力,员工是酒店组织存在并充满活力的关键。酒店组织管理制度通过明文规定的组织规章制度形式,对组织各环节和岗位及成员进行权利、职责和义务的划分,对酒店各部门的工作任务、工作的操作程序、服务标准等作出具体的要求,并用文字的方式确定下来,从而使酒店组织内的所有人员都明白自己的工作任务,知道自己的权利责任和义务,形成约束,防止酒店组织运转过程中出现与组织目标偏离的现象。酒店组织管理制度的这种统一性、方向性以及在具体组织工作中所表现出的规范性和强制性,是酒店组织日常经营管理活动正常运转的重要保障。

#### (三)保证酒店服务和产品的质量

酒店产品和服务具有无形性的特点,酒店员工在具体的对客服务过程中往往会有不自觉的随意性表现。这种随意性对酒店产品的质量会造成一定的影响，顾客不满意、酒店投诉等事件的发生往往是由于员工工作中的疏忽造成的。酒店组织管理制度则通过规范化的管理和服务标准化的设置约束员工的随意行为，并为员工工作的每一个细节都制定严格的标准和规范，从而能够保证酒店为顾客提供的服务和产品的质量，减少不稳定性，真正增强酒店的竞争实力。

### （四）推动酒店的不断发展

酒店组织制度的内容是酒店全体人员的行动指南和行为准则，它具有较强的适应性，反映酒店的运行规律，在一定程度上也能反映一个酒店的综合实力和发展水平。随着酒店业竞争的不断加剧，酒店全球化进程的加快，酒店组织制度也必须进行改革、调整和建设，对不适应酒店发展的规章制度要重新制定，使其能始终与酒店自身经营环境相适应，从而不断推动酒店的发展。

## 四、酒店非正式组织的管理

酒店非正式组织是有别于酒店正式组织的另一类酒店组织，它是酒店员工为满足自己工作和生活的需要而自发产生的团体。非正式组织的产生以酒店成员间的共性为纽带，如年龄、性格、志趣爱好、工作地位、工作性质、个人能力等方面的共性。

### （一）酒店非正式组织的特性

不同的酒店内存在着各种各样的非正式组织，非正式组织的类别并不固定，只要酒店内的某一部门群体产生了生理上或心理上的某种需要，这群人聚在一起，就组成了酒店的一个非正式组织。虽然酒店非正式组织的类型难于归纳，但是它们之间却存在着自发性、社会性、信息共享性等共性特点。

自发性，是指酒店的非正式组织都是自发产生的，与酒店的管理层之间没有直接的关系，在酒店正式组织制度所允许的范围内，它们可以自由地发展；社会性是指酒店非正式组织具有社会性的控制作用，它有全体成员所共同认可的文化规范，并形成一种天然的约束作用，组织成员均自觉遵守；信息共享性是指酒店非正式组织内的信息非常灵通，一旦有人获得任何信息便会在整个组织内部迅速传播，人人都能很快知晓。另外，酒店的非正式组织领导的产生与酒店正式组织的管理者没有任何关系，或者是非正式组织内部自然形成的领导核心，或者是由组织全体成员选举产生，其对非正式组织团体的影响远远大于正式组织的高层领导者的权威。

## （二）酒店非正式组织对酒店的影响

酒店非正式组织作为一种小团体，组织内的各成员之间有着相同或相似的兴趣爱好、志趣、人生价值观等。因此，他们之间具有一种天然的默契，组织内部非常团结，有很强的凝聚力。酒店非正式组织对组织内成员的影响力远大于酒店正式组织的影响。非正式组织内的成员一旦形成思想或认识上的共识，便会反过来对酒店组织的正常运作产生影响。这种影响将会是很深远的，它可能对酒店正式组织的高效运作起推动作用，也可能起到阻碍或破坏的作用。对酒店管理者来说，如何利用酒店非正式组织的影响力来促进酒店组织的高效运作，对酒店组织的发展起到积极作用，将是他们必须认真思考的问题。

## （三）酒店非正式组织的管理

对酒店非正式组织的管理，就是要通过各种方式和手段来尽可能地消除酒店非正式组织对酒店经营管理的消极影响，而增强其对酒店发展的积极影响。酒店管理者在具体的管理过程中应注意做好以下工作。

**1. 制定规章制度支持酒店非正式组织的活动**

酒店领导者必须通过制定相关的优惠政策或酒店的规章制度来支持酒店非正式组织的活动。酒店可以给予酒店非正式组织更多的活动时间和空间，甚至在酒店组织制度中制定配合酒店非正式组织开展活动的规章制度，在酒店日常运作活动中对酒店员工的工作时间如排班、倒班等尽可能予以配合；关注酒店非正式组织活动的开展，并给予相应的奖励政策，通过这些人性化的关怀，使酒店管理者能够加强与酒店非正式组织之间的联系，获得非正式组织内全体成员的一致好感，从而调动非正式组织团体中的每一位成员在工作中充分发挥工作的积极性，完成工作任务。

**2. 努力保持与酒店非正式组织领导者之间的良好关系**

酒店非正式组织团体的领导者对该组织的全体成员有着很大的影响力，这些领导者并非经由酒店高层任命，他们大多数是以自己的人格魅力征服非正式组织团体的全体人员，得到整个团体人员的一致认可。酒店管理者可以经常与酒店非正式组织领导者之间保持沟通和交流，给予必要的支持，并尽可能满足非正式组织为开展活动而提出的合理要求，通过与非正式组织领导保持良好的关系，利用其在非正式组织中的权威来传达组织的工作计划和任务，获得非正式组织团体对酒店组织工作的理解，减少酒店组织与非正式组织之间的分歧，保持酒店整体的凝聚力，推动酒店组织的经营运作和管理活动的顺利进行。

**3. 积极引导酒店非正式组织的发展方向**

酒店组织管理者除了与非正式组织保持良好的关系外,还应在宏观上引导其发展,使非正式组织在价值取向上与酒店整体的价值观念保持一致。酒店不仅要对员工在工作时间内的行为进行管理,而且对酒店员工业余时间的活动也要进行引导和管理。例如,许多酒店以部门为单位经常开展郊游等团建活动,或在酒店内部择机开展员工联欢活动,丰富员工的生活,引导员工的个人发展,激发他们在酒店工作中充分发挥主观能动性,在实现个人价值的同时,酒店组织目标也得到实现。

## 五、酒店组织结构创新

传统的酒店组织结构形式包括直线职能制结构、事业部式结构、矩阵式结构等。不同形式的组织结构,适用于不同的外部环境,同时也与企业的经营目标、企业的规模、所采取的战略等因素有关,不同的组织结构形式具有不同的优势和劣势。就目前而言,国内酒店采用直线职能制的结构最为常见,而事业部式结构主要为一些大型旅游集团采用,矩阵式结构在国内酒店中则极少见。

(【拓展阅读,扫码学习】:酒店灵活用工:蜜饯还是毒药?)

直线职能制的组织结构顺应了社会化大生产的要求,在社会经济的发展进程中发挥了积极的作用。然而,随着时代的发展,社会经济环境已发生了根本性的变化,酒店采用直线职能式组织结构,存在着过分强调分工,忽视整合,僵化呆板,管理层次过多,效率低下,信息沟通不畅,压制员工的个性和创造性,不利于现代信息技术的应用等弊端,已难以适应当今市场竞争环境,必须对酒店组织结构进行创新。酒店组织结构创新应从以下几个方面进行思考:一是适应迅速反应的要求,建立扁平型的组织结构,向一线员工充分授权,以缩短决策时间,对市场及顾客要求作出迅速反应;二是适应信息时代的要求,打破分工的壁垒,按照整合的思想要求,重新设计酒店的信息收集、传递、处理方式,为信息技术的应用创造条件;三是适应柔性组织的要求,采用团队工作方式,培养和提高员工的多方面技能。为了实现这些目标,对酒店实施业务流程再造

(BPR)是一种有效的方式,通过 BPR 的实施,可以从顾客的角度来重新设计业务流程,并在此基础上实现组织结构的创新,改变以分工理论为基础的职能式结构,代之以客户为中心,能够整合各种服务资源,对客户的要求能够迅速作出反应,并能够持续创新与改进的新型流程型组织结构。

流程型组织是在业务流程重新设计的基础上建立的面向"流程"管理的扁平化组织,这种组织的组织结构可以简单描述为:一种以顾客关系为中心的组织结构,以业务流程为核心。业务流程的运行与顾客的需求密切相关,对顾客的需求和意见能够快速响应。流程型组织结构是面向流程的结构,通过对业务流程的整体设计,业务工作被流程集成,业务流程连续,消除了在职能型组织结构中业务流程被按职能所分割的问题,使流程无间断地连续运行,实现流程的整体优化,进而实现组织结构的整体优化,实现组织质量、服务、成本和服务效率的优化。

【知识拓展】3.1

### 当前竞争形势下,酒店应建立什么样的组织结构?

在竞争日趋激烈的今天,酒店必须从组织结构上进行改革。管理人员的管理宽度必须加大,减少和压缩后台人员的编制,一线部门结构扁平化势在必行,这样才能使员工成本不断攀升的势头得到遏制。我们在这一方面做了一些有益的尝试,实践证明是可行的。比如一家 300 间客房以下的中型酒店,不超过 1 000 个餐位数,桑拿和娱乐对外承租,其组织结构建议为:总经理下设行政部(分管总办、安全和人事)、销售部(兼管前台)、工程部(兼管客房)、财务部和餐饮部,总共五个部门即可。行政经理下设四个主管,分别负责安全和人事培训。财务部经理下设几个主管分管收银和信贷、成本控制、财务总账、采购及库管等。销售部经理主管下的前厅部不再设经理,由大堂副理监管前厅日常事务。餐饮经理下设厨师长和多名主管协助工作,不再设领班。工程部经理(亦可是客房部经理)下设若干主管,分别负责客房、PA、洗衣和维修。改革的结果表明,管理层人数减少了,中间层次减少了,管理层工作强度加大了,矛盾减少了。150 间客房以下的酒店,就只需设行政部负责所有后台管理,设营业部负责营业部门,也就是设一个经理带两名助手即可。

资料来源:刘伟.酒店管理[M].北京:人民大学出版社,2014.

## （一）组织结构扁平化的前提

以实现组织流程优化为目标的组织结构扁平化的成功变革有赖于三个前提：

1. 组织高度信息化：整合公司的各种数据信息，改变刻板的工作流程，提高企业的整体效率。

2. 共同接收信息：打破传统的信息等级链传播方式，依托现代通信技术实现组织内信息的实时同步传播。

3. 人员高素质：组织内员工有较高的综合素质与能力，能够正确理解组织信息并自主协调完成组织任务。

## （二）组织结构扁平化推进措施

1. 建立新的监管制度，采取走动式管理。

部门领导多与基层员工接触，倾听员工意见，为员工提供方便。采取这样的措施能够有效地建立起与基层员工之间的沟通，便于管理人员及时发现问题，解决问题。

2. 加强员工培训，实施员工互助培训。

组织扁平化对管理人员和基层员工的能力素质提出了更高的要求。酒店需要加强对部门管理人员的培训，组织参加专家培训，或者考察学习标杆酒店的管理经验等以提升中层管理人员的管理能力。另外，对于基层员工，应当采取互助式培训的方法，即由基层员工内部的成熟的业务老手担当起培训师的角色。在互助培训的过程中，不仅能提高员工的业务能力，而且有利于营造和谐、融洽、互助的工作环境。

3. 重设酒店激励机制，完善员工成长通道。

由于减少了管理人员，酒店可以将减少的薪酬成本中的一部分用于对员工的奖励。另外对原有激励机制重新调整，以培训或提供更好的职业发展机会，对有晋升需求的员工实施激励。完善员工的成长通道，给予员工未来成长的期望，引导基层员工更多地关注自身职业发展。

4. 对员工放权。

在员工素质水平一定提升的前提下，可以借鉴希尔顿酒店推行的"Just Do It"管理模式经验，适当给员工放权，明确员工的责任和权力，以提高一线员工对客户需求的快速反应速度，有助于组织扁平化更好地发挥作用。

**典型案例**

新形势下希尔顿酒店集团财务部门的变革与创新

从智能化到数字化,新技术一直在改变着传统酒店,尤其是后疫情时代,企业应更加关注酒店数字资产的建立与优化完善,从标准流程优化、体系搭建,甚至数字化人才吸纳与培养等。与此同时,越来越多传统意义上的后台部门,也开始走向前端;开始改变组织结构和职能创新去更好地面向经营服务企业。为了提高整体组织效率,希尔顿对于其财务流程和财务部门都进行了一系列的优化:

一方面,把握财务数字化趋势,构建标准化流程。财务部门一直致力于将财务流程标准化,通过数字化的手段统一工作流程,形成一套指导方针(guideline),从而让各个财务环节都可以按照标准操作程序进行,同时也让新晋到岗的财务人员能快速上手。同步推行了无纸化的资产负债表调节项目,统一各个酒店的财务标准规范流程,并实现无纸化,便于汇总时的审阅核查,从而提高效率。

另一方面,建立财务共享中心,实现财务工作"中心化"。酒店的财务工作中心化,就是指财务人员在同一个平台,使用标准的流程完成全中国区各酒店的收款、付款、对账和总账等工作,提高工作效率。这个中心化的平台很大程度上可以缓解财务人才紧缺的局面,而且也可以降低用人成本,提高业主回报。

随着酒店数量的增加,高素质财务人员的招聘以及持续培训就成为酒店财务工作的最大挑战,因此,如何找到合适的人才并给予他们适当的培训以及发展机会成为工作的重点之一。

在希尔顿财务部门内部,有着适用于各个岗位层级的清晰的成长路径,团队成员们可以有信心与希尔顿财务部一同成长,实现个人职业发展。集团为每个层级的员工量身定制了适合其发展的培训项目(侧重点不同),项目历时大约为12—18个月。成员在完成相应的培训项目后,就能有机会晋升。这一举措有效帮助希尔顿集团在快速发展过程中培养核心财务人才,弥补酒店行业财务人才的缺口。例如,希尔顿财务为期两年的管理培训生项目创立于2012年,今年已经是第七届,过去的时间里希尔顿财务部门吸引、留下了众多优秀的年轻人才,留任率为60%,晋升率更是100%。这些未来的管理人才,有着扎实的基础、良好的学历背景、积极上进的态度,他们中诞生了许多明星管培生,在短短几年内已经获得了非常好的职业发展。

资料来源：王丹丹《解码希尔顿如何在中国管理酒店300家》迈点网：https://www.meadin.com/ft/221882.html

借鉴希尔顿集团财务部门的变革与创新，你认为后疫情时代酒店业务部门的组织结构与管理应当考虑哪些变革与创新？

## 本章小结

1. 酒店企业战略管理概述主要包括战略管理的本质和基本内容，并结合酒店企业的经营特点介绍了酒店企业战略体系的基本构成，区分了酒店企业愿景、使命和价值观在战略管理中发挥的不同作用；

2. 酒店业务层面的战略选择主要包括被酒店企业广泛运用的成本领先战略、差异化战略、专一化战略等，并辅助以具体案例帮助理解这些战略的特点与运用；

3. 酒店企业组织管理主要包括酒店企业的组织管理概述、组织结构类型、组织架构设计的基本原则；

4. 酒店企业组织制度与创新主要包括酒店企业组织制度的概念、类型、功能。非正式组织的内涵、影响与管理策略。酒店流程化组织创新的方向及策略。

# 第三单元　实践与训练

## 第一部分　课堂讨论

1. 怎样正确认识非正式组织？
2. 豪华酒店如何进行酒店业务战略选择？

## 第二部分　课外练习

1. 基本概念

（1）酒店战略管理

（2）组织结构

（3）非正式组织

2. 填空题

（1）酒店战略的主要特征包括_____、_____、_____、_____和创新性。

（2）为获得竞争优势，酒店业务层面的战略选择一般包括_____、_____和_____等。

（3）酒店组织结构设置的基本原则有_____、_____、_____、_____和_____。

3. 单选题

（1）规模较小的酒店多采用（　　）。

① 直线型组织结构

② 职能型组织结构

③ 事业部制组织结构

④ 区域型组织结构

（2）大型跨国酒店集团多采用（　　）。

① 直线型组织结构

② 职能型组织结构

③ 事业部制组织结构

④ 区域型组织结构

4. 多选题

(1) 酒店组织制度包含（　　）内容。

① 酒店基本制度

② 酒店管理制度

③ 酒店工作制度

④ 个人行为规范

(2) 酒店战略体系的构成包括（　　）、主要战略的选择与组合和战略实施计划。

① 愿景

② 使命

③ 价值观

④ 目标与衡量指标

5. 简答题

(1) 评价酒店组织结构设计是否合理的标准是什么？

(2) 员工授权需要注意什么？

(3) 组织结构扁平化成为组织结构设计的一大趋势，简述其原因。

(4) 阐述酒店非正式组织对酒店的影响及管理办法。

# 第三部分　案例分析

## 互联网企业跨界酒店发展如火如荼

近年来，随着线上流量之争越来越激烈，竞争成本越来越高，一些互联网企业开始选择在此时做一些看似"不务正业"的跨界领域——酒店。当然，互联网跨界酒店的模式也是多种多样的，主要体现为以下三种类型。

1. 企业自营，获得更多自由度

互联网巨头在自我形成商业闭环的情况下，更需要一定的空间来自由发挥，于是，自营成了这些企业的必选之路。哈啰就是一个典型例子。早在 2020 年 12

7日,其关联公司上海钧丰网络科技有限公司曾申请注册"哈啰酒店"相关商标。如今,哈啰更是对标美团,打着做中国版"OYO酒店"的旗号,采用轻加盟模式,以流量赋能、运营赋能,以及收益管理优化为切入点,打入国内的下沉酒店市场,为单体酒店实现降本增收。

2. 企业投资,简单又直接

企业做物业的同时再通过品牌输出和运营是非常艰难和费时的,所以,对比于自营而言,投资是一件既简单又直接的赚钱方式。

在此优势下,越来越多的互联网企业开始以投资的形式跨界酒店业。比如在2021年的1月5日,同程艺龙对外披露将对珀林酒店进行战略投资,投资金额逾亿元。除此之外,同程艺龙相关负责人表示:同程艺龙将会同柏林酒店在会员体系、信息系统、产品研发等多个方面进行协同和合作,充分发挥双方线上线下产业核心优势,共同推进中高端酒店的高速发展。

3. 企业与酒店联名合作,赋予品牌新活力

互联网企业也不乏跨界酒店的案例。比如,网易联合亚朵酒店推出"睡音乐"主题酒店和亚朵网易严选酒店、知乎联合亚朵推出"有问题"酒店、腾讯联合珠海长隆企鹅酒店推出QQfamily智能企鹅酒店,互联网企业在推出各种生活方式酒店的同时,酒店空间给予互联网企业新的价值场景,供企业进行产品的二次营销。

资料来源:有赞、哈啰等"不务正业"的互联网企业,为何纷纷跨界酒店?

1. 从战略角度谈谈互联网企业跨界的原因。

2. 讨论酒店与互联网企业跨界融合的战略意义是什么。

# 第四章 酒店业务管理

## 学习目标

◆ 思想目标

在对酒店各主要业务部门全面了解的基础上,丰富专业知识,养成良好的职业习惯,具备良好的职业素养。

◆ 知识目标

(1) 掌握酒店前厅的业务内容和业务流程;

(2) 掌握酒店客房部的业务内容和业务流程;

(3) 掌握酒店餐饮部的业务内容和业务流程;

(4) 掌握酒店会议服务和管理的内容及业务流程。

◆ 能力目标

(1) 能根据前厅部的服务内容进行流程模拟;

(2) 能够准确分辨客房类型;

(3) 能根据客人的要求,为客人推荐适合的康乐项目;

(4) 能够根据会议类型提供相应的服务。

◆ 技能目标

为住店客人设计一份针对客房服务项目的调查表。

导入案例

### 垂直人群的钟点房

根据去哪儿网相关数据显示,1985 年至 1995 年出生的女性用户其中有不少是 4 岁以下孩子的年轻母亲,她们是钟点房的重要客群,开钟点房的主要目的是用来补觉、休息或者看电影。大城市中私人空间有限,生活和工作的双重压力,都让80后愿意为"独处空间"消费买单。国内更多高档酒店开设钟点房,但是对新的需求研究还不够,比如法国的"计时午睡旅馆",西班牙的"避暑钟点房",还有一些专门针对加班一族推出的"下半夜房间",以免他们打扰家中已经熟睡的亲人。

# 第一单元 任务导入

## 项目一 酒店客房个性化服务调查

### 一、下达项目学习任务书

通过课程教材学习、查找图书馆相关资料、利用网络资源、实地考察等形式,对目前酒店客房提供的个性化服务项目有基本的认知。通过本章的学习,学生以小组为单位,以"客房个性化服务项目"为主题,借助PPT的形式进行展示、分析。学习任务书见表4-1。

▼ 表4-1 学习任务书

| 项目名称 | 酒店客房的个性化服务 |
|---|---|
| 项目训练形式 | PPT展示(以小组为单位) |
| 项目能力分解 | 观察能力、思维能力、沟通能力、语言表达能力、团队合作能力 |
| 项目评价 | 教师和其他小组现场提问 |

### 二、项目准备

**1. 实地考察**

考察所在地四星级或五星级酒店客房提供的个性化服务项目。

**2. 资源利用**

结合本章所学背景知识,登录5—6家国际酒店的网站,了解高星级酒店的客房服务项目。

### 三、项目学习目标

1. 做到知识学习与社会实践有机结合。
2. 提高自学能力、知识应用能力、观察与思考能力、沟通能力、语言表达能力和团队合作能力。

## 四、项目学习情况评价

1. 对目前星级酒店的客房服务有较全面的了解和认识。
2. 小组成员合作完成项目活动的展示。
3. 讲解内容主题突出,内容丰富;语言表达流畅;思考问题全面,有一定的深度。活动评分表见表 4-2。

▼ 表 4-2 "客房个性化服务"项目活动评分表

| 项目名称 | 客房个性化服务 |
| --- | --- |
| 材料准备(15 分) | |
| 内容(30 分) | |
| PPT(10 分) | |
| 语言表达(15 分) | |
| 团队合作(10 分) | |
| 回答问题(20 分) | |
| 合　计 | |

# 项目二　高星级酒店康乐部发展现状分析

## 一、下达项目学习任务书

通过课程学习、查找图书馆相关资料、利用网络资源、实地考察等形式,了解目前各类酒店康乐项目的种类。通过本章的学习,学生以小组为单位,对高星级酒店康乐部的发展现状进行分析。学习任务书见表 4-3。

▼ 表 4-3　学习任务书

| 项目名称 | 高星级酒店的康乐项目现状 |
| --- | --- |
| 项目训练形式 | 项目设计书 |
| 项目评价 | 教师和其他小组书面交流 |
| 项目能力分解 | 写作能力、思维能力、理解能力、知识应用能力、团队合作能力 |

## 二、项目准备

1. 选定某几个品牌的酒店,调查其酒店康乐部的项目类型。
2. 相关知识的梳理。
3. 在所在地调查 3—4 家酒店。

## 三、项目学习目标

1. 做到知识学习与社会实践的有机结合。
2. 提高写作能力、思维能力、理解能力、知识应用能力和团队合作能力。

## 四、项目学习情况评价(表 4-4)

▼ 表 4-4　"高星级酒店的康乐项目现状"项目活动评分表

| 项目名称 | 高星级酒店的康乐项目现状 |
| --- | --- |
| 材料准备(25 分) | |
| 内容(30 分) | |
| 文字表达(25 分) | |
| 团队合作(20 分) | |
| 合　计 | |

# 第二单元　背景知识

## 第一节　酒店前厅管理

### 一、前厅地位和作用

**（一）前厅部是酒店业务活动的中心**

前厅部通过客房的销售来带动酒店其他各部门的经营活动。前厅部要积极开展客房预订业务，为抵店的客人办理登记入住手续及安排住房，积极宣传和推销酒店的各种产品。前厅是整个酒店的枢纽，酒店的一切经营活动，都直接或间接地与前厅部有联系。同时，前厅部自始至终是为客人服务的中心，是客人与酒店联络的纽带。前厅部要及时将客源、客情、客人需求及投诉等各种信息通报给有关部门，共同协调全酒店的对客服务工作，以确保服务工作的效率和质量。

**（二）前厅部是酒店管理机构的代表**

前厅部是酒店的神经中枢，在客人心目中它是酒店管理机构的代表。客人入住登记在前厅、离店结算在前厅、客人遇到困难寻求帮助找前厅、客人感到不满时投诉也找前厅。前厅工作人员的言语举止将会给客人留下深刻的第一印象。如果前厅工作人员能以彬彬有礼的态度待客，娴熟的技巧为客人提供服务，或妥善处理客人投诉，认真有效地帮助客人解决疑难问题，客人对酒店的其他服务，也会感到放心和满意。反之，客人对一切都会感到不满。

由此可见，前厅部的工作直接反映了酒店的工作效率、服务质量和管理水平，直接影响酒店的总体形象。

**（三）前厅部是酒店管理机构的参谋和助手**

作为酒店业务活动的中心，前厅部能收集到有关整个酒店经营管理的各种信息，并对这些信息进行整理和分析，每日或定期向酒店管理机构提供真实反映酒店经营管理情况的数据和报表。前厅部还定期向酒店管理机构提供咨询意见，作为制定和调整酒店计划和经营策略的参考依据。

综上所述，前厅是酒店的重要组成部分，是加强酒店经营的第一个重要环节，具有接触面广、业务复杂、影响全局的特点。因此,酒店以前厅为中心加强经营管理十分必要,很多工作在酒店管理第一线的经理都认为,如果将酒店化作一条龙,那么前厅就是"龙头",可见前厅的地位有多重要。

## 二、前厅组织机构

### (一) 前厅部组织机构图

1. 大型酒店通常在酒店客房事务部(又称房务部)下设前厅、客房、洗衣与公共卫生四个部门。在前厅部内部通常设有部门经理、主管、领班和服务员四个管理层次。大型酒店前厅部结构图如图4-1。

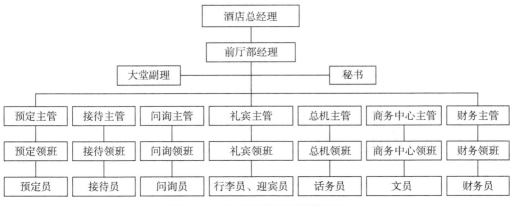

图4-1 大型酒店前厅部结构图

2. 在中型酒店与一些小型酒店内,通常前厅部是一个与客房部并列的独立部门,直接向总经理负责。这种管理模式中,前厅部下设部门经理、领班和服务员三个管理层次。中型酒店前厅部结构图如图4-2所示。

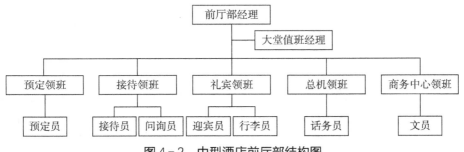

图4-2 中型酒店前厅部结构图

3. 在一些小型酒店，前厅部不单独设立部门，其功能由总服务台承担。总服务台作为一个班组隶属于客房部，只设领班或主管和总台服务员两个管理层次，如图 4-3 所示。但是，随着市场竞争的日益激烈，这些小型酒店也增设了前厅部，扩大了业务范围，以强化前厅部的推销和"枢纽"功能，发挥其参谋作用。

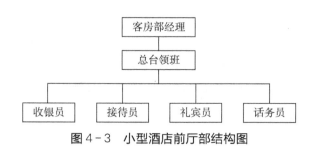

图 4-3　小型酒店前厅部结构图

### （二）前厅部主要职能部门

前厅部的各个岗位都有明确的岗位职能，员工被安排到各个岗位执行不同的任务，以确保前厅部的正常运转。主要包括：

**1. 预订处**

负责酒店订房业务，接受客人通过电话、传真、信函、网络、口头等形式进行的预订；负责与客源供应单位建立业务联系，了解委托单位接待要求，尽力推销客房；密切与接待处联系，提供有关客房预订资料和数据；做好客情预测，提供 VIP 抵店信息；制订客房预订计划；制作预订报表，对预订进行计划、安排和控制；参与对外订房业务的谈判及合同的签订；加强和完善订房记录及客史档案等。

**2. 大堂副理**

大堂副理是酒店管理机构的代表人之一，代表总经理负责前厅服务协调、贵宾接待、投诉处理等服务工作，还负责大堂环境、大堂秩序的维护等事项。大堂副理是酒店形象的维护者，也是酒店客人正当利益的保护者。现在，不少高星级酒店的前厅部都设有客户关系部，由大堂副理或值班经理负责。

**3. 接待处**

接待住店客人，负责散客、团体客人、长住客、无预定客人办理入住登记手续，分配房间；掌握客房出租变化，准确显示房态；制作客房销售情况报表；协调对客服务工作等。

**4. 问讯处**

回答客人的询问，提供酒店内部和外部的信息（如酒店内服务、交通、旅游信息等);接待来访客人;提供收发、传达、会客等应接服务;负责保管所有客房钥匙。

**5. 礼宾部**

为客人提供迎送服务、行李服务和各种委托代办服务,在一些酒店又称"礼宾服务处""大厅服务处"或"行李处"。负责门厅或机场、车站、码头的迎送客人服务;协助管理和指挥门厅入口处的车辆,确保畅通和安全;住客行李运送、寄存和托运服务;引领客人进房,介绍客房设施设备和服务项目;分送客人报纸、信件、物品和留言服务;代办客人各项委托事务。高星级酒店提供"金钥匙"服务。

**6. 收银处**

提供住店客人离店结账服务;管理住店客人的账目;外币兑换服务;为住店客人提供贵重物品的寄存和保管服务;催收、核实账款;夜间统计当日营业收益,制作报表。因业务性质,收银处通常隶属财务部。但是,由于收银处位于前厅总服务台,直接面对客人提供服务,与接待处、问讯处联系密切,是总台的重要组成部分,因此,前厅部也应参与对前厅收银人员的管理和考核工作。

**7. 商务中心**

为客人提供收发传真、复印、打印及电脑文字处理、文件装订、上网、订票等商务服务,还可以根据客人的需要提供秘书服务。

**8. 电话总机**

负责接转电话服务;叫醒服务;回答电话问询;电话投诉、电话找人、电话留言服务;播放背景音乐等。在酒店出现紧急情况时可充当指挥中心。

(【拓展阅读,扫码学习】:无前台酒店是未来主流?)

**(三)前厅部人员素质要求**

前厅部员工的素质决定了前厅部服务水平的高低。作为一名合格的前厅部员工,应具备以下素质:在现代社会服务的大网络里,具有"我为人人,人人为我"的意识;在现代酒店业激烈竞争的市场中,具有正确的服务意识、良好的仪容仪表、熟练的专业知识、丰富的工作经验和恰到好处的待客能力。

### 1. 道德品质要求

前厅部员工必须具备良好的道德品质,如具有一定的社会公德、敬业乐业的精神和热情为客人服务的思想。前厅部员工应充分认识到前厅服务工作与其他工作一样,是社会生产、生活的一部分,是整个社会分工、经营运转中不可缺少的一部分;意识到"我为人人"提供热情周到的服务,同时"人人为我"在做贡献;此外,还要认识到只有热爱本职工作,并在实践中培养对本职工作的浓厚兴趣,端正工作态度,钻研工作技能、技巧,养成良好的职业道德和职业习惯,才能从工作中得到乐趣,取得收获。

### 2. 劳动纪律要求

良好的纪律是完成工作任务的重要保证。由于前厅工作内容多、分工细致、涉及面广,加之人、财、物流动频繁,因此,对员工的纪律要求很高。作为前厅部的员工,必须养成自觉的纪律观念,遵守酒店的各种规章制度,按规章制度办事,不自行其是。

### 3. 文化素质要求

前厅是酒店的门面,前厅工作人员是酒店的形象大使,加上前厅部工作具有复杂、涉及面广等特点;前厅工作人员会遇到客人关于政治、经济、旅游、风俗、文化以及有关酒店情况的各种各样提问,这需要前厅工作人员具备较宽的知识面和丰富的专业知识,才能为客人提供准而实的信息,因此前厅部员工的文化素质就显得尤为重要。

### 4. 业务素质要求

根据前厅部的工作分工,可将前厅部员工分为三个层次:高层管理者(前厅部经理)、中层管理者(前厅部主管、领班)和基层工作者。不同层次的员工,其业务素质要求也不同。

## 三、前厅部接待业务管理

### (一)客房预订业务

为了保证客人到达目的地后能够安全顺利地入住酒店,旅行团和会议团的组织者通常会提前预订酒店房间;在旅游旺季和节假日期间,不少散客也会提前订房间。对酒店而言,客房预订是促进酒店销售的一种有效手段,能够使酒店预测未来一段时间的客源状况,以便提前做好接待计划,合理安排人力资源,采购相应的食品和用品等,更好地为客人提供周到细致的服务。客人预订的类型包括以下四方面。

### 1. 确认类预订

酒店接受客人的预订时,以口头或者书面形式予以确认,一般不收订金,但规定客人必须于预订入住日的规定时限前到达,否则作自动放弃预订处理。

**2. 保证类预订**

为保证酒店和客人双方的利益,预订时客人向酒店预付定金来保证自己的订房要求,也使酒店避免了在旺季客人擅自取消预订而带来的损失。

**3. 等待类预订**

客人预订时,酒店的客房已经订满,酒店向客人告知实情后,可将客人相关信息记录在案,如有其他客人取消预订或提前离店,可通知该预订客人。这类预订称之为不确定预订。客人往往为稳妥着想而另辟蹊径,所以预订的成功率较小。

**4. 超额预订**

超额预订是指酒店在用房旺季时为防止因订房客人未到或住店客人提前离店造成客房闲置,而适当增加酒店订房数量以弥补酒店经济损失。但超额预订会因为客人的全部到达而出现无法供房的现象,并可能造成酒店经济利益的损失和酒店形象的损坏。

## (二) 办理客人入住手续

客人到达酒店后,首先要在接待处办理入住登记,交纳一定预付金后领取酒店房间房卡。一旦办理了入住登记手续,客人和酒店之间就建立了正式的合同关系。办理入住手续的程序,因客人类型的不同而有所差别。

**1. 散客接待程序**

目前,酒店前台几乎都使用计算机进行业务管理接待。流程包括:① 客人到达。询问客人有无预订,有预订的从计算机调出相关资料。② 填写登记表。由客人填写登记表的各项内容,通常前台工作人员获取客人信息后打印出来请客人签字确认。③ 排房及房价。核对客人有效证件及登记表后,立即安排出相应房间。④ 商定付款方式并收取预订金。按客人预计居住天数收取预付金,客人可在酒店业务范围内以现金、信用卡、支票等形式商定付款方式。⑤ 交付客房房卡。以上手续完成后,将客房房卡交给客人,提醒客人寄存贵重物品等。⑥ 资料存档及入住通知。客人办理完手续后,立即将相关信息输入计算机并存储,计算机自动向客房服务中心等相关部门发出客人到达的通知。

**2. 团体接待程序**

团体接待程序包括:① 预先排出客房。根据预订单排出客人房间,准备好房卡,将团队分房表送行李处和客房部。② 团体到达及分房。与团队负责人联络,由其统一办入住登记手续,并协助其分发房卡。③ 引领客人入房。行李员在团体办理入住手续时,可将客人行李码放于行李车上。分房完毕,立即引领客人进入房间,并分送行李到客人房间。④ 建总账及通知。客人入房后,将相关信息存入计算机,为团体建立总账单交收银处,开具团体用餐通知单送餐饮部。

### (三) 客人住店期间的系列服务

**1. 迎送服务**

客人到店和离店都应享受酒店热情周到的迎送服务,礼宾员是酒店主要承担迎送任务的形象大使,行李员则要负责客人抵离店的行李运送,重要客人应由酒店总经理及相关部门经理出面迎送。

**2. 行李服务**

行李服务包括行李运送和行李寄存服务,根据"每日抵离店客人名单",行李处要做好客人入店时的行李送达客房以及客人离店时行李搬运至大厅(或车辆上)的服务工作。客人若有行李或贵重物品寄存,则按酒店规定做好寄存登记和存放工作。

**3. 咨询服务**

此项工作由问询处负责,但现在许多酒店将问询处合并到接待处,或者将接待问询、收银三者合一,以节省劳动力成本,提高工作效率。此外,还向客人提供各方面的信息查询,并处理客人邮件等。

**4. 总机服务**

酒店总机可为客人提供转接电话、问询服务、代客留言、叫醒服务等。

**5. 受理客人投诉**

前厅设置大堂副理一职来受理客人投诉,办公地点通常在大厅入口的左侧或右侧,由一张工作台和三把椅子构成相对独立的区域。受理客人投诉时,大堂副理应采取倾听—记录—安慰—调查—处理的工作程序,力争使客人投诉的问题能圆满解决,并在每日的管理者例会上通报投诉情况。

**6. 商务中心服务**

根据商旅客人的需要,商务中心一般提供打印、复印、传真、翻译、会议记录、提供网络等服务。

**7. 其他服务**

为了方便住店客人,前厅还可与银行、物流、铁路、公路、航空、旅行社、出租汽车公司等合作提供外币兑换、旅游代办、车辆预约、邮件寄发等服务。

## 第二节 酒店客房管理

### 一、客房部地位和任务

客房部是酒店的主体和存在的基础,在酒店管理中占有重要地位。客房是客人在酒店中逗留时间最长的地方,客人对客房更有"家"的感觉。因此,客房的清洁卫生是否到位,装饰布置是否美观宜人,设备与物品是否齐全完好,服务人员的服务态度是否热情周到,服务项目是否周全丰富等,客人都会敏锐地感受到,客房服务质量的高低是客人衡量"价"与"值"相符与否的主要依据。

（一）客房是酒店的基本设施,是酒店存在的基础

向客人提供食宿是酒店的基本功能,而客房是住店客人购买的最大、最主要的产品。没有了客房,酒店就不复存在。

按客房和餐厅的一般比例,在酒店建筑面积中,客房占 70%～80%;酒店的固定资产也绝大部分在客房,酒店经营活动所必需的各种物资设备和物料用品,大部分也在客房。客房是酒店的基本设施和存在基础。

（二）改善酒店客房环境的重要性

客人入住酒店后,客房属于客人的私人场所,因而他们对于客房的要求往往比较高。虽然客人在跨入酒店的同时已经形成对酒店的第一印象,但当其来到属于自己私人空间的客房时,这之前所有的印象马上被眼前的景观所取代。美国拉斯维加斯 MGM 大酒店的一位客房部经理曾经这样说过:"客房是酒店的心脏。除非客房的装修完好、空气新鲜、家具什物一尘不染,否则你将无法让客人再次光顾。"

（三）客房部的服务与管理水平影响着酒店声誉及客房出租率

客人在酒店居住期间,客房是停留时间最长的场所。酒店公共区域的卫生工作一般也由客房部承担,对客人的影响较大。

所以,客房的设施等级以及客房部的服务和管理水平往往成为客人评价酒店和决定是否再次光顾的主要因素。

（四）客房部是酒店降低物资消耗、节约成本的重要部门

客房商品的生产成本在整个酒店成本中占据较大比重,其能源(水、电)的消耗及

低值易耗品、各类物料用品等日常消费较大。因此,客房部是否重视开源节流,是否加强成本管理、建立部门经济责任制,对整个酒店降低成本消耗,获得良好收益起到至关重要的作用。

### (五) 客房收入是酒店经济收入和利润的重要来源

酒店的经济收入主要来源于客房收入、餐饮收入和综合服务收入这三部分。其中,客房收入是酒店收入的主要来源,一般占酒店总收入的50%左右,而且客房收入较其他部门收入要稳定。因客房经营成本比餐饮部、商场部等都小,所以其利润是酒店利润的主要来源。

### (六) 客房是带动酒店一切经济活动的枢纽

酒店作为一种现代化的综合设施,是为客人提供综合服务的场所,只有在客房入住率较高的情况下,酒店的综合设施才能发挥作用,组织机构才能运转,才能带动整个酒店的经营管理。客人住进客房,要到前台办入住手续、交房费,要到餐饮部用餐、宴请,要到商务中心进行商务活动,还要健身、购物、娱乐,因而客房带动了酒店的各项综合服务设施的运转。

## 二、客房分类

客房的分类方法很多,可按房间配备床的种类和数量划分,也可按房间所处的位置划分。客房类型多样,价格高低有别,才能满足不同客人的需求,尤其是适应不同客人的消费能力。概括来说主要有以下几种类型:

### (一) 根据单间房所配备床的种类和数量分类

**1. 单人房(Single Room)**

单人房房间内只有一张标准床,适用于单身的客人或者经济型客人。酒店中单人间的数量很少,并且多把面积较小或位置偏僻的房间作为单人间,属于经济档。

**2. 大床房(King Size & Queen Size Room)**

大床房是指在房内配备一张双人床的房间,适合夫妻旅游居住,也适合单身客人居住,新婚夫妇使用时称之为"蜜月客房"。通常与标准间的价格相同或稍高一点。

**3. 双床房(Double Room)**

双床间的种类很多,可以满足不同层次客人的需要。一般是配备两张单人床,称为标准间(Twin Room),可供两位客人住宿。酒店绝大多数的客房都是标准房。

### 4. 三人间(Triple Room)

三人间内放三张单人床,属经济档客房。中高档酒店这种类型的客房数量很少,有的甚至不设。当客人需要3人同住一间房间时,往往是在标准间加一张折叠床。

## (二) 根据构成套房的房间数量及内部装潢布置的档次分类

### 1. 普通套房(Junior Suite)

这种房间一般是连通的两个房间,称为双套间。一间为卧室、一间为会客厅(也可作为餐室)。卧室中放置一张大床或两张单人床,并配备卫生间,会客厅也设有供访客使用的盥洗室。

### 2. 商务套房(Business Suite)

此类套房专为商务客人设计,一间为卧室,一间为起居室和办公室,有些商务酒店的套房以此类客房类型为主。

### 3. 豪华套房(Deluxe Suite)

此类套间十分注重装饰布置、房间气氛及用品配备,以呈现豪华的气派。一般配有卧室,会客厅(餐室)和书房,两个卫生间。卧室中配置大号双人床或特大号双人床。这类套间可以是双套间,也可以是三间至五间。

### 4. 总统套房

总统套房是高星级酒店用来接待外国元首或者高级商务代表等重要贵宾的豪华客房,其气派之大、档次之高、房价之昂贵不言而喻。正是因为其高不可攀的定位,才被人们称之为总统级的套房。房内主次卧室两间,各含卫生间、休闲娱乐厅、会客厅等,房内安全舒适、功能齐全,设有中央空调、闭路及卫星电视、国内/国际直拨电话,提供宽带上网以及其他娱乐、服务设施。

## (三) 根据客房主题分类

主题客房是为某一类人特别设计和布置,以满足客人的个性化需求。它指的是通过空间、平面布局、光线、色彩、陈设与装饰等诸多要素,运用各种艺术手法来设计与烘托某种独特的文化氛围,突出某种主题的客房。近几年,根据不同客人需要,酒店开始设计各种不同主题的客房,它们具有浓郁的文化气息,体现了酒店对客人的关爱之情。各种客房有其不同的特点,但同时又有很强的兼容性。

### 1. 以客人特征为主题

对客人的基本特征进行功能细分,如针对特殊群体需求为主题的客房:老年人专用客房、无障碍客房、高科技客房等。

① 老年人专用客房

卫生间采用防滑玻璃纤维制造,并设有软垫长椅,在里面可以安全洗浴,并设置防滑把手;门把和开关位置适宜;设置多个召唤铃,以便老人不用移动太远就可询问自己需要的服务。

② 无障碍客房

无障碍客房是一种专供残疾客人使用的客房,一般具备残疾人使用的无障碍进出口、残疾人专用厕位等。

**2. 以建筑风格为主题**

主要以室内装饰所代表的民族地域风情为题材,同时配以相应的家具、用品等形成独特风格的客房。如中式古典风格、欧式风格、日式风格、现代主义风格、乡土风格、少数民族风格等。

**3. 以时尚热点为主题**

抓住社会时尚潮流、热点问题,对客房进行快速包装,如动漫客房、电影客房等。这种主题客房的时效性相对较短,消费客人群体针对性强,以新鲜感取胜,需定期更新主题,以免适得其反。

**4. 以兴趣爱好为主题**

寻找吸引力较强的兴趣主题,使客人在住宿的同时,提升对该兴趣的认识。通常这类客人有一定的文化水平,多以汽车、足球、邮票、文学、书画、影视和电竞等为主题。

(【拓展阅读,扫码学习】:中国酒店数智化迎来"爆发年":影院式客房必不可少)

**5. 其他**

可以定为主题的选材内容实际很多,如可以以季节为主题、以节日为主题、以花鸟为主题、以特殊环境为主题、以特殊服务项目为主题等。

## 三、客房组织机构

客房部,又称房务部,其工作的重点是管理好酒店所有的客房,通过组织接待服务加快客房周转。客房部担负着客人住店期间的大部分服务工作,其业务范围涉及整个酒店房间和楼层公共区域的清洁卫生、物资用品消耗的控制、设备的维修保养等。客房服务与管理水平直接影响酒店的声誉和房间的销售,进而影响酒店的成本消耗和经济效益。

客房部组织机构的模式,因酒店的性质、规模、管理和运行机制的不同而不同。酒店客房部的组织机构形态有大、中、小型三类。大中型酒店的客房部规模大、机构健全,各个分支机构及每一位员工的职责、专业、分工都很明确,其机构设置如下:

**1. 客房服务中心**

客房服务中心设值班员、布单领发员,也可设协调员,是客房部的信息中心,负责统一调度对客服务工作,正确显示客房运转状况,负责失物招领,发放客房用品,管理楼层钥匙并与其他部门进行联络协调等。

**2. 房务部**

房务部主要负责客房内的服务工作。客房楼面由各种类型的客房组成,每一层楼都设有工作间,便于服务员工作。楼面人员负责全部客房及楼层走廊值台、楼层安全,房间用品的更换,设施简易维修保养,为住客提供必要的服务。

**3. 管家部**

管家部主要负责大堂(前厅)公共卫生、洗手间卫生、客房楼层公共区域地面卫生的打扫、洗涤,地毯的洗涤,玻璃、大理石的清洁工作,公共区域设施设备、工艺品的卫生清洁和保养,使之达到卫生标准。

**4. 洗涤部**

洗涤部主要负责酒店布单、客衣、员工工装的收洗,为住客和酒店提供高质量的洗熨服务,为客人提供方便。

## 四、客房服务管理

### (一)客房服务项目的设计

在酒店的客房服务项目中,一类是基本服务项目,即每天都要提供的例行客房服务,反映的是酒店的规格等级;另一类是附加服务项目,是指客人即时要求提供的服务,反映的是酒店个性化服务的水平。总的来说,客房服务项目的设计,要坚持适合与适度的原则,既要考虑酒店的等级、客人的需求,又要考虑服务成本,注意价值功能。一般而言,客房的基本服务项目,主要包括以下几个方面。

### 1. 整理客房服务

正常情况下,客房部的员工每天 14:00 前要将客房清扫完毕。对挂出"请勿打扰"牌的客房,应尊重客人要求,按程序进行处理。在客人住宿期间,客房与卫生间要清扫整洁,做到无灰尘、无污迹。文具用品、洗衣袋、浴室用品、卫生纸、面巾纸要及时补足。烟灰缸、垃圾桶清空洗净。清洁更换水杯。应客人的要求更换用过的床单、枕套、被单、毛巾等棉织品,并将客人个人用品和衣服摆放整齐。

### 2. 开夜床服务

原来的星级酒店一般采用西式铺床,床上都是铺有床罩,并且上面的毛毯用床单包住。服务员将上面的床罩撤走,然后将上面的毛毯连上面一层床单打开一个大约 30 度的角,以方便客人入睡,这是具体的开夜床。但实际操作过程中还包括简单的客房整理及物品补充。(1) 开夜床以便客人休息;(2) 整理房间,清洁卫生间,补充必需的客用品,恢复客房环境卫生,使客人感到舒适温馨。夜床服务的时间,一般从 17:30 或 18:00 开始或按客人要求做,一般夜床服务在 21:00 之前做完,因为 21:00 以后再敲门为客人提供做床服务会打扰客人休息。

### 3. 洗衣服务

客人送洗的衣服可以分为水洗、干洗和熨烫三种。客房内应放置洗衣单和洗衣袋。洗衣单上包含送衣说明、服务电话,标明价格。按照客人的要求,及时礼貌上门收集衣物,并在规定的时间内送还。所有的衣物要正确洗涤、熨烫,所有悬挂的衣服都要附外套送还。如果遇到客人的衣物衣扣脱落或松动,应缝好后送还。酒店一般提供"即日回"洗衣服务,早上 10:00 前收的衣服,通常在 19:00 前送回。如客人急用,可办快洗,4 小时内即可洗好送回,但要加价 50%。每当新客人送洗衣物时,要特别提醒他们。

### 4. 微型酒吧服务

为了方便客人,酒店在客房设有微型酒吧,提供充足饮料、啤酒,还备有方便面和小食品等。柜面上放置有饮酒器具、杯垫、纸巾、调酒棒和开瓶器。员工每天要检查微型酒吧,并及时补充已耗用的物品。

### 5. 擦鞋服务

酒店擦鞋服务的方式有三种:一种是在客房内放置擦鞋纸套,供客人自己使用;第二种是在酒店大堂等公共服务场所摆放自动擦鞋机;第三种是人工代客擦鞋。高星级酒店一般都提供人工代客擦鞋服务,在客房内放置标有房间号码的鞋篮,并在服务指南中告示客人。客人如需擦鞋服务，可通过电话告知客房服务员上门收取。一般应在半小时后、两小时之内将擦好的鞋送入客人房内。对于提出特别时间要求的客人，应及时将鞋送回。送还时如果客人不在房间，应将擦好的皮鞋放于行李柜侧。

**6. 借用物品服务**

酒店还向有特殊需要的住店客人提供借用物品服务，如临时出借婴儿床、婴儿小推车、体温计、充电器等物品。在酒店的服务指南中，应标明可供借用的物品名称及借用方法。客人在借用物品时，需要办理借用手续。在客人离开酒店时，客房部应该通知客人归还借用的物品。客房部储备物品的种类往往根据酒店的档次、规模及服务水准而定，另外根据经验，常用的物品应多配备一些，其中有些是有偿消费。

### （二）客房服务形式的选择

根据酒店的实际规模和接待层次以及当地劳动力成本的情况，合理选择客房服务形式。目前客房的服务形式有以下三种：

**1. 楼层服务台**

这是我国传统的接待方式。酒店在客房区域内，在靠近电梯口或楼梯口的位置，设置在各楼层为住客提供服务的服务台即为楼层服务台。楼层服务台一天24小时都会有服务员值班，为住客提供服务。从某种意义上来说，它就相当于酒店前厅驻楼面的办事机构。从整个酒店的宏观管理上来看，楼层服务台成为酒店其他部门与客房之间相互沟通的桥梁。由于位置因素，这种服务形式更具有亲切感、安全感以及高效率，但人力成本和管理成本也很高，有时甚至会对客人产生"压迫感"，因此这种服务形式主要适用于接待型酒店。

**2. 客房服务中心**

客房服务中心是现代酒店客房管理的主导模式，是酒店客房管理的神经中枢。它一般设置在酒店楼层布草间与员工电梯之间的隐蔽处，主要通过电话的形式为酒店的住客提供周到的服务。一般情况下，客房服务中心应该具有同时接听两个以上电话的能力，大型酒店可以采用小型交换机保证信息运量。在客房员工管理方面，一般酒店都会建立对讲机系统，以保证客房部员工信息沟通顺畅。

**3. 行政（商务）楼层服务台＋客房服务中心**

为了改善单一的服务形式，提高客房的管理水平，目前，我国酒店以客房服务中心的服务形式为主,另在贵宾楼层设立行政(商务)楼层服务台,为贵宾提供普通客房服务及酒吧、简易早餐等特殊服务。

### (三) 客房服务常见问题处理

**1. 客人要求开门**

客人不慎将房卡遗留在房间内,服务员应查看其住宿登记和住客的有效证件,确属该房间住客系本人可为其开门。如无任何证件,可根据客人口述情况与总台登记无误后方可开门。并将开房情况及时记录。

**2. 已退房客人要求进房**

如果客人要求拿取遗留在房间内的物品,可向客人解释并要求其前往前台办理相关手续,如客人不肯,服务员应坚持原则,必要时通知上司到场协助解决。如果能确认客人是房间的原住客,可以开门并伴随客人一起查找物品。

**3. 客人索要物品多于房间配置量**

这与酒店的星级与房价有紧密的联系。如果客人索要物品数量不多,可视情况给予满足;数量较多时,应该委婉地告诉客人需要额外收费。如果客人同意付费,则通知房务中心带收费单到房间收费,服务员若不清楚物品价格可向房务中心查询。但重要客人不在此范围内,应尽量满足客人,情况确实特殊的可以请示上级解决。

### (四) 异常情况的处理

**1. 醉酒客人**

酒店中客人醉酒情况时有发生,而其处理方法应视人而异。部分醉酒客人会大吵大闹或破坏房内设施,有时会随地乱吐不省人事。服务员应保持理智,善辩机警地根据醉酒客人不同情况分别处理。对轻度醉酒的客人适时劝导,安排其回房休息,对重度醉酒的客人则协助保安员处理,以免扰乱其他人或伤害自己。在安置醉酒客人回房休息后,客房服务员要特别注意其房间动静,以免客人发生意外。

**2. 无礼型客人**

这类客人不易和别人交往,个人观念很强,发生矛盾后往往恶语伤人或有失礼的动作,服务员不要与之计较,尽量按他们要求完成接待服务,不与其发生冲突,保持冷静。

**3. 挂着"请勿打扰"牌子的客房**

门上挂有"请勿打扰"牌,服务员应注意不要影响客人。"请勿打扰"牌在中午12:30后仍没有消失,可电话询问客人是否要清扫。若客人仍不需要整理,应报告领班,并做好交班记录,房间由晚班服务员清扫。

**4. 客人不慎滑倒摔伤**

客人在酒店内滑倒摔伤后,服务员应主动提供帮助,并向领班报告。根据客人在入住登记时购买的人身意外伤害保险向保险公司反映情况,由保险公司业务员落实事实原因进行医疗住院费赔偿。酒店部门派人前往医院慰问病人,并及时通知受伤客人家属。客房中要切实做好防范工作,提醒客人小心地滑,检查扶手,加强防滑设施用品配备,防患于未然。

## 第三节 酒店餐饮管理

### 一、餐饮地位和任务

#### (一)餐饮业是国民经济的重要行业

目前餐饮业已经逐步发展成为国民经济生活中的一个重要行业。它的重要性,首先表现在餐饮业能够为社会创造大量财富。餐饮业通过自身的生产活动和服务销售,增加产品的价值,为国家创造了大量的税收。2019年1—12月全国餐饮收入4.67万亿元。同时餐饮业的发展也带动了食品、养殖、种植、饮料、物流等行业的发展。

#### (二)餐饮业是旅游业的重要基础设施和文化旅游资源

作为旅游业食、住、行、游、购、娱六大要素中的重要组成部分,旅游业离不开餐饮业的支持。人类文明的发展造就了餐饮文化,餐饮作为一种重要的社会文化现象,本身就是一种重要的旅游资源,吸引着各地的旅游者。餐饮业不仅仅是旅游业的基础,而且也是一种重要的文化旅游资源。

#### (三)餐饮业能够改变人们的生活方式

餐饮业的发展逐步改变了人们的日常消费模式和消费结构,越来越多的人把外出就餐作为一种新的生活方式,把外出用餐作为一种娱乐来对待。经济越发达,社会交往越频繁,家务劳动社会化程度越高,就越能发挥餐饮在改变人们的生活方式和消费结构上的作用。

【拓展阅读,扫码学习】:从附属品到独立赛道,酒店餐饮如何出圈?

### (四) 增加劳动和就业机会

餐饮部门属于劳动密集型行业,对员工的文化程度要求不高。餐饮业的不断壮大,为社会提供了大量的就业机会。

## 二、餐饮生产、销售与服务的特点

餐饮业务经营活动主要表现在两个方面:一是为客人提供食品、饮料等有形产品;二是在提供以上有形产品的同时,为客人提供面对面的餐饮服务。后者是通过餐饮工作人员热情周到的服务态度和娴熟的服务技巧,使客人获得精神和心理上的满足。餐饮的生产、销售和服务具有以下特点:

### (一) 无形性

餐饮服务的好与坏是不能量化的,只有消费者购买并享受到餐饮产品后,通过亲身的体验来进行判断。这一特点加大了餐饮产品的销售困难。餐饮服务质量的提高是没有上限的,这需要整个餐饮部门的各个岗位共同努力,全方位提高服务水平,使前来就餐的客人愿意购买有形产品,享受无形服务。

### (二) 一次性

餐饮服务只能当场享受,当次使用,与酒店客房销售的不可储存性相似。如果客房在当天没有被订出去,那么,酒店失去的收入将无法弥补。餐厅没有客源同样也会带来无法弥补的经济损失。所以,餐饮服务的"一次性"要求餐饮部门要接待好每一位客人,要以优质服务待客,给客人留下美好的印象,从而吸引客人经常光顾。

### (三) 同步性

餐饮与其他产品的生产有所不同,餐饮产品的生产、销售和消费几乎是同步进行的。生产者和消费者是当面服务,当面消费。服务的好坏,客人当场即可检验出来。这种面对面的直接服务和消费,对餐饮部门的物质条件、设备、工艺技术、环境卫生、食品卫生和从业人员的素质及服务质量等都提出了更高的要求。

## （四）差异性

不同的餐饮企业对员工的培训程度及管理要求不同，员工因年龄、受教育程度、性格的不同也表现出不同的能力。另外，在不同的场合中，同一个服务人员也因现场的气氛不同，呈现出不同的服务方式，服务态度也随之改变。因此，餐饮管理部门在对服务进行规范化、标准化和制度化的同时，还要对服务人员进行个性化服务和定制服务的培训。

美国酒店业先驱斯塔特勒先生曾说过："酒店从根本上说，只销售一样东西，那就是服务。"提供低档服务的酒店是失败的酒店，而提供优质服务的酒店则是成功的酒店。酒店的经营目标是向客人提供最佳服务，酒店的根本经营宗旨是使客人得到舒适和便利。

餐饮部工作人员，特别是餐厅服务员为客人提供面对面的服务，一举一动，一言一行都会在客人的心目中产生深刻的印象，客人可以根据餐饮部为他提供的餐饮产品的种类、质量以及服务态度等来判断酒店服务质量的优劣及管理水平的高低。因此，餐饮服务的好坏不仅直接影响餐饮部的经济效益，更会直接影响酒店的形象和声誉。

## 三、餐饮组织机构及设置

### （一）餐饮组织机构

餐饮部的组织机构受其类型、规模和接待能力等因素的影响。餐饮组织机构的规模、形式和内部结构的设置以满足经营业务活动的需要为原则。主要有以下三种形式：

**1. 大型酒店餐饮部的组织机构**

大型酒店的餐饮部分工明确、细致，所以，组织机构层次多，结构复杂，中餐厅、西餐厅、咖啡厅等各类餐厅齐全。由于实行专业化管理，一般设立中心厨房，各个餐厅设立卫星厨房。中心厨房统一为各卫星厨房加工食品原材料，按量装袋，供各卫星厨房使用；各卫星厨房主要负责菜点的炉灶烹制，只有需要现场加工的产品才在卫星厨房加工烹制。其组织机构具体结构参见图4-4。

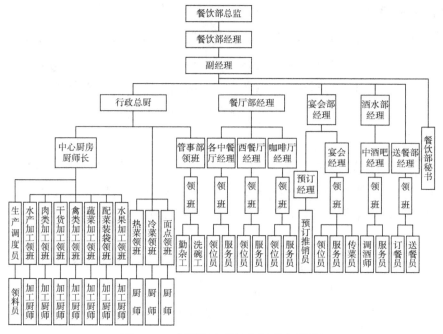

图 4-4 大型酒店餐饮部组织机构图

**2. 中型餐饮酒店餐饮部的组织机构**

相对于大型酒店的餐饮部,中型酒店餐饮部组织机构的餐厅内部分工较细,功能较全,类型较全,厨房与餐厅配套。其组织机构具体结构参见图 4-5 所示。

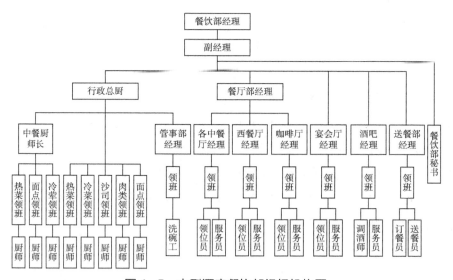

图 4-5 中型酒店餐饮部组织机构图

### 3. 小型酒店餐饮部组织机构

小型餐饮企业组织机构比较简单,大多只经营中餐,其组织机构分工不宜过细,其组织机构具体结构参见图4-6所示。

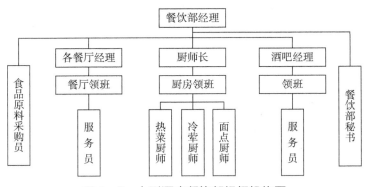

图4-6 小型酒店餐饮部组织机构图

## (二)餐饮部各部门的管理职能

### 1. 餐厅部

餐厅部是为客人提供食品饮料和良好服务的公共场所。根据其所提供的食品饮料和服务的不同,可分为以下几种:

(1) 零点餐厅也叫点菜餐厅,是酒店的主要餐厅,供应中西菜点。

(2) 咖啡厅是小型西餐厅,供应比较简单而又大众化的西式菜点,酒水饮料。

(3) 酒吧是专供客人享用酒水饮料,休息和娱乐的地方,主要供应中式,西式酒类饮料和小吃。

(4) 大堂吧(Lobby Bar 也称之为 Lobby Lounge,简称 L/L),是指位于酒店大堂公共区域,提供客人休憩、等候、茶饮、咖啡、酒水等服务的开放式场合。

(5) 特色餐厅又称风味餐厅,酒店根据服务对象的不同需要,设立风味餐厅,以便发挥自己的特长,满足客人的需要。

(6) 自助餐厅是一种快餐厅,它主要供应西式菜点,但也供应中式菜点,具有节省用餐时间,价格低廉,品种多,风味不同的优势,颇受客人的欢迎。

(7) 客房送餐,酒店为满足客人的需求,就要为客人提供客房送餐服务。

(8) 外卖部主要向本地居民、住在酒店公寓内的客人或附近小区的居民提供特色菜肴、风味小吃、主食和新鲜水果、蔬菜等。

### 2. 宴会部

宴会部接受客人的委托,组织各种类型的宴会、酒会、招待会等活动,并根据客人的要求制定菜单,布置厅堂,备餐铺台,同时为客人提供完整的宴会服务。

### 3. 厨房部

厨房部是酒店的主要生产部门,负责整个酒店所有的中式、西式菜点的烹饪,负责厨师的培训,菜点的创新,食品原料采购计划的制订,以及餐饮部成本控制等工作。

### 4. 采购部

采购部是酒店餐饮部的物质供应部门,它根据实际需要以最优的采购价格,按时保质保量地为餐饮部组织和采购所需的物品,特别是食品原料和酒类饮料等。然后将采购进来的原料验收合格后送入仓库,分库妥善保管。

### 5. 管事部

管事部负责厨房、餐厅、酒吧等处的卫生清洁及所有餐具、器皿的洗涤、消毒、存放、保管和控制。

## 第四节　酒店康乐管理

### 一、酒店康乐概述

#### 1. 康乐部概况

按照中华人民共和国国家旅游局《旅游(涉外)饭店星级标准》规定,涉外星级酒店必须具备一定的康乐设施。

在改革开放的十多年后,旅游酒店及时地引进了"康乐"这一新观念。一些中外合资的大酒店都设立了康乐中心或成立了康乐部。如上海的希尔顿酒店、新锦江酒店、喜来登酒店、华亭宾馆;北京的长城酒店、丽都假日酒店;广州的白天鹅宾馆、中国大酒店等四、五星级宾馆、酒店都具有较完备的康乐设施,其他一些涉外酒店不同程度地也有自己的康乐设施。康乐部为客人增加了服务项目,也增加了酒店收入。有些酒店的康乐部每年为酒店带来上千万元的收入,其利润率甚至可高达60%。

按照旅游酒店星级评定标准来看,康乐是涉外酒店不可缺少的先决条件,不具备较好、较完备的康乐设施的旅游酒店,无论在其他方面如何优越都不是较完善的涉外酒店,或不予评审等级。由此可见,康乐部是涉外酒店不可缺少的一个部门。

康乐需求是现代客人,尤其是商务客人的需求,调查研究表明,很多客人即便实际上并不使用酒店的康乐设施,但在他决定是否住宿该酒店之前,还是期望酒店有康乐项目。因此,康乐设施是影响客人选择酒店的重要因素之一。

**2. 康乐活动的分类**

(1) 康体项目

康体项目就是人们借助一定的康体设施、设备和环境,通过自己积极地参与,达到锻炼身体、增强体质的目的的活动项目,是具有代表性的、易于接受的、趣味性强的运动项目。在这里要强调的是,康体项目不是专门的体育项目,而是一种承自体育运动的项目,却摒弃了体育运动的激烈性、竞技性,以不破坏自身身体承受力为前提,具有较强娱乐性、趣味性的活动项目。

1) 康体休闲项目的特点

① 需要借助一定的设施和场所,如乒乓球室、游泳池等。

② 不是以竞技为主,而是为了达到特定的目的,如健美、减肥等。

③ 运动中讲究科学方法,即运动有一定的规律性,时间和运动量要适中等。

2) 康体休闲项目的种类

① 健身器械运动

a. 心肺功能训练项目

跑踏步类运动。这类运动是指通过以踏步机、登山机等运动机械作为载体达到增强心肺功能、锻炼身体目的的康体运动。这类活动通过为器械配置相关的热量消耗显示和心率检测装置,使训练者直接了解训练所消耗的热量,并且及时掌握训练时的脉搏次数,以便于随时控制训练的进度和程度。

划船运动。这种运动是使用类似于船舶功能的运动器械进行模拟划船竞赛的健身活动,对扩张心肺和手臂肌肉的锻炼十分有利。

骑车运动。这种运动是操作类似于自行车的运动器械,达到模拟骑自行车运动的逼真感觉的运动项目,运动者还可以根据实际需要自动调节地势和骑车速度。

b. 力量训练项目

举重运动。这种运动是通过推动可调节重量级的举重架,训练臂力和扩胸的力量型运动,以达到举重效果的一种运动方式。

健美运动。这种运动是在多功能组合健身架上完成多种动作的锻炼项目。其所使用的器械既有单一功能训练身体某一部位的，也有综合训练身体各个部位的，可以达到健美、健身等目的。

② 游泳运动

游泳运动是在不同设施、不同形式的游泳池内进行游泳和嬉戏的运动形式。它可以增强内脏器官功能，还能增强肌体适应外界环境变化的能力，是一项使人身心舒畅的活动。

a. 室内戏水。室内戏水是在设施齐全、水温适宜、水质优良、环境清洁的室内环境中进行戏水的活动。其方式多种多样，如滑水、冲浪等，并且一年四季都可以进行，是一项适用范围较广的活动。

b. 室外游泳。室外游泳是游泳爱好者在室外游泳池或天然游泳池等场所进行的活动，其缺点是受季节气温的影响。

c. 室内外综合型游泳池。室内外综合型游泳池的天棚是活动的，能够根据天气变化和客人需求，通过控制系统开启和关闭，因此，不受天气的影响。缺点是天棚的结构复杂，工程造价高，保养维修费用高。

③ 球类活动

a. 网球。网球活动是运动者在网球场上，手执网球拍击球过网的一项活动。比赛时双方各占网球场一边，由一方发球开始，运动员手执网球球拍，运用发球、正反拍击球、截击球、变压球、挑高球、放短球、击反弹球等技术，以及发球、上网和底线抽击球等战术，努力将球击至对方场地。

b. 高尔夫球。高尔夫球运动是运动者在具有一定要求的高规格的高尔夫球场，使用不同球杆，按一定规范要求将球击入固定洞中，以球入洞杆数多少定输赢的贵族运动。高尔夫球运动是一项有利于身心健康、陶冶情操的高雅运动。由于受到客观条件的限制，高尔夫球运动较难推广。为了满足人们对这一项运动的需求，在星级酒店内一般设室内模拟高尔夫球场、微型高尔夫球场等。

c. 台球。台球是一项具有绅士风度的高雅运动项目，也叫打落袋，是由 2—4 人参加的在一个水平方形台上击球的活动，以击球或击球进袋计分比输赢的球类运动。

d. 其他球类运动项目。有些酒店或度假村根据客人的需求设置了很多球类休闲运动项目，如乒乓球、篮球、羽毛球等。

（2）娱乐项目

娱乐休闲项目是人们以趣味、轻松愉快的方式，在一定的设施环境中进行各种类型的既有利于身体健康，又放松精神、陶冶情操的活动项目。这种项目往往既可以提高智力、锻炼毅力，又可以达到放松身心、恢复体力、振作精神的目的，现代的娱乐项目因其门槛低、趣味性强、参与性强，以及能够给人们精神上带来愉悦感而成为广大消费者喜爱的消费方式。

1）娱乐休闲项目的特点

① 借助特定设施和服务，如棋牌室、酒吧等。

② 运动不激烈，趣味性、技巧性强，如电子游戏厅等。

③ 环境氛围感要求强，如 KTV、大型多功能厅等。

④ 寓享受于消闲娱乐之中，强调一种精神上的满足。

2）娱乐类项目的类型

娱乐项目包括的范围较广，日常生活中的歌舞类项目（歌舞、KTV 等）、游戏娱乐项目（电子游戏、棋牌游戏等）、文化娱乐项目（书刊阅览、影音系统等）都是娱乐项目类型。

（3）保健项目

旅游度假酒店在为前来消费的客人提供保健类康乐活动时，由于受经营空间的影响，在经营过程中更侧重于休闲保健。休闲保健项目就是指通过服务员提供相应的设施、设备或服务作用于人体，使客人达到放松肌肉、促进循环、消除疲劳、恢复体力、养护皮肤、改善容颜等目的的活动项目。休闲保健的经营项目包括我国消费者所信服的传统保健按摩、刮痧、足疗、经络排毒等，也有传统保健与西方保健结合后出现的水疗、美容美体、茶疗等内容。

1）保健休闲项目的特点

① 特定设备和服务，有严格的操作程序，如桑拿室等。

② 服务技术含量要求高，如足疗、保健按摩等。

③ 文化气息浓，时尚感强，如美容、美发等。

2）保健休闲项目的种类

保健休闲类项目按其功能形式一般分为桑拿浴活动、保健按摩活动和美容美发活动。

① SPA。SPA 是希腊语 Solus Par Aqua 的缩写，意为健康在水中。它是指人们

利用天然的水资源结合沐浴、按摩和香熏来促进新陈代谢,满足人体视觉、味觉、触觉、嗅觉和思考,达到一种身心畅快的享受。它于15世纪起源于欧洲,18世纪后开始在欧洲贵族中风行,成为贵族们休闲度假、强身健体的首选,20世纪在欧美又重新掀起了SPA热潮,并于20世纪末传入我国。SPA是由专业美疗师、水、光线、芳香精油、音乐等多种元素组合而成的舒缓减压方式,能帮助人达到身、心、灵的健美效果。

② 保健按摩。按摩是指在人体一定部位上,通过运用各种手法和进行特定的肢体活动达到防治疾病的方法,具有疏通经络、促进血液循环、增进健康甚至一定程度上治病的功效。按摩一般分为人工按摩和设备按摩,其中设备按摩的种类比较多,主要有热能震荡按摩和水力按摩等。它们不仅起到人工按摩的作用,而且借助热能、水力等,达到人工按摩所不可代替的效果。

③ 美容美发。美容美发是指拥有现代化设备,清洁的美容美发工具和技艺高超的美容美发师,为客人进行美容美发等服务,以满足客人参加不同活动的要求。现代美容美发师需要经过严格的培训,并且必须配备现代化的设施设备。一家酒店美容美发的声誉,会对酒店客源的回头率产生明显的影响。

**3. 康乐部的特点**

(1) 设施管理的严密性和灵活性

康乐部拥有种类繁多的设施、设备,在管理上存在着鲜明的个性。主要表现为管理组织上的严密性,劳动纪律方面的严肃性,营业时间、服务方式和服务内容方面的灵活性。康乐部服务项目多,每个项目的运动规律又有较大差别,因此,管理上的灵活程度也不一样,不能用一种模式管理。

(2) 经营项目的适应性

康乐部经营项目的适应性主要表现在适应客人不断发展变化的需求上。康乐项目以其趣味性强、盈利丰厚而吸引了众多的经营者,但康乐项目和康乐设施的发展变化很快,客人的需求也不断更新变化,因而经营者只有认真研究市场,不断适应市场变化,加强服务质量的管理,不断更新康乐项目和设施,才能迎合客人的需求,取得良好的经济效益。此外,康乐经营项目还应该考虑适应消费者的习俗、地理区位特点和季节特点,以更客观地选择康乐项目和经营形式,从而获得康乐项目经营和管理上的成功。

(3) 经营管理过程中的协作性

康乐部可经营的项目类别繁多,在经营时既要考虑项目的独立性,又要考虑项目之间的关联性,强调服务的延展性。

(4) 服务对象的随机性

康乐项目与餐饮项目、客房项目相比,其接待服务的随机性较强。康乐项目的营业销售水平和接待人次不像餐饮和客房那样具有较明显的规律性,往往受社会条件、自然条件和消费者的兴趣、爱好、年龄、身体状况等多种因素的影响。

**4. 康乐部的作用**

由于现代意识日益被人们所接受,无论是旅游者和旅游酒店对康乐的意义都有了深刻的认识,因此,它的重要作用也日益显示出来。

首先,客人对它的需求越来越大。有些人甚至把康乐作为生活中不可缺少的内容。据不完全统计,旅游酒店所在地区有70%的年轻人喜欢到这些酒店的康乐中心去玩乐。而对于住宿的客人来说,康乐也是必不可少的活动之一。不少旅游者在旅游的日程中,把参加酒店的康乐活动列入自己的日程安排,这是一种新的生活理念,体现了客人对康乐项目产生的强烈欲望,这一趋势,无疑为酒店提高效益创造了机会。

其次,康乐部的设置已不单是为评星级而设的。康乐在整个旅游酒店中的作用越来越显示出来了。不少旅游者常常就是因为某酒店的康乐设施完善,或对某一次活动感兴趣而住宿的。康乐设施的完善与否,康乐器械的现代化程度和先进性,都会吸引众多的客人,越来越受到旅游者和公众的青睐,酒店的经济效益就能到了满意的效果。康乐项目能够延长客人停留时间,提高酒店接待能力。酒店康乐项目不仅为度假旅游的客人提供了休闲、游玩、社交的场所,而且也为商务客人提供了健身、运动的基本条件。酒店具有特色的休闲、康乐项目,丰富了酒店产品内容,形成了特有的市场吸引力,如商务酒店的客房新增交互式多媒体游戏、卡拉OK点播、网上博弈、视频点播、收费电视、音乐与剧场转播等康乐项目,提高了客房出租率,延长客人的停留时间,增加了酒店收益。所以,康乐设施是否完善,是酒店竞争的重要手段。

**5. 康乐部的中心任务**

(1) 满足客人体育锻炼的需求

体育锻炼是指人们根据自身需要进行选择、运用各种体育手段,以发展身体、增进健康、增强体质、调节精神、丰富文化生活和支配余暇时间为目的的体育活动。常见的体育锻炼可分为健身运动类、健美运动类、娱乐体育类、竞技运动类、自然力锻炼类、格斗性体育类、医疗康复体育类等。在进行体育锻炼时,要根据自己的身体情况选择项目并掌握运动量,遵循循序渐进的原则,将参与的内容由简单到复杂、由易到难,运动负荷安排由小到大逐渐增加并持之以恒,最终可实现健身的目的。

(2) 满足客人美容修体的需要

注重形象美是现代文明的心理表现,它包括体形美、面部美、发型美。体形美可以通过体育健身实现,也可以通过美体师的修形塑体;面部和发型之美可在美容、美发服务中加以实现。

(3) 满足客人的娱乐需要

"食、住、行、游、购、娱"是现代旅游的基本要素。随着旅游业的发展,客人在酒店除了食和宿之外,还希望在住店期间得到娱乐享受。因此,康乐中心要在娱乐项目的开展上做到丰富多彩,以满足不同客人的娱乐需求,但一定要适应酒店的经营环境,符合我国国情与法律规定。

(4) 做好康乐器械、设施、场所的卫生工作

康乐场所是一个高雅、洁净的场所。其客流量大、使用频繁,尤其是康乐的设备与器械经过众多客人的使用,为防止出现交叉感染,清洁卫生工作十分重要。同时康乐器械、设施和场所的洁净、高雅会给客人带去舒心和愉快,也能给客人带来宾至如归的感受。客人对公共场所的基本要求其实就是整洁清新。

(5) 做好娱乐设施、运动器械及其场所的安全管理

健身运动器械具有"冲撞性",易于损坏,存在着安全问题,潜伏着一定的"危险性"。康乐中心的例行工作之一,就是每天必须在客人使用之前做一次检查,并对设施、运动器械、场地进行安全保养,对存在安全隐患的器械要及时更换。

(6) 为客人提供运动技能、技巧的指导性服务

康乐中心的健身器械、娱乐器械种类较多,操作程序也有差异,为了避免客人因不当操控而引起的人身伤害和设备损坏,服务员要提供正确耐心的指导性服务,以便一些不会使用的客人能正确使用。在客人进行如网球、高尔夫等项目的康乐消费时,需要专业人士进行技术上的指导,从而提高客人的技术水平。

## 二、酒店康乐业务管理

### 1. 酒店康乐管理基本要求

康乐项目是酒店满足客人多元化的需求、提高酒店等级和竞争力的一个重要举

措。其管理的基本要求包括：

(1) 科学设计,适应市场需求。

客人需求的多样化和消费结构的多元化,是现代旅游市场的一个基本特征。酒店康乐设施的选择,必须顺应时代的潮流,保证康乐设施的先进性、安全性、奇特性和配套性,同时抓好康乐项目的设计,使其具有文化性、艺术性、趣味性、知识性和刺激性,从而使客人可以锻炼身体、丰富精神生活、提高知识情趣、陶冶情操,最终满足客人日益增长的物质和文化需要。

(2) 康乐服务不像餐饮、客房服务那样具有生活必需性,而是一种高档的文化享受项目,具有较大的随机性和替代性。

其接待对象及销售水平往往随客人的兴趣、爱好、年龄、身体状况、经济水平等而变化。所以,康乐管理就必须加强综合控制,提高服务水平:一方面要抓好服务标准的制定和员工的培训,使康乐服务具有规范化、程序化和标准化;另一方面要抓好服务现场的控制,做好各种跟踪服务、重点服务、弥补服务、情感服务,使其具有个性化和人情味;此外,还必须注意客史档案的建设,使服务具有针对性和主动性。

(3) 开拓经营,引导市场需求。

总的来说,康乐需求并非人们的生存需求,而是一种派生需求。同时,康乐设施种类多样,使用价值不同,适用范围不同,服务时间参差不齐,服务要求千差万别,各营业项目操作上存在着相当大的差异性,而各个项目又兼具各自的服务特点。因此,酒店要有效激发人们的康乐需求,取得良好的经济效益,就必须开拓经营,制造新闻,引导消费,创造需求。同时,根据不同的项目和不同客人的要求,采用不同的经营方式,科学制定价格策略和营业时间,使康乐项目灵活多样、丰富多彩。

**2. 康乐部的经营方式及管理特点**

(1) 按经营主体分类,可分为传统自营式管理模式、业务外包式管理模式、独立实体式管理模式。

传统自营式管理模式是最常见的管理模式,康乐部所有的人、财、物和业务都由酒店统一经营和管理。这种模式的优势在于便于统一规划、协调发展,但适应市场化的能力会比较差。业务外包式管理模式指的是酒店将康乐部门外包给专业型的企业来经营和管理(外包指购买第三方的服务而不是酒店内部员工完成这些工作)。这种模式的优势在于酒店将注意力集中到自己有竞争力的核心业务上,从而降低经营成本。

但酒店在考虑外包时只适用于外包给专业特征明显并具有一定知名度的服务企业。独立实体式管理模式适用于康乐部独立对外业务量较大、市场影响力较大时。这种模式通常以新的合资、股份或以酒店子公司等形式存在，它很好地完成了康乐经营的风险性或不确定性的转变。

(2) 按照经营指标分类，可分为无硬性指标、有硬性指标。

无硬性指标的经营方式主要为住店客人服务，默认将价格渗透在房费中。有硬性指标的经营方式指的是由康乐部经理承担硬性经营指标，酒店进行集中管理和控制，赋予康乐部经理一定权力，由其直接担负经营管理责任。

(3) 按照客人与企业的关系可分会员制经营方式和非会员制经营方式。

会员制经营主要目的是为了维持老客户，缴纳一定数额的会费或年费，可享受优惠或折扣。非会员制经营主要面向住店客人，强调住店客人的消费利益。

**3. 酒店康乐服务管理**

(1) 康乐服务管理原则

① 系统性原则

康乐服务的核心是做好各岗位员工之间、部门之间与酒店其他部门之间、员工与客人之间，以及服务人员与管理人员之间的协调。因此，康乐服务管理是全方位、全过程、全体人员的系统工作。同时，酒店康乐部必须保持其服务控制系统的连续性，实现服务质量的稳定性，以获得长远的社会效益和经济效益。

② 科学性与适应性原则

康乐服务管理的科学性是指必须建立健全服务质量控制的规章制度和保障措施。严格执行这些规章制度，离不开服务质量控制的适应性。服务质量控制的适应性是指必须建立针对外部消费者的文化习俗、本企业所在地的地域特色、季节差异、市场环境的变化、服务产品技术的更新，而调整服务规程和标准的制定创新机制。上述两者的辩证统一关系是服务质量控制的科学性决定其适应性，服务质量控制的适应性保证其科学性。

③ 灵活性原则

在保证康乐服务管理的科学性和适应性的同时，还应该根据康乐部门内部经营项目比较多、经营规律差异比较大的特点，贯彻服务管理灵活的原则。比如，在收费方式上，灵活选择按时收费或者分场次收费；根据服务项目的活动难度，选择是否安排教练、陪练；根据营业规律，灵活安排营业时间和员工班次；根据客人的体质、要求，安排不同的训练、保健计划；根据市场流行时尚和趋势，灵活调整项目内容，并组织相关的培训和研究；根据客人的感受，调整操作体位、手法和力度；根据经营和市场的需要，制定不同的市场营销组合等。

④ 关键性原则

康乐服务管理的目标，是使康乐服务过程中的各个环节都能够得到有效监督、检查和控制。只有控制住一些关键环节的服务质量，才能较好地控制服务的全过程。比如，在整体的康乐服务过程中，服务态度是关键环节；在运动类项目服务工程中，服务技巧是关键环节；在保健类服务项目中，技能是关键环节；在娱乐项目服务过程中，组织能力是关键环节。因此，康乐服务管理的步骤，首先是对这些关键环节进行定性和定量的监督、分析、评定和控制。

⑤ 专业性原则

康乐类项目服务人员的专业技术水平，直接影响康乐服务管理的结果。比如，运动类项目的服务和管理人员的规则裁判、救护防护、示范教练水平，直接影响客人消费的安全和兴致；再如，保健类项目服务人员的操作技能水平，娱乐类项目工作人员的专业技术知识和技能水平，都会直接影响服务质量。因此，酒店康乐部门必须对录用员工执行严格的专业技术条件要求；对在岗人员服务操作中执行专业技术规程情况进行严格监督、检查、考核、评比和奖罚。

(2) 酒店康乐项目服务流程设计

① 服务流程设计原则

a. 通过市场调研深入了解客人的需求，根据客人的需求设计康乐服务内容和方式。

b. 康乐服务过程必须最大限度地方便客人，尽量减少康乐活动前及活动结束后的手续环节和复杂程度，避免要求客人办理过于复杂的手续。

c. 康乐服务过程应设计高标准的礼仪和周到的细微服务，尽量给客人以舒适的感觉和尽量多的精神享受。

d. 康乐服务过程与客人的消费过程是同步的，应注重服务人员与客人之间交流程序的设计。因为康乐场所的客人并不仅仅是康乐服务的消极消费者，而是积极的参与者。

② 确定康乐项目的服务内容

康乐项目服务包括主体服务和辅助服务。

主体服务内容即服务过程的基本内容，是康乐设施对消费者的基本承诺。服务的辅助服务，即根据企业和市场的具体情况规定主体服务以外的附加服务内容。这些服务内容可以使主体服务更加完美，往往还因其对客人的一种额外优惠，并起到促销作用。

③ 确定康乐服务的提供方式

服务方式的重要意义在于，同样的服务内容用不同的方式提供会产生完全不同的效果。服务方式设计是服务流程及操作规程设计的重要内容。

服务方式设计主要包括以下因素：各项服务的提供时间；各项服务的提供地点；各项服务提供时所要用的工具、器皿或道具；各项服务提供时服务人员应采取的态度；各项服务提供时服务人员应使用的语言；各项服务提供时服务人员应使用的动作。

## 第五节　酒店会议服务与管理

随着社会经济的发展，商务活动越来越频繁，会议及其相关产业也迅速发展。会议产业扩展了酒店业的服务内容和渠道，使得会议成为酒店的重要业务活动之一。酒店的会务接待能力也成为衡量高星级酒店消费档次的重要标准。

会议既是酒店消费的带动点，也是酒店利润的带动点。高星级酒店接待的会议常常是公司、行业或政府部门比较重要的会议，其中不乏具有广泛政治或社会影响力的重大会议，酒店常常随着这些会议的召开在相关的媒体或人群中登台亮相。其中，酒店会议部门的服务与管理自然成为会议举办单位关注的焦点。会议管理水平的高低直接影响会议客人对酒店印象的评判，会议越重要，这种评判的社会影响力也越大。从这个意义上看，酒店会议管理服务和管理是酒店服务与管理水平的窗口和形象代表。

### 一、会议的含义与特点

**（一）会议的含义**

会议是指人们怀着各自相同或不同的目的，围绕一个共同的主题，进行信息交流或聚会、商讨的活动。一次会议的利益主体主要有主办者、承办者和与会者（许多时候还有演讲人），其主要内容是与会者之间进行思想或信息交流。

一般来说，会议包含以下8个要素，如表4-5所示。其中，举办方、与会者、议题和结果是会议的基本要素。

▼ 表4-5　会议基本要素

| 序号 | 要素 | 详解 |
|---|---|---|
| 1 | 举办方 | 举办方也称会议的发起人或东道主。现在一些较大型会议还有主办方、承办方、协办方之分。他们都是会议的举办方，只是分工不同而已 |
| 2 | 与会者 | 参加会议的成员，是会议的主体。与会者一般以会议涉及的范围和内容而定，会议的大小与与会者的多少或领导层次的高低来判断 |
| 3 | 议题 | 根据会议目标确定并提交会议讨论或解决的具体问题，是会议活动的必备要素 |
| 4 | 名称 | 一般指会议的主要议题和会议类别 |
| 5 | 方式 | 指用以达到会议效果的一些会议样式、采用的手段 |
| 6 | 时间 | 会议日期或召开会议的具体时间 |
| 7 | 地点 | 会场所在地 |
| 8 | 结果 | 会议结束时实现会议目标的程度，是会议所期望的最终达到的效果 |

### （二）会议的特点

**1. 目的性**

会议是为了某一明确的目的而开展的活动。举行会议的形式是有明确目的的，有的会议是布置任务、落实措施；有的是贯彻政策、互通信息；有的是总结工作、交流经验；还有的是为了宣传教育、表彰先进等。

**2. 组织计划性**

酒店会议活动不仅有明确的目标，而且有一定的组织和计划，一般会议都有主持人，一些大型的会议有时还要设立会议组织机构，包括主席团、秘书团、会务组等。组织一场会议，常常要经过确定会议目标、制定会议议题、选择会场、确定会议时间等一系列程序，会议活动只有具备高度组织性，才能使会议有序地进行，从而实现会议的目标。

**3. 群体沟通性**

会议是一种至少有三人以上参加的群体沟通活动。随着科技的迅猛发展，人们的沟通方式越来越多。现在，人们可以通过网络、电话、E-mail、多媒体等各种形式进行沟通,但是面对面的群体沟通,即会议这种方式,是任何其他沟通方式都难以替代的,因为这种方式最直接、最直观、最有效,也最符合人类原本的沟通习惯。

### 4. 交流方式多样性

传统的会议是以口头交流为主、书面交流为辅的活动方式,但是根据现代会议所采用的交流方式来看,会场上还可以运用图表、电脑多媒体、影视或录像等方式进行交流。会议是一个集合的载体,大家聚集在一起共同讨论、交流。通过会议使不同的人、不同的想法汇聚一堂,思想相互碰撞,从而产生新想法、新点子,许多高水准的创意就是开会期间不同观念相互碰撞的产物。

## 二、会议的类型

### (一)按会议规模划分

根据会议的规模即参加会议人数的多少,可将会议分为小型会议、中型会议、大型会议及特大型会议。

小型会议:出席的人数少则几人,多则几十人,但是一般不超过 100 人;中型会议:出席的人数在 100—1 000 人之间;大型会议:出席人数在 1 000—10 000 人之间;特大型会议:人数在 10 000 人以上,如节日聚会、庆祝大会等。

### (二)按会议目的划分

根据会议的目的进行划分,可将会议分为研讨会、培训会、社团会、技术性论坛、订货交流会等。

研讨会通常专业性较强,参与的人数不是很多,除非是行业标准讨论,一般不会超过 100 人。这类会议的关键是会场及地点选择。除一般性的主会场外,通常需要一些小型会议室以便分组讨论。主会场的布置除保留主持人外,其他座位应当体现平等原则,发言用的麦克风最好每个座位都有。

培训会也是专业型会议,通常由行业、企业或者教育部门举办。除带有研讨性质外,更多的是技能交流及知识传授,所以培训会对场地的要求相对较高,除了一般的封闭式会场外,应该还有各类拓展训练设施或者场地,若有可能,还应该有高品质的休闲放松场地。

社团会通常为纯会议,往往需要发布一些宣言或者决议之类的书面信息。所以,社团会经常配合新闻发布会举行。举行此类会议,表决设施、现场会员排序及会场控制是关键。

技术性论坛多为公开性会议,系列分会是此类会议的特点,所以会议场所的选择非常重要,基本要求是可以分割或者主会场附带小会场,并且能提供多媒体、同声传译、视频直播以及讨论场地等。

订货交流会一般兼有展览性质,因此,会场的要求相对特别。理想的场地应该是专门的展览馆或者会展中心。如果是小型订货交流会,也可以在大型商务型酒店举行。

### 三、会议服务

#### (一) 会议服务的概念

会议服务是指酒店在会议全过程中的服务工作。

#### (二) 会议服务的内容

会议服务是围绕会议或者活动的整个过程而进行的,一般会议服务的内容由接待、住宿、会间、餐饮等几部分服务内容组成,如表4-6所示。会议服务的内容主要包含会议服务与会议接待。一般来说,接待工作主要在两头,而会议服务在中间,它们是一个整体,哪一环节都不能脱节或忽视。

▼ 表4-6 会议服务的主要内容

| 服务阶段 | 服务内容 |
| --- | --- |
| 会前准备 | 会场布置、交通接送、安全保障等 |
| 会间工作 | 迎候入座、参观引导、会场调度、现场指挥 |
| 会后收尾 | 财务结算、会场清理等 |

#### (三) 会议服务的岗位职责及服务规程

会议服务的岗位职责与服务规程,因各单位会议服务范围、内容、要求的不同而各异。

1. 岗位职责

(1) 服从会议主管的领导,确保各类会议的接待和组织活动的顺利完成。

(2) 根据会议接待单的相关内容,配合会议主办方做好会场布置及会议前期的各项准备工作,做好会前的物品准备。

(3) 检查会场设施设备,保持设备的完好、有效。会前消除隐患,排除故障。

(4) 做好会议接待工作。

(5) 遵守服务程序和服务规范,热情、主动、有礼貌地接待客人,细致周到地做好会议的各项服务工作。

(6) 加强责任心,会议或接待途中不得擅自离岗做职责以外的事情,同时负责各会议室之间的协调配合工作。

(7) 做好会中服务和会议期间各项记录,确保会议有序进行。

(8) 以认真负责的态度,处理会议期间各项应急事件。

(9) 保证会议用品的清洁卫生,协助做好饮食卫生服务。

(10) 严格遵守各项规章制度和保密制度。

**2. 服务规程**

(1) 会前准备

① 确认会议室音响、灯具等设备的完好,发现故障及时向工程部门报修,保证会议使用。

② 做好会议室的保洁、整理,达到会议服务工作标准的要求。

③ 按会议要求,准备好会议用品。

④ 根据会议要求进行摆台,对会议室进行通风和气味处置。

⑤ 会议服务员应在会前一小时按要求着工装上岗,站在会场入口的显著位置,面带微笑,等候并指引客人有序进入会场。

⑥ 会场管理员应在会议前一小时到岗,对服务工作及程序向会议服务员作出明确的分工,讲明注意事项,然后对会议要求事项做最后检查(包括会场布置、主席台布置、签到桌、鲜花、指示牌、进出路线、环境卫生等情况)。

⑦ 准备工作结束后,进行会前的全面保洁和安全检查请会议主办单位确认。

【案例】4.1

"没有"和"不知道"

某年底,一企业在本地的一家五星级酒店举办会议,张先生是此次会议的会务组经办人员。一天,张先生检查会议室的布置情况,会议室原有座位46个,而会议人数则是60人,张先生发现会议室增加了椅子,却未增加茶几,但会议部门服务员解释道:"一是会议室太小,茶几恐怕放不下,二是目前没有那么多茶几。"事后张先生找到客房部经理才解决了茶几问题。此后,张先生打算安排参会代表们的娱乐活动,询问服务员小赵:"请问咱们酒店附近有哪些旅游景点推荐吗?"小赵抱歉地笑了笑说:"对不起,先生,我不知道。"张先生扫兴地摇了摇头。

分析:会议部门服务员除了按照标准布置会议场地外,还应该结合客人的需求灵活变通。当张先生提出增加茶几时,应当立即回答:"好的,我一定想办法给您解决。"假若找不到备用茶几,也可向领班或部门经理反映,从其他会议室等处暂时借用几个。客人提出了意见后服务员还没有主动解决问题,客人是不会满意的。另外,小赵在不知道酒店附近旅游景区的情况下,应请张先生稍后,待询问知道者后告知或者帮客人拿一些相关旅游资料,并抱歉地说:"对不起,先生,让您久等了。"那样,张先生不会因为服务员"不知道"而怪罪。相反,他会被其热情服务所感动。

资料来源:百度文库

(2) 会中服务

① 会议开始时,关闭各通道门。

② 会议服务人员必须根据要求,自始至终站立在会场内的合适位置待命,不得擅自离场。若因会场面积限制或会议保密需要,服务员应待立会场门外。

③ 会议进行过程中,第一次续水一般在会议开始后20分钟,以后一般每30分钟添水一次,或根据主办单位的要求而定。添加茶水时要动作敏捷、轻盈,尽量不发出声音。

④ 主席台人员如超过半小时未饮用茶杯的茶水,根据需要更换一杯新的热茶水。使用演讲台时,每更换一次演讲人,需要换一次茶杯或水杯,更换时要使用托盘。

⑤ 会中休息或休会期间应进行简单保洁,撤去空瓶更换新的矿泉水,但不得翻动主办单位的文件资料。

(3) 退场服务

① 会议结束时及时拉开各通道门。

② 指定部分会议服务人员站在主通道门前,为与会人员送行,并照顾年老体弱的参会人员退场。指定另一部分会议服务人员及时检查现场有无遗留物品,如文件等,一经发现,及时送还。检查会场物品完好情况,发现未灭的烟头等要及时处理。

③ 参会人员离开后,服务员开始着手清场工作,关掉大部分的照明灯,只留适当的灯光供清场用。

④ 撤走会议桌上的所有器皿,并送洗、消毒。

⑤ 清洁四周护墙及地面,清理地毯,如地毯有污垢,立即安排保洁员清洗。

⑥ 落实安全措施,关闭阀门,切断电源,锁好会议厅室所有门窗,由当班负责人做完最后的安全防患复查,落实会议室各项安全防患工作,方可离岗。

## 典型案例

### 结错账

某年的9月,刘先生夫妇来到西安某酒店的中餐厅用餐。入座后,服务员为他们端上茶水,接着拿菜单给刘先生点菜。服务员帮助刘先生点好餐并确认后,马上通知厨房制作,刘先生夫妇用餐完毕后叫服务员结账。可是刘先生发现餐厅出示的票据上的菜跟自己吃的菜完全不一致。于是就对服务员说:"这是怎么回事?我并没有吃这些菜啊,再说我也没有吃这么多!"服务员说:"先生,很抱歉,您稍休息一会儿,我马上去核实,待核实清楚后一定给您一个合理的解释"。餐厅领班核实后发现是服务员在通知吧台结账时报错了,之后服务员也没有确认就把账单递给了客人,从而导致客人的投诉。

领班马上带着当时的服务员向客人表示歉意,并告诉刘先生是他们的服务员操作失误;然后询问刘先生的意见,他愿意接受酒店的道歉,并要求酒店将他们的消费金额打九折。酒店欣然接受了刘先生的提议,并向他表示深深的感谢,并欢迎他下次光临。事后对有关服务员按员工守则进行了相应的惩罚。

案例分析:服务员在工作过程中要做到快而不乱,确认客人的信息,并将正确的信息传达到正确的位置。此外,要注意发生投诉时不能推卸责任。

资料来源:百度文库

## 本章小结

酒店是一个主要为客人提供短期住宿的地方,酒店通常在提供住宿之余,亦为住客提供餐厅、会议、健身、娱乐等服务。酒店的产品是需要由酒店各业务部门来提供,本章简要说明了前厅、餐饮、客房、康乐四个主要业务部门管理应达到的目标和要求,以及酒店会议接待过程中的服务规程和要点;系统阐述了酒店主要业务的服务特点、服务流程和管理的主要内容及方法。

# 第三单元 实践与训练

## 第一部分 课堂讨论

1. 现代消费者预订酒店的方式有哪些改变?
2. 酒店康乐部的保健休闲项目有哪些特点?

## 第二部分 课外训练

1. 基本概念

(1) 主题客房

(2) 康体项目

2. 填空题

(1) 前厅部在客人住店期间提供的服务包括_____、行李服务、_____、_____、_____、商务中心服务。

(2) 根据其所提供的食品、饮料和服务的不同,餐厅可分为_____、_____、_____、_____、_____、_____以及_____等。

(3) 按经营主体分类,康乐部的经营方式可分为_____、_____、_____。

3. 单选题

(1) (　　)是酒店神经中枢,在客人心目中它是酒店管理机构的代表。

① 前厅部　　② 客房部　　③ 餐饮部　　④ 礼宾部

(2) 一般夜床服务在晚(　　)之前做完,因为在这时间点之后再去敲门为客人提供做床服务势必打扰客人休息。

① 8:00　　② 8:30　　③ 9:00　　④ 9:30

4. 多选题

(1) 目前,我国客房服务的形式有以下几种(　　)。

① 楼层服务台

② 客房服务中心

③ 行政(商务)楼层服务台＋客房服务中心

④ 行政楼层

(2) 酒店康乐部的活动主要有(　　)。

① 娱乐项目

② 保健项目

③ 康体项目

④ 养生项目

(3) 通常会议包含以下八个基本要素,其中(　　)是会议的基本要素。

① 举办方　　　② 与会者　　　③ 议题　　　④ 结果

5. 简答题

(1) 前厅部主要包括哪些岗位?

(2) 餐饮生产、销售与服务的特点有哪些?

(3) 康乐部的特点有哪些?

(4) 会议服务的内容有哪些?

# 第三部分　案例分析

## 环环相扣方保万无一失

暮秋的一天上午,总台人员和往常一样,进行着交接班工作。

8点20分,一位中年男子走到总台对服务人员说:"小姐,我要退房。"说着把钥匙放到总台。总台收银员随即确认房间,电话通知服务中心查房,并办理客人的消费账单。但是客人没有停在总台而径直走向商场,商场部服务员小张面带微笑询问客人:"先生,您需要什么?"客人说:"要两小包'金芒果'香烟。"小张对客人说:"麻烦问一下,您在海天住吗?"客人说:"是的,在501房间,可挂账吧!"细心的小张刚刚看到客人把钥匙放在总台,不知客人是否要退房,如果是退房,客人就有逃账的可能。职业习惯和强烈的责任感使小张对客人说:"先生,您稍等,我去总台问一下您能否挂账。"说着便走向总台,客人急切地问:"能否开发票?"小张说:"商场不能开,但我可以在总台为您开发票。"客人说:"那算了。"

话语间客人和小张已经走到总台,小张从总台接待那里了解到客人正在结账,此时收银员小高接到服务中心电话说,501房间内两条浴巾不见了。小高看到客人从商场走过来便问道:"先生,您见没见501房间内的两条大浴巾?"客人面带不悦高声说道:"昨天晚上你们根本没有给我配,我还没有投诉你们,昨天我回来得晚,还没找你们呢。"小高对着话筒说:"客人说昨天没有配,再查查。"服务中心小徐在电话里:"可能没有配吧,让客人先走吧。"与此同时,商场部小张对客人说:"总台可以为您开具发票,您是否还需要香烟?"客人看上去一反常态,极不高兴而又无奈地拿出100元给了小张,小张很快为客人找零拿香烟,并将消费小票给了总台,以便开发票。

这一切都被质培部人员看在眼里,便到五楼服务中心了解501情况,服务中心小徐说:"昨天有一个房间里没有配毛巾,501房间里找不到大浴巾,我想可能是没有配。"这时,服务中心领班说:"501房间的客人住了好几天,查一下房态以及物品配备情况记录。"经过查证,501房间客人从13日入住到18日早上退房,在这5天内,每天都有配备大浴巾的记录,服务中心领班又打电话给清洁服务员,结果是大浴巾配了。质检人员说再到房间查查,501房间除了大浴巾不在,所有物品配备齐全,因此推断,是客人拿走了大浴巾,服务中心人员打电话到总台,收银员小高告知客人已经离开。

服务员工作疏忽,给酒店造成了损失。

思考与分析:

1. 运用本章所学知识,对案例中服务员小张和小徐的服务进行评价。

2. 结合本案例中小徐出现的失误,分析前厅部和客房部应如何进行沟通和协作避免以上事故的发生?

资料来源:职业餐饮网  前厅与客房的工作协调案例

# 第五章 酒店服务与服务质量管理

## 学习目标

◆ 思想目标

（1）在对酒店服务与服务质量了解的基础上，树立正确的服务意识和观念；
（2）养成良好的服务习惯，不断提高自身的专业素养。

◆ 知识目标

（1）掌握酒店服务的概念与特点；
（2）掌握酒店服务的基本理念；
（3）掌握酒店服务质量的概念与特点；
（4）掌握酒店全面质量管理的概念与特点。

◆ 能力目标

（1）熟练运用酒店服务艺术；
（2）正确掌握酒店服务质量管理的方法。

 导入案例

### 服务只需要快捷吗？

一天中午，一位客人拿着一摞文件匆忙来到某酒店商务中心，要求赶紧复印，一小时之后这些资料要发到会议人员手中。见到客人的紧张样，文员小贺接过文件就以最快的速度开始复印、分类、装订，提前完成了操作。客人长舒了一口气，但当他接过文件细翻看时，却发现每张复印件周边有较明显的黑边。

只见客人沉下脸，气冲冲地训斥："你们酒店是什么复印机，这些文件怎么给会议代表看？"小贺是商务中心的领班，对复印机的使用情况非常熟悉，知道没有特殊原因是不会发生黑边现象的。她请客人先别着急，仔细观察原件，发现这份原件已经过多次复印且有不明显的黑边,经过再一次复印后黑边加重是很正常的现象。随即小贺向客人解释了原因,但客人认为应事先应告之可能会有这样的复印效果,并征询其意见,让他有选择的余地。虽然小贺诚恳地向客人解释并表示了歉意,但最终客人不能接受并要求复印费用打折。

问题:通过本案例,酒店员工在提升服务质量方面有什么启示?

# 第一单元　任务导入

## 📨 项目一　探寻酒店服务的真谛

### 一、下达项目学习任务书

通过课程教材学习、利用网络资源、借助实地考察等形式，对我国酒店行业的服务有大致的了解。通过本章的学习，学生以小组为单位，以"探寻酒店服务的真谛"为主题，以 PPT 演示和讲解为形式，表达对中国酒店业服务的认识和看法。学习任务书见表 5-1。

▼ 表 5-1　学习任务书

| 项目名称 | 探寻酒店服务的真谛 |
| --- | --- |
| 项目训练形式 | 主题汇报（小组为单位，PPT 演示） |
| 项目能力分解 | 观察能力、思维能力、沟通能力、团队合作能力 |
| 项目评价 | 教师点评、小组互评 |

### 二、项目准备

**1. 实地考察**

考察所在地 3—5 家五星级酒店。

**2. 资源利用**

结合本章所学背景知识，查阅国内外 5—6 家知名的酒店，了解其酒店服务理念、服务案例、服务方式等。

### 三、项目学习目标

1. 做到理论学习和社会实践有机结合。
2. 增强学习能力、知识应用能力、观察能力、思维能力、沟通能力和团队合作能力。
3. 以准酒店人的身份进行学习和实践，通过自身所看所想所感来为未来的职业做好定位。

## 四、项目学习情况评价

1. 对酒店业的服务质量有较全面的了解和认识。
2. 小组成员共同合作来完成一项任务。
3. 汇报项目主题突出,内容丰富;语言表达流畅;对问题思考有一定的深度。活动评分表见表 5-2。

▼ 表 5-2 "探寻酒店服务的真谛"项目活动评分表

| 项目名称 | 探寻酒店服务的真谛 |
| --- | --- |
| 材料准备(15 分) | |
| 内容(30 分) | |
| PPT(10 分) | |
| 语言表达(15 分) | |
| 团队合作(10 分) | |
| 小组互评(20 分) | |
| 合　计 | |

# 项目二　酒店服务质量评价

## 一、下达项目学习任务书

通过课程学习、查阅相关资料、利用网络资源、实地考察等形式,对酒店服务质量评价有全面的认识。通过本章的学习,学生以小组为单位,通过实地考察酒店,借助于 PPT 演示,选择适当的评价方法,对考察酒店的服务质量进行评价。学习任务书见表 5-3。

▼ 表 5-3 学习任务书

| 项目名称 | 酒店服务质量评价 |
| --- | --- |
| 项目训练形式 | 主题报告(以小组为单位、借助 PPT) |
| 项目能力分解 | 观察能力、思维能力、语言表达能力、团队合作能力 |
| 项目评价 | 教师点评、小组互评 |

## 二、项目准备

**1. 实地考察**

考察所在地一家四星级或五星级酒店。

**2. 资源利用**

结合本章所学背景知识,通过人员访问,登录酒店网站,了解相关部门的服务形式、服务案例和相关问题等。

## 三、项目学习目标

1. 做到知识学习与社会实践有机结合。

2. 提高自学能力、知识应用能力、观察与思考能力、设计能力、语言表达能力和团队合作能力。

3. 以酒店管理者和督导的角色进行学习和实践,做好职业的认知和发展规划。

## 四、项目学习情况评价

1. 对酒店服务质量有较全面的了解和认识。

2. 小组成员合作完成服务质量项目的设计和评价。

3. 汇报内容主题突出,内容丰富;语言表达流畅;评价方法合适,评价结果合理,具有较强的指导性。活动评分表见表5-4。

▼ 表5-4 "酒店服务质量评价"项目活动评分表

| 项目名称 | 酒店服务质量评价 |
| --- | --- |
| 材料准备(15分) | |
| 内容(30分) | |
| PPT(10分) | |
| 语言表达(15分) | |
| 团队合作(10分) | |
| 小组互评(20分) | |
| 合　计 | |

# 第二单元　背景知识

## 第一节　酒店服务管理

酒店是为客人提供住宿、餐饮、康乐、购物、商务等一系列综合性服务的企业。酒店提供的产品是有形产品与无形服务的有机结合,作为无形产品的服务,在酒店产品中占据相当重要的比重。"一切为客人着想"是酒店各项工作的出发点。树立牢固的酒店服务理念,加强酒店服务质量管理,是酒店管理的重要组成内容。

### 一、酒店服务概念与特点

#### (一) 酒店服务概念

酒店服务是一种以客人为导向的综合性服务,是酒店向客人提供的各种劳务活动的总称。

**1. 从酒店的角度理解服务**

酒店服务是酒店员工借助于一定的设施、设备向客人提供的,能够满足其物质和精神需求的活动。这种活动的目的是为客人创造价值,其服务水平的高低取决于员工的综合素质和服务能力。

**2. 从客人的角度理解服务**

酒店服务对客人来讲主要是一种经历。客人在酒店消费过程中,有时可能并没有得到物质上的结果,却得到了精神上和心理上的极大满足。这种满足源于客人对于酒店的一种综合体验,对于大多数客人来讲,他们更关注酒店服务的过程和自身的享受。

以上的分析可以看出,酒店服务是一个由酒店和客人双方共同参与的互动过程,其目的在于满足客人的需求,实现酒店和客人"双赢"。

#### (二) 酒店服务的特点

**1. 综合性**

酒店除了满足客人最基本的住宿、餐饮等需求外,还满足了客人在会议、商务、娱乐、购物、交通、旅行、健身等方面的需求。客人所有合理、正当的需求都应得到满足,这就决定了酒店提供的不是单一产品,而是综合性产品。

酒店服务的综合性要求酒店不断完善服务项目和服务设施，加强酒店各部门之间的沟通和合作，加强酒店与社会相关部门的密切联系和合作，从而满足客人的多方需求。同时，作为酒店从业者来说，还应该从经济学、管理学、社会学、文化学、民俗学、宗教学、心理学和美学等多学科的角度来理解酒店服务的含义。

### 2. 无形性

酒店产品的核心是服务。服务虽然看不见，摸不着，但可以让人真切地感觉其存在。酒店服务只有在员工与客人共同参与的过程中，通过客人的实际感觉、体验和评价而存在。酒店服务结束的时候，客人只能获得对酒店服务的享受和回味。因此，客人更关注消费过程中的综合感受，而不是像实物产品那样得到一个有形的商品。再优秀的服务也将随着服务过程的终结而消失，只能留给客人一个美好的回忆。

酒店服务的无形性给客人购买酒店产品带来了一定的风险。酒店在客人购买之前不能预先将产品展示给客人，客人也无法试用和感知。要消除酒店服务无形性带来的负面影响，酒店可以通过有效的展示渠道，将无形产品有形化，尽可能消除客人在购买之前的未知性。

### 3. 生产与消费的同时性

酒店产品的生产是根据客人的即时需要进行的，即酒店的各种服务是与客人的消费同步进行，通常是边生产边消费，服务结束时消费亦同时结束。酒店服务的这一特殊性决定了酒店服务是在员工与客人之间面对面进行的，客人直接参与了酒店产品生产的全过程。员工的一言一行、一举一动都让客人看在眼里，记在心上。这就对酒店的服务提出了更高的标准，要求员工给客人提供的每一次服务都应尽可能完美，不给客人留下任何遗憾。

### 4. 不可储存性

酒店服务的价值受时间限制，具有就地消费的特点。酒店向客人提供的各种设施和服务等，不能储存，不能搬运，只有当客人光顾或住进酒店时才能享用，当客人离开时，服务也就随即终止。同时，酒店服务因受酒店设施和时间等条件的限制，不能实现生产出来储存备用，也不能临时增加，这就使得酒店很难把握客源市场的需求。况且，客人进店后立即就要消费酒店产品，这就要求酒店要及时提供令客人满意的产品和服务，对酒店的服务效率提出了更高的要求。酒店服务的不可储存性，决定了客人不能跨越时空的界限消费酒店产品，为酒店销售产品带来了一些不可逾越的障碍。

**5. 差异性**

酒店服务的差异性由提供服务的酒店员工和宾客双方共同决定。首先,酒店服务的对象是人,他们有着不同的兴趣、爱好、风俗、习惯,又有着不同的动机和需求,这就导致了酒店提供的服务或多或少存在着一些差异。另一方面,提供酒店服务的员工也是人,不同员工也存在着知识、能力、技能、性格等方面的差异,工作方式方法、工作态度、技能技巧各不相同,因此,各酒店之间、同一家酒店不同的服务人员之间,甚至同一位服务员在不同的时间对待不同的客人都会有所差异。酒店不仅要依据服务标准和规范提供标准化、规范化的服务,还要依据客人的爱好、性格和特殊需求提供因人而异的服务。酒店服务应该是规范服务和个性化服务的有机结合。

## 二、酒店服务的理念

### (一)宾客至上,服务第一

"宾客至上,服务第一"就是要把客人摆在酒店各项工作的首位,想客人之所想,急客人之所急,真正把客人当作"上帝",最大限度地满足客人合理、正当的需求。世界著名的假日酒店就是以"从客人的实际需求出发,为他们提供周到的服务"作为酒店的座右铭。

随着酒店市场竞争的日益加剧,客源争夺也日趋激烈。而时代在变,"上帝"的需求也在不断变化,酒店只有不断奉行"一切为客人着想",把不断满足客人的需求作为酒店各项工作的基础,才能不断适应市场的变化,通过把握客人的需求规律,不断地增加和延伸自身的服务项目和服务范围,才能吸引客人,获得为"上帝"服务的机会。

### (二)客人永远是正确的

"客人永远是正确的"是现代酒店业普遍奉行的信条,是做好酒店服务工作的基本理念,是全心全意为宾客服务的具体实践。"客人永远是对的"也是被称为"现代酒店之父"的斯塔特勒先生的著名格言。他认为,不管什么原因,服务员都不应该和客人争吵,否则,将会永远失去客人。在酒店业竞争日趋激烈的今天,酒店每一名员工都应该深刻理解和全面践行这一理念。

当然,客人不可能永远都是正确的。此理念强调的是当客人对酒店的服务方式、服务内容发生误会或对酒店员工服务提出意见时,酒店员工首先站在客人的立场上看问题,从理解客人、尽量让客人满意的角度来解决问题。另外,强调客人总是对的,主要指酒店员工处理问题的态度要委婉,富有艺术性,当错误确实是在客人一方,或客人确实是对酒店员工的服务发生了误会时,酒店员工应当通过巧妙的办法处理,坚持"把错误留给自己,把正确让给客人",使客人的自尊心得到维护,特别是有其他客人在场时则更要如此。酒店以客为尊,主动谦让,取悦客人,才能提高客人对酒店的满意度,并在客人满意的基础上为酒店带来口碑效应。在酒店工作中,要加强员工宽广胸怀和良好心理素质的培训。为了酒店的利益,员工在实际工作中要有委曲求全、宽宏大度和谦让客人的心理素养。

在酒店服务中倡导"客人永远是正确的"的同时,还要注意维护员工的利益。一些酒店设立的"委屈奖",就是奖励在酒店服务中因为维护客人利益而受到委屈的员工,对员工进行物质和精神方面的奖励,使员工得到精神和心理上的安慰。这不仅使"客人永远是正确的"得到落实,还体现出了酒店对于员工的关心、理解和支持。

## 【案例】5.1

### "挑剔"的客人

某酒店的客房,刚入住305房的客人打电话到楼层服务台:"怎么我房间的毛巾都是旧的,我要全新的,都给我换了。"小汤心里一愣,却不动声色,马上对客人表示:"对不起,我现在就过去帮您更换。"帮客人换新毛巾后,客人这才满意。15分钟后,客人又打电话给楼层服务台让送一些茶叶来,小汤很快就拿几包同样的茶叶进来送给客人,没想到他大为不满地抱怨:"你们怎么这么小气啊,才拿这么两包,而且我不要这种绿茶,我要喝浓一点的红茶!"这时小汤心里很委屈,但丝毫没有流露,再次向客人道歉说:"对不起,我重新再帮您拿。"接着又去换了红茶来送给客人。此刻,客人很感动,他发觉自己刚才两次对服务员发火太过分,脸上露出愧疚的神色,不由连声向小汤道谢:"谢谢你!"

分析:

小汤的做法是对的。小汤主动向客人认"错",说明对"客人永远是对的"这句饭店服务的座右铭有着正确的认识,并具有服务员出色的素质和修养,值得称赞。具体表现在两个方面:从换毛巾到换茶叶,可以看出这位台湾客人是一个爱挑剔的客人。然而,小汤却周到、体贴地"侍候"好了这位爱挑剔的客人,展现了充分的服务质量,这是服务员一种很高的素质和修养,难能可贵。无论是新、旧毛巾之别,还是红、绿茶之分,客人一次又一次地无端指责小汤,而小汤却能承受委屈,并用自己的委屈换取客人的满意,这正是服务员应努力达到的一种高尚的境界。

(资料来源:百度文库)

### (三) 酒店服务无小事

酒店服务工作是由许多具体复杂的琐碎工作组成的,很多服务工作看起来微不足道,但是一件事情处理不好,就会影响客人对酒店服务工作的整体评价。一个细节出现问题,将直接导致酒店各项工作前功尽弃。对大部分酒店而言,大的问题往往能引起酒店的高度重视,而细微之处却常常被忽略,其结果是导致客人对酒店服务的不满意。

在市场竞争激烈的今天,酒店服务更应该注重细节。细节做得好,往往能够呈现出特殊的放大效应,甚至会弥补酒店服务的缺失。酒店要重视细节,关注小事,把看似微不足道的事情做精做细,争取通过细致入微的服务给客人留下美好的回忆,赢得客人的认可。

### (四) "100－1＝0"

"100－1＝0"是对酒店整体工作评价时常用的一个公式。该公式的含义是:酒店服务绝大部分都是合格、优秀的,若有一个环节或一个员工在工作中存在让客人不满意的地方,就会影响客人对酒店工作的整体评价。

酒店是一个有机整体,酒店各项工作的完成,需要各个部门、各个班组、每一位员工的通力合作才能完成。离开任何一个部门,酒店服务都是不完善的。这就要求每位员工在工作中树立起全局一盘棋的思想,顾大局、识大体,共同维护企业的荣誉。

"100－1＝0"也反映出在客人眼里酒店产品是一个整体。一个员工在服务中出了问题,客人就认为是酒店服务中存在问题。员工不仅代表自己,还代表整个酒店。因此,在酒店工作中要树立全局意识,不要因为员工个人而影响整个酒店的形象和声誉。

## 三、酒店服务内容

酒店是一个向客人提供综合性服务的企业,为了满足客人的需求赢得客人的满意,酒店所涉及的服务项目包括前厅服务、客房服务、餐厅服务和康乐服务等,围绕这些项目,酒店的服务内容主要包括以下几个方面:

## （一）礼貌服务

作为服务性行业，礼貌服务是酒店服务中最基本的内容。礼貌礼节是酒店每一位员工必须具备的职业素养。客人进入酒店，渴望得到享受和尊重。酒店工作人员要注重礼貌、礼节，使客人步入酒店就因受到酒店的礼遇和尊重而留下深刻的印象。因此，在酒店服务中，应该时时处处体现出文明礼貌、热情周到、彬彬有礼。酒店礼貌服务主要体现在员工的语言、行为和表情等方面。服务员应该主动问候客人，接待客人时应注意适当的礼节。

礼貌服务要求酒店员工在语言上要做到语调亲近甜润，音量适中，谈吐文雅，语句流畅。要"请"字当先，"谢"字随后，"您好"不离口。提倡员工在服务时要有"五声"，即客人来时有迎客声；遇到客人时有招呼声；受人帮助时有致谢声；麻烦宾客人时有致歉声；客人离店时有送客声。

## （二）称呼服务

称呼服务指酒店员工在服务过程中向宾客准确地使用尊称方面的要求和规范。称呼得当可使客人感到亲切，获得心理上的满足，达到沟通顺畅，交往成功的目的。在酒店服务当中，服务员对客人进行称呼必须符合客人的年龄、性别、身份和职业。酒店员工应该努力通过各种途径准确牢固地记住客人的相貌和姓名，并在服务中准确地称呼客人，尤其是 VIP 客人和常客。

## （三）微笑服务

微笑是人类最美的语言，是人与人沟通的桥梁和润滑剂。有了微笑，宾客就会感到酒店的热情、真诚和友善；有了微笑，会拉近酒店和宾客之间的距离，使客人倍感亲切和轻松。正所谓"诚招天下客，客从笑中来；笑脸增友谊，微笑出效益"。酒店业先驱康纳德·希尔顿把一家名不见经传的旅馆，迅速发展成遍及世界五大洲。截至 2021 年 12 月 31 日，希尔顿酒店在 122 个国家和地区拥有 6 837 家酒店，靠的就是"微笑的力量"。康纳德·希尔顿总是这样问他的员工："你今天对客人微笑了吗？"

酒店服务中的微笑服务，要求员工以诚挚为基础，将发自内心的微笑充分运用到工作中，对客人笑脸相迎，并将微笑贯穿酒店服务工作的各个环节，全面提高酒店的服务质量。

【案例】5.2

### 微笑的魅力

在内地一家饭店,一位台湾客人外出时,他的一位朋友来找他,要求进房间去等候,由于客人事先没有留下话,总台服务员没有答应其要求。台湾客人回来后十分不悦,跑到总台与服务员争执起来。公关部年轻的王小姐闻讯赶来,刚要开口解释,怒气正盛的客人指着她鼻子尖,言词激烈地指责起来。当时王小姐心里很清楚,在这种情况下,作任何解释都是毫无意义的,反而会招致客人情绪更加冲动。于是她默默无言地看着客人,让他尽情地发泄,脸上则始终保持友好的微笑。一直等到客人平静下来,王小姐才心平气和地告诉他饭店有关规定,并表示歉意。客人接受了王小姐的劝说。没想到后来这位台湾客人离店前还专门找到王小姐辞行,激动地说:"你的微笑征服了我,希望我有幸再来饭店时能再次见到你的微笑。"

### (四)热情主动服务

热情主动服务是酒店服务的宗旨,也是酒店殷勤好客的体现。热情主动服务要求酒店员工待客人如亲人,真诚地去帮助每位客人。想客人之所想,想客人所未想,在赢得客人满意的基础上捕捉客人的潜在需求。热情主动服务,要求员工在服务中自然、大方、不卑不亢、不矫揉造作、不低三下四。在具体的操作上,要求员工把握好服务的时机和"度",避免干扰客人和服务过剩。

### (五)高效快捷服务

酒店服务讲求时效性。准确迅速地为客人提供服务,既可以提高工作效率,又可以避免客人长时间的等待。因为服务效率问题,已经成为客人投诉的焦点之一。

我们都知道,等待是很让人烦恼的一件事情,每个人的时间都很宝贵。作为酒店来讲,员工要牢记"一切为客人服务"的理念,把客人的需求放在首位,不拖拉、不推诿,努力在最短的时间内满足客人的需求。

### (六)标准服务

标准服务是酒店向客人提供的统一、可检验的重复服务,它满足了客人普遍、共性的需要。酒店服务的标准化注重操作的规范和程序,保证整个服务过程能够顺利、流畅的进行。

在酒店服务中,标准服务是基础,是确保酒店服务质量的关键。酒店实行标准服务是给员工的工作制定了一套标准和规则,员工在工作中可以做到有章可循,对管理者来说,也是规范和约束员工行为的依据。当然,酒店提倡标准化服务,并不是要求员工只能循规蹈矩,员工在立足标准化服务的基础上,要充分发挥自己工作的积极性和灵活性,创造性地开展工作。

### (七) 个性服务

个性服务是随着标准服务演变而来的一种服务理念和形式,是为了迎合不同个体需求而提供的服务。

**1. 个性服务的概念**

个性服务是酒店因人而异提供的周密、细致的优质服务。个性服务的特别之处在于为客人提供服务不仅想客人之所想,而且要想客人之所未想;不仅让客人满意,更要让客人惊喜。

个性服务代表酒店更高水平的服务,需要服务员"多才多艺"和具有灵活、多变的适应能力,具有良好的工作态度、主动的服务意识、规范的操作程序等,而且还要具有敏锐的洞察力、灵活的处事方法、丰富的经验和良好的素质。

**2. 个性服务的特点**

(1) 超前超常服务

超前超常服务能够给客人带来意外惊喜,最能打动客人的心。超前服务要求充分了解客人的爱好、性格、预测客人的需求,将服务做在客人开口之前。超常服务要求用超出常规的方式来满足客人个别、特殊的需求。

(2) 细微服务

细微服务强调从细处思考、从微处入手,为客人提供无微不至的服务,强调"小事做透、大事做精、日常事做细。"酒店服务水平的高低主要取决于客人的主观感受。服务工作中从点滴之处入手,更能体现酒店对客人的关注和关爱,也更容易获取客人的满意。这就要求酒店员工要在细节之处下功夫,学会察言观色,发现客人点滴之处的需求,及时主动地为客人提供耐心细致的服务,赢得客人的认可。

(3) 情感服务

员工的服务既要满足客人的物质需求,又要满足客人的精神需求。要形成一种以情待客的服务传统。让客人感到酒店员工的人文关怀,形成一种"宾至如归"的氛围。从情感上来说,就是要贴近客人的亲情服务。要求员工走出刻板的服务方式,主动转换角色,把客人当成自己的家人、亲人,用心、用情关照客人,提供最优质服务让客人感到比在自己家里更舒适、更方便、更富有人情味。

(【拓展阅读,扫码学习】:在广州从化碧水湾温泉度假村,每个服务员都是一道靓丽的风景线,记者二进碧水湾温泉度假村流连忘返)

**3. 酒店个性服务与标准服务的关系**

标准服务与个性服务有着相互映衬、互相补充的关系,标准服务是基础和前提,个性服务是酒店服务的提升和追求的更高境界。标准服务注重的是服务的规范和程序,个性服务强调服务的灵活性和有的放矢。酒店服务的标准化强调整体的形象和效率,个性化提倡主观能动性和以"人"为经营对象的特殊性质。个性服务追求锦上添花。

标准服务和个性服务对于不同层次的酒店要求也是不一样的。一般来说,酒店星级越高,对于个性化服务的要求也就越高。在当前竞争日益激烈的情况下,每个酒店都应该要求员工在做好标准化服务的同时,灵活、创造性地运用规范和标准,为客人提供有针对性的个性化服务,使两者相得益彰,共同提升酒店的服务水平。

## (八)定制服务

随着人们需求的不断变化和对服务的不断挑剔,酒店高度个性化的超值服务在为客人送去不断惊喜的同时,也使酒店陷入了一个两难的境地:个性化服务导致劳动难度和强度的增加,个性化和酒店倡导的低成本之间构成矛盾。在这样的情况下,定制化服务作为推动酒店向更高层次跃进的角色进入人们的视野。

定制服务是指酒店根据客人的个性需求,由服务技能较高、服务知识比较丰富的精英型服务人员为客人提供个性化、差异化服务,满足不同客人具体、独特的需求和愿望。

**1. 定制服务的内涵**

(1)定制服务是一种超个性化服务

在标准化时代下,酒店在制定服务规范和标准时,尽管起点也是从客人的需求出发的,但是这种需求往往是客人一般、共同的和静态的需求。客人的需求是多种多样,瞬息万变的。定制化服务要求酒店从业人员既要掌握客人共性的、基本的、静态的和显性的需求,又要分析研究客人的个性的、特殊的、动态的和隐性的需求。它强调一对一的针对性、差异性和灵活性服务，提倡"特别的爱送给特别的您"。

(2) 定制服务是一种人性化服务

在标准服务模式指导下，酒店强调的是规范化，服务人员使用规范性的语言和动作为客人服务，往往将对客服务视作是一种任务，很少顾及客人的反应及对客人的影响。而客人感受到的也只是一种机械性的，缺少人情味的交流。定制化服务的核心是人性化，强调的是用心为客人服务，要求充分理解客人的心态，细心观察客人的举动，耐心倾听客人的要求，真诚提供亲切的服务，注意服务过程中的情感交流，使客人感到服务员的每个微笑、每一次问候、每一次服务都是发自肺腑的，真正体现出一种独特的关注。

(3) 定制服务是一种极致服务

在服务结果上，标准服务强调的是规范，即是否达到了标准。而定制化服务强调的是使客人满意。所以，定制服务是以提高客人的满意度为基本准则，追求的是极致效果，即要求尽善尽美。为达到极致的效果，它要求酒店从业人员必须发扬金钥匙服务精神，在对客服务中，必须做到精心和尽心。所谓精心，就是要求有超前思维，一丝不苟。所谓尽心，就是要求竭尽全力，尽我所能。

**2. 定制服务的实施**

定制服务追求酒店服务的最高境界，它将客人的需求直接置于整个服务过程的最前端，并伴随着服务进程完全渗透其中，直至服务效果评价。这就要求酒店必须具备完善的体制和人员，才能保证定制化服务的实施。

(1) 建立完善的信息管理系统

提供定制服务，要充分利用信息管理系统，将客人的信息及其特殊需要进行记录和储存，建立客史档案，形成信息共享，并根据这些储存的信息提供令人惊喜的服务。同时，酒店要及时对客人的信息进行分析和统计，注意服务体系中每一个细微环节，找出服务过程中最小的重复性单位，以加快服务速度，提高服务工作灵活性。

(2) 管理方式人本化

酒店定制服务模式依赖于全体员工的共同努力，这就要求酒店创造一种良好的氛围，使酒店员工精神振奋，士气高昂，在工作中看到自身的价值，与酒店形成一种风雨同舟、兴衰与共的情感。而这主要依赖于酒店人本化管理，在管理中培养忠诚的员工，充分挖掘员工的潜能。

(3) 员工的职业化

定制服务是一个全新的服务理念，它需要员工有高度的自主性和灵活性。酒店应努力加快员工的职业化进程，尤其是骨干员工和精英的职业化。培养他们具有良好的职业素养(职业意识，职业思维，职业习惯，职业经验，职业技能等)，能够设身处地为客人着想，提供有针对性的定制化服务。

### 四、酒店服务艺术

酒店服务不仅是一门科学，更是一门艺术。酒店员工在为客人服务的过程中不仅要了解客人的心理，还要处理好对客服务的技巧。

#### （一）角色艺术

在社会的大舞台上，每个人都扮演着不同的角色，酒店的员工也不例外，一走进酒店这个特定的环境，就要努力扮演好"服务员"这样一个角色。酒店员工首先要学会角色转换。在社会生活的其他领域，不管酒店服务员有多少角色，但是在酒店，就要做好为他人服务的准备。实现这种角色转变，并不是一件容易的事情。现在酒店员工以年轻人居多，很多都是"90后""00后"，是一个非常有个性的群体，这些员工在家被父母呵护备至，很少有服务他人的意识和意愿，这就为酒店管理带来了难度。酒店要重视加强员工服务意识和角色意识的培养和教育，让员工充分认识到自身在酒店服务中的重要性，增强员工对工作的认同感和自豪感。

角色是非个性的，但是扮演角色的每个人却是有个性的。对酒店工作而言，不管是何人，也不管有什么个性，只要处于酒店员工这个角色，就要按照社会对酒店服务人员的角色要求去行动。不管员工自身的性格如何，在酒店工作中遇到客人，就要主动问候，积极与客人沟通。

酒店管理人员在帮助员工树立好服务角色的同时，还要认识到酒店小环境与社会大环境之间的差异。当员工在遇到不利于角色发挥的矛盾和困难时，要主动关心、爱护员工。当员工在服务中，为了客人和酒店的利益而受到委屈时，要及时对员工进行精神上和心理上的安慰，对员工予以理解和支持，帮助他们树立工作的信心。

#### （二）沟通艺术

沟通是社会交往的基础，也是酒店服务工作顺利开展的关键。酒店要提高服务质量，赢得客人的满意，沟通是一种重要的方式。沟通是相互的，是酒店员工与客人、员工与员工之间的相互理解、支持、协调和帮助。员工要理解客人的心理和想法，客人也要理解员工工作的艰辛和不易。

沟通分为语言沟通和非语言沟通，非语言沟通大多数是以肢体语言的形式进行沟通，比如眼神沟通、肢体沟通、动作沟通等。那么表现在酒店服务中就是语言沟通和行为沟通。

语言沟通是人与人之间沟通的重要形式。美好的语言，可以表达彼此美好的祝愿和衷心的祝福。酒店服务中，员工要善于使用语言与客人进行交流，用真挚、美好的语言与客人进行面对面的思想、感情交流。一声"您好"、一句"谢谢"不仅体现了酒店对客人的尊重、感激，也让客人感受到酒店员工的素质和修养，为双方更融洽的交流打下了良好的基础。加强员工语言表达能力的培养，是酒店的一项重要工作。

行为沟通是人们日常交往的一种方式。员工的一举一动、行为举止不仅是员工工作的外在表现，更代表了酒店的服务水准。酒店员工要注意自身行为的规范，树立良好的酒店形象。

（三）换位艺术

酒店服务是由员工和客人双方共同参与来完成的。员工和客人不同的角色决定了他们在服务中不同的位置，赋予了他们不同的权利和义务。

对于酒店员工来讲，为客人服务，是酒店服务的执行者。也就是说，在客人面前，员工是酒店的代表。而从服务的角度来讲，员工要想满足客人的需求，为客人提供满意的服务，员工还要了解客人的需求。因此，员工在服务中不仅要为酒店考虑，也要为客人着想。站在客人的角度进行换位思考，也是获得客人满意，维护酒店利益的有效途径。

## 第二节　酒店服务质量管理

酒店是服务性企业，服务质量是酒店的生命线，也是酒店生存和可持续发展的基础。酒店之间的竞争实质上是服务质量的竞争。随着酒店竞争的日趋激烈，客人对酒店服务质量的要求不断提高，酒店管理者应该把服务质量的管理作为酒店管理的重中之重，不断探索提升服务质量的方法和途径，努力增强酒店的竞争力，确保酒店的可持续发展。

## 一、酒店服务质量概述

### (一) 酒店服务质量的概念

酒店服务质量的概念包括狭义和广义两种。狭义上的服务质量主要指由服务员所提供的服务劳动质量;广义上的服务质量指酒店依托各种设施设备,为客人提供的服务在使用价值和价值上适合和满足客人物质和精神需要的程度。适合是指酒店为客人提供服务的价值和使用价值能否为客人接受和满意;满足是指使用价值能否给客人带来身心愉悦和享受,使客人感到自己的愿望和期盼得到了实现。适合和满足的程度越高,酒店的服务质量越好;反之,服务质量就越差。

### (二) 酒店服务质量的特点

酒店服务需要员工和客人双方面对面,随时随地提供服务,这就使得酒店服务质量同其他实物产品相比,存在着较大差异。为了更好地实施酒店服务质量管理,必须正确认识与掌握酒店服务质量的特点。

**1. 酒店服务质量构成的综合性**

酒店服务质量既包括有形的设备设施质量、服务环境质量、实物产品质量,又包括无形的劳务服务质量等多种因素。每一个因素又有许多具体内容构成,并体现在酒店对客服务的各个方面,贯穿于酒店服务的全过程。

酒店服务质量构成的综合性要求酒店管理者树立系统管理的观念,把酒店服务质量管理作为一项系统工程来抓,多方搜集酒店服务质量信息,分析影响服务质量的各种因素,从每一个服务环节和操作规程入手,全面提高酒店的服务质量水平。

**2. 酒店服务质量评价的主观性**

酒店服务质量的高低主要是由客人享受到各种服务后的物质和心理上的满足程度来决定,带有很强的个人主观性。客人的满足程度越高,对酒店服务质量的评价也就越高,反之则越低。

酒店服务质量评价的主观性,要求酒店必须高度重视客人对酒店服务质量的反馈,抱着实事求是和不断改进工作的态度,全面正确地对待客人的意见和建议,同时要建立与客人良好的关系,了解和掌握客人的需求,不断改善对客服务水平,努力完善和提高酒店服务质量。

**3. 酒店服务质量对员工素质的依赖性**

酒店服务质量是通过员工的劳务服务创造并表现出来的,这种创造和表现能满足客人需求的程度取决于酒店员工素质的高低和管理者管理水平的高低。酒店服务质量的优劣在很大程度上依赖于员工对客服务时的即兴发挥和表现，这种表现又受到员工个人素质、业务能力和情绪的影响，存在着不稳定性。因此，酒店必须重视员工素质的培养，加强员工职业道德、职业意识、职业技能、职业习惯等方面的培养，充分调动广大员工的积极性，发挥员工的主观能动性和创新意识，增强酒店员工的责任感和自我管理能力，在创造满意员工的基础上，不断提升酒店的服务质量。

#### 4. 酒店服务质量的短暂性

酒店服务质量是由一次次内容不同的具体服务组成的，而每一次具体服务的使用价值显现的时间都是短暂的，但在客人心目中形成的印象和感受却是深刻的。酒店所提供的各项具体服务往往都是无形的，提供服务的过程与客人的消费过程处于同一时间。因此，其服务质量的高低，往往是一锤定音，事后难以修补，也无法"回炉重做"。所以，要提高服务质量，就必须树立预防为主，事前控制的思想，注重服务现场的控制，抓好动态管理，力求做好每一次服务，争取使每一次服务都让客人满意，从而不断提高酒店的服务质量。

#### 5. 酒店服务质量的情感性

酒店服务质量还取决于酒店与客人之间的情感融合。主客关系融洽，客人就比较容易谅解酒店服务的不周；关系不和谐，有时很容易使客人小题大做或借题发挥。酒店员工应充分认识到这一特点，在服务中注重与客人情感的投入和交流，争取使客人在情感上认同自己，进而获得客人对酒店工作的理解和支持。

#### 6. 酒店服务质量内容的关联性

客人对酒店服务质量的评价是通过他对酒店整个过程的认识和感受做出的。酒店服务的项目是以客人的活动规律为线索，各部门各环节通力合作和共同衔接完成的，彼此之间是一个有机整体，任何一个环节出现问题，都会直接影响客人对酒店的整体评价。这就要求酒店各个部门、各个服务环节、各个员工之间密切配合，确保服务工作的"零缺点"。

## 二、酒店服务质量构成

酒店服务质量是有形产品质量和无形产品质量的有机组合，主要包括：设备设施质量、服务产品质量、实物产品质量、环境氛围质量和安全卫生质量五个部分组成。

## （一）有形产品质量

有形产品质量指酒店向客人提供的物质产品的质量，主要满足客人物质上的需求，是酒店提供服务的载体。具体包括设备设施质量、实物产品质量、环境氛围质量。

**1. 设备设施质量**

设备设施是酒店提供服务的基础，是酒店服务的有形依托和表现形式。主要包括供客人使用的设备设施（如前厅设施、客房设备、餐饮设备、会议设备、康乐设施等）和酒店生产经营使用的设备设施（如锅炉设备、供暖设备、厨房设备等）。酒店设备设施质量的好坏主要从两个方面来衡量：一是设备设施的齐全程度；二是设备设施的舒适程度和完好程度。设备设施的齐全程度是指其能满足客人食住等基本需求及其衍生需求所需配备的各种功能性设备设施的完备程度。设备设施的配备要科学，结构要合理，性能要良好，只有这样，才能满足不同客人的需要。设备设施的齐全是一个相对指标，根据酒店星级评定的要求，每一个酒店都要求达到对应星级标准的规定。设备设施的舒适度取决于设备设施配备的档次和对设备设施的维修保养。其中对设备设施的维修保养又决定了其完好程度。酒店必须保证设备设施的完好和正常运转，才能充分发挥设备设施的效能，提高酒店的服务质量。

**2. 实物产品质量**

酒店实物产品可直接满足客人物质消费的需求，实物产品的质量包括：

（1）餐饮产品质量

餐饮产品是酒店餐饮部生产或加工的满足客人需求的实物产品。饮食产品的质量取决于食品材料质量、烹饪制作水平和管理水平等多种因素，最终体现在产品的色、香、味、形、器、质等方面。只有餐饮产品精致可口、营养丰富、卫生安全、独具特色，才更能赢得客人的满意。

（2）客用品质量

客用品是酒店直接提供给客人消费的各种生活用品，包括一次性消耗品（六小件）和多次性消耗品（棉织品、酒具、茶具等）。酒店客用品的质量要与酒店的星级档次相适应，确保配备数量充裕、供应及时、安全卫生。

**3. 环境氛围质量**

环境氛围是由酒店的建筑布局、装饰环境、空间构图、灯光气氛、色调情趣、清洁卫生等硬件环境和员工的仪容仪表、交往文化氛围等软环境构成。高雅、舒适、清洁、温馨的环境能给客人留下美好的印象,酒店要注重环境的设计和布局以及气氛的烘托,给客人营造一个安全、舒适、清洁、温馨的环境。

## (二) 无形产品质量

无形产品质量是酒店服务质量的核心,也是酒店质量标准和程序的内在体现。

**1. 服务态度**

服务态度是提高服务质量的基础。它取决于服务人员的职业素质、职业道德和对服务工作的热爱程度。酒店服务工作中,良好的服务态度表现为热情、主动、耐心、周到、细致。酒店要加强员工职业意识、职业道德的培养,让员工满怀热情和激情投入服务工作中,最大限度地获得客人的满意。

**2. 服务效率**

服务效率是服务工作的时间概念,是提供某种服务的时限。服务效率的基本内涵是服务的准时性和适时性。酒店服务首先要讲求效率,做到准时,尽量减少客人等候的时间。同时,关注客人的需求,把握最恰当的时机为客人服务。

衡量酒店服务效率的依据有三类:1) 工时定额:如打扫一间客房用时 30 分钟。2) 服务时限:如总台为散客办理登记入住不超过 3 分钟。3) 时间概念:有些服务效率不能用时间量化,而是靠客人感觉来衡量。如在餐厅点菜后多长时间上菜,设备坏了报修后多长时间来修理等。

**3. 服务方式**

服务方式是酒店采用什么形式和方法为客人提供服务,其核心是使客人感到方便、安全、舒适、满意。服务方式因酒店服务项目的不同而异。酒店服务项目分为基本服务项目和附加服务项目。酒店要认真研究服务项目的特点,以提高服务质量为前提,从实际出发确定适当的服务方式。

**4. 礼节礼貌**

礼节礼貌是提高服务质量的重要条件,是酒店员工良好风貌的体现。礼节礼貌是以一定的形式向对方表示尊重、谦虚、欢迎、友好等的一种方式。酒店礼节礼貌主要表现在酒店员工的仪表仪容、沟通交流、言谈举止等方面。具体来说,要求酒店员工衣帽整齐、语言文雅、举止端庄、待客谦恭有礼。

**5. 服务技巧**

服务技巧是酒店员工面对不同的客人,灵活、恰当地运用操作方法和作业技能时所表现出来的技巧和方法。娴熟的服务技巧是酒店服务质量的重要保证,酒店要做好服务人员的专业技术培训,要求员工掌握专业知识,加强实际操作训练,不断提高技术水平,充分发挥服务的艺术性以提高服务质量。

**6. 安全卫生质量**

安全是客人的第一需要,是酒店各项工作的前提和基础。酒店在环境气氛上要营造出一种安全的氛围,给客人以心理上的安全感。要建立起严格的安全保卫制度,以预防为主,制定好酒店的安保措施和突发事件的处理预案,切实搞好安全保卫工作。

卫生状况是酒店服务工作的重点。酒店卫生包括酒店各区域的清洁卫生、食品卫生、用品卫生、员工个人卫生等。酒店的清洁卫生直接关系到客人的身心健康,酒店要注重卫生的控制和管理,制定各部门各区域的卫生标准,明确卫生操作规程,健全卫生检查制度,严格执行消毒制度。为客人创造一个安全放心的生活环境。

## 三、酒店服务质量管理的内容

酒店服务质量是酒店存在和竞争的基础。酒店要提高服务质量,就必须加强服务质量管理,制定酒店服务规程,建立酒店服务质量管理体系。

### (一) 制定服务规程

酒店服务规程是酒店根据自身实际制定出的适合本酒店实际情况的管理制度和作业标准。酒店通过对服务标准和规程的制定与实施,以及各种管理原则和方法的运用,达到服务质量标准化、服务形式规范化、服务过程程序化,最终以优质的服务赢得客人的满意。

**1. 酒店服务规程的含义**

酒店服务规程是指用描述性的语言对酒店某一特定的服务过程所包含的作业内容和顺序,以及该服务过程应该达到的某种规格和标准所作的详细而具体的规定。

酒店服务规程包括以下四个要点:

(1) 服务规程的对象和范围

服务规程是以酒店某一特定的服务过程、服务内容为对象,来描述该过程应该达到的标准和规格。酒店所提供的任何服务都有一个从开始到结束的过程,称之为服务过程。每一个服务过程都有一套与之相对应的服务规程。

(2) 服务规程的内容和程序

服务规程规定了每个服务过程应该包括的内容和作业程序。服务内容应该包括业务内容的本身,如总台登记入住的基本内容包括:了解客人有无预定、让客人出示有效证件、填写入住登记表、分房、收取押金等。服务规程还规定了细节,如动作、语言、姿态、手续、信息传递、用具、权限、时限、例外处理等。这些都是规范化的体现。服务程序是指服务内容的先后顺序,对服务程序的规定既要符合服务过程的规律,又要考虑减轻员工的劳动强度和减少物资消耗。

(3) 服务规程的规格和标准

酒店星级、档次不同,服务的规格和标准也不同。不管哪一种规格的服务都要有标准。服务规程就是要规定服务的规格和标准,并按照服务质量的构成内容确定具体标准。

(4) 服务规程的衔接和系统性

每套服务规程都要有与其他规程相互衔接、相互贯通的内容,这也就构成了酒店服务的系统性。酒店规程可以让每位员工明确其服务的工作目标,也使酒店管理者有了检查和督导的依据,为酒店服务工作实现规范化、程序化和标准化打下了基础。

**2. 酒店服务规程的制定**

(1) 酒店服务规程制定的依据

酒店服务规程直接影响和决定酒店的服务质量,本着科学合理的原则,酒店服务规程必须能够真正符合客人和酒店的需要。在制定服务规程时要考虑以下因素:

① 《旅游涉外酒店星级的划分及评定》

星级评定标准是各星级酒店制定服务规程的基础,它提出了酒店服务的基本原则和基本要求,规定了星级酒店服务质量的保证体系,即具备适应酒店运行的、有效的整套管理制度和作业标准。

② 客源市场需求

酒店服务的基础是客人的需求,酒店服务规程的制定也要以客人需求为依据。因此,酒店在制定服务规程前,需要对客源市场需求进行周密的调查和分析,找准客人的需求,使所制定的服务规程真正成为酒店服务质量的依据和保证。

③ 本酒店的特点

制定服务规程必须立足酒店本身的特点,结合酒店实际制定的标准才能扬长避短,突出酒店的特色。

④ 国内外酒店管理的最新信息

酒店服务规程要具有时代特征,在制定规程时,要及时收集国内外酒店的最新信息,顺应酒店业发展的趋势,力求规程更加合理,满足客人的需要。

⑤ 动作及动作研究

制定服务规程前,要对每个作业过程进行过程分析和动作研究,这样制定的规程才更具科学性和可行性。

(2) 酒店服务规程的制定

酒店服务规程的制定可以先由集体讨论再由一人执笔编制,也可以先编制规程草案再提交集体讨论并定稿。编制过程如下:

① 提出目标和要求

由酒店决策者结合酒店的等级和实际情况,通过对服务质量目标的透彻分析,提出服务规程的具体目标和要求,并将其落实到酒店各部门。

② 编制服务规程草案

各部门领导召集部门下属主管、领班、业务骨干讨论确定本部门的所有服务内容和服务过程,编制相应的规程草案。内容包括服务过程诸环节,各环节的具体要求,环节之间的衔接等。

③ 修改服务规程草案

规程草案首先交由服务过程所涉及部门、班组全体员工进行讨论,对不合理、不详细、不可行、不现实、不必要或不符合标准和要求的部分进行修改,使其更具可操作性。其次,将规程草案在小范围内进行试行,在实践中进行修改和完善。最后,将规程由酒店高层决策者进行审定。决策者对应目标和要求,由聘请的酒店管理专家进行评审。经审定通过的服务规程,作为酒店规章制度予以颁布实施。

④ 完善服务规程

酒店服务规程制定后,随着酒店等级的提高和客源市场的变化,需要及时进行调整和修订,使之与时俱进。

(3) 酒店服务规程的实施

① 服务质量意识教育

通过质量教育,树立全员服务质量意识,明确服务质量对酒店和员工的重要性,使员工意识到执行服务规程与提高服务质量之间的密切关系,增强员工执行服务规程的自觉性和主动性。

② 服务规程作业培训

通过对服务规程的培训,使员工熟练掌握服务规程的内容和要求,进而自觉执行服务规程,提高执行服务规范的规范性和准确性。

③ 服务规程过程督导

酒店各级管理者应对所管辖范围员工的服务规程执行情况进行认真、严格的监督、检查和指导。通过服务质量信息系统和原始记录了解规程执行情况,通过现场巡查发现问题并及时纠正,使员工养成实施服务规程的良好意识和习惯。同时,酒店管理者要经常进行服务质量的对比与评价,制定有效的奖惩措施,调动员工执行服务规程的积极性。

另外,酒店还应制定设备设施质量标准、服务环境质量标准、菜点酒水标准、客用品质量标准、服务人员素质标准、语言动作标准等,并在工作中不折不扣地执行,使之成为酒店服务质量控制的依据。

【案例】5.3

客房铺床规范应如何选择?

某高星级酒店的客房通常采用西式铺床的方式。即按顺序铺托单、铺毛毯、毛毯定位、铺面单、包毛毯头、塞床单、包角定位(把毛毯四边塞到床的软硬垫之间)。

某天一位客人和服务员聊天,他说:"你们真辛苦,我也很辛苦。你们上午辛辛苦苦地把床包起来,我每天晚上又辛辛苦苦费力把床单连同毛毯拉出来,把床弄得很乱,真累。"

酒店服务员说:"这是酒店的服务规范要求的,这样铺床显得很整齐、美观。我们也经常听到住客抱怨这样很不方便,我们也没有办法。"

思考:你认为酒店的客房铺床标准应根据什么来制定?

资料来源:百度文库

## (二) 建立服务质量管理体系

酒店服务质量管理体系是为提高酒店服务质量而建立的一个管理系统,涉及各个部门的工作质量以及服务过程中的每一个环节的质量。因此,酒店每一位员工都要树

立质量意识,关注客人需求,努力提高自身的工作质量。酒店服务质量管理体系主要包括以下内容:

1. 建立服务质量管理机构。
2. 制定并实施酒店服务质量管理制度。
3. 责权分工。
4. 重视酒店质量信息管理。
5. 处理服务质量方面的投诉。

(三)服务质量管理的方法

酒店服务质量管理是多种管理方法的有机结合,是在统一的前提下,根据服务质量问题产生的原因而有选择性、针对性的管理。目前,常用的酒店服务质量管理方法有全面质量管理、服务质量分析、零缺点质量管理和现场巡视管理等。

**1. 全面质量管理**

全面质量管理(TQC)的概念是由美国质量管理专家费根堡姆与朱兰等人提出的。全面质量管理是指一个组织以产品质量为核心,以全员参与为基础,通过专业技术、管理技术、数理统计等方法,结合思想教育,形成从市场调查、产品设计到服务消费的一个完整的质量体系,使质量管理进一步标准化与科学化的过程。

(1)酒店全面质量管理的概念

酒店全面质量管理是从酒店系统的角度出发,把酒店作为一个整体,从酒店服务的全方位、全过程、全人员、全方法、全效益入手,以质量为管理对象,以提供最优服务为目的,以一整套质量管理体系、技术、方法为手段而进行的系统的管理活动。

酒店全面质量管理运用科学的质量管理思想和方法,改变了传统的事后检查法,把质量管理的重点放在"预防为主"上,将质量管理由传统的检查服务结果为主转变为控制服务质量问题产生的因素为主。

(2)酒店服务质量管理的特点

① 全方位服务质量管理。酒店服务质量构成因素众多,涉及范围广泛,既包括无形产品质量,还包括有形产品质量;既包括前台接待部门服务质量,又有后台业务部门工作质量,以及各职能部门与酒店相关物资供应部门的服务质量。

② 全过程服务质量管理。酒店服务质量不仅取决于对客服务的瞬间,更在于服务产品形成的全过程。酒店服务的全过程,包括服务前的准备阶段、服务中的对

客服务和服务后的信息反馈三个阶段,这三个环节是完整不可分割的过程。酒店服务过程质量管理,就是对这三个环节进行管理,做到"预防为主,防检结合,重在提高"。

③ 全员参与服务质量管理。酒店服务质量是由全体员工共同创造的。它贯穿于酒店各层次人员执行酒店质量计划、完成质量目标的过程之中。提高酒店服务质量不仅需要前台人员的努力,也需要后台员工的通力配合。酒店必须充分调动全体员工的积极性和创造性,不断提高员工素质,人人关心服务质量、人人参与服务质量,共同努力提高服务质量。

④ 全方法服务质量管理。这指采用多种管理方法(包括行政、经济、法律、科学、思想教育等方法),以达到提高服务质量的目的。酒店全方法质量管理是多种多样管理方法的有机结合,是在有机统一的前提下,根据服务质量问题产生的原因而有选择性、针对性的管理。

(【拓展阅读,扫码学习】:酒店质量管理网络体系)

⑤ 全效益服务质量管理。酒店服务既讲究经济效益,又要讲求社会效益和环境效益,是三者的有机统一。酒店在创造经济效益的同时,也要注意社会效益和环境效益。尽管酒店有时可能会因此导致短期获利减少,但好的社会效益和生态效益有助于提高酒店的知名度、美誉度,为酒店带来长远的利益。

**2. 酒店服务质量分析**

通过对酒店进行服务质量分析,找出酒店日常管理工作中存在的问题以及引起问题的主要原因,并有效地加以控制和解决。酒店服务质量分析的方法很多,常用的有因果分析图法、排列分析图法以及 PDCA 管理法。

(1) 因果分析图法

因果分析图法又称为鱼刺图法、树枝图法,是一种普遍有效的质量分析方法。影响酒店服务质量的因素是多方面的,因果分析法就是对各种影响质量的因素关系进行整理和分析,并将原因与结果的关系用带箭头的线来表示(如图 5-1 所示)。

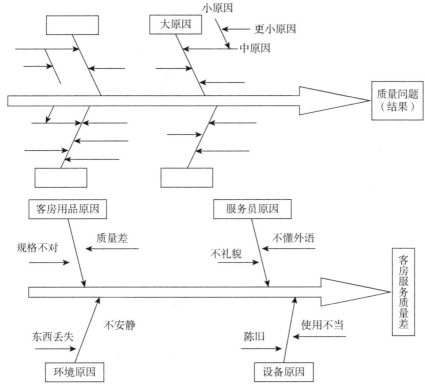

图5-1 因果分析图

因果分析图法的步骤如下:

① 通过质量调查、检查、客人反馈等找出酒店服务质量存在的问题。

② 通过小组讨论或专题会议,分析问题产生的原因。

③ 根据罗列的原因进行整理分析,绘制分析图。

(2) 排列分析图法

排列分析图法又称为重点管理法、主次因素法。具体步骤如下:

① 收集服务质量问题信息。

② 分类、统计、制作酒店服务质量问题统计表(表5-5)。

▼ 表5-5 某酒店前厅部服务质量问题统计表

| 问题类别 | 问题数量 | 比率/% | 累计比率/% |
| --- | --- | --- | --- |
| 服务效率 | 50 | 50 | 50 |
| 外语水平 | 15 | 15 | 65 |

续表

| 问题类别 | 问题数量 | 比率/% | 累计比率/% |
| --- | --- | --- | --- |
| 服务态度 | 25 | 25 | 90 |
| 设施设备 | 7 | 7 | 97 |
| 其 他 | 3 | 3 | 100 |

③ 根据统计表绘制排列图(图5-2)

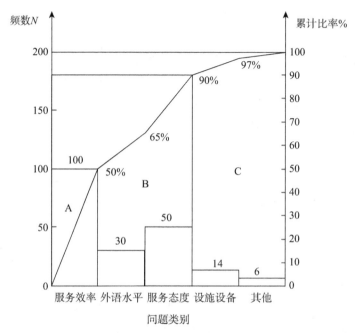

图5-2 前厅部服务质量问题排列图

④ 分析找出主要质量问题

排列图上累计比率在0%—50%的为A类因素,即主要因素;在＞50%—90%的因素为B类因素,即次要因素;在＞90%—100%的因素为C类因素,即一般因素。

(3) PDCA管理法

PDCA管理法是把酒店服务质量管理活动按照计划(Plan)、实施(Do)、检查(Check)、处理(Act)四个阶段来开展。计划—实施—检查—处理四个阶段组成一个循环,称为PDCA管理法。PDCA管理法就是按照这样的顺序进行质量管理,并且循环不止地进行下去。

PDCA循环是科学的质量管理工作程序。运用PDCA循环来解决酒店质量问题,可分成八个步骤进行。如图5-3所示。

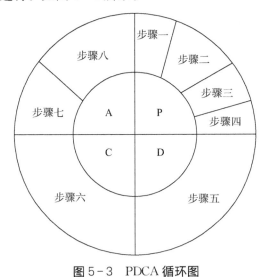

图5-3 PDCA循环图

① 计划阶段

步骤一:用圆形分析图对酒店服务质量或工作质量的现状进行分析,找出存在的质量问题。运用排列分析法分析存在的质量问题,从中找出对酒店质量问题影响最大的主要问题。

步骤二:运用因果分析法分析产生质量问题的原因。

步骤三:从分析出的原因中找到关键的原因。

步骤四:提出要解决的质量问题,制定解决质量问题要达到的目标和计划。提出解决质量问题的具体措施、方法以及责任人。

② 实施阶段

步骤五:按已定的目标、计划和措施执行。

③ 检查阶段

步骤六:在步骤五执行以后,再运用排列分析法对酒店的质量情况进行分析。并将分析结果与步骤一所发现的质量问题进行对比,以检查在步骤四中提出的提高和改进质量的各种措施和方法的效果。同时,要检查在完成步骤五的过程中是否还存在其他问题。

④ 处理阶段

步骤七:对已解决的质量问题采取巩固措施,以防止同一问题在每次循环中重复出现。对已解决的质量问题应给予肯定,并使之标准化。对已完成步骤五,但未取得成效的质量问题,也要总结经验教训,提出防止这类问题再发生的意见。

步骤八:提出步骤一所发现而尚未解决的其他质量问题。并将这些问题转入下一个循环中去求得解决。从而与下一循环的步骤衔接起来。

(4) PDCA 管理法应注意的问题

① 循序渐进。PDCA 管理法必须按顺序进行,四个阶段的八个步骤既不能缺少,也不能颠倒。它就像车轮一样,一边循环,一边前进。

② 协同作战。PDCA 管理法必须在酒店各个部门、各个层次同时进行,方能有效。酒店是一个大的 PDCA 环,各个部门又有各自的 PDCA 环,各班组直至个人都应有 PDCA 环。只有当这些大环套小环,并且每个环都按顺序转动前进,互相促进,才能产生作用。

③ 步步高升。PDCA 循环不是简单的原地循环,每循环一次都要有新的更高的目标。每循环一次必须达到既向前推进了一步,又向上升高了一层。这意味着每经过一次循环后,酒店的质量水平就有了新的提高。

**3. 零缺点质量管理**

零缺点质量管理是无缺点管理的简称,是美国人克劳斯比于 20 世纪 60 年代提出的一种管理观念。酒店服务不可弥补性的特点,使得酒店开展零缺点质量管理成为酒店服务质量管理的重要方法。零缺点服务质量管理要求酒店员工"一次性把工作做好",对于工作中可能出现的问题以"预防为主",尽可能做到准确无误地将服务传递给客人。其主要内容包括:

(1) 建立服务质量检查制度

酒店服务大部分依靠员工的劳动来完成,员工由于个人素质、能力等方面的差异,在完成任务时的表现也不一样。酒店要针对不同的服务,通过全面的检查,确保各岗位员工在正式服务前做好充分的准备,做到防患于未然。很多酒店都建立了自查、互查、专查、抽查和暗查等五级检查制度,督促员工执行标准质量,预防质量问题的出现。

(2) DIRFT,即每个人第一次就把事情做对(Do It Right the First Time)

酒店服务具有不可弥补性的特点,所以,每位员工都应把每项服务做到符合质量标准,这是改善酒店服务质量的基础。酒店管理者要激发员工的积极性,充分挖掘员工的内在潜力,让员工认识到自己工作的重要性,进而最大限度地做好本职工作,确保服务的零缺陷。

（3）开展零缺点工作日竞赛

一般来说，造成酒店服务质量问题的因素有两类，即缺乏知识和认真的服务态度。缺乏知识可通过培训等得到充实，但漫不经心的态度只有通过个人觉悟才有可能改进。因此，酒店可开展零缺点工作日竞赛，使员工养成 DIRFT 的工作习惯。

**4. 现场巡视管理**

酒店管理是细节管理，要想做好酒店服务，酒店管理者要经常深入服务现场，进行现场巡视管理。通过巡视，可以检查员工的准备工作和服务情况，发现酒店服务中存在的问题，并通过现场检查和督导，及时了解质量标准的执行情况，指导和激励员工的工作，对服务中的突发问题可以现场处理，确保酒店服务质量的相对稳定。

不同的酒店管理者各自巡视管理的范围不同，但是现场巡视的要求却是一样的。酒店管理者一是每天要分时段到各自管理范围内的各个岗位进行巡视，及时发现问题并进行解决；二是各层管理者（经理、主管、领班）都要在一线协助员工做好接待，及时处理过程中发现的问题；三是通过现场管理来发现管理上的不足，及时进行调整改进；四是通过现场管理来督导员工严格执行酒店的管理规定和操作流程，实现规范化的管理要求；五是通过现场管理来发现员工仪容仪表和礼节礼貌方面的问题，及时纠正。

【拓展阅读，扫码学习】：酒店服务现场管理

（四）服务质量评价

酒店服务质量管理要及时了解客人对酒店服务质量的满意程度，对酒店服务质量进行全面、客观的评价。

**1. 酒店服务质量评价的内容**

（1）服务质量管理标准的执行程度

酒店各部门、各环节、各岗位员工的工作是否符合质量管理标准和服务规程的要求。

（2）客人的物质和心理满足程度

客人对酒店服务质量的满意率是否符合酒店星级标准的要求，如员工的素质高

低、设施的配套程度、设备的完好程度、实物产品的适用程度、服务环境的优美程度等。

**2. 评价的方法**

（1）检查法

检查法包括外部检查和内部检查。检查的方式是灵活多样的，如旅游主管部门对酒店的质量检查，特别是星级评定和星级复核；酒店内部的质量检查；客人满意率调查等。

（2）问卷调查法

酒店通过事先设计好的问卷调查表，广泛征求客人对酒店工作的意见和建议，找出工作中存在的问题和其产生的原因。

**3. 酒店服务质量的评价主体**

（1）客人

1）客人作为评价主体的依据

客人是酒店服务的购买者和接受者，满足客人的需求是酒店的"天职"，酒店内的一切，包括各种设施设备以及训练有素的员工，都是为了客人才设置的。因此，由服务的接受者来评价服务提供者的工作与质量是最直接、最有发言权的。

2）影响客人评价的因素

酒店服务质量最终是由客人的满意程度来决定，而酒店与客人之间的互动关系质量决定了客人的满意度，影响客人满意度的因素包括客人预期的服务质量、客人经历的服务质量和客人的感知价值。

① 客人预期的服务质量。客人预期的服务质量是指客人对以往酒店消费的经验，加上各种渠道的宣传以及自身的心理偏好所形成的对未来酒店服务的预期。具体而言，客人预期的服务质量受酒店的市场营销、酒店的品牌形象、其他客人的口碑宣传、客人自身的情况四个方面影响。

② 客人经历的服务质量。客人经历的服务质量是由其所实际经历的消费过程所决定的，评价自身所经历的服务质量往往比较主观。一般而言，客人经历的服务质量受到酒店服务标准化及个性化程度的影响。

③ 客人的感知价值。客人的感知价值是指客人所感受到的价值相对于自己所付出的货币价格的服务质量。在一定条件下，客人感知的价值越高则其满意度也越高。反之则越低。

3）客人评价的形式

① 客人意见调查表。酒店通过事先设计好的问卷调查表，广泛征求客人对酒店工作的意见和建议。

② 电话访问。电话访问可以单独使用，也可以结合销售电话同时使用。电话访问可以根据设计好的问题而进行，也可以没有固定问题，因此，自由度与随意性比较大。

③ 现场访问。其做法是抓住与客人会面的短暂机会，尽可能多地获取客人对本酒店服务的看法与评价。

④ 小组座谈。小组座谈指酒店邀请一定数量的有代表性的客人，采用一种聚会的形式就有关酒店服务质量方面的问题进行意见征询、探讨与座谈。

⑤ 常客拜访。常客的购买频率越高，购买数量大，因而其客人价值和对酒店的利润贡献率也最大。因此，酒店管理者也应该把常客作为主要目标客人和服务重点，对常客进行专程拜访，显示出酒店对常客的重视与关心。对酒店富有忠诚感的常客往往能对酒店服务提出有益的宝贵意见。

⑥ 网络评价

网络评价指的是酒店消费者购买并使用酒店产品后，将自己的体验和感受通过网络平台进行直观的陈述。随着国内酒店越来越重视网络营销，越来越多的消费者通过网络平台预订酒店，因此网络上的评价对消费者选择的影响也进一步加深。

（2）酒店

1）酒店作为评价主体的依据

① 酒店是服务的提供者。酒店作为服务的提供者，全程参与了整个服务过程，对整个服务有清楚的了解，同时，对服务质量进行评价也是酒店的义务。

② 酒店是服务产品的相关受益者。酒店通过对自身服务产品的考评，清楚知道所提供产品的品质优劣、市场适应性以及产品的盈利水平。

③ 服务质量评价是酒店质量管理的环节之一。通过酒店组织的自我评价，可以在了解服务水平的基础上，不断修正与完善各服务质量标准，避免出现客人不满意或不符合客人需要的情况。

2）酒店方评价的形式

酒店自我评价服务质量的形式大体上可归纳为以下几种：

① 酒店统一评价。这种评价形式是由酒店服务质量管理的最高机构组织定期或

不定期实施。在这种形式的评价中,要注意对不同部门的重点考核,要注意评价的均衡性,要重视服务质量评价的严肃性。

② 部门自评。部门自评是指按照酒店服务质量的统一标准,各个部门、各个班组对自己的服务工作进行考核与评价。酒店部门自评大致可以分为酒店级、部门级、班组、岗位级三个层次。店级的考评不可能每日进行,但又必须保证服务质量的稳定性,因此,部门和班组的自评显得尤为重要。

③ 酒店外请专家进行考评。外请专家进行考评,不仅能使质量评价表现出较高的专业性,同时这些专家还会带来其他酒店在服务质量方面的经验,有利于酒店质量管理的改进。

④ "暗评"。"暗评"可以由酒店中高层管理者进行,即将服务质量考评工作融入酒店管理人员每一次的基层考察中;也可以由酒店聘请的专家以神秘客人的身份进行。

⑤ 专项质评。专项质评是指酒店针对特定的服务内容、服务规范进行检查与评估。酒店通常对自己的优势服务项目在特定的时间内开展专项质评,并以服务承诺或服务保证的方式向客人显示质评后的服务效果。

### (五) 第三方

第三方指除消费者和酒店组织以外的团体和组织。目前我国酒店服务质量评价的第三方主要有国家及各省、市、县的旅游行政部门和饭店协会组织等。

**1. 第三方作为评价主体的依据**

(1) 独立于利益相关者

由于没有利益关系,第三方的评价在客观性方面将胜于其他两方主体的评价。也正是因为第三方能够客观地对酒店服务作出评价,其评价结果较能让大众信服。

(2) 实行行业管理

我国第三方评价的主要执行者是国家及地方各省、市、县的旅游主管部门和酒店行业协会。已实施的涉及旅游酒店的国家标准有《旅游涉外酒店星级的划分及评定》《旅游服务基础术语》等。政府通过对全国酒店的考核、评价,规范了全国旅游饭店行业的市场秩序。另外,通过开展星级评定等制度,示范点企业能够按照统一的标准、统一的运行规则进行实践,从而使酒店市场的总体秩序得到一定程度的规范。

(3) 推行标准化

标准化是指为在一定的范围内获得最佳秩序,对实际的或潜在的问题制定共同的和重复使用的规则的活动。

**2. 第三方评价的形式**

第三方对酒店服务质量的评价形式主要有：

（1）资格认定。在我国，酒店的涉外资格有定点与否和涉外与否两种资格。

（2）等级认定。目前，我国酒店业存在两大等级认定体系：星级酒店体系与等级酒店体系。

（3）质量认证。质量认证是指由可以充分信任的第三方证实某一鉴定的产品或服务的质量符合特定标准或其他技术规范的活动。

（4）行业组织、报刊、社团组织的评比。这是由第三方的代表，通过各种不同的形式与方法对酒店服务质量进行评价的方式。

三方评价各有其优缺点。为了构建更加科学合理的服务质量评价体系，酒店要将客人评价、酒店评价、第三方评价有机结合起来，深入细致地权衡三方评价的优缺点，进而对酒店服务质量进行全面、系统、客观的评价。

 **典型案例**

**满意＋惊喜的优质服务**

晚上11点钟甘先生抵达酒店，而第二天一早8点需要会见一位重要嘉宾，西服放在行李箱内有些皱褶，需要洗涤熨烫平整。办理完入住手续，进入客房后，遂致电客房服务中心，不到2分钟（反应非常快速），一位楼层服务员大姐按响房间门铃，甘先生开门的一瞬间，大姐就对他说："甘先生，不好意思，现在已经深夜，打扰您了，衣服洗涤明天8点可能无法送还给您，您看能否这样，我们服务中心有熨斗和干洗清洁剂，如果您放心的话，我可以帮您把衣服适当清洁干净，并熨烫平整，保证明天7点50分送到您的房间，不影响您的重要接待。"既然如此，甘先生没有拒绝的道理，大姐在拿着他的西服退出房间的同时，看见他的皮鞋光泽度不够，再次征求了他的意见："甘先生，既然明天有重要接待，这样吧，请把您的皮鞋也交给我，帮您清洁上光，明早送衣服时一并将皮鞋送回。"哇，这大姐是何等的细心，这一点点的延伸服务，让甘先生感到了莫大尊贵与惊喜。仅凭这一点点的延伸服务，甘先生就已经成为这家酒店永远的忠诚客户。

分析提示：

酒店的优质服务是什么？是在读懂客人需求的基础上给客人提供针对性的

个性服务。这则案例充分展示了酒店服务中超值服务、细致服务、个性化服务的完美结合,也是酒店赢得客人的法宝。

本案例中楼层服务员对待客人的做法,是站在客人的立场上,把客人当作上帝的出色范例。

第一,设身处地,仔细揣摩客人的需求。甘先生由于入住酒店时间较晚,洗衣房无法按时帮助客人完成洗涤。客房服务员在了解了客人衣服清洁的需求后,积极主动地帮助客人进行清洁,并且主动给客人提供擦鞋服务,这一超出客人期望值的服务,让顾客兴奋甚至是感动。

第二,富有职业敏感,善于抓住客人的有关信息。客房服务员的可贵之处在于能及时敏锐地抓住客人第二天有重要接待的信息,从而进一步给客人提供擦鞋服务,把与客人的感情交流推向了更深的层次。因此,善于捕捉客人有关信息的职业敏感,也是酒店管理者和服务人员应该具备的可贵素质。

### 本章小结

酒店是为宾客提供食、宿等综合性服务的场所,酒店服务是酒店各项工作的基础。全面领会酒店服务的概念和特点,在酒店服务中应树立的基本观念,深刻领悟酒店各项服务的内容,熟练掌握酒店服务的艺术,加强对酒店具体服务内容、过程和水平的管理。深刻理解酒店服务质量的概念、构成和特点,掌握酒店服务质量管理的内容,加强酒店服务质量管理,掌握酒店服务质量管理的方法,努力提高酒店服务质量水平是酒店管理的重要内容。

## 第三单元　实践与训练

### 第一部分　课堂讨论

1. 如何理解"客人总是正确的"这句话的内涵？
2. 作为酒店的一名员工，怎样才能提高服务质量？

### 第二部分　课外练习

1. 基本概念

（1）酒店服务

（2）酒店服务质量

（3）个性服务

（4）酒店全面质量管理

2. 填空题

（1）酒店服务具有综合性、_____、_____、_____、差异性和不可储存性。

（2）酒店的服务质量主要包括设备设施质量、_____、实物产品质量、_____、安全卫生质量五个部分组成。

（3）酒店服务质量管理的方法主要有_____、酒店服务质量分析、零缺点质量管理、_____等。

（4）全面服务质量管理包括全方位服务质量管理、_____、全员服务质量管理、_____、全效益服务质量管理。

（5）定制化服务是一种超个性服务，_____，是一种极致服务。

3. 单选题

（1）以下（　　）属于第三方评价主体。

① 网络评价　　② 酒店外请专家　　③ 饭店协会组织　　④ 以上都是

（2）酒店服务具有不可弥补的特点，开展（　　）成为酒店服务质量管理的一种重要方法。

① 巡视管理 ② 零缺点管理
③ 优质服务竞赛和评比活动 ④ 质量控制

4. 多选题

(1) 以下（　　）属于个性化服务。

① 超前超常服务 ② 细微服务
③ 情感服务 ④ 热情服务

(2) 酒店服务质量管理包括（　　）。

① 制定酒店服务规程 ② 建立酒店服务质量管理体系
③ 酒店服务质量管理的方法 ④ 酒店服务质量的评价

5. 简答题

(1) 试述酒店服务质量的特点。

(2) 酒店服务中应该树立哪些基本观念？

(3) 标准化服务与个性服务的差别是什么？

(4) 酒店服务的艺术有哪些？

(5) 假如你是一名酒店的总经理，你将如何提高酒店的服务质量？

(6) 酒店服务质量管理的方法有哪些？

6. 实训题

(1) 两张房卡引起的问题

某日，酒店611房客人刘先生来到总台对服务员小沈说："小伙子，我是611房的，我喝多了，房卡找不到了，你再弄张房卡给我。"小沈说："你房卡丢了是要赔偿20元的"。那刘先生一听就生气了。"你这服务员真是……什么赔不赔的，我叫你弄一张，听见了吗？我20元难道赔不起啊？真是一点礼貌也没有的，叫你们经理出来，马上把你给开除了，这样差的服务员怎么会要你"？小沈马上紧跟："对不起！我就是告诉你一声，如果我现在不说，你明天看到账单上有赔偿的时候，你肯定会说总台没说过，会不认账的。"刘先生一听更火，"我怎么不认账啦，难道我们单位会赖你这点钱？好，你既然这么说我现在就是不赔了，你能怎么着？"后来小沈也没说什么，核对了姓名和房号给刘先生又重新刷了一张新房卡。

不一会，有一张先生拿着房卡说："我上午不是刚刷过的卡吗？怎么这会打不开门了。"总台查看后原来也是611的房卡，因为是一个团队的所以客人的姓名都没有登记,但 2 位客人都能清楚地告之房号和接待的单位,而且张先生也说是 2 人一房的,另一客人是刘先生。所以总台另一服务员帮客人刷了卡,傍晚刘先生又到总台说:"你们这个酒店怎么回事?总台服务员态度不好,房卡又打不开,我们都已经刷了 3 次了,还是打不开,你们酒店的服务质量怎么这么差劲,让你们经理来给我个说法。"

经大堂副理查实因为两张房卡都刷了"A"型卡,在制第二张房卡时第一张就会被自动注销,从而打不开门。

实训目的:学生通过情景模拟,要求学生掌握处理此类问题的方法和技巧。

(2) 停车卡

5 月 13 日凌晨,一位常客莫先生找到夜班值班大堂副理投诉前台夜班值班小 a,其表示自己刚刚到总服务台刷免费停车卡,但小 a 拒为其刷卡,累积起来小 a 已 3 次未给自己刷卡,莫先生也表达了自己的愤怒。夜班值班大堂副理首先向常客莫先生致歉,并核实其房号,经核实常客莫先生未住店,不符合免费停车服务的规定,因此婉拒客人。此时莫先生反馈称之前也发生过类似的事情,但都成功刷卡,唯独今天不行且被同一服务人员拒绝三次,导致莫先生在朋友面前丢了面子。

酒店客户经理再次向其致歉表明酒店规定未住店是要收取停车费的,请其理解。于是此客人在凌晨 1:20 左右当着酒店客户经理的面致电了酒店分管副总经理,副总经理在了解此情况后也婉拒了客人。常客莫先生无奈地离开了。

实训目的:通过情景模拟,要求学生掌握为客人停车的程序和方法。并通过训练,了解解决此类问题的方法和技巧。

## 第三部分 案例分析

### 感动不起来的服务

陈先生肩背挎包、手拖行李箱刚跨进大堂,只见左右两旁的行李生向他"围"了过来。一位行李生接过他的行李箱在前面引路;而另一位行李生小魏欲拿下他肩上的挎包,却被陈先生拒绝了。

"您一路辛苦了,挎包由我来帮您拿吧。"行李生小魏一手抓着挎包背带说道。

"不用。"也许这个挎包里装有贵重物品,陈先生出于本能极力推开小魏的手。

"别客气啊。"小魏抓着挎包背带不放。

陈先生似乎有点生气了,大声地说:"你放手！这个包我马上就要用,证件和各种的卡都在里面呢。"

小魏好像突然明白了过来,面露讪讪之色,随即放手作罢。陈先生终于摆脱了这位热情的行李生走向总台。

请帮助服务员分析一下,他哪里做得不对？应该如何去做？

# 第六章 酒店营销管理

### 学习目标

◆ 思想目标

(1) 通过学习酒店营销管理知识,了解营销活动的过程和意义,激发学生从事酒店营销工作的兴趣;

(2) 理论联系实际,习惯思考身边发生的营销事件,树立良好的营销意识。

◆ 知识目标

(1) 掌握酒店营销的概念和营销策略;

(2) 了解酒店营销的系列过程,熟悉酒店营销新理念,特别是网络营销的理念。

◆ 能力目标

(1) 能够对酒店目标市场进行选择和定位;

(2) 能够运用不同的营销组合策略设计酒店产品和营销活动;

(3) 能够对比分析酒店开展网络营销的途径和策略。

### 导入案例

#### 大数据在酒店行业营销中的四大创新性应用

网络信息技术的普及和云计算的诞生直接把我们送进了大数据时代。"大数据"作为时下最时髦的词汇,触动着酒店行业管理者的神经。

大数据应用真正的核心在于挖掘数据中蕴藏的情报价值,管理者应该如何来借助大数据为酒店运营管理服务;大数据应用又将如何突出酒店情报价值等问题,乐思大数据情报信息中心从四个方面整理总结了大数据在酒店行业的创新性应用。

一、大数据有助于酒店行业市场精确定位

大数据市场分析和调研是酒店品牌定位的第一步。酒店架构大数据战略,拓宽酒店行业调研数据的广度和深度,了解酒店行业市场构成、细分市场特征、消费者需求和竞争者状况等因素,在信息数据收集、管理、分析的基础上,提出解决问题的方案和建议,确保个性化的市场定位,提高市场接受度,提升市场定位精准度,构建出满足市场需求的产品。借助数据挖掘和信息采集技术不仅能给研究人员提供足够的样本量和数据信息,还能够建立基于大数据数学模型对未来市场进行预测。

### 二、大数据成为酒店行业市场营销的利器

当前各大电商平台每天都分享着各种文本、照片、视频、音频、数据等信息,涵盖商家、个人、行业资讯、产品使用体验、商品浏览记录、商品成交记录、产品价格动态等海量信息。其背后隐藏着酒店行业的市场需求、竞争情报。酒店行业可以在消费者购买产品的花费、选择的产品渠道、偏好产品的类型、产品使用周期、购买产品的目的、消费者家庭背景、工作和生活环境、个人消费观和价值观等方面,对顾客的消费行为和取向展开分析,建立消费者大数据库,制定有针对性的营销方案和营销战略。

### 三、大数据支撑酒店行业收益管理

收益管理意在把合适的产品或服务,在合适的时间,以合适的价格,通过合适的销售渠道,出售给合适的顾客,最终实现企业收益最大化目标。其中需求预测、细分市场和敏感度分析是三个重要环节,它们的基础就是大数据。

需求预测是通过对建构的大数据统计与分析,通过建立数学模型,掌握酒店行业潜在的市场需求,细分市场的产品销售量和产品价格走势等,从而使企业能够针对不同的细分市场来实行动态定价和差别定价。提高对酒店市场判断的前瞻性。细分市场为酒店预测销售量和实行差别定价提供了条件,通过酒店行业市场需求预测来制定和更新价格,最大化各个细分市场的收益。敏感度分析是通过需求价格弹性分析技术,对不同细分市场的价格进行优化,最大限度地挖掘市场潜在的收入。

### 四、大数据创新酒店行业需求开发

公众通过论坛、博客、微博、微信、电商平台、点评网等媒介分享信息形成的交互性大数据,蕴藏了巨大需求价值。通过收集网上酒店行业的评论数据,利用分词、聚类、情感分析了解消费者的消费行为、价值取向、质量问题,以此来改进和创

新产品,量化产品价值,制定合理的价格及提高服务质量,从中获取更大的收益。

大数据,并不是一个神秘的字眼,只要酒店企业平时善于积累和运用自动化工具收集、挖掘、统计和分析这些数据,就会有效地帮助自己提高市场竞争力和收益能力,赢得良好的效益。

资料来源:网络

# 第一单元　任务导入

## 项目一　设计酒店客人消费调查问卷

### 一、下达学习任务书

根据酒店消费者的个人信息，如姓名、性别、职业、年龄、所属地区、教育程度、月收入等，将消费者的消费能力划分为几个档次；将消费者的心理需求和行为，如选择酒店的价格、酒店信息来源、预订和付款方式、入住酒店的目的等因素进行分析，设计问卷调查表，供住宿客人进行选择来获得相应的数据，并进行统计与分析。设计调查表时，应该综合考虑各方面的因素，因为调查表设计得合理与否，客人是否愿意配合等因素直接影响消费者心理与行为分析的准确性，进而影响市场营销决策的制定及营销工作效果的好坏，甚至营销的成败。学习任务书见表6-1。

▼ 表6-1　学习任务书

| 项目名称 | 设计酒店客人消费调查问卷 |
| --- | --- |
| 项目训练形式 | 主题演讲(以小组为单位、借助PPT) |
| 项目能力分解 | 学习能力、调研能力、沟通能力、语言表达能力 |
| 项目评价 | 教师和其他小组现场提问 |

### 二、注意事项

**1. 实地考察**

考察所在地3—4家四星或五星级酒店。

**2. 资源利用**

结合本章所学背景知识，登录5—6家国内和国际知名酒店网站，了解酒店产品设计、营销活动策划等基本情况。

### 三、项目实施

1. 做到理论学习和社会实践有机结合。

2. 增强学习能力、调研能力、沟通能力、语言表达能力。

3. 以准酒店人的身份进行酒店消费者调研,通过分析调研数据,感受酒店营销管理,为自身未来职业规划做好定位。

## 四、项目学习情况评价

1. 对酒店业的营销管理有较全面的了解和认识。

2. 小组成员共同合作来完成一项任务。

3. 汇报项目主题突出,内容丰富;语言表达流畅;对问题思考有一定的深度。活动评分表见表6-2。

▼ 表6-2 "设计酒店客人消费调查问卷"项目活动评分表

| 项目名称 | 设计酒店客人消费调查问卷 |
| --- | --- |
| 材料准备(15分) | |
| 内容(30分) | |
| PPT(10分) | |
| 语言表达(15分) | |
| 团队合作(10分) | |
| 回答问题(20分) | |
| 合　计 | |

# 项目二　策划酒店"美食节"营销活动

## 一、下达学习任务书

通过课程教材学习,上网搜寻相关资料,了解酒店营销部进行活动策划的基本过程,分小组进行酒店"美食节"营销策划,采用PPT的形式展示并评比。学习任务书见表6-3。

▼ 表6-3 学习任务书

| 项目名称 | 策划酒店"美食节"营销活动 |
| --- | --- |
| 项目训练形式 | 主题演讲(以小组为单位、借助PPT) |
| 项目能力分解 | 学习能力、调研能力、沟通能力、语言表达能力 |
| 项目评价 | 教师和其他小组现场提问 |

## 二、项目准备

1. 运用所学营销策略组合,为当地一家星级酒店举办的"美食节"活动进行策划。
2. 由教师组织,分组后由组长负责协调沟通,各组独立思考,完成营销策划方案。
3. 课外进行实地考察和调研,了解蓝本酒店的具体情况。
4. 各小组以 PPT 的形式进行展示,并接受小组互评,最后由教师总结。

## 三、项目学习目标

1. 熟悉作为蓝本的酒店规模、档次、价格、资金实力、人员状况、经济效益等情况。
2. 从当地区域酒店的具体实际出发,进行"美食节"活动策划,掌握酒店活动策划的基本规律。
3. 掌握酒店市场营销 4Ps、4Cs、4Rs 组合中各要素之间的整体性和相互联系。

## 四、项目学习情况评价

1. 通过"美食节"活动策划,了解酒店活动策划的基本规律。
2. 能够用自己的语言,简要介绍酒店活动策划各个环节的重点及难点。活动评分表见表 6-4。

▼ 表6-4 "策划酒店'美食节'营销活动"项目活动评分表

| 项目名称 | 策划酒店"美食节"营销活动 |
|---|---|
| 材料准备(15分) | |
| 内容(30分) | |
| PPT(10分) | |
| 语言表达(15分) | |
| 团队合作(10分) | |
| 回答问题(20分) | |
| 合　计 | |

# 第二单元 背景知识

## 第一节 酒店营销概述

### 一、酒店营销概念

酒店营销是指酒店营销管理者整合酒店现有资源,不断提高服务质量和产品形象,以传播、沟通等手段获取客人需求信息,通过客人购买行为实现酒店经营目标的活动。酒店营销管理的内涵包括以下三个方面:

**1. 酒店营销的出发点是创造客人**

创造客人,就是根据目标市场的客人需求,有针对性地提供产品和服务,培养客人的感情和忠诚客户,最终使客人主动购买产品并同时获得物有所值的感受。

**2. 酒店营销的重点是产生客我交易**

酒店营销的重点就是综合运用营销策略。首先,针对目标市场,提供一系列营销活动,吸引客人并实现其对酒店产品的消费;其次,优化酒店产品与服务,随时分析市场反馈信息,掌握客人需求变化及其对产品和服务的意见、要求和建议,不断调整产品和服务,在满足客人需求的同时,保持产品的持续销售。

**3. 酒店营销的最终目的是实现多方共赢**

从供给的角度来看,酒店营销最终目的为获取良好的经济效益,提供良好的消费环境,满足客人的需求,确保酒店服务与产品的正常销售。同时,为旅游业同行创造有利条件,实现与旅行社、旅游景区和旅游商品等共赢。从需求的角度来看,通过提供适销对路的酒店产品,满足游客的产品需求,客人为此更愿意支付相关费用,使酒店和客人都能获得各自的利益。

### 二、酒店营销的意义

酒店营销从客人需求的规律出发,通过市场调研、细分、选择与定位,制定有针对性的营销组合策略,进而实现酒店的经济、社会和环境效益目标。这对于实现酒店、同行和顾客目标都有着重要意义。

**1. 实现与客人交流的深度**

通过营销活动，扩大酒店的知名度与美誉度，加速客人对酒店及其提供产品的感知。

**2. 提升客人对酒店产品的认可度**

酒店通过市场调研，所提供的产品和服务能够满足客人的要求。客观上解决了客人的需求张力，主观上获得了客人的认可，有效提升了酒店的市场美誉度。

**3. 巩固客人的忠诚度**

通过差异化营销，突出酒店自身的产品特色，宣传独特的企业文化，以稳定的产品质量、价值、绩效等优点，形成良好的客户忠诚度。

**4. 建立与客人良好的客户关系**

通过营销体验，使客人反复光顾酒店。加深客人对酒店产品的质量、价值信任，建立与客人稳定的关系体系，获取更多客人的口碑与信任。

### 三、酒店营销活动的特征

**1. 服务的无形性，要求营销时更注重服务体验**

酒店产品具有综合性、无形性及评价主观性的特点，因此，要求酒店更加注重服务过程中员工和顾客进行服务接触的过程，即服务的"真实瞬间"。这是酒店服务质量展示的有限时机，是建立良好顾客关系、培养忠诚顾客的最佳时机。

**2. 服务的不可储存性，要求酒店销售的时效性**

酒店服务属于一次性服务，也就是说酒店不可能将当天没有卖掉的客房储存起来放在其他时间销售给客人。酒店客房和服务无法储存的损失表现为机会的丧失和折旧的发生，这就使得酒店营销活动面临比实体产品销售更大的挑战。所以思考如何提升酒店在某天或者某一个时点的入住率，把握好客房销售的时效性，避免客房资源闲置是无法回避的问题。

**3. 服务的需求弹性要求营销注重需求管理**

需求管理是对客人的需求在时间、规模和结构等方面进行引导和控制。酒店客人需求波动很大，在不同季节、不同时段和不同日期都是变化的。酒店行业普遍的经验是鼓励酒店进行客房预销售，即客房的预订。然而在客房预订时，酒店管理者又不得不面对许多不确定性的问题，如可用来预订的客房数量，不同预订提前期可接受的折扣限额等。通过对客人需求的管理，不仅可以尽量缩小酒店淡旺季之间的不平衡，还能将酒店的需求规模保持在一个适当的水平上，寻求酒店的最佳运行规模。

**4. 注重内部营销和外部营销的统一**

酒店产品生产与消费同时性的特征说明了员工与客人同为酒店生产与服务过程的要素。这一特征使得酒店营销中不仅要关注客人的需要与满意度，同时还必须重视员工的利益与需求，即将内部营销和外部营销统一起来。其中外部营销是以客人为对象的营销，内部营销则是以酒店内部员工为对象的营销。丽思卡尔顿酒店的"我们是淑女和绅士，为淑女和绅士服务"的座右铭就是对这一理念的经典诠释。

现代酒店营销应以客人的需求为导向，产品设置与服务提供都要符合市场需求。在卖方市场转为买方市场的环境下，转变酒店固有的营销观念是酒店在激烈市场竞争中立于不败之地的前提和保证。

## 第二节 酒店营销管理

酒店营销管理是一个系列过程，主要包括市场调研、市场细分、市场选择和市场定位等内容。

### 一、市场调研

市场调研是把客人和酒店联系起来的营销活动，实际上是寻求酒店市场与酒店企业之间的"共谐"的过程，是酒店开展营销活动的起点，为酒店营销提供决策信息，弥补决策信息，了解外部信息、市场环境变化和新的市场环境。

**1. 宏观环境调研**

酒店业是一个敏感度较高的行业，首先受制于宏观环境。宏观环境包括人口环境、经济环境、政治环境、文化环境和自然环境等。

（1）人口环境

人口环境是影响酒店营销过程及其效率的外部因素之一。人口规模及其增长率、年龄分布和种族组合、人口密度、教育水平、家庭类型、地区特征和迁移活动等都会影响酒店消费者市场的规模与结构、特征与变动趋势。

第一，未来人口总量增速放缓，但仍然保持平稳增长。

2020年，我国总人口达到14.1亿人，约占全球总人口的18%，仍然是世界第一人口大国。过去十年间，我国人口实现了从13亿人到14亿人的跨越，人口总量增加了7 206万人，比2010年增长了5.38%，年均增长0.53%，略低于上一个十年0.57%的平均增长率。一般情况下，市场容量与人口总量和增长速度成正比。其他条件一定，人口数量越多，增长越快，市场容量越大；反之，则越小。人口数量的增加为酒店扩大市场空间和创造市场机会提供了可能性。

第二，人口结构。

由于男女性别上的差异，往往导致消费需求、购买习惯与行为有很大差别。如女性消费者选择酒店时，往往更加感性，同时对安全条件也更加看重。酒店营销人员要针对男性和女性在生理和心理方面的差异，进行有针对性的营销。

不同年龄的消费者在生理和心理状况、实现目标及旅游经验等方面有很大的差异。如青年人喜欢时髦和刺激，富有好奇心、冒险精神，喜欢外出或到陌生的地方旅游，他们希望有各种旅游经历，体验不同的住宿设施。中年人关心家庭和舒适，希望有伴和全家同乐，并参与旅游活动。老年人更倾向于选择舒适、安全、豪华型的住宿产品。

今天的酒店营销，不可忽视的一个现象是人口老龄化。随着生活和保健条件的不断改善，人均寿命不断延长，使得老龄人口的比例不断增大。根据酒店产品如何细分老年市场，是各类酒店不得不认真考虑的问题。

家庭结构包括家庭的数量、家庭人口、家庭生命周期、家庭居住环境等。近年来，我国城乡家庭结构变化的重要特征之一是家庭规模的小型化，传统家庭不再是家庭类型的主流。今天的家庭还包括独身、单亲家庭、无小孩夫妇、单独生活的老年人，各个家庭群体都有自己的需求和购买习惯。酒店市场应该充分考虑不同的家庭类型，不断拓展市场营销的范围。

第三，人口地理分布。

人口的地理分布和地区间的流动会引起消费结构和消费水平的变化。因此，研究人口的地域差异和变化对于酒店营销具有重要意义。

我国人口的地理分布总体格局是东南沿海比较密集，西北地区比较稀疏。一般来说，人口密度越大，顾客越集中，营销成本相对较低；相反，营销成本就高。另外，居住在不同地区的人群，由于地理环境、气候条件、自然资源、风俗习惯的不同，消费需求与购买行为有所差别。

在经济发展的过程中，我国城市化人口迅速增加。农村富余人口向城市转移，增加了城市的市场容量。人口流入城市以后，使得人们在消费观念、消费结果、消费方式等方面发生了重大的变化，这些为酒店市场营销创造了客观条件。

（2）经济环境

一个国家和地区的经济发展水平和当地居民收入状况直接影响酒店的营销对策。特别是客人可支配收入状况，直接影响客人购买能力的大小。酒店不仅要注意收集和分析相关经济指标，如国民生产总值、物价指数、居民可支配收入等，还要了解当地酒店的数量以及运营情况。

（3）政治环境

任何企业都是在一定的社会形态和政治体制中运行的，因此，酒店要了解所在国家和地区的政治气候。

酒店要严格遵守与酒店经营管理相关的法律法规，保证酒店在法律允许的范围内开展经营活动，同时还应注意用法律法规来对付竞争对手的违法行为，保护企业的合法权益。

政策是党和政府为有效推进社会、经济、科技协调发展的强制性的规范，包括国家政策、行业政策、地方政策。较之于法律，政策有一定的灵活性。酒店要多研究学习相关政策规定，从中发现可以利用的条文和信息，并善加利用。若条件许可，可聘请政策顾问，帮助酒店研究相关政策。

（4）文化环境

文化是一种社会现象，指一个社会重复的情感模式、思维模式和行为模式。由价值观念、道德规范和消费习俗等构成。从企业层面看，文化包括物质文化、制度文化和精神文化。虽然酒店是以服务为主的企业，但随着人们求舒适、求享受、求新奇的需求进一步增强，我们需要在注重传统服务的基础上，积极开展文化营销活动，在营销过程中借助于文化的力量提升营销效果。因此，酒店需要重点了解其所处的文化环境。

在文化环境中，价值观念和消费习俗是酒店应重点了解并利用的"文化因子"。价值观念即社会中绝大多数人评判是非的标准。随着改革开放的深入，传统价值观念不断受西方文化的影响，并形成一种中西合璧的价值观念，如崇尚个性解放，注重时间观念、健康意识、文化意识和环保意识,这些都是酒店在确定营销思路时必须关注的问题。消费习俗是人们在长期的经济与社会生活中形成的消费方面的风俗习惯,包括信仰、饮食、节日、服饰等精神与物质产品的消费。酒店经营者要努力抓住消费者的不同消费习俗,有针对性地创造不同的产品和服务,迎合客人不断变化的需求。同时,酒店要巧妙地创造一种有利于酒店发展的消费习俗,主动开创新的经营领域。

(5) 自然环境

自然环境直接决定酒店经营所需的原材料和能源费用。随着工业化进程的加剧,酒店正面临原材料短缺和能源费用上升的压力,低成本竞争成为酒店营销努力的基本方向之一。随着环境的恶化,以"关爱环境、保护地球"为宗旨的绿色运动日益深入人心。针对这一环境变化,酒店应坚持可持续发展理念,大力提倡并实践"绿色营销"。

**2. 微观环境分析**

相对于宏观环境,微观环境的可控性较强。微观环境由以下因素构成。

(1) 酒店内部环境

酒店内部环境主要包括酒店的经营理念、发展目标、规章制度、总体形象、经营项目、人力资源、服务模式和物质保障等。

(2) 旅游消费者

旅游消费者的类型有商务、会议、观光、休闲、度假等,这些旅游者的要求不同,购买和使用酒店产品的方式也不相同。酒店营销人员应根据酒店特点分析酒店所提供的产品和服务最适合哪一种类型的客人,满足客人的购买行为及消费方式。

(3) 供应商

酒店与供应商之间的关系对酒店来说十分重要。如果酒店购买的日常必需品价格很高,就会引起酒店产品成本的提高,从而引起酒店产品价格的提高,影响酒店的竞争能力和市场形象。所以,供应商对酒店能否盈利具有重要的意义。作为酒店营销人员,必须了解市场的供应情况和市场的价格变化,并善于为酒店寻找物美价廉的替代品。

(4) 销售代理商

许多酒店的客源通过销售代理商提供。销售人员在分析销售代理商时,要考虑代理商的种类、声誉及其对酒店贡献的大小。进行酒店销售渠道组合时,营销人员可以开辟新的渠道,也可以与销售渠道成员达成相关协议,用法律条文防止他们选用竞争对手的产品。如携程、马蜂窝、艺龙、耀悦、鸿鹄逸游等旅游OTA就是酒店产品的销售代理商,通过提前采购酒店产品,特别是对相对稀缺的酒店资源进行组合,以提高本企业的竞争力。

(5) 竞争对手

不同的竞争形势对酒店营销会产生很大影响。如酒店目标市场、营销策略等的确定,均受到竞争这一因素或多或少的影响。因此,酒店营销人员应善于分析酒店面临的竞争形式、竞争对手的数量与规模、竞争手段等,从而制定有效的竞争对策,在竞争中取得优势。

(6) 相关公众

与酒店有各种关系的所有个人与组织成为本酒店的相关公众,如社区居民、新闻单位、旅行社等,酒店应重视与这些相关公众建立和谐的关系,为营销活动提供有力的"关系支持"。

酒店在调查宏观环境与微观环境时,可采用观察法、问卷法、资料法、询问法等方法,并借助现代化的统计工具,形成具体的市场调研报告,供决策者参考。

## 二、市场细分

酒店市场细分是根据消费者对酒店需求的差异性,将错综复杂的酒店异质市场划分为若干个具有相似需求的子市场(又称细分市场),从而使酒店有效地分配和使用有限的资源,进行各种营销活动。市场细分有利于酒店企业发掘市场机会和开拓新的市场,助力酒店企业制定和调整营销方案和策略,协助酒店企业科学地开发目标市场和取得良好的经济效益。

1. 酒店市场细分的原则

(1) 可衡量性原则

可衡量性原则是指在细分市场过程中所选择的细分标准是明确的,可以比较的,细分后的各子市场之间要有明显的差别,对每一个子市场的规模、购买力等均可以做出明确的估计,从而为制定营销决策提供依据。

(2) 可接触性原则

可接触性是指酒店有足够的营销能力在该市场上进行营销活动。有效的市场细分应立足于本酒店的实际,在酒店经营能力能够达到的限度内进行。

(3) 实效性原则

实效性原则是指细分后的酒店市场容量和获利程度。一个细分后的酒店市场能否实现具有一定经济效益的营销目标,取决于这个市场的人数和购买力。因此,市场细分范围必须合理,必须使其有足够的营业额和丰厚的利润,具有良好的市场开发前景。

(4) 稳定性原则

稳定性原则指细分市场必须在一定时期内能保持相对稳定,以便于酒店制定长期稳定的市场营销策略,有效地开拓并占领目标市场,获得预期的效益。

**2. 酒店市场细分的标准**

(1) 地理环境

在不同的地域环境下,人们的消费观念以及消费偏好、消费口味是不同的。因此,酒店可首先根据自己所处的地域环境,或是目标客人所处的地理位置进行市场细分,确定酒店的经营重心和经营特色。

(2) 经济因素

不同的收入阶层,表现在消费方式、消费额度、消费偏好上也是不同的。经济因素是决定一个人消费能力大小的主要因素,因此,酒店应该明确目标客人的购买能力,据此进行定位,推出有特色的产品和服务。

(3) 客人心理及社会因素

客人的生活方式、价值观念、年龄、受教育程度、从事的职业特点、宗教信仰等都会使他们的消费习惯带有明显的个人色彩。目前,一些酒店参考了这一细分标准对市场进行划分,确立了老年和儿童两大市场。

(4) 客人的购买行为

客人的购买行为是指客人购买时追求的利益取向、购买方式、购买动机、购买次数,对价格、服务或广告的敏感程度,对酒店产品的依赖程度,购买中的决定因素等。酒店可根据客人的购买行为特点进行市场细分。如某酒店根据购买次数将目标市场定位于中小企业的上班族,推出"一次付费、多次消费"价廉物美的服务,使得这些重复购买的客人省去了每次结账的麻烦。

(5) 客人的消费目的

客人购买酒店产品或服务,往往出于不同的目的,或观光、或度假、或公务、或参加会议。这就要求酒店要根据客人不同的消费目的进行不同的营销组合。

市场细分的依据有很多,需要酒店在日常经营过程中不断去寻找和利用,并据此反馈到酒店日常经营管理的各个环节。

## 三、市场选择

酒店目标市场选择是指在市场细分的基础上,结合企业自身的资源条件选择和确定目标市场,从满足现实和潜在的目标客人的需求出发,依据自身的营销条件选定一个或几个特定的市场。

**1. 市场选择的主要依据**

(1) 酒店资源状况

酒店资源包括酒店的人力、物力、财力及酒店口碑等。酒店可以根据自身规模和实力的大小,市场占有率的多少等来确定不同的营销策略。

(2) 酒店产品的特点

不同酒店产品存在着同质性或异质性的区别。酒店可以依据其产品与其他酒店产品的相似性,选择差异化或非差异化营销战略。同时,酒店产品处于不同生命周期的不同阶段,所选择的营销策略不用。

(3) 酒店目标市场的特点

酒店目标市场的可衡量性、可进入性与可获利性,分别在细分市场的规模、购买力、细分市场份额和潜在市场的规模等方面影响着营销策略的选择。

(4) 竞争对手的营销策略

酒店与竞争对手在目标市场选择方面,可以通过避开竞争对手的营销策略来选择适合自身的营销方案。例如,竞争者采用无差异市场营销策略时,自身选用差异市场营销策略或集中市场营销策略更容易发挥优势。但是,酒店的目标市场策略一旦确定,在一定时间内是无法改变的。虽然在制定策略时应当考虑一定的弹性问题,但是保持市场策略的稳定性更有利于酒店形象的树立。

**2. 市场选择的营销战略**

酒店市场选择的战略主要有三种:无差异性营销战略、差异性营销战略和集中性营销战略,如图 6-1 所示。

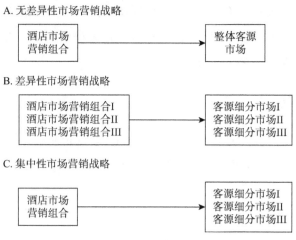

图6-1 酒店目标市场营销战略

(1) 无差异性市场营销战略

酒店为了吸引整个市场,对构成市场的各个部分一视同仁,以单一产品、单一营销战略满足客人的共同需求。采取无差异性市场营销战略的目的在于降低成本,使广告、推销手段和市场调研活动简单化,从而节约开支。但是,对大多数酒店来说,这种市场覆盖战略并不适用。由于消费者的需求存在差别且不断变化,它们不可能长期接受同一产品。如早期的旅游酒店在建造时,几乎所有的房间都是无差异的标准间,以适应当时以团队客人为主的入境旅游市场;但随着散客旅游市场的日渐兴旺,这种统一的标准间就不再适应游客的要求。

(2) 差异性市场营销战略

酒店选择几个细分市场作为目标市场,针对不同的市场,设计不同的产品和营销因素组合,满足不同细分市场消费者的不同需求,力求提高企业在细分市场中的地位和客人对该类产品的认同,以增加销售机会和营业收入。

采用这种市场覆盖战略,在于增强目标市场的竞争实力,但势必会增加企业的生产费用和销售费用。如现代酒店向客人提供单人间、双人间、普通套房、豪华套房等不同规格、设备设施和价格的客房体系,以供客人选择。

(3) 集中性市场营销战略

酒店只选择一个细分市场,确定一种营销因素组合来适应其需要。它追求的不是在较大市场上占有较小份额,而是在较小市场上占有较大份额。这一战略有助于酒店向专门化方向发展。由于酒店的全部营销活动集中于某一细分市场,能仔细分析和研究消费者的特征和需要,资金有限的中小企业可通过渗透这一细分市场,增加营业收入和投资收益率。

采用这一战略,酒店的生存和发展就完全依赖于这一细分市场,具有一定的风险性。此外,如果酒店在某一细分市场确定了自己的地位,就很难改变市场形象,吸引别的细分市场。如近年来,由于商务型客人数量的不断增加,使得经济型酒店在市场上异军突起,抢占很大一部分市场份额,正在逐渐引发国内酒店业格局的进一步变化。

## 四、市场定位

酒店市场定位是指根据目标市场上同类产品的竞争状况,针对客人对该产品某些特征或属性的重视程度,为本企业产品塑造强有力的、与众不同的鲜明个性,并将其形象生动地传递给客人,求得认同。市场定位的实质是将本酒店和其他酒店区分开来,使客人明显感觉和认识到这种差别,从而在客人心目中占有特殊的位置。

市场定位与产品差异化有密切关系。在营销过程中,市场定位是通过为产品创立鲜明的个性,塑造独特的市场形象来实现。一项产品是多个因素的综合反映,包括性能、结构、成分、包装、形状、质量等。市场定位就是要强化或放大某些产品因素,形成与众不同的独特形象。因此,产品差异化是实现市场定位的手段。但是,产品差异化并不是酒店市场定位的全部内容。市场定位不仅强调产品差异,而且通过产品差异建立独特的市场形象,赢得客人的认同。

1. 酒店市场定位的意义

(1) 市场定位有利于突出酒店及产品的特色,是酒店参与市场竞争的有力武器

现代酒店存在供大于求的现象,市场竞争异常激烈。为了使本酒店产品有稳定的销路,防止被其他酒店替代,酒店必须从各方面形成产品的特色,树立鲜明的市场形象。如希尔顿酒店集团以"快速服务"著称,假日酒店集团在中低档酒店市场上成功塑造了"廉价、卫生、舒适、整洁"的市场形象。

(2) 酒店市场定位决策是制定市场营销组合策略的基础

酒店市场营销组合受酒店市场定位的制约。假设某酒店决定销售优质低价的组合产品,这样的定位就决定了产品的质量要高,价格要低,广告宣传的内容要突出酒店产品质优价廉的特点,让客人相信货真价实;同时要求各部门默契配合,工作效率要高,尽量减少浪费,保证低价出售仍能获利。即酒店市场定位决定了酒店必须设计和

发展与之相适应的市场营销组合。由此可见,市场定位在酒店的营销工作中具有重要的战略意义。

**2. 酒店市场定位的步骤**

市场定位的主要任务就是使客人能把本酒店与其他竞争者区别开来。要达到这个目的,需要开展以下工作:

(1) 确定竞争对手

酒店产品的竞争对手,就是酒店产品的替代者。一般来说,具有与本产品相同或相近的特点,即在相同或相近地区、相同或相近等级、相同或相近类型(客人)与相同或相近价格的酒店。如郑州索菲特国际酒店和郑州皇冠假日酒店互为竞争对手,同为五星级、商务酒店,相距只有几百米,价格也很接近。但是,郑州三星级酒店不会与上述酒店构成竞争,因为他们之间的差别较大,难以互相替代。两家酒店产品是否为竞争替代产品,最简便的测定方法是:一家酒店降低价格时,另一家酒店的客人如果转移过来,说明这两家酒店是竞争对手,转移过来的人越多,说明竞争越激烈;反之,转移过来的人越少,竞争程度就越低。

(2) 对竞争对手的产品进行分析

确定竞争对手后,可以选派人员入住竞争对手酒店,收集竞争对手的有关资料,询问员工和客人有关问题。这是一种实地考察体验的调查方法,能帮助酒店掌握竞争对手的情况。

(3) 确立产品特色

确立产品特色是市场定位的出发点。首先,要了解市场上竞争者的定位如何,他们提供的产品或服务有什么特色;其次,要研究客人对某类产品各种属性的重视程度;最后,要考虑酒店自身的条件。有些产品属性,虽然客人比较重视,但如果企业力所不及,也不会成为市场定位的目标。

(4) 树立市场形象

酒店产品特色是其有效参与市场竞争的优势,要发挥优势,影响客人的购买决策,需要以产品特色为基础树立鲜明的市场形象。通过积极主动而又巧妙地与客人沟通,引起客人的注意和兴趣,求得客人的认同。

(5) 巩固市场形象

客人对酒店的认识不是一成不变的。由于竞争者的干扰或沟通不畅,会导致市场形象模糊,客人对酒店的理解出现偏差,态度发生反转。所以,建立市场形象后,酒店还应不断向客人提供新的论据和观点,及时矫正与市场定位不一致的行为,巩固市场形象,维持和强化客人对酒店的看法和认识。

**3. 酒店市场定位策略**

(1) 与竞争对手定位相同的市场以争取更多的市场份额

这一策略又称迎头定位。这是一种与市场上占据支配地位的竞争对手"对着干"的定位方式,即选择与竞争对手重合的市场位置,争取同样的目标客人,双方在产品、价格、分销、促销方式等方面稍有区别。采用迎头定位,酒店必须做到知己知彼,是否拥有比竞争对手更多的资源和能力,能否比竞争对手做得更好。否则,迎头定位可能成为一种非常危险的战术,将企业领入歧途。

酒店业是进入门槛较低、竞争较激烈的行业。大多数酒店产品之间的差别不大,吸引的是同一细分市场的客源,因此,在许多情况下,酒店与竞争对手的定位基本相同。酒店要争取更多的优势,使自己处于领先地位。

(2) 定位需求尚未被发现和满足的新市场以获取利润

这一策略又称避强定位。这是一种避开强有力的竞争对手的市场定位模式。不与对手直接对抗,定位于某个市场"空隙",开发市场上没有的特色产品,开拓新的市场领域。这种定位能使酒店迅速在市场上站稳脚跟,并在消费者心目中树立形象。该定位方式市场风险小,成功率较高。

美国20世纪60年代的经济型酒店汽车旅馆(Budget Motels)成功的产品市场定位,对目前我国酒店行业的竞争具有十分现实的指导意义。这种旅馆对大众旅行提供了既满足基本需求又省钱的选择。它没有会议室、宴会厅以及项目繁多的娱乐休闲设施,只提供卫生、舒适、价格低廉的客房,这对于过路、只求得到很好休息的客人来说是极具吸引力的。我国许多中小型酒店在面临大酒店和酒店集团的竞争压力时,往往采取追加投资,对产品更新改造,求上档次,求项目全,并以此作为竞争的手段。这样做将对本已有限的资源造成更大的压力甚至浪费。随着我国国内旅游越来越火,国内旅游者将在今后一段时间内成为一个巨大市场,他们要求酒店提供与他们的经济能力相适应的产品。这种需求是一些四、五星级酒店所忽略的,而正好是中、小型酒店的市场空隙,这样的市场将大有可为。

实际工作中,以上两种定位方法往往结合起来使用。

市场调研、市场细分、市场选择和市场定位,构成酒店营销的基本内容,是酒店发现市场、进入市场、占领市场和扩大市场的关键。市场调研、市场细分、市场选择和市场定位是一个连续的过程,酒店应坚持系统的观念,逐一做好以上工作。

## 第三节　酒店营销策略

### 一、以供给为导向的 4Ps 营销组合策略

杰罗姆·麦卡锡(E. Jerome McCarthy)于 1960 年在其《基础营销》(*Basic Marketing*)一书中,第一次将企业的营销要素归结为四个基本策略的组合,即著名的"4Ps"理论:产品(Product)、价格(Price)、渠道(Place)和促销(Promotion),由于这四个词的英文字头都是 P,再加上策略(Strategy),所以,简称为"4Ps"。

#### (一) 4Ps 的主要内容

**1. 产品策略**

产品策略是酒店为了在激烈的市场竞争中获得优势,在生产、销售产品时所运用的一系列措施和手段。包括产品组合策略,整体产品设计策略与新产品开发策略。酒店依靠适销对路的产品获得生存发展,所以,产品策略关系酒店的生死存亡,是酒店 4Ps 中最基本的策略。

(1) 产品组合策略

一方面,客人需要的不是单个产品,而是多种产品的组合;另一方面,客人的需求千差万别,要求酒店提供不同组合的产品以供选择。酒店要针对不同的客人,开发不同的酒店组合产品。酒店可从产品的广度、长度、深度和密度四个方面进行产品组合,形成不同的酒店产品系列。

(2) 整体产品设计策略

整体产品概念是现代市场营销观念的产物,反映了酒店营销的重点在于向客人提供具有完整效用的产品,给客人带来完整的消费满足感。按照现代营销理论,完整效用的产品包括核心产品、形式产品和延伸产品三部分。

① 核心产品

核心产品是酒店产品最重要的构成部分,是酒店产品满足客人需求的中心内容,是客人希望从产品中获得的最根本利益。一般来说,酒店的核心产品即酒店赖以生存

的服务,因此,酒店把不断提高服务质量,创造使客人感到物有所值的优质服务作为酒店产品生产的核心任务。

② 形式产品

产品形式是酒店产品的外在表现形式。它既可表现为实体产品,又可表现为无形的氛围、环境、服务等要素。酒店建筑、地理位置、周围环境、店内氛围、价格等均是形式产品。借助于形式产品,客人可以更直观、清晰地了解酒店产品核心利益所在。因此,形式产品一定程度上直接影响客人的购买决策。

酒店营销应利用产品的突出特色,创造一种独特的气氛。如圣诞期间,酒店可以通过圣诞树、圣诞老人、冬雪、马车、袜袋、白雪公主等"形式产品"突出酒店圣诞节服务产品的核心利益,吸引客人购买酒店产品。

③ 延伸产品

延伸产品指酒店为客人提供的各种附加价值与利益。如许多连锁酒店集团都纷纷成立以酒店品牌命名的俱乐部,发行VIP会员卡。俱乐部会员作为酒店的VIP客人,既可享有集团内部酒店的优惠价,又可享有参加酒店定期举办的交友联谊活动的权利,同时,也是身份和地位的象征,满足了客人自我实现的需求。随着酒店竞争的加剧,客人的消费选择很大程度上取决于酒店产品所提供的附加价值和利益。因此,延伸产品的设计与提供直接影响酒店产品的市场竞争力,酒店可从物质、价格、心理等方面适当向客人追加附加利益与价值。

酒店在开发设计各种产品时,应根据"先核心,后形式,再延伸"的思路进行全面设计,以增加产品的科学性和适用性。

(3) 新产品开发策略

酒店产品要经历介绍期、成长期、成熟期和衰退期四个不同的生命周期。酒店应依据产品生命周期的变化,及时调整产品组合,不断开发新产品,满足人们不断变化的需要。

开发新产品是酒店具有活力和竞争力的表现,也是酒店适应营销环境变化的一种策略。新产品是指在技术、功能、结构、规格、实物和服务等方面与老产品有显著的差异,是与新技术、新概念、新潮流、新需要、新设计相联系的产品。如一间客房,改进了房内的设施设备,就可以成为新产品;即使不改进设施设备,但改变了房内的文化氛围,也能成为一种新产品。新产品不等于全新产品。一种产品,只要客人以前未接触过、尝试过,但有意愿去接触、喜欢去尝试,便是新产品。

【拓展阅读,扫码学习】:撬动酒店业绩的支点:共性产品为基底,个性服务做杠杆)

**2. 价格策略**

价格是市场营销组合中不可或缺的重要内容,酒店产品价格是否得当,直接关系酒店产品在市场中的竞争力。

酒店产品价格是客人购买酒店产品或服务支付的货币总额。酒店产品价格通常以单项价格形式出现,如餐饮价格、客房价格等。但酒店产品除一般价格外,还有差价和优惠价等价格类型。

差价是同种酒店产品由于时间、地点或其他原因而引起的有一定差额的价格,如地区差价、季节差价、质量差价、团体与散客差价。差价能使消费者得到质价相符的产品,有利于酒店控制需求,改进经营管理水平,提高服务质量。优惠价是指在明码标价的基础上,给消费者一定比例的折扣或其他优惠条件的价格。优惠价是酒店争取市场的手段之一,有利于酒店同客人保持良好的关系。

酒店价格是酒店产品包含的社会必要劳动时间的耗费,由有形物质产品的价值和无形服务产品的价值决定。此外,酒店的价格还受产品成本(生产成本、销售成本和环保成本等)、市场条件及环境、汇率变动、政府干预等因素的影响和制约。包括定价在内的酒店一切经营活动,最终目的是为了获得最大利润。

**3. 营销渠道策略**

营销渠道又称分销渠道,指客人从产生消费动机、进入酒店、到最终消费酒店产品整个过程中所经历的路线,以及相应活动的总和。市场经济条件下,市场容量很大,大部分酒店产品必须依靠一定的销售渠道,才能将产品转移到消费者手中。不同的销售渠道,决定着营销活动的质量和效果。酒店产品的营销渠道包括直接销售渠道和间接销售渠道两类:

(1)直接销售渠道

又称零层次渠道,指酒店不通过任何中间商直接向客人销售产品,即可以直接向酒店购买产品。酒店通常有三种直接销售渠道可供选择:

① 酒店—客户(销售点为酒店现场),指酒店直接向客人出售酒店产品和服务,这是传统的酒店销售方式。

② 酒店—客户(销售点为客源地、客户公司或客人家中),指客户通过电话、传真、互联网等向酒店预订产品。随着信息技术的广泛应用及电脑和手机的普及,网络已成为酒店营销的重要渠道。

③ 酒店—自设销售网点—客户(销售点为网点现场),指酒店在经营区域或目标市场内自设零售网点,如酒店在机场设立销售点,直接面向消费者。这一模式还包括酒店集团成员酒店之间相互代理预定,互荐客源。

(2) 间接销售渠道

随着市场国际化的加剧,许多酒店借助批发商、零售商、代理商等销售机构和个人在销售信息上的优势开展销售活动。这种借助中间商将酒店产品转移到最终消费者的途径称为间接销售渠道。

根据中间商介入的数量不同,间接销售渠道有不同的长度和宽度。营销渠道的长度是指产品从酒店转移到客人涉及的中间商的数量,中间商数量越多,销售渠道越长;销售渠道的宽度是指酒店在销售中,中间商以及销售网点的数目和分布格局,中间商及销售网点多,属于宽渠道,反之,称为窄渠道。酒店通常有两种间接销售渠道可供选择:

① 酒店—零售商—客人(在零售商经营现场)。酒店将产品以较低的价格出售给零售商,由零售商组织客源。

② 酒店—批发商—零售商—客人(在零售商经营现场)。酒店在与批发商(如经营团体包价旅游的旅行社)进行价格谈判的基础上,以大幅度低于门市价的价格,将其产品批量销售或预定给批发商,批发商委托零售商将产品出售给最终消费者。例如携程、去哪儿网等旅游 OTA,通过与酒店签订代理协议,并以促销、打折、新用户折扣等方式促进酒店产品的销售。

**4. 促销策略**

促销战略是指信息沟通手段和过程的系统化、规范化,即对促销对象或领域、促销任务、促销目标、促销效果、促销投入、各种限制条件等进行科学选择、分析、配置、控制,提高促销活动的效果和效率,达到低投入高收入的目的。常用促销手段有以下四种:

(1) 广告

酒店广告是指酒店用付费的方式选择和制作有关酒店产品的信息,由媒体发布,唤起客人注意,劝说客人购买或使用,以扩大酒店的影响和知名度,树立酒店和产品形象,达到促销目的一种宣传形式。如网络广告、灯箱广告、户外招牌广告等。

（2）公共关系

酒店公共关系是指为了使酒店与公众相互了解,协调各方面关系,树立良好形象,提高酒店知名度和声誉,为酒店营销活动创造良好的外部环境而开展的一系列专题性或日常性活动的总和。这些活动贯彻酒店发展的全过程,包括专题公关活动,如新闻发布会、庆典活动、酬宾活动等；还包括日常性活动,如广告活动、礼仪活动等。

（3）营业推广

酒店营业推广也称销售促进,是酒店用来刺激早期需求或引发强烈市场反应而采取的各种短期促销方式的总称,目的在于诱导消费者购买某一特定产品。营业推广包括产品展销、现场操作、赠送样品等促销方式。营业推广能使消费者产生强烈而又快速的反应,但其推广效果往往是短期的,对于酒店建立长期品牌的效果并不理想。

（4）人员推销

人员推销指酒店通过人际交往向客人进行介绍、说服等工作,促使客人了解、喜欢、购买本酒店产品或服务。如走访代理商、中间商、机关、团体、VIP及散客等。该促销方式在于强化交易过程中的感情色彩,有利于培养稳定的交易关系。

产品策略、价格策略、营销渠道策略和促销策略共同决定酒店营销活动的成败。酒店应加强对这四大策略的有效控制,提高整体营销效果。

## 【案例】6.1

### 一道菜吃出的"大生意"

一位在某五星级商务酒店入住数日的客人,离店的前一天,偶尔在电梯里碰到进店时送他进房间的行李员。两人打过招呼后,行李员问他这几天对酒店的服务是否满意,客人直率地表示酒店各部门的服务都比较好,只是对中餐厅的某道菜不太满意,觉得现在菜的味道不如从前,因为他在几年前曾多次在此品尝过。

当晚这位客人再到中餐厅用餐时,中餐厅经理专门准备了这道菜请他免费品尝。原来,说者无心,但听者有意,与客人分开后,行李员马上用电话将此事告知了中餐厅经理。当客人了解事情的原委后,非常高兴。他没有想到随便说说,酒店居然如此重视。客人真诚地说:"这件小事充分体现出贵店员工的素质及对客人负责的程度。"

几天后,这位客人的秘书打来预订电话,将下半年公司的 3 天研讨会及 100 多间客房的生意放在该酒店。秘书还说,上次在酒店下榻的这位客人是他们集团公司的总经理,他回到公司后,高度赞扬了酒店员工的素质,并决定将研讨会及入住预订从另一家商务酒店更改到该酒店。几乎是不费吹灰之力,酒店就得到了一笔可观的生意。

资料来源:王大悟,刘耿大. 酒店管理 180 个案例品析[M]. 北京:中国旅游出版社,2007.

### (二) 4Ps 存在的问题

4Ps 在很长一段时间内作为主流营销组合策略的首选,在全球范围内得到了极大的推广和应用。很多酒店集团、酒店企业也将 4Ps 作为最主要的营销策略。但 4Ps 也存在如下主要问题:

(1) 侧重供给方,忽略了需求方

4Ps 只适合于微观问题,因为它只从卖方来考虑问题,执着于营销者对消费者做什么,而不是从客人或整个社会利益来考虑,这实际上仍是生产导向观念的反映,而没有体现市场导向或客人导向,而且它的重点是短期的和纯交易性的。

(2) 侧重单项功能,忽略了系统协调

4Ps 模式中没有明确包含协调整合的成分,没有包括任何相互作用的因素,而且,有关什么是主要的营销因素,它们是如何被营销经理感受到并采纳也被忽视了。同时,营销是交换关系的相互满足,而 4Ps 忽略了交换关系中大量因素的影响作用。

(3) 侧重生产职能,忽略了客户需求与关系

4Ps 主要关注的是生产和仅仅代表商业交换一部分的消费品的销售。况且,消费品生产者的客户关系大多是与零售商和批发商的工业型关系,消费品零售商越来越把自己看成是服务的提供者。在这种情况下,4Ps 在消费品领域的作用受到限制。

(4) 侧重效果,忽略了整个销售过程

4Ps 观点将营销定义成了一种职能活动,从企业其他活动中分离出来,授权给一些专业人员,由他们负责分析、计划和实施。结果是组织的其他人员与营销脱钩,而市场营销人员也不参与产品设计、生产、交货、客人服务和意见处理及其他活动。

针对这些问题,新的营销策略在 20 世纪末期开始逐渐出现,成为 4Ps 有益且有效的补充。

## 二、以消费者需求为导向的 4Cs 营销组合策略

4Cs 营销理论是由美国营销专家劳特朋教授在 1990 年提出的,与传统营销的 4P 理论相对应。它以消费者需求为导向,为提升服务业的市场营销效果,根据服务行业的特点及其重要作用而提出来的一种新型市场营销策略,以"承诺和信赖同在"为基础,重新设定了市场营销组合的四个基本要素:消费者(Consumer)、成本(Cost)、便利(Convenience)和沟通(Communication)。

"4Cs"认为:企业应先研究客人的需要和欲望,并将其作为企业营销的起点和终点。不是卖企业所能制造的产品,而是卖客人想要购买的产品或服务。暂时忘却定价策略,去了解客人为满足需要和欲望而愿意付出的成本;忘掉分销策略,去考虑如何让客人方便购买产品和服务;忘掉促销,学习沟通技巧,减少因为信息沟通不畅而产生的交易摩擦或交易成本。由于酒店具有产品无形性,消费随意性等特点,对酒店等以提供无形产品为主的企业,4Cs 营销组合策略更富有实践指导意义。

### (一) 4Cs 营销理论的内容

**1. 客人**

以客人为中心,以满足客人的消费需求,提供优质服务,提高服务质量为根本出发点。

**2. 成本**

成本主要是指在酒店市场营销、客源组织过程中,要千方百计方便客人和客户,使他们节省货币成本、时间成本、精力与体力成本和信息成本,从而更大限度地满足客人消费需求,创造客人,使酒店获得良好的经济效益。

**3. 便利**

便利即要从酒店设计、建造、设施设备配置、服务用品配备、服务程序安排、对客提供现场服务等都要充分考虑,既为客人提供方便,又为酒店员工创造良好的工作条件,确保提供优质服务。

**4. 沟通**

因为酒店客人是有思想有感情有需求的人,所以,服务中只有加强与客人的沟通联系和感情交流,才能有针对性地提供优质服务。

## （二）4Cs 营销理论的原则

**1. 主动沟通的原则**

强调酒店要主动与客人的沟通，了解客人的需求，为客人提供超值服务。

**2. 承诺信任原则**

强调发展酒店与客人之间相互信任的关系，酒店要遵守承诺。

**3. 互惠互利的原则**

强调酒店与客人双赢，客人获得酒店的让渡价值，获得忠诚的客人和合理的利润。

## （三）4Cs 营销理论的缺陷

4Cs 营销理论以客人需求为导向，与以市场为导向的 4Ps 营销理论相比有了较大的突破。但从市场发展趋势看，4Cs 营销理论存在如下问题。

**1. 如何处理好客人需求的合理性问题**

4Cs 营销理论把客人需求作为营销活动最主要的任务和目标，但客人的需求有一个合理性问题。对客人而言，追逐收益最大化是其始终不变的消费取向，特别是在价格的要求上永无界限。因此，从长远看，酒店企业应考虑两者利益的均衡，考虑客人利益的合理程度。

**2. 如何强化酒店企业营销的主动性问题**

4Cs 营销理论以一种迎合客人的态度，要求酒店在营销过程中被动地去发现、满足客人的需求，这一策略体现了浓厚的被动适应客人需求的色彩。酒店在实践这一策略时，应考虑怎样以更好的方式在酒店与客人之间建立一种新型、互动、对等的营销关系。

**3. 如何针对竞争对手，拟订出更好的营销对策**

面对竞争日益激烈的市场，酒店不仅要考虑客人，而且还要重视竞争者。要正确分析自身在竞争中的优劣势，在竞争中发展。而 4Cs 营销理论在扩大客人作用的同时却忽略了对竞争者的关注和研究，因此，出现了后来的 4Rs 营销组合策略。

## 三、以客户关系为导向的 4Rs 营销策略

4R 营销理论是由美国整合营销传播理论的鼻祖唐·舒尔茨在 4C 营销理论的基础上提出的新营销理论。4R 分别指 Relevance（关联）、Reaction（反应）、Relationship（关系）和 Reward（回报）。随着市场的发展，酒店需要从更高层次上以更有效的方式在酒店与客人之间建立起新型的主动性关系，以竞争为核心，在新的层次上提出营销

新思路,4R 营销就是强调如何与客人建立关系并保持以保证酒店长期利益的营销策略。根据这一理论,面对竞争性市场中动态性的客人,酒店要赢得长期、稳定的市场,就要做到:

1. 通过某些有效的方式,与客人建立一种互助、互求、互需的关系,减少客人的流失。
2. 建立快速市场反应机制,提高反应速度和回应力。
3. 注重关系营销,把服务、质量和营销有机结合起来,通过与客人建立长期稳定的关系,实现长期拥有客人的目的。
4. 注重营销活动的回报。一切营销必须以为客人及企业创造价值为目的。回报是维持和发展市场关系的必要条件。

总之,无论何种营销组合策略,都要有其适用的企业和适用的市场,因而,酒店应根据外部环境和自身条件,适时选择合适的营销组合策略,并将其综合运用,以提高营销的效果。

## 第四节  酒店营销新理念

随着酒店市场的日益成熟,竞争日趋国际化、全球化,出现了一些新的营销理念。这些新的营销理念丰富了酒店营销管理的内容,推动酒店营销活动走上了一条全新的道路。

### 一、文化营销

英国诗人艾略特(T. S. Eliot)曾写道:文化涵盖了"一个民族的全部生活方式、从出生到走进坟墓、从清晨到夜晚,甚至是在睡梦之中。"现如今人们又从文化营销的角度,发现了文化更多的价值与意义。复旦大学营销学教授王方华在《文化营销》一书中把文化营销看作一种重视文化作用的营销,主张把文化融入企业的营销理念中去,从而实现企业营销的差别化和个性化。

酒店文化是酒店经营管理的重要组成部分,是由一套潜在的价值观、思想、行为理念等组成的,对酒店管理者和酒店员工的行为有隐形约束作用。同时酒店文化通过其环境氛围与服务特色,吸引和感染着酒店顾客。酒店文化营销在当前文旅大发展背景下具有重要的地位。

酒店文化营销就是将酒店文化渗透到营销活动中,通过充分挖掘和发挥企业文化的力量，实现酒店既定目标。酒店文化营销以客人需求为中心、以服务为载体、以文化为纽带、以软实力感动人，将文化融入企业输出的产品和服务中，从而与客人达成交易共识。

文化营销具有如下特点：

1. 区域性

不同地区因民族、宗教、习俗、语言文字等因素差异而存在文化差异。在文化营销的过程中一定要考虑到区域文化的特点，针对不同的营销对象采取不同的营销方式，做好不同文化间的交流与沟通，消除障碍才能实现文化营销。

2. 时代性

文化营销是一种价值性活动，总是体现着时代的新观念、新思想，渗透和反映着时代精神。而每一个时代都有着独特的精神文化特征。因此，文化营销只有不断适应时代的变化，汲取时代精神的精华，才能把握住社会需求和市场机会，赢得消费者的青睐。文化具有叠加性，而服务具有迭代性。

3. 开放性

文化营销的开放性表现在两个方面：一是文化营销的文化理念（主题文化），文化资源对其他多种营销具有指导意义，其强大的文化辐射力能够提高其他营销方式的品位。二是文化营销不断吸收其他营销活动的思想精华以保持自己不断创新的活力，丰富自己的内涵。

4. 导向性

文化营销一方面用文化理念规范引导营销活动过程，同社会及客人进行价值观念的沟通。另一方面它又对客人的某种消费观念、消费行为进行引导，从而影响客人的态度、行为、生活方式或生活习惯。

5. 个性

文化营销的个性是指在文化营销的过程中形成的有助于品牌识别的文化个性。文化个性很容易被客人所识别，树立酒店品牌形象，表达酒店产品和服务的差异性，使其获得不同需求消费者的青睐，形成酒店所特有的核心竞争力。

【案例】6.2

## 以宋文化为主体的郑州陌上酒店

陌上酒店集团以"两宋文化"为背景，穿越千年，再现宋风美学雅士生活。以"钱镠王"爱情故事为品牌之魂,以四个国学文化(家风、宋词、茶馆、中医)为品牌之骨,以宋人"八雅"社交方式为品牌之肉,以江南徽派为品牌之皮。酒店研发出90后、00后喜爱的系列"国风美学"酒店品牌。

陌上,名字来源于宋代杭州的吴越王钱镠写给爱妻的一封信,"陌上花开,可缓缓归矣"。"成为东方文化酒店世界第一品牌"是企业愿景;"复兴民族文化,传递东方美学"是企业使命;"健康、责任 专业、敬业、迭代、互相成就"是企业的价值观。

一、陌上酒店品牌旗下子品牌的定位

陌上轻居:陌上轻居酒店主打酒文化主题,城市青年Party酒店,以轻生活、重社交为设计理念。品牌以中国传统八雅文化"琴、棋、书、画、茶、花、酒、诗"中的"酒"文化为主题,并以"宋酒"文化为核心,与"宋词婉约派"四大旗帜之一"柳永"的宋词意境融会贯通。

陌上轻居酒店整合社群经营的理念,将宋风美学的"住空间""宋酒馆"为年轻千禧一代打造"网红"聚会生活空间。

陌上轻雅:陌上轻雅酒店主打花文化主题,是城市优雅女士生活酒店。以中国传统八雅文化"琴、棋、书、画、茶、花、酒、诗"中的"花"文化为主题,并以"宋花"文化为核心,与"宋词婉约派"四大旗帜之一"李清照"的宋词意境融会贯通。

陌上轻雅酒店整合社群经营的理念,将东方文化的"住空间""宋花馆"来打造生活空间。

陌上轻奢:陌上轻奢酒店主打茶文化主题,城市精英社交酒店。酒店功能格局中包含茶文化,公共区域是一个喝茶聊天的地方。品牌以中国传统八雅文化"琴、棋、书、画、茶、花、酒、诗"中的"茶"文化为主题,并以"宋茶"文化为核心,与"婉约派"四大旗帜之一"李煜"的词意境融会贯通。

陌上轻奢品牌酒店整合社群经营的理念,将东方文化的"住空间""宋茶馆"为城市精英打造商务社交空间。

陌上轻宿:陌上轻宿酒店主打诗文化主题,城市领袖养生酒店。品牌以中国传统八雅文化"琴、棋、书、画、茶、花、酒、诗"中的"诗"文化为主题,并以"宋诗"文化为核心,与"宋词婉约派"四大旗帜之一"晏殊"的宋词意境融会贯通。

陌上轻宿品牌酒店整合社群经营的理念,将东方文化的"住空间""养生馆"打造成为城市领袖养生馆。

## 二、企业亮点

1. 社交酒店

以酒店为平台,通过小酒馆、茶馆和私享茶馆、茶吧激发年轻人的灵感和互动,不仅能感受和体验传统文化的精髓,还可以将玩乐、工作和社交有机地结合起来。

2. 文化酒店

将家风文化、宋词文化、茶馆文化、中医文化融入酒店的设计中，采用"宋极简轻中式"设计风格，让人们在现代都市之中以超脱现实的闲适和自由实现"隐居"的生活理想从而获得久违的平和与淡然。

3. 智慧酒店

智能灯光、窗帘、空调、电视等智能系统与酒店服务功能相融合，以阴阳太极理念打造智慧空间，塑造一个健康而舒适的睡眠空间。以温暖体贴的服务为宾客带来温馨、舒适和家一般的入住体验。

4. 养生酒店

四季养生粥，五行养生茶，艾草洗护，中医艾灸，打造多种衍生服务，以养生的方式，让宾客旅途的疲惫在不知不觉间消散，身心更加健康。

资料来源：网络

## 二、体验营销

美国学者约瑟夫·派恩与詹姆斯·吉尔摩在《体验经济》一书中指出："所谓体验就是指人们用一种从本质上说非常个人化的方式来度过一段时间，并从中获得过程中呈现出的一系列可记忆事件。"

体验营销是指酒店以服务为舞台，以商品为道具，为给顾客创造出值得回忆的入住体验而开展的一系列营销活动的总称。这是一种基于顾客的感官、情感、思考、行动和联想等方面来重新定义和设计酒店营销行为的方式。传统营销带给顾客的是单纯地满足住宿或者用餐等功能性需求的感受，而体验营销突出的是一种独特的个性化需求被满足的主观享受，通过娱乐营销、情感营销、审美营销、生活方式营销、服务营销、氛围营销、文化营销等方式营造意境，给顾客留下难以忘怀的经历。例如：非舍酒店就是一种体验型主题酒店，通过丝路文化、西域文化、新疆多民族文化、旅游地貌文化提高不同主题的非遗场景、主题客房、文化故事、古城遗址等，让消费者有种百住不厌的感觉。相对于传统酒店单一的服务形式以及千篇一律的设施设备和模式化的服务，非舍酒店具有不可比拟的优势，从设计到装修、从理念到产品、从文化到服务都独具一格。酒店体验营销的分类包括：

1. 感官营销

酒店感官营销的是创造知觉体验的感觉，它经由视觉、听觉、触觉、味觉与嗅觉。

感官营销可区分为酒店与产品（识别）、引发顾客购买动机与增加产品的附加价值等。

**2. 情感营销**

酒店情感营销是与顾客的内在感情与情绪达成"共鸣"，目标是创造情感体验，其范围可以是从一个温和、柔情的正面心情到欢乐、自豪甚至是激情的强烈的激动情绪。情感营销运作核心是通过特定的刺激带来消费者情绪共鸣，使消费者自然地受到感染，并融入这种情景中来。

**3. 思考营销**

酒店思考营销诉求的点是智力，即以创意的方式引起客人的惊奇、兴趣、对问题集中或分散的思考，为客人创造认知和解决问题的体验。对于酒店产品而言，思考活动的方案是被普遍使用的。在一些行业，思考营销也已经被用于产品的设计、促销和与顾客的沟通。

**4. 行动营销**

酒店行动营销的目标是影响客人身体的有形体验、生活形态与互动。行动营销通过增加客人的身体体验，改变客人的生活形态来激发客人的体验。

**5. 关联营销**

酒店关联营销包含感官、情感、思考与行动营销等层面。关联营销超越个人感情、人格、个性，加上"个人体验"，而且能够与理解个人、理解他人及理解文化产生关联。关联营销的目的是实现客人自我改进的个人渴望，要别人对自己产生好感。从而建立个人对某种酒店品牌的偏好，同时让使用该品牌的人们形成一个群体。例如红色民宿是伴随着民宿与红色旅游的发展而逐步形成的一种新型的民宿发展类型，是红色文化活态传承的产物，也是民宿再发展的新生力量。通过民宿的建筑空间、服务过程、伴手礼、特色餐等，为消费者提供沉浸式的红色文化体验，让消费者在浓浓的生活气息中感受深深的红色文化，是近年来一些民宿企业主动承担社会责任、弘扬红色文化、打造红色民宿的创新之举。如井冈山的陇上行民宿。

【拓展阅读，扫码学习】：预制菜入侵的酒店年夜饭，能抓住年轻人的胃吗？

## 三、主题营销

**1. 主题营销的内涵及特点**

主题营销是酒店在组织策划各种营销活动时，根据消费时尚、酒店特色、时令季节、客源需求、社会热点等因素，选定某一主题作为活动的中心内容，以此为营销的吸引标志，吸引公众关注并令其产生购买行为。

主题营销的最大特点是赋予一般的营销活动以某种主题，围绕既定的主题，营造酒店的经营气氛。酒店所有产品、服务、色彩、造型以及活动都为主题服务，使主题成为客人识别的特征和产生消费行为的刺激物。

对酒店而言，有很多值得回味的主题文化。如20世纪30年代的旧上海、好莱坞的无声电影时代、中美洲的热带雨林等这些特定的时间概念、地点概念、人物概念等都可以作为主题来营销。

**2. 主题营销的基本思路**

（1）完全主题化

完全主题化指酒店赋予自身不同的主题文化内涵，以主题酒店的面貌立足于市场并成为市场的最大卖点。与传统酒店相比，主题酒店从某一主题入手，把服务项目与主题相结合，以个性化的服务代替刻板的服务模式，体现出酒店对客人的尊重和信任。

主题的选择必须围绕目标客源的需求进行。酒店可选择与所在地地理环境和人文环境特征相一致的主题；也可选择有特殊性或纪念意义的事件为主题；还可借助一些经营比较成功的主题餐厅、主题公园的主题概念进行延伸和输出。此外，酒店还应分析持这一需求客人的购买偏好的持续性和稳定性。对酒店而言，主题的大众性意味着有足够的客源但缺乏差异性，而主题的独特性虽可彰显酒店的差异性，但同时有可能会损失一部分对独特主题不感兴趣的稳定客源。原则上，主题酒店一般不宜走时尚化的设计思路，可采取试探性营销模式，分期分批开发设计产品，在推陈出新的基础上形成系列化产品，稳步发展。

（2）部分主题化

部分主题化指酒店通过开发各类主题客房、主题餐饮或主题娱乐的方式实现主题营销理念。以客房为例，我国酒店的客房长期以来呈现千篇一律的"标准"模式和"套房"模式，而日趋个性化的客人希望能有一些个性化的产品和服务。因此，酒店在客房的设置上,应开发具有个性主题的客房,以满足不同客人的偏好。这种主题化的新概念客房,可以以不同的主题文化为卖点,通过丰富的历史文化、传统文化、民俗文化和地域文化等塑造酒店独有的文化形象,产生"宾至如归,宾见称奇,宾归思返,宾夸其效"的效果。

主题餐饮作为酒店的一个新的经济增长点,其生命力在于通过丰富多彩的活动、不断创新的产品形成主题特色。酒店可通过举办主题美食周、主题宴会的方式体现主题营销理念。此外,也可在一定时段内推出相对固定的主题产品,如酒店可以将一周或半个月作为一个周期,循环推出不同的主题产品,以体现酒店餐饮的活力,满足现代食客求新求异的基本需求。但这种"一天一主题,一周一轮回"的运作方式,其弊端在于酒店不能充分表现各类主题文化,而仅仅是突出了菜点上的主题特色。若需深入体现某一主题,还需整体卖场环境的配合。酒店不可能每天更新就餐环境,但可以借助一些有代表性的装饰物品或活动达到"画龙点睛"的效果。

针对目前酒店娱乐市场低迷这一市场态势,在娱乐产品的开发和设计上也可利用主题概念,在不同的时间,针对不同的消费群体,组织策划推出不同的主题活动,以突出娱乐项目的独创性和文化性。

(3) 主题活动

主题活动的本质是酒店在组织策划各类促销活动时,以某一文化作为主题,推介产品,推介这一主题文化。酒店在策划经营型的主题活动时,应不断研究消费需求以挖掘"对路"的新卖点。这种主题活动成败的关键在于能否恰到好处地选择主题并做好相应的文章。鉴于此,酒店可根据一些时尚消费趋势,每月(或每季度)推出一个主题来吸引消费者,同时将酒店的环境、服务、品牌和文化融入主题进行全方位展示,以形象促消费。也可根据酒店的主题定位,策划各类主题活动强化酒店的主题特色。

酒店在组织实施各类经营型主题活动时,一是依靠自身的力量,独自组织并推出各项主题活动。二是联合有关单位共同策划、组织主题活动。

总之,主题营销成为这种市场态势下一种有效的营销策略。它以差异性、文化性作为酒店的经营卖点,成为酒店营销的新策略。

【案例】6.3

## 上海市首个五星级酒店红色文化空间
### ——"金陵红 Bar"书房正式开馆

2021年7月22日下午,上海市首个五星级酒店红色文化空间——上海金陵紫金山大酒店"金陵红 Bar"开馆。

开馆仪式上,金陵紫金山大酒店代表致欢迎词并介绍"金陵红 Bar"书房情况,浦东图书馆和浦东新区旅游业协会就"浦东文旅主题书房"合作签署战略协议,与金陵紫金山大酒店就"金陵红 Bar"书房签署项目三方合作协议。同时,浦东图书馆党总支和上海金陵紫金山大酒店党总支签署了党建共建协议。

"金陵红 Bar"书房首场浦东悦享会也如期举行。本期浦东悦享会以"追寻红色经典、信仰照亮征程"为题,邀请国家一级演员、上海著名表演艺术家、第十六届中国电影表演艺术学会金凤凰奖特别荣誉奖获得者梁波罗老师,对《51号兵站》等优秀影片拍摄中的故事同现场观众进行分享。

为加速浦东新区文化旅游产业融合发展,以文促旅、以旅彰文,提升文旅内涵和吸引力,支持酒店服务业创新转型,浦东图书馆和浦东新区旅游业协会在创新公共文化服务与旅游资源联动方面发挥各自资源优势,联合金陵紫金山大酒店共同打造浦东首家文旅主题书房"样板间"。

"金陵红 Bar",陈列有纸质图书,有电子图书、有声图书等内容丰富的文献,以文旅数字化转型赋能产业转型创新,是传统阅读阵地的延伸和补充,也是全民阅读的新型服务模式,将公共文旅服务嵌入酒店生产经营中,进一步增加酒店文化氛围与文化服务,厚植酒店文化底蕴,丰富宾客入住体验,提升酒店文化品位,推动金陵紫金山大酒店由"商务型酒店"向"商务文化型酒店"转型升级,为入住宾客、酒店职工及周边楼宇白领、社区百姓等提供一个良好的交流平台和学习空间,更为浦东新区公共阅读空间、创新文旅融合赋能,解决公共阅读服务"最后一公里"问题,让公共阅读更好地融入商旅生活。

资料来源:网络

## 四、网络营销

网络营销是以现代营销理论为基础,借助网络、通信和数字媒体技术实现营销目标的商务活动由科技进步、客人价值变革、市场竞争等综合因素促成,是信息化社会的必然产物。

酒店开展网络营销,是对客源市场的战略考虑,是酒店进行市场竞争、实现酒店可持续性发展和建立酒店品牌意识的需要。它以数据库为基础,面向网络中的每一个终端,它的销售空间随网络体系的延伸而延伸,没有地理障碍和时间限制。通过网络,酒店可以利用网上多媒体的性能,全方位展示产品和服务的外观、性能和品质,有助于消费者完全地了解商品,从而产生消费行为。

**1. 网络营销的主要途径**

(1) 网上中介的间接销售(在线旅行社 Online Travel Agent)——OTA 订房系统

OTA 作为酒店一个预订平台,近年来发展十分迅猛。海外以 Expedia,Travelocity,Priceline,Hotel Discount 等旅游网站为代表的第三方预订网已取得了很大的成功。而在中国也出现携程网、去哪儿网、途牛旅游网、号码百事通、旅游百事通、驴妈妈旅游网、百酷网、马蜂窝、乐途旅游网、欣欣旅游网、枕果网、艺龙网、同程网、搜旅网等诸多 OTA 代表,其主营业务旅游服务的订房量和利润总和在短短的三四年中就超过了传统旅游业大户国、中、青三家企业。

(2) 酒店网上直销

网上直销就是酒店通过自己的网站进行网络营销活动。酒店网站不仅是酒店展示自身形象的窗口,还是酒店和客户交流与交易的平台。客人可以通过这里了解酒店,酒店同样可以通过网站和客人互动,实现网上销售、客户关系管理、会员管理、信息发布、形象展示等功能。不仅能够降低对网上中介预订系统的依赖,提高销售和市场营销的管理水平,建立品牌意识、加强客户资源管理,还能提高酒店的自主定价和控制权,符合酒店定位和长期发展战略。

**2. 网络营销的策略**

(1) 网站策略

酒店自有网站作为酒店在网上市场进行营销活动的首要阵地,能否吸引大量流量是酒店开展网络营销成败的关键,也是网络营销的基础。

① 抢占优良的网址并加强网址宣传。网络营销站点推广就是利用网络营销策略扩大站点的知名度,吸引网站网上访问流量,起到宣传和推广酒店以及酒店产品的效果。

② 精心设计网站结构：网站结构设计应做到结构简单，通过较为便捷的路径索引，以方便访问。结构模式应做到内容全面，尽量涵盖用户普通需求的基本信息量。

③ 做好网站维护工作：酒店网站策划是一项长期的工作。它不仅包括网站创意和网站的开通，更包括网站的维护，如网上及时更新产品目录、价格等适销性较强的信息，以便更好地把握市场行情。而且，较之传统纸质印刷资料，其更为方便、快捷、成本低廉。网站的维护也能集中反映酒店的营销风格和策略，最终为客人提供更满意的服务。

④ 搜索引擎注册：根据调查显示，网民寻找新网站主要是通过搜索引擎来实现的，因此，在著名的搜索引擎进行注册是非常必要的。在搜索引擎进行注册一般都是免费的，但要想提高在搜索引擎的排名，则需要做进一步的公关工作。

（2）价格策略

① 低位定价策略

借助互联网进行销售比传统销售渠道的费用低廉，因此，网上的销售价格一般比市场价格要低。采用低位定价策略就是在公开价格时一定要比同类产品的价格低。采取这种策略一方面是由于通过互联网，企业可以节省大量的成本费用；另一方面，采用这一策略也是为了扩大宣传、提高市场占有率并占领网络市场。

由于在互联网上与携程、艺龙等第三方网络合作，所以在低位价格上可以采取网络会员制或会员抽奖及电子优惠券等形式。

② 个性化定价策略

这种策略是利用网络互动性的特征，根据消费者的具体要求来确定酒店产品价格的一种策略。网络互动性使个性化营销成为可能，也将使个性化定价策略有可能成为网络营销的一个重要策略。

③ 累积性定价策略

为鼓励客人增加订房量，可采用数量折扣策略。为鼓励客人淡季购买，也可采用季节折扣策略等。

（3）促销策略

① 网上折价促销

对通过酒店自有网站订房的客人给予一定折扣。这也是目前酒店网络营销中最常用的一种促销方式。

变相折价促销是指在不提高或稍微增加价格的前提下，提高产品或服务的品质数量，较大幅度地增加产品或服务的附加值，让客人感到物有所值。由于网上直接价格折扣容易造成客人有降低产品品质的怀疑，利用增加产品附加值的促销方法更容易获得客人的信任。

② 网上赠品促销

赠品促销目前在网上的应用不算太多，一般情况下，在新产品推出试用、产品更新、对抗竞争品牌、开辟新市场等情况下利用赠品促销可以达到比较好的促销效果。酒店常见的赠品促销有客房赠送水果、住房赠送早餐，套房赠送 SPA 等。

③ 抽奖促销

抽奖促销是网络营销中应用较广泛的促销形式之一。抽奖促销是以一个人或数人获得超出参加活动成本的奖品为手段进行商品或服务的促销。网上抽奖活动主要附加于调查、产品销售、扩大用户群、庆典、推广某项活动等。访问者通过填写问卷、注册、购买产品或参加网上活动等方式获得抽奖机会。

④ 积分促销

积分促销在网络上的应用比传统营销方式要简单和易操作。网上积分活动很容易通过编程和数据库等来实现，并且结果可信度很高，操作起来相对较为简便。积分促销一般设置价值较高的奖品，客人通过多次购买或多次参加某项活动来增加积分以获得。积分促销可以增加客人访问网站和参加某项活动的次数，增加客人对网站的忠诚度，提高活动的知名度。

**3. 网络营销发展趋势**

（1）酒店 APP 成为常态

酒店 APP 无论是在营销效率、消费者口碑、预订体验等方面都会在未来的网络营销时代占有一席之地。

（2）微视频营销

对于网络营销来讲，要个性化、有趣，还要有故事性，因为消费者觉得要有故事才有看头。所以，从展现方式来讲，微视频是目前酒店营销偏爱的主要形式，从宣传方式上跟顾客来拉近距离。建立客户的良好口碑，网络互动是非常重要的一种塑造口碑的方法。

（3）大数据营销

大数据营销是基于多平台的大量数据，在依托大数据技术的基础上，应用于互联网广告行业的营销方式。大数据营销的核心在于让网络广告在合适的时间，通过合适的载体，以合适的方式，投给合适的人。

大数据营销衍生于互联网行业，又作用于互联网行业。依托多平台的大数据采集，以及大数据技术的分析与预测能力，能够使广告更加精准有效，给品牌企业带来更高的投资回报率。

##  典型案例

### 六大高星酒店营销新玩法，私域流量这样"玩"

2021年12月16日，由商业空间产经研究媒体迈点网主办的"2021中国旅游住宿业人力与营销峰会"在成都尼依格罗酒店盛大开幕！峰会以"爱聘才会营"为主题，千位行业精英齐聚，共同热议单体酒店的运营与营销。直客通创新业务合伙人姜俊就"时代下的先锋探索——六大高星酒店营销新玩法"这一主题进行了演讲。

酒店营销是酒店经营活动的重要组成部分。如果没有良好的营销策略和手段，就不会创造更好的市场，更不会有良好的业绩。因此，只有加强营销，酒店才能拓展更大的市场。

#### 一、酒店私域流量运营

私域流量的本质不等于流量运营，而是要做好用户运营。用户不等同于粉丝，而是已经付费的客户或者是极具潜力的消费客群。用产品、服务链接私域流量。提升付费用户数，连接到足够多的用户，提升用户的消费贡献率，让用户被酒店的产品或服务所打动。

在用产品去连接用户时，要对用户分层，做不同的产品适配。在用服务连接用户时，硬性产品无法做太大变动，软性服务主要适时切入，所以需要抓好两个关键的角色，一个是提供服务的人员，一个是接受服务的消费客群。

#### 二、数字化营销提升运营效率

1. 洞察高星酒店营销市场。姜俊表示，"据直客通2021数字营销白皮书显示，2020年中国高星酒店微信直销营收数据同比增长40%，其中预售业务同比增长80%，2020年6月同比增长70%、11月同比增长60%。可以预见，疫情常态化下，微信生态预售手段已经成为拉动生产自救的重要手段。"

姜俊表示，"从这些数据中可以得出一个结论，如果你的资源有限，时间有限，最好是将你的精力放在头部用户和付费用户的服务上面，这样才能更好拉动复购率以及整个消费频次。"

2. 赋能高星酒店的六大营销新玩法。随着营销策略的不断变化，直客通也一直在追求不断创新。

（1）企微 SCRM。不仅能够拥有精准的客户画像、高效的双向互通、完善的服务标准，还有客户资产公司化等各项功能，实现"人＋工具"协同的同时，也为用户提供"预订＋服务"的价值。

（2）驻店权益卡。本质为付费权益卡，通过权益圈定复购人群，建立用户的专属服务以及权益卡会员专属的 Plus 商城，实现酒店的专属服务体系以及系统化服务能力。姜俊表示，"我们成立了 200 多人的驻店团队，这些人可以直接帮助酒店进行售卖。目前我们在广州、广西、青岛都试了一下，如今，已经给酒店带来了 120 多万元的交易额。"

（3）官微通。中国高星酒店数字营销内参，手机端店铺生意数据信息查看平台，不仅能够一键查询与市场同级酒店对比情况，而且还能了解酒店市场位置。

（4）智能零售。姜俊表示，"我们看了一下最近三年的数据，所有的高星级酒店零售销量都是呈断崖式的下降，甚至很多酒店已经处于亏损的状态，而这背后是因为消费者消费习惯的改变，以前消费者可能更愿意在大堂里面消费，现在主要是通过两种渠道消费，第一种是点外卖，第二种是去便民超市。"对此，直客通通过打造的无人智能商超和无人智能酒吧，满足客人不同时段、不同场景的需求，消费升级。这种形式的智能零售不仅能够链接到店中用户，增加酒店营销，而且能够满足用户轻装出行的需求。

（5）抖音小程序。姜俊表示，"直客通作为抖音酒旅类首家服务商，可以与官微系统直连企业号主页、POI、直播等多个预定入口，一键同步官微产品，订单直接在直客通 EB 核销、结算、提现，同时，一站式的达人短视频能帮助实现达人资源匹配、交易系统搭建、抖音端产品售中—售后一站式运营服务等。"

（6）小红书代运营。姜俊表示，"小红书作为近年来火热的营销方式，我们也一直在探索其真正的营销方式。目前，直客通用三个独特的视野做了产品的创新，我们成立了一个广告部，从品牌出发去做了一些文字的内容，并结合当下热点做营销,最后通过创意内容活动策划提升传播活跃度。"

直客通作为酒旅行业数字化营销服务专家,一直迎合市场变化,带来不同种类的新营销方案。对于未来,相信直客通将带领更多高星酒店实现营销升级,吸引更多用户。

资料来源:节选于迈点网

**本章小结**

酒店营销是指酒店营销管理者将酒店现有资源进行整合,不断提高服务质量和产品形象,同时利用传播、沟通等手段深入了解客人需求,通过客人的主动购买行为实现酒店经营目标的过程。酒店营销是一个系列的过程,主要包括市场调研、市场细分、市场选择和市场定位。酒店营销策略组合在4Ps的基础上,可结合4Cs、4Rs综合运用,提高酒店营销效果。酒店营销的新理念有文化营销、体验营销、主题营销、网络营销等。进入21世纪以来,网络营销成为酒店营销最为重要的营销手段之一。网络营销属于直复式营销的一种方式,是企业整体营销战略的一个组成部分,是为实现企业总体经营目标所进行的,以互联网为基本手段营造网上经营环境的各种活动。

# 第三单元 实践与训练

## 第一部分 课堂讨论

1. 大数据背景下如何开展酒店网络营销?
2. 如何建立、挖掘和传播酒店文化?并谈一谈文化营销的时代内涵。

## 第二部分 课外练习

1. 基本概念

(1) 酒店营销

(2) 市场细分

(3) 文化营销

(4) 体验营销

(5) 主题营销

(6) 网络营销

2. 填空题

(1) 酒店营销管理是一个系列过程,主要包括_____、市场细分、市场选择和_____等内容。

(2) 酒店微观环境包括:_____、_____、供应商、销售代理商、竞争对手、_____。

(3) 4Ps 营销组合策略包括:_____、_____、_____和促销。

(4) 4Cs 营销组合策略的主要内容是_____、_____、_____、_____。

(5) 酒店体验营销包括:感官营销、_____、_____、_____、_____。

3. 单选题

(1) 酒店营销的根本出发点是( )。

① 创造需求

② 持续供给

③ 创造客人

④ 留住客人

(2) 所谓 OTA 是指（　　）。

① 全球分销系统

② 在线旅行社代理

③ 酒店自有网站

④ 网络营销系统

4. 多选题

(1) 酒店营销的基本策略组合 4Ps 指的是产品以及（　　）。

① 价格

② 分销渠道

③ 供应商

④ 促销

(2) 常用的促销手段有（　　）。

① 广告

② 公共关系

③ 营业推广

④ 人员推销

(3) 酒店文化营销的特点主要包括（　　）。

① 区域性

② 时代性

③ 开放性

④ 导向性

⑤ 共性

(4) 网络营销存在的优势包括：缩减成本、拓展新市场以及（　　）。

① 控制

② 竞争优势

③ 客人服务改进

④ 沟通改进

5. 简答题

(1) 简述酒店营销管理的内涵。

(2) 酒店营销有什么意义?

(3) 4Cs 营销组合策略存在哪些缺陷? 4Rs 营销组合策略又包括什么内容?

(4) 什么是文化营销? 如何实施文化营销?

(5) 体验营销包括哪些构成要素?

6. 实训题

组织学生学习文化旅游的时代内涵,并结合文化营销搜集我国具有本土文化特色的酒店,分小组探讨该酒店的文化特点,以及所采用的营销策略。

# 第三部分  案例分析

### 客栈帮手带你 3 分钟了解酒店大数据的应用

在互联网技术高速发展的时代背景下,大数据在各行各业中的作用与日俱增。对于酒店业来说,既是机遇,也是挑战。作为一个公共场所,酒店每天都要迎来大量客人,因此,在收集大数据方面有着得天独厚的优势。下面,小编就带大家一起了解一下大数据在酒店业的应用。

**一、酒店大数据的分类**

对于酒店行业来说,一位客户从预订到入住酒店,再到离店,这一系列动作会产生以下三种数据。

1. 住前数据

住前数据即入住行为发生前产生的数据,包括客户在网页中或者 APP 中搜索、浏览、选择、预订相关产品时产生的数据。这些数据可以很直观地反映出客户的真正需求和喜好。

2. 住中数据

住中数据是指在入住的过程中所产生的数据,包括房间价格、入住人数、对酒店的哪种服务需求最多,入住和离店的时间等。这部分数据可以在一定程度上反映酒店的整体运营状况,这也是目前国内酒店掌握最多、使用最广泛的数据。

3. 住后数据

住后数据是客户离开酒店后产生的数据,如对酒店的整体评价或者对某一服务的评价,离店之后的流向,希望今后获得怎样的产品和服务等。这类数据是酒店进行质量管理、研发新品、市场营销和竞争策略调整的重要依据。

## 二、酒店大数据的运用

### 1. 在营销管理中的应用

随着酒店营销理念的不断更新,传统的营销模式面临严峻的挑战,这对管理者掌握市场信息、了解竞争对手的动态、制定合理的价格提出了更严的要求。市场竞争的分析也由原来对客房出租率、平均房价的分析转变为对竞争群的数据分析。

通过对这些市场标杆数据进行分析,酒店管理者可以充分掌握市场供求关系变化,了解酒店潜在的市场需求,准确获得竞争者的相关信息,最终确定酒店在市场中的定位,从而制定出正确的营销策略,打造出差异化的产品,制定出合适的价格。

### 2. 在收益管理中的应用

通过统计与分析数据,采取科学的预测方法建立数学模型,使酒店掌握和了解潜在的市场需求,未来一段时间每个细分市场的订房量及价格走势等信息,从而通过价格杠杆来调节市场的供需平衡,并针对不同的细分市场实行动态定价和差别定价。

以上措施可以保证酒店在不同市场周期中的收益最大化,可以提高酒店管理者对市场判断的前瞻性,并在不同的市场周期以合适的价格投放合适的产品,获得更多的潜在收益。

### 3. 在客评管理中的应用

有市场调查显示,超过70%的客户在订房前都会浏览该酒店的客评,这已经成为决定客人是否预订这家酒店的主要因素之一。从某种角度来看,客评已经成为人们衡量酒店品牌价值和服务质量的重要因素。

多维度地收集、统计和分析客评数据有助于酒店深入了解客人的消费行为、价值取向以及酒店服务存在的不足,对改进和创新服务、量化服务、制定合理的价格及提高服务质量都能起到推动作用。

## 三、如何应用好大数据

### 1. 采取数据管理标准化措施

为了使酒店管理趋于科学化与自动化,酒店经理应采取能使酒店进入良性循环发展轨道的管理方式,即数据管理标准化。

① 适当处理数量庞大的酒店管理数据,简化酒店数据管理,促使酒店信息与数据更加标准化。

② 合理运用大数据,进行精确市场定位,创造新的用户价值和商业模式,帮助酒店制定符合实际情况的经营管理模式。

③ 在技术和市场发生快速变化时,应及时作出调整,有效运用大数据技术推动酒店发展与时俱进。

2. 实行信息管理安全化

目前,技术系统设计存在漏洞、客户信息泄露等问题时有发生,威胁着酒店的正常经营管理与发展。因此,酒店应及时更新大数据管理系统,设置专门的技术部门,保障酒店客户及运营信息的安全,降低信息安全风险。酒店还要注重数据的安全性,保证酒店信息的正常流动。

酒店经营管理者应要求技术部门设计酒店数据管理的具体标准,将信息安全风险降到最低,提升客户满意度,提高酒店的收益率与影响力。

3. 加强对大数据技术应用人才的培训

酒店的经营管理离不开大数据技术的支撑,因此酒店经营管理者应不断加强对大数据技术应用人才的培训。

① 开展培训活动,提供大数据培训,培育专门管理大数据的技术人员,让酒店人员学习大数据知识。

② 设立专职部门,将酒店数据细分,方便酒店人员使用数据,提高数据利用率。加强酒店各部门之间的协作,保证各部门之间的有效沟通,进而提高酒店的管理效率。

在一个不断进步的时代,酒店业对大数据的认知会普遍提升,能够以更加包容和积极的姿态共享数据,让数据能真正为酒店人所用,方能为酒店创造更多的收益。

资料来源:客栈帮手 2020-01-07

思考与分析:大数据背景下,酒店如何有效地利用大数据技术来开展营销?

# 第七章　酒店人力资源管理

## 学习目标

◆ **思想目标**

(1) 对酒店人力资源进行理性认识；

(2) 充分了解人力资源管理在酒店管理中的作用；

(3) 提高对酒店职业道德、职业素养和职业能力多方面的认识。

◆ **知识目标**

(1) 熟悉酒店人力资源定义、战略地位和特点；

(2) 掌握现代酒店人力资源内容；

(3) 了解酒店职业经理人的职业要求。

◆ **能力目标**

(1) 充分运用酒店人力资源开展相关管理活动；

(2) 根据酒店实际岗位需求进行员工招聘与培训；

(3) 根据酒店人力资源的特点，掌握酒店员工激励的方法；

(4) 根据酒店职业经理人的职业要求对个人职业发展进行合理规划。

 **导入案例**

### 碧水湾酒店的积分制管理

自2016年2月开始，广州从化碧水湾温泉度假村与中南空管局网络公司合作，量身定制研发了一套全新的积分制管理系统。与传统积分制模式不同，这套系统结合温泉、酒店管理的实际，从形式和内容上都进行了大胆创新，充分融入了碧水湾的企业文化、管理理念、管理权责等内容，对员工的个人能力、工作和行为进行全方位的量化考核，从而达到加强人才建设、提升核心竞争力、完善激励制度、降低管理成本、提高管理绩效的目的,更加契合酒店等服务型企业的管理实际需求。

根据碧水湾酒店积分制管理的相关规章制度,员工不仅可以通过工作中的努力、付出和优异表现来获得积分,同时,积分的获取渠道还涵盖了员工的生活层面,比如关心和帮助同事、有一技之长,就连支持国货等这样对员工有教育或引导意义的项目也被列入积分的加分项目当中。

在酒店积分制的引导下,员工更加积极,快速高效地完成职责工作并主动帮助其他同事,发现问题、解决问题,效率和质量都得到了提升。

# 第一单元　任务导入

## 项目一　我的简历

### 一、下达项目学习任务书

通过"我的简历"项目,了解酒店岗位的任职者资格要求,熟悉酒店人力资源部门的招聘工作流程和要求,能够独立设计完成一份吸引用人单位的简历,做好第一次迈向职场的文书准备和心理准备。本项目以个人为单位,学生独立设计完成一份个人简历并进行张贴展示,通过展示、观察与讨论简历设计,使学生认识到要为一份有分量的简历和设计精美的简历做好哪些准备工作。学习任务书见表7-1。

▼表7-1　学习任务书

| 项目名称 | 我的简历 |
| --- | --- |
| 项目训练形式 | 独立设计制作 |
| 项目能力分解 | 工作分析、员工招聘、面试、简历设计 |
| 项目评价 | 教师和同学分享简历并讨论 |

### 二、项目准备

（一）工作分析和岗位需求了解

1. 以求职者的角色首先通过招聘网站了解某酒店企业的岗位需求情况以及岗位的任职者资格描述；

2. 根据岗位描述和岗位需求情况确定个人所能够胜任的岗位。

（二）设计制作个人简历

1. 上网了解简历设计制作的内容要求和版式要求；

2. 结合个人情况和简历设计制作要求设计制作个人简历。

（三）展示简历并讨论分享

1. 以小组为单位互相评价简历；

2. 在班级内分享优秀简历并分析其具有哪些特点；

3. 教师对简历进行点评并总结学生应该为自己未来的简历做好哪些准备。

### 三、项目学习目标

1. 了解酒店业对人才的需求情况;
2. 能够根据岗位要求设计个人简历;
3. 能够从项目学习中认识到个人职业成长空间。

### 四、项目学习情况评价

1. 对岗位需求和简历设计有较全面的了解和认识;
2. 小组成员合作完成项目成果展示;
3. 汇报语言表达流畅,内容有一定深度。活动评分表见表7-2。

▼表7-2 "我的简历"项目活动评分表

| 项目名称 | 我的简历 |
| --- | --- |
| 内容(40分) | |
| 展示(15分) | |
| 语言表达(15分) | |
| 团队合作(10分) | |
| 回答问题(20分) | |
| 合　计 | |

## 项目二 "面试官的一天"调研项目

### 一、下达项目学习任务书

通过课程学习章节知识,对某一酒店的招聘岗位进行调研,了解招聘经理的日常工作范围、招聘计划、招聘渠道、招聘工作的组织和开展、面试工作流程及注意事项,加深对人员招聘工作的认识,培养个人面试技巧及面试心理准备,为今后工作打下坚实的基础。汇报形式为调研报告PPT。学习任务书见表7-3。

▼ 表 7-3　学习任务书

| 项目名称 | 面试官的一天 |
|---|---|
| 项目训练形式 | 调研汇报（以小组为单位、借助 PPT） |
| 项目能力分解 | 思维能力、分析能力、设计能力、语言表达能力、团队合作能力 |
| 项目评价 | 教师和其他小组现场提问 |

## 二、项目准备

1. 了解面试招聘前的准备工作；
2. 了解面试流程及注意事项；
3. 了解面试内容并掌握面试技巧。

## 三、项目学习目标

1. 通过本课程教学，学生应全面、系统地掌握酒店招聘工作的基本流程；
2. 熟悉酒店招聘人员的基本任务与要求；
3. 掌握酒店人员招聘的主要方法和面试技巧。

## 四、项目学习情况评价

1. 对酒店招聘岗位有较全面的了解和认识；
2. 小组成员合作完成项目活动的展示；
3. 展示内容主题突出，特色鲜明，内容丰富，语言表达流畅。活动评分表见表 7-4。

▼ 表 7-4　"面试官的一天"项目活动评分表

| 项目名称 | 面试官的一天 |
|---|---|
| 材料准备（15 分） | |
| 内容（30 分） | |
| PPT（10 分） | |
| 语言表达（15 分） | |
| 团队合作（10 分） | |
| 回答问题（20 分） | |
| 合　计 | |

# 第二单元　背景知识

## 第一节　酒店人力资源概述

### 一、酒店人力资源的概念

在酒店的人力、财力、物力和信息四大资源中，人力资源是最重要、最为活跃的因素。一家酒店无论组织结构如何完善，设施设备如何先进，如果不能有效发挥员工工作的积极性，就不可能成为一流的酒店。因此，酒店人力资源管理是酒店组织的一项基本职能，只有对酒店人力资源进行科学有效的开发和管理，才能使其在激烈的市场竞争中取得良好的综合效益，并最终立于不败之地。

人力资源管理的概念是建立在传统的人事管理基础上的，但范畴比传统的人事管理更深更广。传统的人事管理是按照企业管理职能划分出来的一项具体的职能，将企业中的人只是作为一种简单的生产要素来进行管理。人力资源管理则是以人为本，强调人是一种特殊资源，将人作为管理中最关键的要素。在酒店管理中，既要进行一般性劳动人事管理工作，更要采用现代科学管理的方法和手段，关注员工的需求，激发员工的积极性和创造性，从而实现酒店经营管理目标。

酒店人力资源是指一定时期内酒店所拥有的，能够被酒店利用，且对价值创造起贡献作用的教育、能力、技能、经验、体力等的总称。酒店人力资源管理是根据酒店发展战略的要求，有计划地对人力资源进行合理配置，通过招聘、培训、使用、考核、激励等一系列过程，调动员工的积极性，发挥员工的潜能，为酒店创造价值，确保酒店战略目标的实现，包括酒店一系列人力资源政策和管理活动。具体包括：酒店人力资源规划的制定、工作分析、员工招聘与选拔、员工培训与开发、绩效管理、薪酬管理、员工流动管理、员工关系管理、员工安全与健康管理等。

综上所述，酒店人力资源管理是酒店运用现代管理方法，对人力资源的获取、开发、保持和利用等方面进行的计划、组织、指挥、控制和协调等一系列活动，最终达到实现酒店发展目标的一种管理行为。

(【拓展阅读,扫码学习】:《中国酒店人力资源现状调查报告(2020)》解读)

## 二、酒店人力资源管理的特点

**1. 综合性**

酒店人力资源管理主要是对人的全面管理,而人是最复杂的资源,因此,酒店人力资源管理需要综合考虑社会、经济、文化、环境、心理等多方面的因素,涉及社会学、经济学、管理学、心理学、组织行为学等学科。实际工作中,酒店对员工素质的考查也是全面、综合、系统的。员工除了应具有丰富的专业知识、娴熟的操作技能、较强的信息沟通能力、良好的服务态度和服务意识外,还必须具备良好的思想素质、品德修养和职业道德等。这些都体现了酒店人力资源管理的综合性。

**2. 动态性**

酒店人力资源管理的动态性是指酒店管理者不仅要根据酒店的整体目标选择合适人才,对员工的招聘、选拔、录用、培训、奖惩、晋升和离职等全过程进行管理,还要注意对员工工作动态过程的管理。即重视员工的思想动态和情绪变动,了解员工的心理需求和变化,采取激励的方法调动员工工作的积极性,使员工发挥各项潜能。所以,人力资源管理是一项在动态中进行的全面管理活动。

**3. 服务性**

服务性是酒店行业的根本特点,也是酒店人力资源管理的重要特征。酒店工作中树立的"以人为本"的理念包含两层含义,既要树立"一切为了客人"的服务宗旨,也要高度重视员工在酒店工作中的地位和作用,树立"宾客至上,员工第一"的服务理念。

**4. 科学性**

酒店人力资源的日常管理工作应该实行标准化、程序化、制度化和定量化,从而保障其科学性。标准化是指对酒店所有工作制定有关数量、质量、时间和态度等详细、具体和统一的要求,如此,服务工作就有质量标准。程序化是指将酒店各项管理工作的过程进行科学分段,并规定每个阶段的先后顺序、工作内容、标准、责任者、完成时限等。制度化是指酒店人力资源管理必须有严格的规章制度作保证,使录用、招聘、考核、选拔等工作顺利进行。定量化是指管理者要经常进行测试、统计和定量分析，以制定或修改定额，进行合理定员，为酒店考核系统提供科学的数量依据等。

### 三、酒店人力资源管理的目标

酒店人力资源管理就是通过对酒店人力资源进行有效的利用、管理、挖掘和激励，并制定相关的人力保障体系，使人力得到最优化的组合和积极性的最大限度发挥，以保证酒店的高效运转和优质服务，从而提高酒店的经济效益和社会效益。可以看出，酒店人力资源管理的目标就是通过其管理职能的实现，达到酒店效益的实现。具体来说，即提高员工的工作绩效和效益，在实现酒店目标的基础上，努力实现员工的个人目标，使酒店与员工实现共同发展。

酒店人力资源管理的目标体系可以分为三个层次：员工绩效、组织绩效以及员工和酒店的协调发展。

1. 员工绩效酒店所提供的产品主要是面对面的服务，因此，造就一支高素质的员工队伍是酒店经营的基础。酒店人力资源管理的基本目标就是要做好人力资源开发，充分调动员工的积极性、主动性和创造性，做到人适其职、职得其人、人尽其才、才尽其用。员工绩效主要体现在工作满意度和工作稳定性上。工作满意度既是员工工作成果的表现，也是激发其继续不懈努力的动力之一；工作稳定性，则能体现企业和员工之间的信任关系。

2. 组织绩效有了优秀的员工并不代表酒店就会有好的效益，只有在良好的组织文化和工作氛围中，帮助员工进行职业规划，并提供很好的发展机会，将素质良好的员工个体整合成高效率的组织体系，从而形成组织绩效大于个人工作绩效之和的酒店绩效状态。组织绩效主要体现在生产率的提高和酒店形象的良好塑造。

3. 协调发展员工的忠诚度是员工主观上有强烈的忠诚于酒店的愿望，这种愿望往往是由于组织与员工目标的高度协调一致；组织帮助员工发展自我和实现自我，员工共同努力帮助酒店实现组织目标。这就是员工与组织协调发展的直接表现，这也是酒店人力资源管理所追求的最终目标。

## 第二节  酒店人力资源管理内容

酒店人力资源管理的主要内容包括：制定酒店人力资源规划、工作分析、招聘与录用、培训、考核、薪酬福利、激励与劳动关系等。

## 一、酒店人力资源规划

人力资源规划是一种战略性和长期性的活动，酒店的人力资源规划与酒店整体的经营管理规划密切相关。人力资源规划建立在酒店经营管理规划的基础之上，是人力资源管理各项工作的前提，也是从人力资源方面保证酒店经营管理规划的顺利实施。人力资源规划作为连接酒店人力资源管理现在和未来的桥梁，是每个酒店都应该关注的重点。具体地讲，酒店人力资源规划是根据酒店人力资源管理战略目标和任务要求，通过分析酒店人力资源现状，科学地预测酒店人力资源需求与供给状况，制定出一系列的政策和措施以确保酒店在所需时间内和所需岗位上有足够数量和质量的员工，并使他们的利益与酒店的利益保持长期的一致。

需要注意的是，酒店人力资源规划所力求的人力资源供需平衡是相对的，不平衡是绝对的。例如，当经济危机、疫情封锁或酒店业务缩减等情况发生时，酒店人力资源就会呈现供过于求的不平衡状态。此时如不及时调整，易造成人浮于事、内耗严重。酒店往往可以有策略地通过富余人员调整、永久性辞退、提前退休、部分轮休、减少工时并降低工资等方式调整。当经济上行、业务拓展或酒店产品具有高稀缺性时，酒店人力资源会呈现供不应求的不平衡状态。此时如不及时补充，易造成设备闲置、服务质量下降、员工满意度下降等问题。酒店可以通过工作晋升、外部招聘、延长工时并增加报酬、聘用非全日制或全日制员工等方式调整。

酒店人力资源规划的实质是具体落实人力资源战略，其质量和精确性取决于酒店高层决策者的战略管理能力，战略目标明确程度和组织结构、财务预算、经营计划等，也有赖于人力资源信息的准确性和有效性。

## 二、工作分析

工作分析(Job Analysis)也称职务分析，是对酒店岗位或工作的性质、任务、程序、劳动条件和环境以及员工胜任本岗位或工作应具备的技能、能力和专业知识等条件进行的系统分析和研究。通过工作分析，可以确定工作的任务和性质，选择适合从事该项工作的员工。

酒店是一个功能多、业务复杂的综合性服务企业。随着服务项目不断增多，酒店内的工作日益复杂,再加上各工作岗位对知识、技术水平要求的差异也很大,这些都给招聘、选拔、录用以及工资标准制定等人力资源开发工作带来困惑。所以,促成酒店人力资源开发工作的系统化、标准化非常关键,这就要求首先建立完善有效的工作分析体系。

有系统的工作分析必须依下列项目进行,通常称为"工作分析公式"(Job Analysis Formula):

1. 工作主体(Who)——特定工作岗位对与其相匹配员工的个体特征描述。

2. 工作内容(What)——所要完成工作的任务、职责、流程等具体行为过程。

3. 工作时间(Time)——完成工作的具体时间要求。

4. 工作环境(Where)——包括工作作业的硬件物理环境和酒店组织文化氛围等软件社会环境。

5. 工作方式(How)——高质量完成工作所需的设备条件和物质材料,以及工作的方法和程序。

6. 工作原因(Why)——说明工作的性质和重要性。

7. 工作关系(for Whom)——工作的隶属关系和酒店内外与工作内容相关的各个对象之间的关系。

通过全面、系统的分析,结果主要表现为工作描述和任职说明。规范的工作描述书包括工作名称、工作活动、工作程序、物理环境、社会环境、聘用条件六个方面,它主要是要解决工作内容与特征、工作责任与权力、工作目的与结果、工作标准与要求、工作时间与地点、工作岗位与条件、工作流程与规范等问题。而任职说明书,旨在说明担任某项职务的人员必须具备的生理要求和心理要求,主要包括一般要求:年龄、性别、学历、工作经验;生理要求:健康状况力量与体力、运动的灵活性、感觉器官的灵敏度;心理要求:观察能力、学习能力、解决问题的能力、语言表达能力、人际交往能力、性格、气质、兴趣爱好等。

换言之,工作分析是一种在组织内所执行的管理活动,专注于收集、分析、整合工作相关信息,为组织规划与设计、人力资源管理及其他管理工作提供客观依据。

## 三、人员招聘

员工招聘是根据酒店的经营目标、人力资源规划及业务部门对所需员工的工作要求,由酒店人力资源管理部门主持进行的招聘、考核、挑选优秀、合适员工的业务活动过程。招聘的宗旨是以最低的投入招到最合适的人,实现组织最佳的人岗匹配。

### (一) 酒店员工招聘的原则

酒店员工招聘是根据酒店的经营目标、人力资源规划及业务部门对所需员工的工作要求,由酒店人力资源管理部门主持进行的招聘、考核与挑选优秀、合适员工的业务活动过程。员工招聘是确保员工队伍良好素质的基础,关系到酒店的生存和发展。因此,员工招聘工作十分复杂,需要遵循一定的原则。

**1. 遵守法律法规原则**

员工的招聘要符合国家的相关法律、政策,坚持劳动法所规定的相关用人条款,实现平等就业、照顾特殊群体、男女平等、有效订立劳动合同等。

**2. 双向选择原则**

在酒店和劳动者之间建立起来的平等选择机制,是劳动力资源配置的基本原则。它一方面促使酒店为招揽人才而不断提高自己的效益,提高应聘率;另一方面又能使劳动者努力提高科学文化知识和专业技能,增强竞争力。

**3. 公开竞争原则**

以广告或其他方式发布招聘公告,造成社会舆论,形成竞争局面,达到广招人才的目的。公开招聘提高了招聘的透明度,体现了机会均等、人人平等的公平竞争原则。同时公开招聘为求职人员提供了信息,便于他们选择中意的酒店和岗位。

**4. 考核择优原则**

考核是对应聘者业务水平、工作能力和工作态度的考查,考核择优是在对应聘者进行全面考核的基础上选优任用,做到任人唯贤。这是保证招聘人员质量的前提,也是应聘者平等竞争的重要条件。

**5. 效率优先原则**

力争用尽可能少的成本招聘到适应酒店需求的高素质人才。招聘成本包括招聘费用。因招聘不慎而重新招聘时所花费用,即重置成本。因人员离职给酒店带来的损失,即机会成本。高的招聘效率体现在用最低的招聘成本招聘到相关岗位的最适合者。

### (二) 员工招聘的程序

员工招聘的程序是否科学、合理,直接关系到最后录用人员的质量,同时也影响着整个招聘工作的效率。人员招聘包括两个环节,即招募和甄选。招募是酒店为吸引更多更好的人员前来应聘而进行的一系列前期活动;甄选则是通过各种方法和手段,选取最符合工作需求的应聘者。人员招聘可分为4个阶段。

**1. 筹划阶段**

这一阶段是员工招聘的起点,主要包括:其一,根据酒店经营情况和内外劳动力资源状况,制订招聘计划。其二,根据招聘量的大小和招聘对象的重要程度成立招聘小组,并挑选和培训招聘工作人员。其三,确定招募途径,是内部选拔还是外部聘用,是员工推荐还是广告招聘,是聘用应届毕业生还是聘用有工作经验者等,并拟定招聘简章。

**2. 宣传阶段**

这一阶段承上启下,直接影响着招聘的效果。主要包括:其一,大力宣传、吸引和鼓励求职者踊跃应聘。其二,应聘者填写求职申请书,通过求职申请书,酒店可以大致了解应聘者的基本条件。如表7-5所示。

▼ 表7-5 某五星级酒店求职申请表

| Position Applied For 申请职位: | | | Second Choice 第二选择: | | | |
|---|---|---|---|---|---|---|
| Salary Expected 要求薪金 | | | Available Date 可上班日期 | | | PHOTO 近照 |
| Chinese Name 中文名字 | | | English Name 英文名字 | | | |
| Native Province 籍贯 | | | Contact No. 联系电话 | | | |
| Home Address 住址 | | | ID No. 身份证号码 | | | |
| Age 年龄 | Sex 性别 | Height 身高 | Religion 民族 | Second Language Grade 外语/等级 | | |
| EDUCATION 学历 | Name of school 学校名称 | | Years Attended 年度 | | Certificate Obtained 所得之学位/证书 | |
| | | | From 由 | To 至 | | |
| Professional Training 专业训练 | | | | | | |
| University 大学 | | | | | | |
| Secondary School 中学 | | | | | | |
| Other Studies 其他 | | | | | | |
| FAMILY 家庭主要成员 | Name 姓名 | | Age 年龄 | Place of Work 工作单位 | | 联系电话 Phone No. |
| Father 父亲 | | | | | | |
| Mother 母亲 | | | | | | |
| Wife or Husband 配偶 | | | | | | |
| Boys or Girls 子女 | | | | | | |

Do you have any family members working in this hotel? 是否有亲属在本酒店工作？ □NO 否　□Yes 是

Chinese Name 中文名_____　　English Name 英文名_____

Department 部门_____　　Position 职位_____　　Relationship 与本人关系_____

EMPLOYMENT RECORD 受雇记录
List present job first（先填现任工作）

| Name and Address of Employment 受雇公司名称及地址 | From 由 月 年 Month Year | To 至 月 年 Month Year | Position Held 所任职务 | Gross Month Salary 税前月薪 | Reason for Leaving 离职原因 |
|---|---|---|---|---|---|
| | | | | | |
| | | | | | |
| | | | | | |

**3. 测试阶段**

这一阶段是招聘工作的关键所在，主要包括：

（1）核查应聘者个人资料。

（2）初次面谈。通过与应聘者面对面的接触可以确定应聘者仪表、表达能力等是否符合酒店的要求，面谈包括无计划的、结构化的、复试及团体面谈、压力式面谈等。

（3）测试。目的是了解应聘者的知识和专业技能的水平，测试的内容与方式以职务所要求的范围和标准为基础。

**4. 录用阶段**

将多种考核和测验结果进行综合评定，确定录取的人员名单。主要包括以下内容：

（1）进行任用面谈，在基本确定录用后，正式任用之前还要对应聘者的性格、经验、兴趣、技能、抱负作进一步的了解，确保人适其职。

（2）体格检查，体检是酒店招聘中非常重要的一环。

（3）审查批准，确定录用名单。

（4）以书面形式通知应聘者，签订劳动合同。

(5) 对未被录用者表示感谢和歉意。

(6) 进行岗前培训、试用与安置。

【拓展阅读,扫码学习】:酒店抢着要的新人是什么样的?）

## 四、员工培训

酒店是劳动密集型的服务型企业,仅有豪华的硬件设施和先进的技术设备是不够的,更需要员工个体素质和组织的群体素质作保障。为使每位员工能够以最快的速度适应酒店的工作环境,胜任其所从事的工作,酒店必须对员工进行培训,对一线员工侧重于技能方面的培训,管理人员侧重于管理能力、分析问题、解决问题和业务能力等方面的培训。

### (一) 员工培训的类型

**1. 按培训性质划分**

(1) 岗前培训。岗前培训即对新招聘的员工在正式上岗之前的企业文化和业务培训。目的是让员工能尽快适应岗位职责的要求,能顺利完成本职工作。通过岗前培训为酒店提供一个专业的、高素质的员工队伍,以保证酒店服务的质量。

(2) 在职培训。在职培训是对在职职工进行的以提高本岗位工作能力为主的不脱产训练形式。在职培训有利于改善现有人员素质不适应工作需要的局面,从多方面提高员工的业务水平,同时又不影响正常工作的进行和酒店的运转。

(3) 转岗培训。转岗培训是指员工由于工作需要或是个人能力的突出表现,需要从一个岗位转向另一个岗位,使转岗人员在短时间内能适应新工作岗位的培训。

(4) 技术等级培训。技术等级培训是按国家或行业颁布的技术等级标准,为受训人员达到相应级别的技术水平而进行的有关级别的训练活动,集中培训与所评技术等级相关的内容和技能。

**2. 按培训内容划分**

(1) 道德培训。注重员工的思想素质培养,从社会公德和职业道德方面对员工进行培训。职业道德认识、情感、意志和信念是员工对职业道德现象的感知、理解与接受的程度。只有员工有了高的思想道德素质，酒店的对客服务才能真正做到体贴入微，酒店的形象才能得到社会各界人士的认可和好评。

（2）知识培训。知识培训是按岗位要求对培训者进行专业知识和相关知识的教育活动。内容具有很强的专业性和客观操作性，从而提高员工的岗位作业能力。根据不同知识层次的员工，要进行不同的知识培训，力求每位员工经过知识培训之后，都能有不同程度的提高。

（3）能力培训。知识是基础，能力是关键和重心。酒店从业人员的能力表现在多个方面，观察能力、记忆能力、思维能力、想象能力、操作能力、应变能力、交际能力、艺术欣赏能力等。能力的培训就是训练员工在具体工作中，能综合运用多项能力，保证服务产品的质量。

## （二）员工培训的方法

### 1. 专题讲授法

专题讲授法适合于酒店管理人员或技术人员了解专业技术发展方向或当前热点问题，一般聘请资深行业专家或知名学者进行课堂式教学，事先确定好讲授的主题，围绕主题进行理论讲解或组织交流讨论。

### 2. 操作示范法

操作示范法是对专业操作技能要求较高的岗位培训所设置的，为了使受训者熟练掌握正确的操作方法，安排部门专业操作技能很好的员工在工作现场或模拟的工作环境中利用实际使用的器材，进行讲解和示范的培训方法。其包括讲授示范操作与模仿两道基本程序。

### 3. 职务轮换法

职务轮换法是对有潜力的员工实施在不同部门相应职位或不同职位上轮岗工作，以提高员工整体素质和能力的方法。发现员工的优势所在，从而充分发挥其工作的积极性，提高其工作效率。

### 4. 见习带职培训法

见习带职培训法是酒店对新聘用员工的一种试用机制，在见习期内实施岗位的培训工作，见习期满后进行考察，合格者进一步留在企业就职。

### 5. 角色扮演法

角色扮演法是让员工模拟实际情景，扮演工作中的不同角色进行训练的一种方法。培训者可以选取工作中主要的、常见的、特殊的场景,要求员工扮演工作所涉及的不同角色,实现角色互换,让受训者体会到工作的不同侧面,从而提高服务的质量和水平。

**6. 参观考察法**

参观考察法是组织受训员工参观本酒店或其他酒店,甚至是出国考察学习的一种方法让员工在参观考察中进行横向和纵向的比较,发现自身的不足和先进者的优势所在,学习借鉴别人的先进工作经验和工作方法。

**7. 案例研讨法**

案例研讨法是针对一些工作中的重要问题进行集体讨论的培训形式。在对特定的案例分析和辩证中,受训员工集思广益,畅所欲言,各抒己见,不断汲取新的思想,让员工开阔视野,学习经验和方法。案例研讨法的案例要有典型性、普遍性和实用性,从中提高员工解决实质性问题的能力和技巧。

**8. 视听教学法**

视听教学法是运用现代高科技电子技术和成果,将影像、网络等运用于培训教学中,提高培训的质量和效率,还可以降低成本。

**(三) 培训计划的制订**

**1. 发现培训需求**

酒店管理人员通过分析工作中带有普遍性的问题,根据酒店或部门制定的工作目标与现状之间的差距来确定是否需要培训、合适实施培训和怎样进行培训。

在下列情况下通常需要培训:

(1) 酒店开业。

(2) 新的设备、工作程序和管理制度投入使用。

(3) 员工从事一项新工作(无论是新员工入职,还是老员工调整工作内容)。

(4) 管理者想帮助员工在事业上得到发展。

(5) 工作效率降低。

(6) 工作中不断出现差错。

(7) 各岗位之间经常产生摩擦。

(8) 顾客投诉较多,或员工工作不符合酒店的质量和数量要求。在这种情况下,可能需要培训,也可能不需要培训,因为有些问题并不是缺乏培训引起的,比如,对某个员工的工作安排不当或设备出现故障等都可能导致员工工作不符合酒店的要求。

（9）酒店或部门制定的工作目标与现状之间有较大的差距。

**2. 制订培训计划**

确定培训需求以后，就要制订培训计划。一个完整的培训计划应该包括以下内容。

（1）培训目标

培训目标即通过培训，受训者应该达到的要求。培训的目标要着眼于提高员工的实际工作能力。目标不能是笼统的，应该有具体明确的要求，规定经过培训必须学会做哪些工作、达到什么水平。

（2）培训时间

培训的时间应尽量安排在淡季，以不影响或少影响工作为原则。在培训计划中，应明确培训的开始日期、结束日期及每日培训的准确时间，以便部门或班组安排好工作。

（3）培训地点

培训地点可以在酒店外，也可以在酒店内；可以在培训教室，也可以在受训者的实际工作岗位，但一定要在不受干扰的场所进行。

（4）培训内容

培训内容应根据前台及客房部工作的实际需要、酒店的要求、员工的特点及能力确定。

（5）受训者及对其的要求

说明接受培训的对象及对其在受训期间的要求，以确保培训工作取得良好的效果。

（6）培训者

根据培训的对象、培训的内容等实际情况，培训者可以由本部门或本酒店的优秀员工担任，也可聘请外部专业人士担任。

选择合适的人员来担任培训者，是保证培训效果和质量的关键环节之一。并非所有有能力、有技术专长的人都能担当此任。培训者除了要熟练掌握所要传授的知识和技能外，还应具有培训他人的特殊素质和才能，具有一定的教学方法和技巧，明确对受训者的要求，善于发现受训者存在的问题，并能及时进行分析，并有计划、有准备、循序渐进地指导。此外,作为酒店的培训者,除了有专业知识和工作技能外,还必须对酒店的工作有热情,是员工学习的榜样。

(7) 培训方式

培训的方式要根据培训的目的、内容和对象综合考虑,通常有以下几种:酒店(部门)内部培训或委托培训;"请进来"或"送出去"培训;岗位培训或脱产培训;课堂讲授或操作示范等。

(8) 培训所需要的设备和资料

根据培训的内容,培训工作可能需要摄像机、电视机、电脑等电器设备,白板、笔等教学器材,以及书、手册等教学资料。这些均需在培训计划中一一列明,以便做好培训的准备工作。

(9) 培训组织

说明负责实施培训计划的机构和人员。

## 五、绩效考评

酒店绩效考评,是酒店人力资源管理部门依照一定的工作标准,采取科学的办法,考核评定员工对其职务的理解程度和职责履行程度,以确定其工作成绩的管理办法。员工绩效考评的主要目的在于通过对员工全面素质的综合评价,判断他们的职务贡献,并以此作为酒店人力资源管理的基本依据,切实保证员工培训、报酬、调职、晋升、奖励、惩戒或辞退等工作的科学性。以公开、公正为原则的绩效考评在酒店的经营和人力资源管理中均起到很大的作用。

### (一) 绩效考评的内容

绩效考评包括员工素质评价和员工业绩评价两个方面。具体内容包括德、能、勤、绩四个方面。德,是员工的精神境界、道德品质和思想追求的综合体现。德的衡量标准也随着时代和行业的发展在不断地变化,它决定了一个人的行为方向、行为强弱和行为方式,具体化标准化的对德的考评具有重要的意义。能,即员工在工作中所体现的能力素质,包括体能、学识、智能和技能等方面。体能主要指与员工身体状况有关的年龄、性别和健康状况等;学识主要包括文化水平和相应的思维能力等;智能包括记忆、分析、综合、判断、创新等方面的能力;技能主要包括操作能力和组织能力等。勤,指员工的工作态度和敬业精神,如工作热情、积极性和主动性、出勤率等,强调员工的强烈责任感和事业心。绩,指员工的工作业绩,包括工作的数量、质量、经济效益和社会效益,这是员工绩效考评的核心内容。在了解整个酒店业务管理流程的基础上,需根据不同的考评目的,将德、能、勤、绩分解成若干个子项目予以考评。

### (二)绩效考评的方法

**1. 业绩评定法**

业绩评定法是一种被广泛采用的绩效评定法,要求评价者根据员工的表现来对各个细化了的评价指标进行判断、打分。这种方法的优点在于简便、快捷,易于量化。其缺点在于容易受主观因素和社会关系的影响。

**2. 工作标准法**

工作标准法,又称劳动定额法。劳动定额是指在一定的物质、技术条件下,在充分调动员工积极性和酒店经营活动顺利开展的基础上,每位员工应保证完成的工作量指标。工作标准法就是将员工的工作成效与企业制定的劳动定额相比较,以确定员工绩效的考评方法。此方法有明确的量化参考标准,易于作出评价结果。其缺点是对于难以量化的工作,无法准确作出评定。

**3. 排序法**

排序法是一种把限定范围内的员工按绩效表现从高到低进行排列的一种绩效评价法。这种绩效表现既可以是整体绩效,也可以是某项特定工作的绩效。这种方法的优点在于简单易行、速度快,可以避免主观误差,其缺点是标准单一,绩效结果偏差较大,容易使员工的自尊心受到打击,而且不同部门间无法进行比较。

**4. 硬性分配法**

硬性分配法是将限定范围内的员工按照一定的分布将其划分为几个等级,每一个等级规定一定的人数。例如规定10%为优秀,15%为良好,60%为合格,15%为不合格,把员工划分到不同等级中。这种方法在实际工作中缺乏公平性和客观性,但可以减少趋中误差。

**5. 关键事件法**

按照这种方法,管理者把员工在考察期内所有的对部门效益产生最大积极或消极影响的关键事件都记录下来,经过汇总后就能反映员工的全面表现。该方法的针对性强,结果不易受主观因素的影响,但是容易产生以偏概全的误差,如果考察期较长还会给管理者增加很大的工作量。

## 6. 目标管理法

目标管理法是考评者与员工经过共同讨论，制定员工在一定时期内所需达到的绩效目标，同时还确定出实现这些目标的方法和步骤。这种考评方法的基本程序是：

（1）管理者和员工联合制定评价期内要实现的工作目标，并为实现特定的目标制定员工所需要达到的绩效水平。这些目标常用营业额、利润、竞争地位等来表示。

（2）在说明酒店员工状况的同时，监督者和员工还根据业务和环境变化修改或调整目标，并经常关注每位员工目标实现的情况，帮助员工制定具体措施以保证目标的实现。

（3）管理者和员工共同检测目标的实现程度，对照目标衡量成果，并讨论失败的原因。

（4）当目标管理的循环即将结束时，管理者和员工共同制定下一评价期的工作目标和绩效目标，开始新一轮的循环。

实行目标管理法，绩效评价者起到了提供顾问和咨询的作用，具有充分的民主性和培养性特点，执行过程由下级自主执行。这使员工增强了工作自主性和独立性，能促进员工的工作满意度，进而使其以更积极的态度投入工作。

随着对人力资源绩效管理研究的深入，90%的国外企业都采用平衡计分卡的绩效考核制度。这种考核将指标一层层地进行合理的分解。它包括很多考核内容，比如财务面、顾客面、过程面、成长面、短期和长期的影响等。比起目标管理法，此方法可以弥补目标分解不够细化和过程无法了解等缺陷。酒店可以针对自身的特点，结合环境的变化，采取科学合理的绩效管理办法，提高员工的工作绩效。

## 六、薪酬管理

酒店的薪酬福利制度不仅直接涉及酒店的费用支出，而且直接影响员工工作积极性的调动与发挥的程度。薪酬福利不仅是员工生活的保障，还是员工社会地位和自身价值的具体体现，同时，也意味着酒店对员工劳动价值的认可程度。所以，酒店应根据自身情况，尽可能不断提高员工的工资水平，实行合理的奖励和津贴制度，为员工提供劳动保障等福利待遇。通过建立良好的薪酬福利制度，激励员工努力工作。

### （一）酒店确定薪酬的依据

**1. 绩效考评的结果**

绩效考评是评价员工工作成绩、奖励优秀的基本依据。薪酬的确定也要依据绩效考评的结果,使薪酬的发放公平、客观。

**2. 职位的相对价值**

酒店应当系统地评定各个职位的相对价值,依照每一职位的工作对酒店的贡献率、相对重要性、工作性质、工作经验、特殊技能、履行职责的风险等来评定各个职位的排列顺序,并以此作为获取薪酬的依据。

**3. 劳动力市场供求状况**

薪酬相当于劳动力的市场价格,劳动力市场的供求变化直接影响着价格的变化,相应的薪酬水平也会随着变化。因此,要注意劳动力市场的价格变化趋势,进而确定薪酬的多少。

**4. 居民生活水平**

社会进步、经济发展的突出体现就是居民生活水平的提高,酒店的薪酬水平与当地居民的生活水平也具有客观的可比性。

**5. 酒店财务状况**

酒店薪酬发放资金的来源是财务部,只有酒店有可观的经营效益,才会有更多的资金进一步投入到薪酬上。酒店的财务状况直接影响到酒店的薪酬水平,尤其是可以浮动的那一部分,如奖金和福利等。

(二)酒店薪酬的结构设计

薪酬有直接和间接两种表现形式,直接薪酬由工资和奖金组成;间接薪酬又称福利,由集体福利、补助、带薪休假和保险组成。

**1. 工资**

(1)结构式工资制。结构式工资制是由若干具有不同功能工资组合而成的分配制度,主要由基础工资、职务工资、工龄工资、效益工资、津贴等部分构成。基础工资又称固定工资,是按国家政策和满足员工基本需求而设计的。职务工资又称岗位工资,是根据工作分析中员工所担任的职务或岗位级别来确定的,一般职务越高,责任和风险越大,贡献越多,岗位工资就越高。工龄工资是根据工龄的长短而确定的工资部分。效益工资又称奖励工资,它根据酒店的效益好坏和员工的表现而浮动。结构式工资制在一定程度上体现了按劳分配的原则,具有操作简单、直观简明的特点,适合中、小型酒店。

(2)岗位等级工资制。岗位等级工资制是按照各个不同岗位和每一个岗位中不同等级而确定工资标准的工资制度,根据岗位规模、职责范围、工作复杂程度、人力资源市场价格等方面综合评定各个岗位和岗位内部不同等级的工资水平。其中岗位规模是指该岗位对酒店的影响程度和影响范围;职责范围是指完成工作独立性、难度、沟通频率和方式。工作复杂程度指任职资格作业的难度,工作环境等;人力资源市场价格是人力资源供求状况和所需人才市场价值的体现。综合评定这些因素,利用点数法分析和测定酒店各个岗位的点数,根据不同的点数将岗位划分为不同的等级以及同级岗位内部的不同等级,从而确定各个等级的工资水平。

(3) 计件工资制。计件工资制,最初是从工业产品制造开始的,酒店行业的计件工资制是根据员工所完成工作,如按客房出租率、餐厅营业额、商品销售量等衡量要素的数量、质量和所规定的计价单价核算而支付劳动报酬的一种形式。工资的数额由工作标准和工作成效所决定,是典型的按劳分配。这种工资制最好与其他的工资制结合使用,才能达到较好的效果。

【案例】7.1

## 某五星级酒店客房部计件工资管理方案

为提高员工工作积极性和工作效率,体现多劳多得的分配原则,现对客房部楼层员工工资实行计件考核,具体规定如下。

### 一、考核范围及标准

1. 考核对象:客房楼层服务员,每人每月保底工资2 000元。

2. 考核标准:

标准房:退房(C/O)4元/间;住房(O)2元/间;干净房(VC)1元/间。

普通套房:退房(C/O)6元/间;住房(O)3元/间;干净房(VC)1.5元/间。

豪华套房:退房(C/O)8元/间;住房(O)4元/间;干净房(VC)2元/间。

### 二、操作方法

1. 由每日客房部值班督导根据当天客房清扫情况统计每位员工清扫房间数,登记客房每日清扫记录表。

2. 根据客房清扫记录表编制每日客房计件统计表,上报财务审核,并附上当日房态表。

3. 财务审核人员根据当日的房态记录及当日离店房间数量进行核对,无误后签字确认。

4. 月末由财务部根据每日客房计件统计表统计每位员工应得工资,上报综合编制工资表。

### 三、管理规定

1. 经济房与经理房同为标准房考核。
2. 客房部需认真准确统计员工实际做房数,按时报财务部。
3. 财务部应认真核对每日客房统计数,把好审核关。
4. 客房部应将员工每月应得工资数进行张贴公布,以保证公平公正。
5. 考核员工的违规或不达标情况,相应扣款将从工资中减扣。
6. 其他部门协助清房者,经客房部负责人批准,并经检查合格,可纳入此方案。

### 2. 奖金

奖金是酒店对员工付出的超额劳动或优秀表现而支付的一种劳动报酬。它是员工工资的一种必要的补充形式,能够及时、准确地反映员工的劳动成效,起到很好的激励作用。按照奖励内容可分为单项奖和综合奖;按奖励的对象可分为个人奖和集体奖;按时间可分为月度奖、季度奖和年终奖。单项奖是以员工完成某一项主要指标的情况作为得奖的条件,该奖项目标单一,考核项目少,简单易行,且通常是一次性奖励;综合奖则是按照已确定好的考核指标,考虑员工多项指标要素的得分而取得的奖励。

### 3. 福利

福利泛指酒店内所有的间接报酬,多以实物或服务的形式支付,是报酬的一种有效补充形式。常见的福利形式有集体福利,包括子女入托、免费工作餐、员工公寓、阅览室、活动室等;福利补助,包括工伤抚恤金、通勤补助、住房补贴、度假旅游补贴等;休假,包括带薪休假、婚丧假、年休假、产假等;保险,包括劳动保险、医疗保险、养老保险等。福利的主要作用是满足员工的安全需要,同一酒店员工所享受的福利差别不明显,如果适当增加员工根据自己需要选择福利项目的权利,会提高员工满意度。

## 七、劳动关系

劳动管理是指劳动关系主体双方,即酒店和员工依法享有的权利和义务。

劳动关系主要是指酒店所有者、经营者、管理者、普通员工及其工会组织之间在酒店经营活动中形成的各种权、责、利关系。主要涉及两个方面的内容:一是劳动者同用人单位之间有关工作方面所形成的劳动关系；二是代表单个劳动者利益的工会同用人单位之间所形成的劳动关系。劳动关系的管理涉及各方的利益，具有一定的复杂性。酒店劳动关系应遵循就业平等、公开竞争、先培训后就业、照顾特殊群体和禁止未成年人就业等原则。

### （一）劳动合同及其管理

劳动合同是劳动者与酒店确定劳动关系、明确双方权利和义务的协议。劳动合同的签订是劳动者与酒店劳动关系确立的标志。《劳动法》规定，劳动合同一经依法订立，即具有法律约束力，当事人必须履行劳动合同规定的义务。这对于稳定酒店员工劳动关系，减小流动率，建立长期的合作关系和提高员工的忠诚度提供了可能。

劳动合同的管理包括劳动合同内容的确定，劳动合同的期限，劳动合同的订立与变更，无效合同的判定，劳动合同的终止和解除，违反劳动合同的责任等。

### （二）劳动安全与劳动保险

劳动的安全管理在酒店显得格外重要，在酒店从业人员的日常工作中，安全因素需要随时注意。常常因为员工的人为失误，机器故障及危险物质、能源的储存不当等，造成无法弥补的安全事故。因此，要在实际操作中，提高安全意识，实施严格的安全责任制，制定安全操作规范，紧抓安全事故的防范和预防，从而保证全体员工在一个安全的环境中，全身心地投入工作。

劳动保险是一种社会保险，是保证员工在遇到各种特殊困难时，能够得到一定的物质帮助，以尽快恢复正常生活的一种安全保障形式。包括：员工因工负伤、致残、死亡保险；员工非因工负伤、致残、死亡保险；员工疾病的公费医疗保险；员工生育保险；员工退职、退休保险；员工直系亲属的保险等。

### （三）工会组织与民主管理

工会组织是以协调雇主与员工之间的关系为宗旨而组成的团体，包括员工工会、雇主商会以及由员工与雇主组成的其他合法组织。这里所谈到的工会主要是指员工工会，是以员工利益为基础，与雇主进行有效沟通的一种组织形式。员工可以通过工会获得教育、援助、福利和优惠服务，参加酒店的民主管理，参与政治活动等。

## 第三节　酒店人力资源管理激励

激励是管理的核心问题。如何实现持续而有效的激励一直是管理学研究的重要课题。古典管理学理论认为,经济因素和物质条件是重要的激励因素,相应的管理方法是严格奖惩。行为科学理论认为,社会因素和心理因素是首要的激励因素,隐含着"快乐的员工才有战斗力"的假说,相应的管理方法是"优待员工"。现代科学管理理论将人们的视线转移到"合理利用和开发人力资源"上,认为人的贡献本身就是极有价值的,相应的管理方法是内在激励法,使组织目标和任务高度个人内在化,以求得最大限度地认可和认同。有效地激励员工不仅是酒店人力资源管理活动的一项重要工作,也关乎酒店的生存与发展。

## 一、激励概述

激励(Motivation)这个词语来源于拉丁文字"movere",原意是采取行动的意思,后来逐渐成为心理学中的重要概念。现代心理学将激励定义为:在外界环境诱因的作用下,个体根据自己的内在驱动力,通过运用一定的自我调控的方式,从而达到激发、引导、维持和调节行为并朝向某一既定目标的过程。就其本质而言,它是表示某种动机所产生的原因,即发生某一行为的动机是如何产生的?在什么环境中产生的?同样一个人,为何有时工作积极,有时却消极怠工?现在将激励一词引入到酒店人力资源管理中来,则赋予其新的含义:激励是指酒店为了使员工的需求得到满足,而激发其个人动机,使之有一种精神力量或内在动力,朝着一定的组织目标行动的心理活动过程。

## 二、激励的作用

### (一)调动员工的积极性

激励最重要的作用就是最大限度地调动员工工作的积极性。酒店管理者在了解员工的自我价值、归属感、被尊重和被关注等心理需求的基础上,通过具体分析,有针对性地设置目标,并把酒店的目标与员工的需求有机结合起来,从而更充分地发挥员工的内在潜力。

### (二)提升团队的战斗力和凝聚力

酒店经营需要全体员工的共同努力。管理者通过对员工的有效激励和沟通,使员工树立全局观念,形成团队精神,提升团队的战斗力和凝聚力,实现酒店的目标,增进成员的归属感、成就感和自豪感。

### （三）提高服务质量

酒店服务的最大特点是具有个性的酒店员工提供的劳务服务，所面对的以主观感受来评价其接受服务情况的客人。因此，员工对服务质量的控制最有效。只有满意的员工才会自觉自愿地为客人提供优质的服务，为客人着想。使员工满意的最有效的方法就是激励，它可以调动员工积极性、主动性和创造性，在规范服务的基础上，竭尽所能为客人服务，最终达到提高服务质量，提升酒店经济效益的目的。

### （四）提升酒店的管理水平

酒店管理者应鼓励员工参与管理，让员工为酒店发展献计献策，从基层的角度提出有利于酒店发展的建设性意见，提升员工的认同感，增强员工的主人翁意识。

## 三、激励的类型

### （一）按激励的内容，可分为物质激励和非物质激励

物质激励作用于员工的物质生活需求，从马斯洛需求层次理论可以看到物质的需求是基本需求，只有满足了基本需求，才能更好地进行精神追求，挖掘员工潜力，完成好工作。物质激励的方式如奖金、分红、持有公司股份等。非物质激励则是针对人的精神需求，提供精神满足的激励，如上级的夸奖等。

### （二）按激励的性质，可分为正激励和负激励

正激励就是对员工目前的行为表示满意，并通过表彰和奖赏来保持、巩固和发展这种行为，以达到激励的目的。负激励则是员工的行为和表现不符合组织的要求，而通过教育批评或惩罚的方式来进行激励的过程。这两种激励的方法都要注意把握"度"的问题，否则会引起员工的反感，导致激励的失败。

### （三）按照激励的形式，可分为内激励和外激励

内激励是从员工的心理特点出发，通过启发和诱导，激发其主动性和积极性，在工作上投入极大的热情。外激励则是运用外部环境条件来制约员工的行为动机，加强团体合作，从而达到组织和个人的目标一致性。

## 四、激励的原则

### （一）物质激励与精神激励相结合的原则

物质激励是基础，精神激励是根本。加薪、奖金、福利、股权、分红等都是常用的物

质激励的方法。能够从物质上解决员工的实际需求。表扬、谈心等常用的精神激励能够提升员工的荣誉感，满足员工精神上的需求。两者结合，合理运用，能够有效提升员工工作的积极性，提升激励效果。

### （二）及时性原则

当员工的行为值得表扬的时候，酒店管理者应及时采取激励措施，对员工的行为予以肯定。相反，员工的行为如果违反了酒店管理规定，酒店管理者也应当及时予以制止，采取惩罚措施。及时地给予正负激励，都能够有效地激励员工，更好地为酒店工作。

### （三）适度性原则

适度性原则要求对员工进行激励时，激励的力度要与员工的行为相适应。程度过高的激励和过低的激励都无法有效激发员工的工作积极性。

### （四）公平公正原则

公平公正原则要求酒店管理的程序与制度对所有员工都是公平的。员工对酒店贡献越大，得到的奖励越高。相反，贡献越少，奖励越少，甚至是被惩罚。"平均主义大锅饭"式的管理模式实际上不公平，也增加了管理成本。

### （五）自我激励的原则

激励的机制就是通过外力影响员工的内在积极性。酒店管理者需要通过一定的规章制度，帮助员工自我认知，树立工作的信心和勇气，将外部管理制度内化为员工的内在动力。

### （六）正负激励相结合的原则

正激励是对员工符合组织目标的行为进行奖赏，负激励是对员工违反组织规定的惩罚。奖惩结合才能起到激励员工的目的。

## 五、酒店员工激励的主要方式

酒店管理者应通过需求层次理论、双因素理论、强化理论、公平理论、期望理论、目标理论等各种激励理论的灵活运用，采取各种有针对性的激励方式，激发员工的工作热情，使他们主动开展工作。酒店常用的激励方式有：薪酬激励、竞争激励、文化激励、领导激励、尊重激励、需求理解、目标激励、内在激励、形象激励、荣誉激励、兴趣激励、参与激励、情感激励、榜样激励和惩罚激励等。

## （一）薪酬激励

薪酬是酒店支付给员工的劳动报酬，是保障和改善员工生活的基本条件。酒店要设立科学的薪酬制度，坚持"重奖重罚"的原则，真正实现薪酬激励的目的。

## （二）竞争激励

竞争激励是指酒店开展部门之间、员工之间有序、平等、良性的竞争活动，包括岗位竞争、人才竞争等。通过开展各种知识竞赛、技能竞赛、优质服务竞赛、内部竞聘等，体现员工的知识、能力、才华和自身价值。缺少竞争的工作环境不利于发挥员工的聪明才智，只有竞争的环境才能调动员工的激情，激发员工奋发向上的工作热情。

## （三）文化激励

酒店文化是指酒店长期形成的共同思想、价值观念、工作作风和行为准则。文化激励能够满足员工的精神需要、调动员工的精神力量，通过文化激励把酒店员工紧密团结起来，形成巨大的凝聚力，使员工产生强烈的集体意识和对酒店的认同感、归属感，对本职工作的使命感和责任感。酒店文化的关键是酒店的精神文化，表现在爱国爱企的员工风貌、自强不息的进取精神和精诚团结的人际关系等。

## （四）领导激励

酒店领导者的战略眼光、管理水平、领导艺术和个人影响力，对酒店发展起着至关重要的作用。优秀的领导者有着扎实的理论、丰富的经验、良好的智商与情商。不仅关心员工、体谅员工，也能够被员工爱戴，受到员工的拥护，提升员工的工作积极性。

## （五）尊重激励

尊重激励是酒店通过对下级的尊重，听取下级意见，让员工感受到自己在酒店中的重要性。具体表现为：听取下级意见，尊重员工人格，重视员工的作用。酒店管理者要广开言路，善于倾听、收集、正确对待员工对酒店工作的意见和合理化建议。

## （六）综合激励

综合激励是运用目标激励、榜样激励、荣誉激励、信任激励、情感激励、工作激励、兴趣激励等多种手段，多方面多角度激励员工。如荣誉激励是对酒店做出突出贡献的员工授予一定的荣誉，既为其他员工树立榜样，又使获得荣誉者经常鞭策自己。互相信任是同事之间、上下级之间一种巨大的力量，这种力量不仅能使人们形成一个团结战斗的集体，而且能激发人的工作积极性和创造性。

【知识拓展】7.1

### 酒店"首席员工制"

"首席员工制"作为人力资源管理的一种制度创新,为现代酒店提供了一个针对技能型员工的有效激励方案。所谓"酒店首席员工",是指在酒店的一线工作岗位上能力超群、业绩突出、有标杆示范作用的员工,它是一种荣誉称号,而并非一种职务或职称。实行"首席员工"的岗位应严格限定为酒店中的非领导岗位,它标志酒店普通员工身份与高超技艺水平的融合。对于评聘的"首席员工"需在待遇方面给予必要的倾斜,如发放"首席岗位津贴",享有职业培训、继续教育、带薪休假等的优先权,参与企业战略决策等。因此,酒店"首席员工制"实际上是现代酒店从精神和物质两方面对"蓝领"员工进行双重激励以促使其完成个人目标或自我实现的手段,或者说是一种价值留人、事业留人的策略。

## 第四节 酒店职业经理人的发展

职业经理人起源于20世纪50年代,到现在已经发展成为一个全球流行的概念。职业经理人走上中国经济舞台的历史较为短暂,但却因其在企业发展中发挥的重要作用已在我国各行各业"遍地开花"。酒店业是我国最早引入职业经理人的行业,酒店职业经理人是酒店人力资源的重要组成部分,日益激烈的市场竞争对酒店职业经理人的个人素质和职业能力提出了更高的要求。

### 一、酒店职业经理人的界定

酒店职业经理人属于酒店中的管理层,一般应具备担任酒店管理职位的职业能力并有相当的从业经历,能够以一定的价格在市场中自由流动,从而获取薪酬和实现自身职业生涯的目标。2004年8月1日,由中国饭店协会起草,国家质量技术监督检疫总局和国家标准化管理委员会联合发布的《饭店业职业经理人执业资格条件(GB/T 19481—2004)》正式实施,这是我国的第一个职业经理人国家标准。该标准给出了"饭店业职业经理人"的官方定义,即"运用系统的现代饭店经营管理知识和经验,对某一饭店(或一个部门)进行经营和管理,以经营管理饭店为职业的经营者"。对于一个现代酒店的职业经理人而言,在不同场所需要扮演好多重角色。如表7-6所示。

▼ 表7-6　酒店职业经理人的角色定位与角色扮演

| 角色识别 | 角色定位 | 角色扮演 |
|---|---|---|
| 关键性角色 | 指挥者 | 具有决策能力和组织指挥能力,能做出周密的计划,善于识人与用人,并有勇往直前的进取心 |
| | 执行者 | 忠于职守,善于领会上级意图,埋头苦干,任劳任怨,具有过硬的专业知识和技能,有较强的组织能力 |
| | 督办者 | 公道正直,熟悉业务运作的方法与标准,并掌握第一手的材料和情况 |
| | 反馈者 | 具有客观性,敢于直言不讳,同时要具备较强的综合分析能力 |
| 辅助性角色 | 宣传者 | 对外积极宣传酒店形象,推介酒店的产品和服务,参与交流与合作;对内宣传酒店的政策和制度,传达各种最新信息 |
| | 谈判者 | 代表所有员工的利益,与用人单位协商员工待遇与福利等 |
| | 协调者 | 拥有良好的人际交往关系,协调酒店内部员工之间的关系,协调与供应商、政府等的关系 |

酒店职业经理人的等级根据酒店职业经理人的学历背景、任职经历等,可将其分为初级酒店职业经理人、中级酒店职业经理人和高级酒店职业经理人3个等级。《饭店业职业经理人执业资格条件(GB/T 19481—2004)》中对不同等级酒店职业经人的资质条件进行了明确的规定,在受聘情况、适用职位、学历背景和工作经历等方面都体现出显著差异,如表7-7所示。

▼ 表7-7　不同等级酒店职业经理人的资质条件

| | 初级酒店职业经理人 | 中级酒店职业经理人 | 高级酒店职业经理人 |
|---|---|---|---|
| 受聘情况 | 受聘于一家或多家酒店的现中级管理人员 | 受聘于酒店或酒店管理集团的现职中高级管理人员 | 受聘于酒店或酒店管理集团的现职高级管理人员 |
| 适用职位 | 包括但不限于部门经理、部门副经理、主管 | 包括但不限于总经理、副总经理、执行总经理、总监、副总监、部门经理 | 包括但不限于酒店集团CEO、总监,酒店的总经理、执行总经理、业主 |
| 学历背景 | 具有大学专科以上学历(或同等学力) | 具有大学专科以上学历(或同等学力) | 大学本科(或同等学力),或酒店、旅游管理专业专科以上学历 |
| 工作经历 | 在一个或数个酒店中级管理职位上有两年以上的全日制工作经历 | 在一个或数个酒店中高级管理职位上有三年以上的全日制工作经历 | 在一个或数个酒店高层管理职位上有三年以上的全日制工作经历 |

(【拓展阅读,扫码学习】:清醒吧酒店人,依靠跳槽快速"成长"不过是浮云)

## 二、酒店职业经理人的职业要求

酒店职业经理人是实现酒店目标的主导要素。那么,什么样的酒店职业经理人才能真正担负起酒店经营管理的重任呢?酒店职业经理人的职业要求体现在如下三个方面:

### (一)职业道德

具有良好职业道德是成为一名合格酒店职业经理人的前提条件,包括遵纪守法、爱岗敬业、忠诚可靠、诚实守信、办事公道、服务精神等要素。具体而言,就是要遵守国家法律、法规,遵守社会行为规范,遵守企业章程及管理规章制度,做到自律守节;要具有敬业精神,热爱本职,能够承担责任,竭尽全力履行应尽的职责;要忠于职守,恪守信义,维护企业的利益;要实事求是,取信于客户和员工,严守企业的商业秘密,遵守"竞业避止"原则;要坚持真理,明确是非,追求正义,秉公办事,不徇私情;要具有社会责任感,发扬无私奉献精神,为社会创造价值。

### (二)职业素养

职业素养是酒店职业经理人胜任力的核心指标,包括团队意识、进取意识、客户意识和自我管理等要素。具体而言,就是要将自己融入整个团体,对问题进行思考,明确团队目标、尊重和激励团队成员、加强团队沟通、树立团队精神;要能够接受新的知识,能够迎接挑战,能够创造和把握机会,不惧怕犯错误,并勇于承认和纠正错误;要一切以客户为中心,提供优质服务,主动捕捉市场信息,深入分析市场需求和抓住市场机会,持续改进经营策略;要有稳定的情绪和强烈的自信心,尊重他人的观念、有效地开发自己的潜能。

### (三)职业知识

职业知识是酒店职业经理人专业化程度的体现。要求酒店职业经理人必须掌握较为全面的酒店业知识和了解较为前沿的企业管理知识。前者包括酒店人力资源管理、会计和财务管理、餐饮管理、客房管理、工程管理、市场营销等方面的专业知识;后者涉及领导艺术、组织行为学知识、行政管理知识等。

## 三、酒店职业经理人培养的意义

### （一）提升酒店核心竞争力

酒店职业经理人直接或间接地参与酒店的投资、酒店发展战略、酒店经营管理决策等关系酒店发展的重大问题，直接操纵整个酒店的日常经营管理事务。因此，酒店职业经理人的领导能力和管理能力至关重要，在竞争日益激烈的酒店市场，我国酒店企业能否在国外强势的酒店品牌面前立足并与之抗衡，酒店职业经理人的素质能力起着决定性作用。从某种意义上说，酒店职业经理人是酒店核心竞争力的体现。因此，提升我国酒店职业经理人的能力，不断培养并塑造高素质的酒店职业经理人才，是我国酒店是否具有核心竞争力的关键。

### （二）创造和实现酒店价值

酒店是一个服务性行业，为顾客提供的产品和服务主要通过酒店员工的对客服务来体现。员工的服务技能和服务水平直接关系到酒店产品和服务的质量。酒店职业经理人操纵酒店的日常经营管理事务，有效地组织酒店员工从事酒店服务的生产和销售，对员工的工作进行标准化和规范化的管理，不断考核评估员工的工作，培训员工的服务技能，通过全面的质量管理真正保证酒店的产品和服务质量，从而创造酒店的价值。因此，不断对酒店职业经理人进行能力提升和素质培养，对保证酒店产品和服务质量、实现酒店价值有着重要的意义。

### （三）推动酒店可持续发展

中国加入WTO以后，我国酒店业逐渐实现与国际接轨。万豪、洲际、希尔顿等众多国际著名的酒店品牌纷纷落户中国，国内的酒店集团也纷纷崛起，如锦江、首旅、华住、东呈等，中国酒店业市场竞争将更加激烈，同时酒店消费者对酒店服务的要求也不断提高。在这样的市场环境下，酒店职业经理人必须不断提升自己的职业能力和自身价值，才能跟上酒店业快速发展的步伐。因此，对酒店职业经理人进行素质和能力培养是保证酒店持续发展的动力。

**典型案例**

**酒店营收翻倍的秘密，藏在员工关怀里**

《2021中国酒店业人力资源趋势报告》显示：近75%的调查者期待在1—2年内获得职位晋升。基于这样的心理暗示，58.58%的受访者最近一份工作的店龄在2年以下,近三年未跳槽的也仅占27.21%。招人难,留住人才更难。对于酒店等服务行业来说,降低基层员工的流失率正在成为酒店经营者的难题。而且,不难发现,基层员工的流失率很高,所以,改善工作环境、工作氛围,提升员工对酒店的认可度极为重要,这也是减少员工流失的一个主要方法。

如何把人留住?河南永和铂爵国际酒店的方式之一就是想方设法把员工服务好。对就职5年以上的员工,酒店会安排出境游、答谢活动等,邀请员工家人来酒店,体验客房、餐饮等产品和服务;员工子女考上大学,酒店会集中邀请员工及家人参加酒店特别举办的庆功宴。在一些特定的节日,比如父亲节、母亲节或者是中秋节等,酒店都会准备一些创意性的礼物给员工,增加员工的幸福感。精神层面的关注之外,员工的工作氛围也需要同步去悉心营造。酒店会每个季度为员工举办生日会,每位过生日的员工会收到来自总经理的短信祝福。另外,酒店会组织大家去看电影、郊游或是做飞盘游戏、泡温泉等。不仅如此,酒店定期也会举行拔河比赛、趣味运动会,"永和好声音"比赛等。

河南永和铂爵国际酒店人力资源部总监认为,对于酒店而言,针对员工关怀也有几个关键点:

1. 员工去留看入职关键期

和很多酒店一样,河南永和铂爵国际酒店在新人入职前会有入职培训,使其对集团、企业文化有一个初步的了解。到岗位后,会安排师傅"一对一"带新人,不仅有书面培训计划,每天培训了哪些内容,师徒之间还需要签字确认,这些计划会作为转正时的考核指标。为了让员工更快适应工作,除了线下师傅带,酒店还建设了线上内部学习平台,每人一个账号,学习内容不仅涉及本部门的内容,还能使其了解其他部门的工作。

2. 关注员工的关键时刻

酒店每个月都有员工自我展示的评选——优秀员工服务之星及优秀实习生,由部门推选,员工演讲,把自己在工作中的感受、事迹告诉大家。优秀员工还会获得500元的现金奖励。

3. 为员工"一对一"做职业规划

酒店管理层会对员工以聊天的方式进行"一对一"的职业规划,根据员工的个性、职业发展期望等多方面去衡量,协助员工找到最适合的部门岗位。

后疫情时代,酒店的流量密码在哪里?可能就在对待员工的细节中,因为内心充实的一线员工,对待客户的微笑最真诚。万豪酒店也流传过一句话,"照顾好你的员工,员工就会照顾好客人,客人就会再回来。"

资料来源:酒管财经 2021-12-10 酒店营收翻倍的秘密,藏在员工关怀中

### 本章小结

1. 酒店人力资源管理是指以提高劳动效率、工作质量和取得效益为目的,运用现代管理学理论中的各项管理职能,对酒店的人力资源进行有效的开发与利用,实现人力资源价值最大化的一种全面管理。作为酒店组织的一项基本职能,它具有综合性、科学性、动态性、服务性等特点。

2. 酒店人力资源管理的内容体系可以划分为人力资源规划、员工招聘、员工培训、绩效考评、薪酬管理、劳动关系管理六大板块。

3. 持续而有效的激励是检验酒店人力资源管理成败的重要标尺,是提高员工工作效率和酒店效益的关键环节。酒店员工激励的方法主要有薪酬激励、竞争激励、领导激励、文化激励、综合激励等。

4. 酒店职业经理人是酒店人力资本的重要组成部分,需要从职业道德、职业素养和职业知识相结合的角度对酒店职业经理人进行培养。

# 第三单元　实践与训练

## 第一部分　课堂讨论

1. 酒店如何建立优秀的员工团队？
2. 酒店面对不同级别的岗位空缺可以采取哪些高效的招聘方式？

## 第二部分　课外练习

1. 基本概念

（1）酒店人力资源

（2）员工激励

（3）酒店职业经理人

（4）绩效考评

2. 填空题

（1）按照酒店招聘渠道，可分为_____和_____。

（2）激励是指发现和引导员工的内心需要，通过有效的内外部措施，极大限度地激发员工工作的_____、_____和_____。

3. 单选题

（1）下列不属于人力资源管理的特点的是(　　)。

① 综合性　　　② 动态性　　　③ 阶段性　　　④ 服务性

（2）(　　)是指发现和引导员工的内心需要，通过有效的内外部措施，最大限度地激发员工工作的积极性、主动性和创造性，从而有效地实现酒店组织目标和满足员工需要的过程。

① 激励　　　② 协调　　　③ 领导　　　④ 控制

（3）(　　)是酒店通过对下级的尊重，听取下级意见，让员工感受到自己在酒店中的重要性。

① 综合激励　　② 尊重激励　　③ 领导激励　　④ 文化激励

(4) 员工薪酬中起激励作用的是(　　)。

① 工资　　　　② 奖金　　　　③ 福利　　　　④ 保险

4. 多选题

(1) 工资结构包括以下(　　)。

① 结构式工资制　　　　　　　② 岗位等级工资制

③ 计件工资制　　　　　　　　④ 弹性工资制

(2) 酒店员工激励的方法有(　　)。

① 竞争激励　　② 文化激励　　③ 综合激励　　④ 薪酬激励

(3) 激励的原则有(　　)。

① 物质激励和精神激励相结合的原则

② 及时性原则

③ 适度性原则

④ 公平公正原则

5. 简答题

(1) 酒店人力资源管理有何特点？

(2) 酒店人力资源管理的内容包括哪些？

(3) 激励的作用是什么？

(4) 员工招聘的原则有哪些？

(5) 成为酒店职业经理人的必备素质能力有哪些？

6. 实训题

请结合所在地区的实际情况，调研某一五星级酒店的一线员工的人力资源管理情况，可从团队结构、员工福利、员工工作满意度等方面开展。

## 第三部分　案例分析

### 高端酒店的人才"痛"

随着科技发展日新月异、新生业态不断涌入，那些传统高端酒店的组织形态开始面临挑战。这类酒店竞争乏力，组织形态陈旧是重要原因之一，可总结为以下几个特征："正三角""根系状""大锅饭"。

1. "正三角"人岗分布造成"招聘难、成本高、流动大"的困境

劳动力集中在最底层，数量庞大约占到酒店总人数的4成，岗位内容基础且烦琐、专业门槛低、薪酬低。酒店在这种组织形态下，受制于经营压力和财务业绩，不得不精打细算地降本增效。现在一些最底层的一线员工逐渐被实习生和小时工代替，其形成的"小三角"依然是最底层的合同制员工，他们便是今后的领班、主管和大堂副理。然而因为一线员工和"成长"起来的管理人员的不专业及人手匮乏，导致整体服务质量下滑，酒店不得不以低房价换出租率以保障收益，而一味降价终会入不敷出，开源不行只得节流，人工成本一降再降，导致离职率增加而招聘进人速度远不足以及时补缺，服务链因此逐步崩溃断裂。

2. "根系状"管理模式是"层级多、效率低、管控弱"的根源

一个传统的高端酒店自上而下少则五六层级，多则十余级。管理层指令和方针的下达像树的根系般，由上自下层层灌输和分解，从主干脉络直到枝干末梢，分工明晰且高效。但是目前酒店从业人员的专业、质素、学习理解能力的差异等种种内在和外在因素，让一项指令从首端的发出到末端的接受，往往会被错误传达、通知迟时、理解歪曲，甚至遗失。酒店现存管理系统的烦琐复杂已经严重影响了正常的运营和经营，"一言堂""狐假虎威""拿着鸡毛当令箭""事不关己，高高挂起"等恶习可谓比比皆是，不断侵蚀酒店人的心态，同时也让那些对酒店业心怀憧憬的未来酒店人望而却步。

3. "大锅饭"的薪酬绩效体系导致"人才疏、专业弱、无狼性"的现状

酒店的薪酬福利体系通常由三部分组成："基础工资＋月度班次津贴＋年终分红"，除了销售、前台和餐饮的个别运营一线人员会根据业绩提成，Upselling（升级销售）等有少量的激励奖金外，其他同级别的员工薪酬差距不会很大，即使有所谓的一年一度绩效加持，也是形同虚设，美其名曰"公平公正"，避免因为百来元的差距造成内部矛盾，其实这就是"大锅饭"的极端表现。如此一如既往的酒店薪酬模式，使得具备狼性思维和竞争意识的有潜力的基层员工逐渐离开酒店业，选择留下的更多是兢兢业业的"老黄牛型"员工或安安稳稳"小白兔型"员工，酒店业的整体氛围变得毫无专业性和竞争性。

现代酒店业已经具有百年历史，存在即合理，但无论是一家企业还是一个行

业,要想走得更好更远,不破不立。酒店人力资源的从业者,要善于破局,才能开拓出新气象。

资料来源:迈点网转自酒店评论《高端酒店人才"痛"》

结合本章节所学专业知识,请你为以上三大痛点提出对策。

# 第八章 酒店收益管理

## 学习目标

◆ 思想目标

(1) 在了解收益管理起源、定义、基本观点、衡量指标及实施收益管理重要意义的基础上,端正职业态度、树立正确的酒店从业观;

(2) 通过本课程,培养学生良好的职业道德和社会责任感,培养其信息素养、全局意识和良好的心理素质。

◆ 知识目标

(1) 了解收益管理的思想和发展历程,掌握收益管理的概念;

(2) 掌握衡量收益管理水平的指标,分析酒店竞争力的强弱;

(3) 掌握细分市场的概念,了解划分依据,确认酒店细分市场;

(4) 掌握无限制市场需求的概念,了解常用的预测方法及其适用条件;

(5) 掌握价格弹性的概念,了解 BAR 计算方法,确定相应的价格体系;

(6) 掌握超订数量的计算方法、修正方法以及容量控制,了解收益管理的实现手段。

◆ 能力目标

(1) 培养学生的理性思维和大数据思维能力,通过数据分析与预测,找出酒店运营管理中存在的问题,针对这些问题提出解决思路;

(2) 培养学生创造性开展工作的能力。培养学生的沟通能力、全局意识。

导入案例

酒店实施收益管理前后对比

河南永和铂爵国际酒店是××收益管理系统在河南省的第一家五星级酒店

用户。从 2016 年 7 月开始,该酒店引入了收益管理咨询服务,通过理顺价格结构、细分市场代码、房型价差等,将面对面和远程求助相结合,经过短短三个月,该酒店的经营数据发生了较大变化。

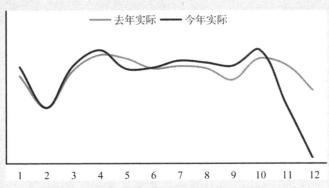

图 8-1　永和铂爵 2016 年和 2015 年经营数据比较

（注:截图时间为 2016 年 11 月上旬,该年 10 月前为有效数据）

图 8-1 反映了该酒店 2016 年和 2015 年同期出租率对比的情况,深色线条为 2016 年的数据,浅色线条为 2015 年的数据。从图中我们可以看出,自 2016 年 7 月河南永和铂爵国际酒店开始系统地实施收益管理策略后,虽然是手工操作,从当月开始以及往后的每个月,客房出租率都超过了 2015 年同期,而且增幅越来越大,尤其是××收益管理系统上线,用电脑加人脑来做收益管理之后的 2016 年 9 月和 10 月,增幅比手工时显著提高。由此可以推断,用手工做收益管理比不做收益管理好;用收益系统做收益管理,比手工好!

# 第一单元　任务导入

## 项目一　酒店收益管理情况调查

### 一、下达项目学习任务书

收益管理从20世纪90年代开始进入美国的酒店业市场,然而在中国的起步相对较晚,且大多数兴起于外资酒店,整体水平相对欧美国家而言稍显落后。其中人才储备不足、水平有待提升、流程需要规范、系统比较匮乏是主要挑战。

根据智研咨询的统计数据,2020年中国酒店数量排名前十的省市中,河南省位居第7位,共有酒店14 629家;这些酒店的一半以上分布在郑州市。

本次项目的学习任务是:从五星级、四星级、三星级酒店入手,以国际、国内的连锁酒店为主选择10家,了解其收益管理的使用情况。包括收益管理的组织机构;收益管理会议的基本内容;收益管理对酒店的贡献等。

### 二、项目准备

通过本次课程的学习、查找网络资料、开展社会调研,对酒店的收益管理有全面的认识。学生以小组为单位,通过PPT的形式进行汇报展示。学习任务书见表8-1。

▼表8-1　学习任务书

| 项目名称 | 酒店收益管理基本情况调研 |
|---|---|
| 项目训练形式 | 调研汇报(以小组为单位通过PPT的形式进行汇报) |
| 项目能力分解 | 思维能力、分析能力、语言表达能力、团队合作能力 |
| 项目评价 | 老师和其他小组成员现场提问 |

### 三、项目学习目标

1. 在课程学习的基础上,了解10家酒店中有多少家在管理过程中使用了收益管理的方法。

2. 在开展收益管理的酒店中,了解其承担该项职能的组织、人员配备、职能分工等。

3. 实施收益管理的主要流程。

4. 在酒店实施收益管理的过程中,动态定价、容量控制、超订、停留时间管理、团队置换等方法的使用情况。

5. 收益管理对酒店的贡献。

6. 收益管理实施过程中存在的问题。

### 四、项目学习情况评价

1. 对于收益管理的基本内容有全面的了解。

2. 在酒店管理的过程中,对酒店收益管理的组织机构、主要方法、实施效果、存在的问题等有全面的了解,进一步坚定学习的信心。

3. 通过本次调研活动,学生进一步加深对于郑州市经济型酒店和中高端酒店发展情况的了解。活动评分表如表8-2所示。

▼ 表8-2 "酒店收益管理基本情况调研"项目活动评分表

| 项目名称 | 酒店收益管理基本情况调研 |
| --- | --- |
| 材料准备(15分) | |
| 内容(30分) | |
| PPT(10分) | |
| 语言表达(15分) | |
| 团队合作(10分) | |
| 回答问题(20分) | |
| 合　计 | |

## 项目二　收集了解酒店收益软件

### 一、下达项目学习任务书

目前酒店收益管理软件可以分为两类,即自有的收益管理系统和第三方提供的收益管理系统。

酒店自有的收益管理系统，比较有代表性的是万豪的 One Yield 系统和华住的系统。第三方收益管理系统中，比较有代表性的是 Ideas、Infor EzRMS、众荟科技、别样红和鸿鹄科技等。

本次项目的主要任务是：对各类收益管理软件的功能做到心中有数；了解各类软件与企业 PMS 系统、OTA 对接的方式及其正常运行所需要的条件；明晰各类软件的优劣势。

## 二、项目准备

通过本次课程的学习、查找网络资料、开展社会调研，对酒店的收益管理软件有全面的认识。学生以小组为单位，通过 PPT 的形式进行展示汇报。学习任务书见表 8-3。

▼ 表 8-3 学习任务书

| 项目名称 | 酒店收益管理软件调研 |
| --- | --- |
| 项目训练形式 | 调研汇报（以小组为单位通过 PPT 的形式进行汇报） |
| 项目能力分解 | 思维能力、分析能力、语言表达能力、团队合作能力 |
| 项目评价 | 老师和其他小组成员现场提问 |

## 三、项目学习目标

1. 国内市场主要的收益管理软件及其优劣势。
2. 收益管理软件的主要功能，如预测、价格与容量的优化、报价、数据管理等。
3. 收益管理软件的使用对于酒店的 PMS 系统、OTA 对接方式的要求。

## 四、项目学习情况评价

1. 通过本次调研，对目前市场上可用的酒店收益管理软件有了基本了解。
2. 能够用自己的语言，对各软件及其功能做简要的介绍，能够简要讲解各软件在使用过程中的优劣势。活动评分表见表 8-4。

▼ 表8-4 "酒店收益管理软件调研"项目活动评分表

| 项目名称 | 酒店收益管理软件调研 |
|---|---|
| 材料准备(15分) | |
| 内容(30分) | |
| PPT(10分) | |
| 语言表达(15分) | |
| 团队合作(10分) | |
| 回答问题(20分) | |
| 合　计 | |

# 第二单元　背景知识

在现有条件不变的情况下,收益管理能提高酒店的收益,同时随着我国酒店市场竞争的空前激烈,酒店业亟须新的方法提高竞争力。在这种情况下,起源于美国的收益管理被引入我国,受到中国酒店业的重视。

## 第一节　酒店收益管理的概念及内涵

### 一、酒店收益管理的概念

收益管理起源于航空业,是运筹学、管理学、经济学、市场营销学等多学科结合的产物。

关于收益管理的定义,专家学者从不同的角度研究问题有不同的解释。

收益管理又称产出管理,是指在不同消费时段,对同样的产品或服务收取不同的价格、给予不同折扣,从而实现总体收益最大化的管理模式。

Talluri 和 Van Ryzin 从经济学角度将收益管理定义为需求决策管理,认为收益管理是通过对市场需求的细分和预测,决定何时、何地,以何种价格向谁提供产品或服务,通过扩大顾客有效需求来提高收益。

Kimes 从营销学的角度提出了 4R 理论,即在正确的时间和地点,以合适的价格向合适的顾客提供合适的产品或服务,实现资源约束下企业收益最大化。

综上所述,收益管理就是对不同时段的资源和价格进行有效的管理,并根据不同时段资源的价值制定合理价格的途径来提高企业收益。即以市场和客房为中心,以市场预测和市场细分为基础,通过对产品(服务)价格的优化和资源的有效分配,平衡市场对该产品(服务)的供给和需求,从而实现企业收益最大化。

酒店的主要收入来自客房,客房收入在营业总收入中占有较大比重。因此,收益管理可定义为:在合适的时间,将合适的产品以合适的价格通过合适的渠道出售给合适的顾客,从而实现酒店收益最大化的管理方法。概念涵盖了 5 个基本要素,即时间、产品、顾客、渠道和价格,对这些要素的优化可以给企业带来更高的收益。其中实施收益管理应运用以市场为中心的定价方法,价格是收益管理的重点;基础是对市场供求关系的预测和消费者购买行为的分析,因此,有一定的风险。

从产品角度而言,要关注其定位,满足不同细分市场顾客的需求;从时间角度而言,指的是在需求实现以前应做出最优的定价及房量决策,同时也要关注入住天数、星期规律和季节变化,从而通过准确预测管理好需求实现的过程;从价格角度而言,通过评估顾客对产品的价值认知,针对不同价格敏感度的顾客采用不同的定价策略;从渠道角度而言,通过评估各渠道的贡献优化各渠道的产量比例;从客房角度而言,准确把握不同细分市场消费者的特点,将产品信息和价格信息及时有效地传递给目标顾客。

## 二、收益管理适用行业的特点

收益管理的核心理念是通过对市场供需关系的分析和预测,运用价格杠杆调节供需平衡,从而实现酒店收入的最大化。一般来讲,适用收益管理的行业应具有以下特点:

### (一)生产(服务)能力相对固定

在酒店行业,由于受到土地和建造周期的限制,建成后在相当长一段时间内其生产或服务能力相对固定,不可能通过改变其生产或服务能力来满足市场变化的需求。因为拥有的客房数量、餐厅座位数、会议室的面积、康乐产品的资源有限,在市场过度需求时期只能通过有效的管理来提高酒店收益。

### (二)产品(服务)具有易逝性

易逝性也被称为时效性,即产品或服务的价值随着时间的推移会逐渐减弱或衰退,直至失去价值;如果此类产品(服务)在一定时间内销售不出去,其价值将会逐渐衰减直至为零,也即产品或服务无法通过存储来保全其价值。因此这一类型的企业要通过价格调节和资源有效分配,在规定的时间内把产品最大限度地销售出去。

### (三)具有高固定成本和低变动成本的特点

相对于高昂的前期投资,经营成本所占比重较低。虽然短期内难以提高生产(服务)能力,但是利用经营成本低的特点,获得的收入增加值可以较多地转化为企业利润。就酒店业而言,其固定成本包括固定资产投资、日常维护费用;可变成本包括水电费、一次性用品消耗费用、洗涤费用等。

### （四）市场可以细分

面对庞大的市场，企业没有能力也不可能满足所有消费者的需求，因此，依据人口、地理、消费、心理、习惯等因素可以将其细分，细分市场也是企业进行差别化定价的基础。就购买行为而言，酒店存在两类顾客：一类是对价格不敏感但是对时间和服务比较敏感的商务客人；另一类是对价格敏感，而对时间和服务不敏感的休闲度假客人。酒店可以针对他们不同的需求侧重点和消费能力，制定产品与价格组合，从而使酒店收益最大化。

### （五）市场需求具有波动性且可以预测

因为经济周期、季节变化和各类假期的存在，酒店行业市场有需求的高峰期和低谷期，呈现出一定的波动性。在需求的高峰期，消费者愿意支付较高的价格。因此管理者可以研究并利用市场的波动性，通过价格杠杆来调节供需平衡，从而减少资源的闲置和浪费。同时酒店的消费者可分为预约消费者和随机消费者，并且有相应的软件系统记录其预订情况，因此，通过分析消费者的行为，找到未来市场的运行规律，从而为需求管理和资源的优化配置提供了基础。

### （六）产品可以提前预订

随着网络的广泛应用和OTA的快速发展，酒店产品预订的便捷性和普遍性也为收益管理的实施提供了有利条件，从而保证对价格敏感度低的休闲度假消费者的订房需求，同时也能留出一部分房间给较晚订房的商务型消费者。商务型消费者愿意支付较高的价格购买酒店产品，从而使酒店获得更高收益。

## 第二节　衡量酒店收益绩效的指标

对于一个酒店，需要用数据来判断其经营业绩的好坏，同时对管理人员的绩效进行考核。一般来说，常用的指标有客房出租率、平均房价、每间可供出租房收入、市场份额、市场渗透指数、平均房价指数、收入指数等。

### 一、客房出租率

客房出租率（Room Occupancy Rate，又称OCC），是指酒店已出租的客房数与可以提供出租客房总数的百分比。客房出租率衡量的是酒店对客房的销售能力，因此是反映酒店经营状况及收益高低的一项重要指标。

$$客房出租率 = \frac{已出租的客房数}{可供出租的客房数} \times 100\%$$

通常可供出租的客房数不包括自用房、维修房(坏房)以及顾客因各种原因调换出的不能用于出租的房间。酒店客房出租率高,说明实际出租的客房数量与可供出租的客房总量之间的差距较小,客房的闲置或虚耗较低,酒店的经营业绩越好。酒店客房出租率越低,说明实际出租的客房数量与可供出租的客房数量之间的差距越大,客房的闲置或虚耗较高,酒店的经营业绩越不好。一般来说,客房出租率会受到内外部市场环境、竞争态势、客房数量、产品种类及客房销售价格的制约和影响。

## 二、平均房价

平均房价(Average Daily Room,简称 ADR)是指酒店客房实际营业净收入与已出租的客房数的百分比,又称平均客房售价或平均房价。随着酒店行业的发展,同一酒店内部存在着不同类型的客房,仅用一种产品的价格来衡量酒店的价格水平显然是不科学的,只有平均房价才是酒店不同类型客房综合价格水平的体现,代表着酒店综合价格水平的高低。其计算公式为:

$$平均房价 = \frac{酒店营业净收入}{已出租的客房数}$$

价格是酒店收益管理中的基本要素之一,实施收益管理的一个重要手段是通过价格杠杆调节供需平衡,使售价始终与市场需求相适应,从而实现收益最大化。

## 三、每间可供出租客房收入

每间可供出租客房收入(Revenue Per Available Room-night,简称 RevPAR),又称单房收入,是指酒店实际客房营业净收入与酒店可供出租客房数量的百分比。其含义是指在确定的时间周期内,将客房营业净收入按客房出租率100%折算后获得的每间可供出租客房的收入。计算公式为:

$$每间可供出租客房收入 = \frac{客房营业净收入}{可供出租的客房数}$$

从上面公式可以看出,客房出租率和平均房价分别为两个自变量,每间可供出租客房收入为因变量。当客房出租率不变,平均房价提高,每间可供出租客房收入相应提高;当平均房价不变,客房出租率提高,每间可供出租客房收入也相应提高。然而在实践中,客房出租率和平均房价这两个自变量经常处于同时变化状态且呈反向变化。因此,在酒店日常经营中,应在合理定价的基础上追求高客房出租率,每间可供出租客房收入是衡量收益管理绩效的最佳指标。

【拓展阅读,扫码学习】:春节 RevPAR 涨超 50%,民宿跑出了"万元户"?)

### 四、市场份额

#### (一)实际市场份额

市场份额(Market Shares)又称为市场占有率,是指一个公司的产品或服务销售量(或销售收入)占该类产品或服务市场销售总量(或销售收入)的比例。市场占有率越高,表明该公司的经营能力和竞争能力越强。计算公式为:

$$市场份额 = \frac{某酒店客房销售量}{目标市场客房销售总量} \times 100\%$$

#### (二)应有市场份额

应有市场份额又称为应有市场占有率或市场潜力。它是指一个企业产品的可销售量(或销售额)在市场同类可销售产品中所占的比重。酒店应有市场份额是指一家酒店可供出租客房的数量(或应得销售收入)占其目标市场中可供出租客房总量(或应得销售总收入)的比重。计算公式为:

$$应有市场份额 = \frac{某酒店可供出租的客房数量}{目标市场可供出租的客房数量} \times 100\%$$

### 五、市场指数

#### (一)市场参透指数

市场渗透指数(Market Penetration Index,简称 MPI)是酒店自身的平均客房出租率与酒店竞争群的平均客房出租率的比值再乘以 100%。竞争群是指酒店按照一定的规则选定的由竞争对手组成的一组酒店群,一般由不包括自身在内的 4—5 家酒

店组成。通过将自身与竞争群的各项指标进行对比,可以衡量自己在市场中的业绩和竞争力。计算公式如下:

$$市场渗透指数 = \frac{酒店平均客房出租率}{竞争对手平均客房出租率} \times 100\%$$

## (二) 平均房价指数

平均房价指数(Average Rate Index,简称 ARI)是酒店自身的平均房价与酒店竞争群的平均房价的比值再乘以 100%。计算公式如下:

$$平均房价指数 = \frac{酒店平均房价}{竞争对手的平均房价} \times 100\%$$

平均房价反映着一家酒店在市场中客房价格水平的高低,通过与竞争群中酒店平均房价的对比,来确定该酒店在市场竞争中的价格地位。

## (三) 收入指数

收入指数(Revenue Generation Index,简称 RGI)是酒店自身的每间可供出租客房收入与酒店竞争群的每间可供出租客房收入的比值再乘以 100%。计算公式如下:

$$每间可供出租客房收入指数 = \frac{酒店每间可供出租客房收入}{竞争对手每间可供出租客房收入} \times 100\%$$

收入指数是用来反映一家酒店在竞争群中每间客房收入能力高低的重要指标。

## 第三节 酒店收益管理实战技巧

酒店收益管理经常用到的方法有动态定价、容量控制、超额预订、团队置换分析等。

### 一、动态定价

在日常经营中,酒店常用的定价方法是以成本为中心的定价方法,但是这种方法存在一些缺陷,即忽略了市场因素。伴随着收益管理理念的产生,以竞争或者需求为中心的定价方法逐渐进入人们的视野,这也是较为先进的定价方法。

#### (一) 动态定价的基本概念

动态定价是指企业根据市场需求的变化和产品的供应能力,将同一产品依据市场需求的变化以不同的价格出售给顾客或细分市场，从而实现收入最大化的一种定价方法。由于顾客对酒店客房产品的需求存在着周期性或随机性变化，因此，可以运用价格杠杆调节供需平衡的原理，将同一客房产品在不同时间段以不同的价格出售给顾客或细分市场，从而实现客房收入最大化。实施动态定价的基本原因、基本条件和基本要素如下：

### 1. 基本原因

在酒店的日常经营中，市场需求每时每刻都在发生变化。如果价格不变，就会出现需求与价格背离的情况。即因为客房资源的有限性，在需求旺盛期，价格相对偏低，一些愿意支付较高价格购买客房产品的顾客却支付了较低的价格，酒店便损失了潜在的收入；在需求衰弱期，价格相对偏高，部分具有需求但只愿意支付折扣价格的顾客便被拒之门外，酒店同样损失可能获取的需求和收入。因此，在需求变化的市场中，单一和恒定的价格会使酒店损失掉应有的潜在收入。

为了避免上述缺陷，就要根据市场需求的变化调整酒店客房产品的价格，从而避免单一和恒定价格的缺陷。当市场需求旺盛时，如果在合理的幅度内提高价格，依然有足够的顾客愿意购买，从而可以获得较高的收入；当市场需求下降时，酒店可以推出低价折扣产品，吸引顾客入住从而获得更多的收入。

通过价格杠杆对市场供需的调节作用，市场始终处于平衡状态，从而使酒店在每个波动时期都能获得相应的收入。作为以市场为中心的定价方法，动态定价可以在不增加任何成本的情况下提高客房收入；由于客房产品存在边际成本低的特点，因此可以提高酒店的收益。

### 2. 基本条件

实施动态定价应具备三个基本的条件。一是市场需求随着时间的变化而变化。一般来讲酒店的市场需求会因为季节的不同而呈现周期性变化，也会因为市场经济活动而呈现出一定的波动性。如位于旅游城市的度假型酒店，会因为季节的不同和各类假期的存在而呈现出市场的淡旺季，因此，绝大多数酒店的市场需求都存在着周期性变化。二是酒店的市场可以细分。依据人口、地理、心理、行为、收入等因素，可以将酒店的目标顾客划分为不同的类型，即一个一个的细分市场。不同细分市场其需求特点和购买行为也不尽相同，如根据人数的多少可以将其划分为散客和团队，根据目的可以划分为以出差为目的的商务客人和以旅游为目的的休闲度假客人。一般来说，商务客人愿意支付较高的价格但是一般不会提前太长时间预订,而休闲度假客人对价格比较敏感而且会提前较长时间计划行程、预订客房。除此之外,还有协议客户,旅行社或公司往往会要求酒店一次确定好全年各个季节的价格,在协议有效期内无论市场需求如何变化,协议价格都保持不变。因此,在协议签订以前,酒店需要对未来的市场有一个相对比较准确的判断和预测,以免因价格过高或过低而导致不必要的损失。三是需要对市场进行预测。在市场动态定价过程中,主要面对的是未来的市场,即制定的价格是供未来市场中销售产品使用的。因此,实行动态定价,需要了解未来市场需求的变化情况,这一过程通过市场预测来完成;而预测结果的精准度,又决定着价格制定的合适程度。

**3. 基本要素**

酒店在动态定价的过程中,需要处理好客房产品、市场需求和执行价格三者之间的关系。

从客房产品角度而言,因为消费者存在着不同的偏好,因此,需要对客房进行分类。即使是同一客房,在面对不同细分市场时也会呈现出不同的产品价值认知和价格敏感度。且同一客房产品针对不同类型细分市场时,应采取不同的定价策略。如商务散客对标准大床房、酒店的服务有较高的要求,一般订房比较晚、对价格不敏感。因此,针对这一细分市场进行动态定价时,可以在需求预测的基础上适当提高价格变动的幅度和频率,从而有利于市场趋于平衡。

从市场需求角度而言,动态定价是一种以市场为中心的定价方法,价格的高低是由市场需求和竞争环境决定,而非酒店本身。而面对不同的细分市场,顾客的支付意愿和能力也不同,因此,需要酒店制定不同等级的价格,以满足不同顾客的消费需求。

从最佳可用房价而言,在定价中起着基础性作用,是酒店客房提价或打折的基础。同时,在某个时期代表着酒店价格水平的高低。

**(二)市场预测**

市场预测是指在市场调查的基础上,运用预测理论与方法,预先对所关心的市场未来变化趋势与可能的水平作出估计与测算,为决策提供科学依据的过程。

**1. 市场预测的步骤和内容**

(1)市场预测的步骤

第一步,确定预测的主要目的和指标

明晰预测的目的和指标,才能有针对性地收集数据、选择预测方法,这是预测工作开展的基础。

常用的酒店预测指标有无限制市场需求、客房预订量、客房销售价格、超订量、客房容量分配和市场占有率等。一般先由收益部门经理根据酒店未来的目标提出预测指标,通过酒店收益管理会议进行讨论、分析和评价,最终由酒店收益总监或总经理决定。通过预测对未来的市场进行估计,降低市场不确定性带来的风险,为管理者的决策提供依据。

第二步,收集历史数据

现在,大多数酒店都使用信息管理系统,一般都存有酒店历年的管理信息,并具有生成各种报表的功能。数据可以分为两类,一类是酒店历年经营的和现有的客史资料,如酒店每日客房的预订量、各类客房的销售价格、顾客的入住天数、每日宴会的预订量及超订量等。另一类是市场资料,如市场供需情况、竞争对手的经营资料以及市场环境意外事件等。资料收集完成后,还需要进行分析和鉴别,去掉特殊的或不真实的与预测关系不紧密的数据,以免干扰预测结果。

第三步,选择合适的预测方法

无论是定性预测方法还是定量预测方法,都存在相应的优缺点。可以以下 3 个标准为原则,选择预测方法。

一是简单易懂、便于使用,降低使用成本,能够快速开展工作。

二是确保预测精度在合理的范围之内,从而尽量减小误差,满足预测工作的需要。

三是符合酒店实际工作的需要。位于不同地域或者不同类型的酒店,其外部市场环境、客源结构和顾客的消费习惯存在差异,同时,收益管理工作人员的预测能力也不同,因此,要结合酒店的实际情况选择预测方法。

第四步,进行预测

进行预测时,应遵循以下两个原则。一是根据历史数据的趋势性、波动性、周期性和季节性规律,选择合适的预测模型。二是重视对于预测误差的判断,虽然预测结果的不准确是一定的,但是要尽量地缩小误差。

第五步,检测预测的精准度并进行校正

根据标准衡量预测存在的误差后,对超出范围的预测值要进行修订,该项工作需要预测团队的人员共同参与。

## 2. 市场预测的常用指标

(1) 无限制市场需求

此处所说的需求是有效需求,即消费者既有需要并且也有能力购买。无限制市场需求是指酒店在不加选择、不设任何限制的情况下,客人对酒店产品与服务的有效需求情况。主要包括酒店已确认的需求量和有意愿购买的潜在需求量。

研究无限制市场需求的目的是对市场的需求情况有全面的认识,进而研究市场细分和市场组合,然后设定限制,选择含金量高、利润相对较为丰厚的市场。当无限制市场需求较低时,酒店应开放所有的客房类型和销售渠道,适当降低房价、提供优惠条件,尽可能提高出租率。当无限制市场需求比较高时,应设定限制条件、关闭一部分低价房间。

(2) 客房销售价格

客房销售价格通常是在客房预订量预测的基础上,通过需求价格弹性分析,运用一定模型模拟得到酒店的最佳可用房价。对于不同的房型,应分别进行最优房价的预测。同时根据客房价格体系之间的关系、不同的时间段形成相应的价格体系。

(3) 客房预订量

客房预订量是指酒店最终能够销售出去的房间数量,不包含被拒绝的预订、预订未到和预订取消的情况。通过预测客房的预订量,可以及早掌握和了解未来 90 天甚至更长时间酒店的出租率情况,从而制定合适的价格。

(4) 市场供需情况的变化

密切关注酒店所处市场供需情况的变化,如是否有新开业或改造的酒店,现有的酒店是否增加或减少客房数量、未来市场份额情况等。这些都会影响酒店所处市场的竞争情况。

(5) 竞争对手价格的变化

在本酒店的竞争群中,要清楚酒店市场的价格领导者是谁,酒店自身定价在市场价格中所处的位置,竞争对手以往的价格策略及变动趋势等。

## 3. 市场预测的基本方法

在众多预测方法中,常用的有十几种,根据数据的可得性可以分定性方法和定量方法。

(1) 定性预测法

定性预测法是指通过社会调查,采用已有的历史和现实资料,结合人们的经验加以综合分析,作出判断和预测。该方法适合在缺少量化数据或存在难以量化的情况下使用,常用的方法有集合意见法、德尔菲法。

集合意见法是指将酒店不同层次的工作人员的意见集合起来,根据他们的实践经验、所处的岗位重要程度分别给予一定的权重,结合其分析判断对市场指标进行预测的一种方法。具体步骤为:由酒店收益管理部门根据预测工作的需要编制调查问卷、建立预测团队,向参加预测的成员说明预测的目的,并对预测提出时间要求;预测团队的成员对各指标进行预测判断;酒店收益管理部门回收问卷并进行归纳和整理,分别计算期望值;计算预测团队的综合期望值,进行预测。

德尔菲法是美国著名咨询公司兰德公司提出的一种专家预测方法。它把需要解决的问题整理成问卷,通过寄发调查表征求专家的意见,专家以不记名的形式反馈结果。组织者将第一轮意见的结果进行汇总,意见存在很大不同的问题继续以调查表的形式发放给专家,并请他们重新考虑后再次提出自己的意见。经过若干轮(一般不超过3轮)的征求意见和结果反馈,专家的意见逐渐趋于一致。组织者依据专家的意见得出预测结果。

(2) 定量预测法

定量预测法一般分为时间序列预测法和相关性分析法。

时间序列预测法是以预测对象的时间序列数据为基础,通过一定的数学运算方法或建立数学模型来进行预测,从而描述对象发展规律和趋势的一种预测方法。常用的有加权平均法、移动平均法、二次移动平均法、指数平滑法、增量预测法。

相关性分析法是从预测对象之间的相关关系入手,以经济理论和实际统计资料为依据,运用数学、统计学方法和计算机技术,建立分析模型进行预测的一种方法。

加权平均法中,酒店将收集到的历史数据(通常称为历史观察值)根据时间先后顺序进行排列,一般情况下认为,距离预测期越远的数据对于预测值的影响越小、距离预测期越近的数据对于预测值的影响越大,因此,要给予相应的不同权重。在给权重赋值的过程中,一般会运用经验法、等比法、等差法等,具体使用哪种方法需要收益管理部门的经理不断摸索和总结。

$$\hat{Y}_{(t+1)} = \bar{Y}_t = \frac{\sum_{i=1}^{n} F_i Y_i}{\sum_{i=1}^{n} F_i}$$

其中 $F_i$ 为权重的赋值, $Y_i$ 为历史观察值, $n$ 为数值的个数, $\hat{Y}_{(t+1)}$ 为预测值。

酒店在使用加权平均法进行预测时没有考虑到数据的波动性,同时随着时间的推移,离预测期较远的数据影响逐渐减小甚至消失。移动平均法则较好地规避了以上两个缺陷,根据一定的跨越期,随着时间推移,跨越期的平均值也在向后移动,由此可形成新的平均值组成的时间序列,使预测结果随着新的历史观察值的产生而不断更新。移动平均法能够消除历史数据不规则变动的影响,同时所需要的历史观察值较少,因此,在测算酒店客房需求量和收入预测时,使用较多。其计算公式为:

$$\hat{Y}_{(t+1)} = \frac{Y_t + Y_{(t-1)} + Y_{(t-2)} + \cdots + Y_{(t-n+1)}}{n}$$

其中 $n$ 为历史跨越期,$Y_t$ 为历史观察值,$\hat{Y}_{(t+1)}$ 为预测值。历史跨越期的计算可以根据酒店收益管理人员的经验,也可以用试验法,并运用平均绝对误差的大小进行取舍。移动平均法可用于有波动性但是没有明显的趋势性变化的数据,对于既有趋势变化又有随机性波动的数据就需要运用二次移动平均法。

二次移动平均法是通过计算出一次移动平均和二次移平均的最后数值,并以此为依据建立预测模型求得预测值的方法。二次移动平均法涵盖了市场的波动性和趋势性,不仅可以用于近期预测,还可用于中期预测。

指数平滑法是根据本期的实际值和过去对本期的预测值,对下一期进行预测的方法。即随着预测期由近及远,给予每个观察值相应的权数,权数随着观察值距预测期由近及远呈递减趋势,距预测期最近的观察值给予最大的权数,最远的观察值给予最小的权数。在预测期中有一个重要的常数即 $\alpha$,又称为平滑常数。随着观察值由远及近,平滑常数 $\alpha$ 以指数形式递减,在 0—1 之间变动。其计算公式为:

$$S_{(t+1)} = \alpha Y_t + (1-\alpha) S_t$$

其中 $\alpha$ 为平滑常数,$S_{(t+1)}$ 为预测值,$Y_t$ 为历史观察值。当数据波动剧烈时,$\alpha$ 一般取较大的值;当数据波动不剧烈时,$\alpha$ 一般取较小的值。

增量预测法是指根据酒店已有的房间销售量与剩余销售量的估计之和作为结果的预测方法。销售量又称为在手预订,是指酒店在某时刻实际售出的房间数量。增量预测法可通过计算机系统里记录的历史环期数据或同期数据来对剩余销售量进行估算。一般来讲,因为顾客多以星期为单位作出行计划,因此在估算时多以星期为单位。

### (三) 动态定价的基本过程

**1. 根据需求规律设置市场分割时段**

随着网络的发展、人们生活节奏的加快、交通便利程度的提高,市场需求的变化频率也在不断加快,仅用淡、旺季来分割市场已不能满足客房定价的需求。因此,根据历史数据,对市场进行较为细致的分割,是实施动态定价的前提。分割时一般以年为单位、以销售量为基础,通过收集前三年客房销售量,以自然月为最小单位,通过合并销售量基本相同的月份,把市场分割成若干个小的时段,并根据销售量的大小在价格体系表中由低到高排序。分割时段数量的多少取决于酒店所处市场需求的环境,一般以不超过5个为宜。这样既能够达到精准定价的目的,又不会因为价格体系过于复杂而难以执行。

**2. 确认客房类型及细分市场**

在传统的分类中,酒店客房一般会被划分为标准大床房、标准双床房、豪华双床房、豪华大床房、行政大床房、行政套房等类型,但是仅从房间的命名,消费者并不能发现房间与房间之间所拥有资源的不同。因此,在进行动态定价以前,要进一步审视客房的分类是否能满足需要。

确认细分市场是指酒店在制定价格体系时对已有的细分市场依照动态定价的需要进行进一步的划分,以便合理确定细分市场在价格体系中的数量和种类,充分满足消费者的需求。

**3. 制定各市场分割时段的最优价**

市场被分割为若干个时段后,由于每个时段的需求不同,因此,需要以房型为基础分别定价。一般来讲,分割为几个时段,就要运用价格优化的方法制定几个 BAR (Best Available Rate 最佳可用房价)。

**4. 衍生出各个细分市场的价格**

以 BAR 为基础,根据价格体系之间的关系,以房型为基础衍生出不同细分市场、不同时段的价格。确定价格体系之间关系的方法有比例折扣法和固定数量法。因为 BAR 的价格是随着市场需求情况的变化而变动,因此,整个价格体系也是随之而变动的。

在价格制定中,由于折扣大小没有统一标准,因此,需要酒店根据经营需要自行设定,但价格的高低应符合消费者的基本认知,不能出现倒挂的情况。

**5. 依据市场情况修订价格**

各细分市场的价格确定后,就形成了基本的价格体系表,但是并不意味着这个价格体系表就能用来为客房定价了。因为表格中的数据仅是根据历史数据分析和估算得到的,并未结合外部市场环境和未来可能发生的情况。因此,还需要根据竞争对手的价格,结合未来的市场环境修订价格。修订的过程中应结合房价在酒店竞争群中所处的位置,并结合需求预测结果来确定。

**6. 完成价格体系**

确定了市场时段、产品类型、细分市场和产品价格4个基本要素后,通过表格把这些要素有序地组合在一起,便完成了客房价格体系表。

通过以上过程可以看出,在动态价格制定的过程中主要经历了价格优化、价格修订和价格确定三个阶段。

(【拓展阅读,扫码学习】:14日起开售北京环球度假区票价分四级)

### (四) 动态定价的执行

**1. 建立合理的客房价格体系**

对消费者而言,如果酒店价格体系不合理,则会影响消费者对公平的感知,从而产生放弃购买的想法。

酒店价格体系构建得是否合理,主要从以下5个方面进行自查。一是需要构建酒店客房总的价格体系表,每一不同类型的客房又有自己独立的价格体系分支。二是标准价格表现为优化后的价格,即最佳可用房价。三是同一类型客房不同细分市场之间的价格存在着相关性,而非独立的。四是不同类型客房之间的价格存在着逻辑关系,而非绝对独立。五是公司会议或旅行团体的价格是在BAR的基础上给予一定折扣形成的,已经考虑了需求的价格弹性因素。但是在实际中仍然会遇到合作单位砍价的情况,这需要酒店在对市场未来充分预测的基础上做到胸中有数,不失价格底限,以避免因过度让利而导致潜在的收入损失。

**2. 根据市场需求的变化开放和关闭不同等级的价格**

客房价格的动态变化主要体现在根据市场需求的变化来开放和关闭不同等级的价格上,在这个过程中最常用的方法是触发点价格控制法。触发点价格控制法中的触发点是指某项指标的特定值,如客房出租率。根据触发点进行价格管理,就是指根据预测设定客房出租率目标,然后开放或关闭某个等级的价格——当需求高于某个出租率目标时,就要关掉某些等级的价格;当需求低于某个出租率目标时,就要开放某些等级的价格。这也是收益管理软件进行价格管理、推荐要设定的价格的主要理论基础。

实施动态定价时要注意以下几个问题:动态定价制定的是未来的价格而不是现在或者过去的,因此,需要充分的市场预测作为基础,才能把握未来市场需求的变化,从而制定出能够满足市场需求的价格;在动态定价的过程中,酒店还可以根据产品预订或促销的需要,在 BAR 价的基础上推出超值或折扣价格,以满足不同顾客的需求。

**3. 建立动态定价日历**

动态定价日历是指酒店通过市场需求预测,在获得了未来 90 天或者更长时间客房出租率或订房量数据预测的基础上,将每日市场需求程度的高低和销售价格以日历形式表现出来的一种价格与市场需求的组合。动态定价日历的优点在于能够直观地呈现出酒店每日不同的市场需求情况和应该执行的客房价格,从而使收益经理可以根据需求的变化开放和关闭不同的价格等级,从而实现动态定价。

动态定价日历可以用 Excel 软件来制作,不同的颜色表示不同的市场需求,更加直观地反映出未来每一天酒店客房的出租情况。动态定价日历一般应涵盖一定时期内的客房出租率、客房价格、市场事件以及竞争对手价格等信息,为酒店实施动态定价提供帮助。

**4. 及时关注和收集未来将要发生的市场事件**

未来市场事件的发生,将会对客房价格的变动产生一定的影响。未来事件一般包括相关的经济政策、各类会议、展会、体育赛事、极端天气情况、大型演出、竞争对手的策略和价格的变化等。这些事件将会影响酒店的客源,因此需要对价格进行调整。

此外,顾客消费行为的变化会导致需求发生改变。只要酒店能够及时发现这些变化、评估变化对需求的影响,同时根据需求变化调整房价,使房价与市场需求相适应,就会抓住每一个获利的市场机会,充分挖掘潜在收入,从而实现客房收入的最大化。

**5. 跟踪价格的执行情况,做到及时反馈和修正**

跟踪价格的执行情况,主要是指对各类房价投放市场后的执行效果进行定期的分析和评价。通过以下两个角度进行评价:一是定期分析和评价已经实现的主要市场指标和客房收入,通过比较分析的方式来评价价格的执行情况。酒店通常会与预算指标、前三年的指标和竞争群酒店的指标进行分析比较,综合评价市场指标的实现情况和酒店的经营情况。二是通过市场反馈对存在偏差的价格进行修正,价格偏差主要体现在某一市场时期价格制定得过高或过低,或优化效果不明显。

## 二、容量控制

对于酒店的客房产品而言,除了不可存储的特点之外,另一个特点即为容量有限,在短时间内不会发生太大变化。因此,容量控制的基本思路就是如何充分合理利用现有的存量资源,从而实现收益最大化。如一家有300间客房的酒店,它的产品数量最高即为300间,最高生产能力即为这300间客房带来的收入。因此,酒店的管理人员要尽可能地把客房销售给能够给付较高价格的顾客,从而获得最大收益,在这个过程中就涉及产品分配的问题。

### (一) 容量控制的基本概念

容量也称为存量,是指酒店能够提供给消费者的产品数量。容量控制是指酒店依照市场需求,为不同价格水平的顾客或细分市场就现有产品资源进行优化分配,并按分配方案出售产品来实现收益最大化的一种策略。因此,根据不同细分市场的购买习惯,把现在存量的客房资源合理地分配给支付意愿不同的消费者,以此来增加收入的一种方法便为容量控制。

### (二) 具体方法

客房预订限制是指为每一个价格等级的细分市场设定相应的预订限额,当以某价格等级出售的客房数量达到或超过该价格等级细分市场的预订限额时,即关闭该价格等级的方法。预订限制的目的是根据市场需求情况,以高于或低于某价格等级来出售客房产品。

客房保留水平是酒店根据市场需求将同一客房产品为不同细分市场顾客预留一定的客房数量,不符合购买条件的顾客的预订将被拒绝,从而达到预订控制的目的。客房保留的目的是尽可能地多保留高价房,最大限度地避免低价顾客以"先来先得"方式预订客房,从而减少客房收入的流失。

客房预订限制和保留水平策略主要体现在非嵌套控制法和嵌套控制法。

#### 1. 非嵌套控制法

非嵌套控制法是指酒店在同一客房产品出售之前就已经确定了销售给每种类型顾客的预订限制和保留水平。也就是说,非嵌套控制是一种严格按价格等级封闭销售产品的方式。当高价格等级的产品全部销售出去后,即强制对顾客关闭该等级价格产品的销售,而不管其他低价格等级是否还有剩余产品可出售;即使全部销售出去的高价格等级产品仍存在着顾客需求,也不考虑把低价格等级的产品出售给这些顾客。

非嵌套控制方法在酒店的传统做法中有广泛使用,这种方法的特点是简单易懂、便于操作。酒店在通过预测获得各个细分市场对客房需求量的数据后,根据当日可供出租客房的数量进行分配就可以了。即使与预测结果相比,实际的需求情况发生了一些变化,如实际顾客对高价产品的需求可能大于酒店所设定的对高价产品的预订限制,酒店也不会再更改分配方案,依然按照原来的分配方案执行,这样便会损失一部分应得的收入。但在预测某日市场供不应求的情况下,当日可供出租客房数量不足,受到酒店与OTA、协议公司等合作协议的限制,酒店必须为它们提供协议中规定的保障房数量,即使有更高价格的顾客需求,酒店也只能放弃这些需求来满足协议中的供房要求。这种情况下,就适合采用非嵌套控制方法来分配客房。

**2. 嵌套控制法**

所谓嵌套控制法就是指较高价格等级的预订限制等于不高于该等级的所有产品预订限制之和,也就是把同一类型的客房按照不同细分市场价格由高到低依次排序,排序完成后首先为最低的价格类型设置一个预订上限,然后再为次低类型设定一个上限,依此类推,直至设置最高价格类型的预订上限。

在酒店客房的容量控制中,容量控制机制并非独立的,非嵌套控制法与嵌套控制法的结合应是必要的。如果酒店具有较强的市场需求预测能力,客房最终销售量与预测的需求量相吻合,我们称销售过程是静态的,适合用非嵌套控制法;如果市场需求波动和变化较大,酒店无法准确预测未来的市场需求,或者酒店客房最终销售量很难与预测的需求量相吻合,我们称为销售过程是动态的,适合应用嵌套控制方法。一般来讲,由于市场需求的波动和变化较为频繁,没有规律性可掌握,常常导致预测的偏差较大。所以,酒店在客房容量控制中建议采用嵌套控制法为主,非嵌套控制法为辅的综合运用方法。

容量控制法执行过程中的关键在于,预测是否准确、是否能严格控制各细分市场的客房销售价格和数量。

## 三、超额预订

在民航业、酒店业的日常经营管理中,经常会遇到顾客订了机票或房间,但是因为恶劣天气、临时改变行程、身体不适等不来登机或入住的情况。有的顾客会提前取消，但是有的顾客则是无故未到并且与航空公司或酒店没有任何沟通。而无论是预订取消还是预订未到，空下的部分座位、客房可能无法销售出去，产生了虚耗，给航空公司或酒店带来不可避免的损失，同时部分消费者可能因此而购买不到需要的相关服务。为了减少因为座位或客房虚耗带来的损失，除了收取一定比例的手续费外，航空业开始实行超订策略，随后该策略被酒店业学习并使用。

（一）客房超订的基本概念

客房超订也称客房超额预订，是指酒店在客房全部订满的情况下，再增加一定数量订房的行为，所增加的订房数量称为超订数量。

如果客人预订了客房，但比预订到达的时间晚了一两天才入住，这种情况称为延迟入住；如果客人订了客房但是没有来，也没有取消订房，这种行为称为预订未到；如果客人在抵达日当天或预订抵达日前一两天取消订房，称为预订取消；如果客人原本要连住，但是临时改变主意而提前离开，称为提前退房。

（二）客房超订的方法

在酒店的日常经营管理中，经常会根据供应能力，通过计算无故不到和预订取消的比率来计算超订数量。这种方法比较简单易懂，即使在没有收益管理系统软件的情况下，通过一段时间的数量积累，通过人工总结也能够较为方便地操作。

酒店客房超订的难点在于如何准确估计超订的数量，以使超订损失和空房损失之和达到最小。同时由于顾客订房的途径有两种，即通过酒店直接预订和通过代理商预订，因此在进行超订量计算时要把两者结合起来考虑，从而最大限度地减少空房损失，避免过度超订的发生。确定超订数量时，酒店经常用到的方法有两种，即经验估计法和简易计算法。

**1. 经验估计法**

对于新开业的酒店而言，因为缺少数据的积累、管理人员对市场环境的了解有限，因此，多采用经验估算法来确定超订数量。所谓经验估算法是指酒店管理人员根据国际惯例或行业经验来估算超订数量的一种方法。

按照国际酒店行业管理的经验，客房超订数量一般为预订总量的 5%—15%。由于每一家酒店的经营环境（如市场环境、客源结构、客房数量、预订模式、需求强度等）不同，运用经验估算法得到的结果也会存在一定的差异，所以，这个经验值只供酒店管理人员在估计超订数量时参考使用。

### 2. 简易计算法

简易计算法是指根据酒店超订理论，通过建立简单的数学模型来计算超订数量的一种方法。因为在计算的过程中需要用到酒店可供出租客房总量、续住客人数量、预订取消率、预订未到率、预期离店客房数、提前退房率以及延期住店率等，因此，需要酒店有一定的历史经营数据的积累。

假设：超订数量为 $O$，酒店可供出租的客房数量为 $T$，续住客房数为 $C$，预订取消率为 $r_1$，预订未到率为 $r_2$，预期离店的客房数为 $D$，提前退房率为 $f$，延期住店率为 $k$，则根据客房超订原理得出如下公式：

$$O=(T-C+O)\times r_1+(T-C+O)\times r_2+C\times f-D\times k$$

由上式推导可得：

$$O=[(T-C)\times(r_1+r_2)+C\times f-D\times k]/[1-(r_1+r_2)]$$

为了提高超订的准确性，还应考虑其他因素。例如，如果团体客的比例较大，可适当调高上述超订的数量；如果散客比例较大，可适当调低超订的数量。如果整个市场的客房供应都比较紧张，就应当适当调低超订数量。

【案例】8.1

某酒店有客房 500 间，未来某一天的续住客房为 300 间，预期离店客房数为 100 间；经过预测，得知该酒店当天的预订取消率为 7%，预订而未到率为 4%，提前退房率为 3%，延期住店率为 5%。请问该酒店这一天应该超额订房的数量是多少？这一天的预订限额是多少？

解：由题目可知，$T=500$（间）；$C=300$（间）；$D=100$（间）；$r_1=7\%$；$r_2=4\%$；$f=3\%$；$k=5\%$。

则超额订房数量为：

$$O=[(T-C)\times(r_1+r_2)+C\times f-D\times k]/[1-(r_1+r_2)]$$
$$=[(500-300)\times(7\%+4\%)+300\times3\%-100\times5\%]/[1-(7\%+4\%)]$$
$$\approx 29(\text{间})$$

预订限额为：

$$Q=T-C+O=500-300+29=229(\text{间})$$

答:该酒店这一天应该超额订房的数量是 29 间,这一天的预订限额是 229 间。

因为市场环境和顾客消费行为的变化存在着随机性,因此,为了避免出现太大偏差,大多数情况下酒店每隔一段时间就需要对预测的超订数量与实际的情况进行综合比较和分析,及时修订存在的误差。在修订数据的过程中,一般会考虑以下两个方面的因素:一是预订取消率、预订未到率、提前退房率以及延期住店率等因素,使其与市场现象、顾客的预订行为相吻合。二是一些特殊事件的发生也会导致超订数量的变化,如展会、体育赛事等会导致市场需求增加,在这些情况下,顾客的预订取消率和未到率通常都会下降,因此,酒店要减少超订数量,避免过度超订的发生。面对恶劣天气,酒店可适当提高超订数量,从而最大限度地减少损失。

(【拓展阅读,扫码学习】:酒店收益管理之客房超订策略)

### (三) 避免过度超订

所谓过度超订是指在考虑了提前退房和延迟退房因素影响的前提下发生的超订数量大于顾客预订未到和预订取消数量之和的现象。也即所确认的房间数量高于预订未到和预订取消的房间数量,从而导致部分已经确认的顾客被拒绝入住的情况。

过度超订一旦发生,需要酒店付出一定的成本来妥善安排这些被拒绝的客人,在维护顾客权益的同时尽量保证酒店的信誉。

**1. 尽可能提高预订未到和预订取消的预测准确性**

预订未到和预订取消是在总结历史数据、对未来需求进行预测的基础上估算的,因此,两者的准确性会影响到超订数量的计算。因此,预订未到和预订取消等数据的准确性,从某种程度上可以说决定着过度超订发生的概率。预测的准确度越高,超订数量计算的误差越小,过度超订发生的概率就越低。

**2. 采用超订量的次优值**

所谓采用超订量较小的次优值是指在计算超订量的过程中加入保险系数,选择比超订数量较低一档的数据。关于安全系数,需要酒店管理人员根据经验自己选择,如低一档的安全系数为 0.8,通过公式计算某日的超订数量为 15 间,那么实际执行中的次优值应选 12 间。

### 3. 签订团体协议时设置一定的限制性条款

团体客人是酒店的主要客源之一，因其具有购买量大、在住期间产生其他消费、具有可持续性的特点，受到很多企业的重视并且通常在客源结构中占有较大比例。但是团体客人的行程往往也会受天气、交通或其他随机性因素的影响，或者团队人数发生一定的变化，这都会对酒店造成房间虚耗的风险。因此，酒店在与团体客人的组织机构签订协议时应写入相应的限制性条款，对预订未到或预订取消、人数变化等情况，需要对方承担一定的损失补偿，最大限度地减少酒店的损失。

## 第四节 酒店收益管理工作的保障

经营管理过程中，企业经常会面临因市场供需变化带来的难题。这时企业一般会通过两种方式来调节，一是调整供应量使之与需求量相匹配，二是通过调整价格从而影响需求量，达到供需平衡的目的。对于酒店行业而言，想要在短时间内扩大生产能力，基本上是不可能的，因此，通过价格的变化影响供需关系、达到供求平衡的目的，最大限度利用现有资源来实现收益最大化，成为一种重要的方法。在酒店经营中，当酒店供过于求时，如果不满房，将有部分客房资源闲置，导致浪费；当酒店供不应求时，即使能够满房，也不意味着酒店获得了最大收益，此时通过收益管理可以把客房以较高的价格销售出去，从而实现收入最大化。

为了保障收益管理在酒店的落地与最终执行，需要从文化培养、机构建设、人员配备等方面着手，同时如果能够配备相应的计算机软件，将会为收益管理插上腾飞的翅膀。

### 一、建立良好的收益管理文化氛围

收益管理工作既是科学又是艺术，它往往涉及酒店的预订部、前台、销售部、财务部等。这些部门工作人员对于收益管理的认识水平、重视程度会影响酒店的收益管理水平、客人的消费需求及其对酒店的评价。因此，建立良好的收益管理氛围非常重要。

定期或不定期进行收益管理培训，在组织中形成重视收益管理的氛围；培训的过程中尽量使用通俗易懂的语言，引起大家的兴趣；对于使用收益管理新技术以及提出新建议的人员，要给予足够的重视和鼓励。对于工作人员在收益管理初期出现的失误,要有耐心、包容心。在开会时把所有与收益管理相关的工作人员都考虑在内,定期听取他们的意见、建议。

## 二、建立相应的组织机构

一方面,成立收益管理工作领导小组。收益管理工作落地的主要方面是定期召开收益管理工作会议,进行数据的汇总、分析,进行预测,提出价格策略,容量控制策略,渠道策略,进行反馈和修正。在这个过程中需要各个部门的支持,因此,成立收益管理领导小组至关重要。收益管理领导小组的小组长一般由酒店的总经理或主管运营的副总经理担任,成员由收益管理部、前厅部、销售部、财务部、餐饮部、康乐部、客户服务部等部门的总监或经理组成。

另一方面,成立收益管理部。在进行收益管理的初级阶段,可以尝试着安排一至两名专门负责收益管理工作的工作人员。随着工作内容的增加、分工的细分,逐步设立专门的收益管理部。收益管理部承担着一定的经营职能、管理职能和协调职能,主要工作内容包括进行市场细分、应用预测手段管理市场;管理价格和库存,实现收益最大化;把收益管理与预算编制相结合,合理制定酒店的年度经营目标。在组织结构设计中,应本着组织结构扁平化的原则,在充分发挥职能的基础上尽量降低人工成本,部门内至少包括一名收益管理专员和一名渠道管理专员。如果酒店已经购买了相关的收益管理软件,还需要一名收益系统管理专员,专门负责系统的管理、维护、更新,负责与厂家进行对接,维护系统数据等工作。

## 三、召开收益管理工作会议

酒店收益管理工作会议一般每周召开一次,部门收益管理工作会议一般每日召开一次。

### (一) 酒店收益管理工作会议

酒店收益管理工作会议一般安排在每周的周一召开,因为会议要对上周或上一阶段的收益管理工作进行总结,对本周或下一阶段的工作进行安排。参加会议的人员主要是收益管理领导小组的成员以及收益主管、预订主管、渠道主管及收益管理专员等,必要的情况下还可邀请团体和会议销售经理参会。会议一般由总经理主持,收益管理总监(或经理)对顾客的预订量及行为分析、各类客房的销售情况、细分市场的房价、散客和团体客的房控情况、直销与分销渠道的比例、餐厅收益情况、竞争对手的经营情况等进行分析,并总结工作经验。同时根据分析,安排下一市场时期各细分市场要执行的价格、预订趋势预测、渠道策略、容量控制要求,听取与会人员的意见并进行充分讨论,并由总经理作出最终决策。

## (二) 部门收益管理工作会议

部门收益管理工作会议由收益管理部自行组织,部门中主管以上工作人员均要参加会议,通常每天早晨以晨会的形式召开,时间一般为半个小时。会议一般由收益管理总监(经理)主持,目的是解决短期散客的收益管理策略,把握酒店获得的预订情况、掌握预订进度,紧盯竞争对手的价格,根据市场的变化迅速调整价格。主要内容包括以下几个方面:

(1) 根据市场预测结果,对下一周、月各细分市场要执行的房价方案进行讨论、修订和确定,对预测中存在的偏差进行修订。

(2) 根据顾客预订情况和预测结果,根据未来某周期的旅行团体和会议用房,针对存量进行优化,确定留给散客的房间数量。

(3) 对顾客平均停留天数进行分析,根据市场需求的预测结果确定入住天数计划,解决短期入住需求不均衡的问题。

(4) 分析竞争对手的动态和房价,根据竞争对手价格的变化情况随时对酒店已经确定的房价竞争系数进行调整。

(5) 关注宏观经济环境和相关经济指数的变化情况,分析旅游行业接待人数、收入情况、客源结构、环比和同比的增减情况、酒店行业平均市场指标和指数完成情况等。并在分析的基础上及时作出决策。

(6) 关注对市场产生影响的相关事件,如天气情况、公共卫生事件、会展信息、体育赛事、大型演出等,根据这些特殊事件及时对酒店的价格体系进行调整。

(7) 通过分析寻求新兴的细分市场,关注直销和分销的比例变化。

(8) 根据市场需求预测,制定客房超订策略,利用置换分析法确保有价值顾客的订房。

(9) 其他日常工作。

由于市场需求和顾客购买行为随时变化,使得房价和客房存量分配等市场指标也需要随时调整,且需要与多个部门进行沟通,以免在执行中出现偏差。换言之,收益管理工作是动态的,因此,需要以会议的形式在各个部门中及时沟通信息、达成共识。

 **典型案例**

### 收益经理小Q的新任务

小Q,2019年7月正式成为酒店的一名收益经理,所在酒店坐落在国家级旅游休闲度假区内,是当地一家知名的豪华度假型五星级酒店,该酒店共有400间客房。小Q到岗后,酒店总经理向他布置了第一个工作任务:"对酒店过去一年(2018年7月至2019年6月)的客房经营情况进行评估"。

小Q将OCC、ADR、RevPAR三项指标绘制成图提交给总经理,总经理的回复是:请对所绘制的指标图进行分析并评估酒店客房经营情况。下面这张图(图8-2)就是小Q绘制的一个年度的客房经营数据图,其中柱状图代表酒店的OCC,深色线条代表ADR,浅色线条代表RevPAR。请同学们对这张图进行分析,大家可以分别从OCC、ADR、RevPAR三个方面来进行解读,尝试回答以下问题:

(1) 酒店经营的淡季和旺季分别是什么时候?

(2) 酒店ADR哪几个月份最高?为什么?

(3) 酒店客房经营效果哪个月份最好?为什么?

(4) 此酒店在客房经营上是否还有值得改进之处?

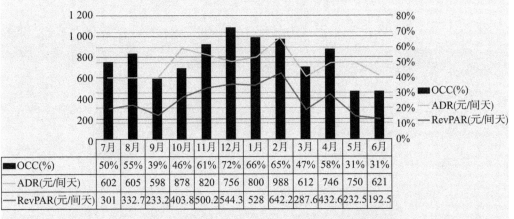

图8-2 OCC、ADR&RevPAR by Month 数据指标图

数据来源:学一文旅全收入流整合分析系统

## 本章小结

酒店的生产能力基本固定、产品具有易逝性、固定成本占生产总成本的比重比较高,随着行业竞争越来越激烈,酒店的高层管理人员越来越重视在有限的市场需求下如何才能获取更高的收益。

酒店收益管理的实施是以酒店产品的消费具有季节波动性、不同消费者的购买习惯(如对价格的敏感性、订房时间、订房渠道)的不同为前提,以过去三年的需求量来预测未来一年的需求量,根据需求价格弹性理论,通过计算 BAR,对价格体系进行优化,以时间为基础形成动态定价,满足不同细分市场的需求、优化顾客群体,从而在不增加成本投入的情况下提高收益。

通过学习本门课程,树立学生精益管理和收益管理的理念,掌握酒店收益管理的衡量指标和应用方法。

## 第三单元　实践与训练

### 第一部分　课堂讨论

微信公众号"人民网舆情数据中心"2021年4月7日发布消息称,4月3日有网民通过视频爆料,泰山山顶南天门附近住宿1 200元一间,饭店不卖饭卖座位,不少游客在厕所过夜。

针对需求旺盛时期宾馆价格提升是否合理,发表你的意见。

### 第二部分　课外练习

1. 基本概念

(1) 动态定价

(2) 非嵌套法

(3) 过度超订

2. 单选题

(1) 收益管理的5R理论,不包括(　　)。

① 合适的时间

② 合适的产品

③ 合适的价格

④ 合适的顾客

⑤ 合适的服务

(2) 适合应用收益管理的行业应具有的特点是(　　)。

① 企业以追求利润最大化为目的

② 产品或服务属于易逝产品

③ 低固定成本和高变动成本

④ 企业可以通过扩大再生产来提高收入

(3) RevPAR能反映出哪些情况(　　)?

① 酒店可供出租房的平均房价

② 产品或服务属于易逝产品

③ 市场平均出租率

④ 客房销售数量

(4) 同一客房产品的价格体系中,最佳可用房价(BAR)通常表现为标准价格,代表着(  )。

① 团体价格

② 门市价格

③ 散客价格

④ 价格水平的高低

3. 简答题

(1) 简述收益管理常用的方法。

(2) 部门收益管理会议讨论的主要内容一般有哪些?

(3) 动态定价的基本条件有哪些?

(4) 简述动态价格制定的流程。

## 第三部分　案例分析

### 北京环球度假区的 VIP 体验票

2021年9月14日0时,众人瞩目的环球度假区门票开售。0点过了不到1分钟,北京环球度假区小程序的购票系统就被挤崩了。携程、同程旅行、去哪儿等指定授权商开园当日(9月20日)门票都相继售罄,众信旅游的 VIP 门票也在1分钟内全部售罄。大约过了10分钟后,美团 APP 上9月20—21日的门票显示已售罄,22日也出现抢票难的情况。开售前夕有媒体报道,飞猪出售的"优先购票权益包"售价已被黄牛从50元炒至300元,较官方售价翻了近6倍。

虽然环球度假区的基本票价为4级结构,即淡季票价为418元,平季票价为528元,旺季票价为638元,特定日票价为748元。然而9月20日的"VIP体验"和"私人 VIP 体验"全部售罄。9月21日至10月1日,"VIP体验"价格1900元,"私人 VIP 体验"价格2900元;10月2日,"VIP体验"和"私人 VIP 体验"的价格分别为 2 300 元和 3 800 元；10 月 3 日至 5 日的"贵宾体验"和"私人贵宾体验"价格分别为 2 800 元和 5 000 元。部分社交平台上能看到内测票价一度上涨到 5 000 元甚至更高的价格，不过依然有不少人询问哪里可以买到票。

虽然环球度假区定了基准票价，但是翻了近 10 倍的"私人式贵宾体验"票价却依然受到消费者的青睐，针对这一现象谈谈你的看法。

# 第九章 酒店设备物资管理

## 学习目标

◆ 思想目标

（1）了解酒店设备物资管理的基本内容和重要性；

（2）掌握酒店设备物资管理的要点，认识酒店设备物资管理是酒店经营管理不可缺少的重要组成部分。

◆ 知识目标

（1）掌握酒店设备管理的概念及范围；

（2）掌握酒店物资管理的含义、影响因素和特点；

（3）重点理解酒店绿色发展内涵、技术和意义。

◆ 能力目标

（1）加强酒店设备物资管理是提高酒店经济效益的重要途径；

（2）酒店节能和绿色管理以及新技术发展背景下，酒店智能应用快速发展的理论依据、内容和方法。

**导入案例**

### 新时代下的绿色酒店

绿色生活、环保节能的理念早已深入人心，酒店也为客人提供了一系列环保措施和活动，例如免费租用自行车、汽车充电桩，举办室内市集和"地球熄灯一小时"等活动。然而，酒店可持续发展之路，需要贯穿酒店开业和经营的全过程，需要酒店业主和投资人、经营方以及客人一起努力。

**1. 优先选择成熟地块、同时考虑生态重造**

对于新酒店的选址，首先应尽可能考虑在那些基础设施比较完善的城市区域,以最大限度地减少对未开发地区的影响。其次,公共交通枢纽附近亦是酒店选址考虑的重要方面,以方便酒店客人使用公共交通设施,减少其他形式交通所产生的环境污染,以及对土地开发的影响。除此之外,如何通过重新造林和恢复植被破坏的景观或利用废弃的建筑材料,保留、保护或恢复现有地区的生态环境都应纳入选址的考量范畴。

喜达屋资本集团旗下SH集团的酒店品牌1Hotel选址于曼哈顿黄金地段中央公园旁,住客往窗外望就是纽约大都会难得一见的绿。

酒店外墙种植了3层楼高的常春藤,大堂挂满日式苔玉,连客房内的窗台位置都放了不少玻璃盆栽。住客所使用的衣架,也由循环再生的纸张制作。报纸一律从房间内的Tablet取阅,实行以电子版取代实体纸张,将酒店运作的碳足迹减至最少。

### 2. 从原材料到设计都遵循绿色环保以及和所在地合作的策略

酒店开发者与当地社区保持密切沟通,并建立多渠道的合作关系,以尽量减少酒店开发对当地环境的影响,并促进当地经济增长。设计和建造酒店的过程中,注意尽量减少对环境的影响,并注意保留和融入当地的文化和环境特色,也便于同其他的酒店区别开来。

能源使用上,酒店选择安装利用可再生能源发电的电力装置。景观设计方面尽量使用本土、本地植物或较少需要灌溉的植物(节水型园艺)。利用固有的遮阴物并在屋顶建造花园或种植植物,以减少"城市热岛效应"影响。

洲际酒店集团位于迪拜的英迪格酒店100%以太阳能提供能源。该太阳能酒店除全以太阳能提供能源外,还有不少特点。例如,一般草坪需要投入大量水资源和人力资源才能保持常青,而该酒店则采用土生植物改善环境。酒店还提供太阳能巴士来往迪拜市中心接送住客。

### 3. 高效运营,从每个环节低碳化开始

酒店应将节能减排融入运营环节的每一个步骤。酒店能耗主要由空调系统、照明设备、电器设备和电梯等公共服务设备及特定功能设备构成,其中照明和空调占的能耗比重较高。

就照明而言,从源头上酒店可以购买带节能模式的电子产品和照明设备。白天客人的主要活动区域和公共区域尽可能采用自然光,例如度假酒店内可安装天窗和设计开放式走廊。而客人不常使用的区域则安装自动保护系统,如定时器、

光传感器或运动传感器。

纽约东方文华酒店采用智能照明控制系统,利用日光传感器根据自然光的强度对室内光线进行人工调整,保持整个区域的照明度稳定。

酒店冷气系统要从最初建筑外壳设计着手考虑,以降低对能源负荷的影响,这其中包括使用一定的绝缘材料,安装双层玻璃窗户,在窗户上贴膜或防止光线反射的材料,以保存屋内热量或冷气等措施。客房中的温度调节系统装置,使用即时温控系统,使客房空置时关闭暖气或冷气,客人使用时,客房能够快速加温或者降温。

废物处理的环节,酒店应尽量减少需要垃圾掩埋的工程废物,整个酒店范围内提供垃圾回收箱,以便于进行垃圾回收。也可以考虑自己安装垃圾处理设备,将有机废物制成混合肥料,为酒店绿化植物提供养分。

新加坡PARKROYAL on Pickering"花园酒店"拥有面积约15 000平方米的繁茂园林、瀑布和花墙,是酒店占地面积的两倍以上。通过太阳能电池供电的新加坡首批零耗能空中花园,采用综合性节能节水措施,例如使用光线、雨水和动作感应器,以便集雨和回收水。

### 4. 顾客参与,在双赢思维下展开绿色行动

毫无疑问,客人的每一次绿色行动,不仅有深刻的环保意义,而且有十分显著的经济意义,客人每少换一次床单、浴巾,酒店就少了一项相关的成本开支。酒店可以向客人介绍有关当地社区和环境、碳排放抵消的资讯,告知他们可以通过投资可再生能源(如:水能机)或碳吸存(如:植树造林)弥补他们在旅行过程中所产生的碳排放。此外,也可以向客人介绍酒店正在实行的各种节能措施,鼓励客人重复利用资源,考虑使用公共交通或其他交通设施接送客人和员工,鼓励客人参加当地减少碳足迹弥留的环保活动,并保护自然环境。这些活动包括徒步、种植活动、自行车骑行和社区穿行等。

由于气候变化,游客可能避免前往那些受气候变化影响的目的地,或者调整旅行时间,以避开不利的气候。对员工和客人进行适当的教育,促使他们在使用能源过程中奉行节约原则并补偿他们对环境造成的影响,这样不仅有利于环境保护,还有利于酒店经营。

无论人们是否相信气候变化对环境所造成的不利影响,支持可持续发展并付诸实践,这无疑有利于保护和维持我们这个星球的独特性以及多样化的社会环境。

资料来源:迈点网 2021-2-20

# 第一单元　任务导入

## 项目一　探索绿色酒店

### 一、下达项目学习任务书

通过课程教材学习、查找图书馆相关资料、网络资源和实地考察等形式,获取新时代下绿色酒店的构成要素。通过本章的学习,学生以小组为单位,以"探索绿色酒店"为主题,以 PPT 的形式进行展示,分享新时代下绿色酒店的内涵与构成要素。学习任务书如表 9-1 所示。

▼ 表 9-1　学习任务书

| 项目名称 | 探索绿色酒店 |
|---|---|
| 项目训练形式 | 经验分享(以小组为单位、借助 PPT) |
| 项目能力分解 | 学习能力、思维能力、调研能力、沟通能力、语言表达能力、新媒体使用能力 |
| 项目评价 | 教师和其他小组现场提问 |

### 二、项目准备

**1. 实地考察**

考察所在地 3—4 家四星或五星级酒店。

**2. 资源利用**

结合本章所学背景知识,登录 5—6 家国内和国际知名酒店网站,了解其绿色发展理念、绿色要素构成、绿色经营与管理等情况。

### 三、项目学习目标

1. 提升学生对绿色酒店的理性认识。
2. 提高学习能力、思维能力、调研能力、沟通能力、语言表达能力、新媒体使用能力。
3. 使学生具备绿色视野、绿色经营和可持续发展的认识能力。

## 四、项目学习情况评价

1. 绿色酒店资料获取的完备程度。
2. 绿色酒店发展的基本内涵与规律。
3. 小组成员合作完成项目活动的调研和展示。
4. 分享内容主题突出,内容丰富;语言表达流畅;对问题思考较全面且有一定深度。活动评分表见表9-2。

▼ 表9-2 "探索绿色酒店"项目活动评分表

| 项目名称 | 探索绿色酒店 |
|---|---|
| 材料准备(15分) | |
| 内容(30分) | |
| PPT(10分) | |
| 语言表达(15分) | |
| 团队合作(10分) | |
| 回答问题(20分) | |
| 合　计 | |

# 项目二　当前酒店应用的新技术有哪些?

## 一、下达项目学习任务书

通过课程学习、查找图书馆相关资料、利用网络资源、实地考察等形式,调研当前酒店常用的新技术。通过本章的学习,学生以小组为单位,分析酒店新技术的类型、功能和组成,并借助PPT的形式进行展示。学习任务书见表9-3。

▼ 表9-3 学习任务书

| 项目名称 | 当前酒店新技术的应用 |
|---|---|
| 项目训练形式 | 酒店新技术的类型与功能(以小组为单位、借助PPT) |
| 项目能力分解 | 学习能力、思维能力、调研能力、沟通能力、语言表达能力、新技术使用能力 |
| 项目评价 | 教师和其他小组现场提问 |

## 二、项目准备

**1. 实地考察**

考察所在地 2—3 家星级酒店。

**2. 资源利用**

结合本章所学背景知识,登录一些酒店网站,了解酒店新技术应用的理念、构成、功能和维护。

## 三、项目学习目标

1. 培养学生对酒店运营中新技术、新概念的能力。

2. 提高学习能力、思维能力、调研能力、沟通能力、语言表达能力、新技术应用能力。

3. 扩展学生对酒店设备、物质的认识范围,提升学生对绿色酒店及新技术的理解。

## 四、项目学习情况评价

1. 对酒店设备、物资和绿色发展有较全面的了解和认识。

2. 小组成员合作完成项目活动的调研和展示。

3. 展示内容主题突出,特色鲜明,内容丰富;语言表达流畅;设计方案有新意、有创意,具有较强的推广价值和可行性。活动评分表见表 9-4。

▼ 表 9-4 "酒店新技术的应用"项目活动评分表

| 项目名称 | 酒店新技术的应用 |
| --- | --- |
| 材料准备(15 分) | |
| 内容(30 分) | |
| PPT(10 分) | |
| 语言表达(15 分) | |
| 团队合作(10 分) | |
| 回答问题(20 分) | |
| 合　计 | |

# 第二单元 背景知识

## 第一节 酒店设备概述

### 一、酒店设备

#### （一）酒店设备的含义

酒店设备是有形固定资产的总称,它包括所有列入固定资产的劳动资料。酒店设备是指酒店在生产经营活动中长期、多次使用的机器、机具、仪器、仪表等物资技术装备的总称。

#### （二）酒店设备的类型

酒店设备的配置种类繁多,按照不同的设备组成系统功能对酒店设备进行分类。酒店设备配置主要有以下几类：

1. 建筑物：主要指酒店的房屋建筑,包括主楼、裙楼和其他附楼。
2. 供电设备：交配电设备、供电设备、供电系统和用电设备。
3. 供应设备：供水、供热、制冷设备。如冷热水供应设备、废水排污设备、锅炉设备和制冷设备等。
4. 清洁卫生设备：客房和公共区域的清洁设备、洗涤设备。如吸尘器、打蜡机、洗衣机等。
5. 厨房设备：各种烹饪设备、冰箱和冰柜等。
6. 家具设备：各类家具、家用电器等。
7. 通信设备：电话、传真、电脑、计算机等。
8. 康乐设备：供客人娱乐和健身用的设备。如健身房、游泳池、网球场等。
9. 消防报警系统：烟雾探测器、消防监控设备、灭火器等。

### 二、酒店设备管理

#### （一）酒店设备管理的概念

酒店设备管理是根据酒店经营的总目标,运用各种方法和措施,对酒店设备从投资决策、采购、安装、使用、维护、改造一直到报废整个过程进行全面综合的管理。保证设备的正常寿命周期内的费用、使用费用、维修费用、后勤维护费用等达到最经济状态。

### (二) 酒店设备管理的意义

**1. 酒店经营活动的重要保障**

酒店产品以有形实物为载体,向客人提供无形的综合服务。其中有形实物是基础和凭借,是酒店星级评定的重要因素。通过设备采购、安装、测试、运行、保养、维修、更新等管理过程,保证设施设备有效运行,从而为酒店运营提供坚实保障。

**2. 酒店经济效益的重要组成部分**

酒店的设备投资与运行费用较高,包括设备的购置、折旧、维修、能源消耗等费用,这些费用占酒店总投资额的40%—58%,设备运行费用则占经营总费用的15%左右,是酒店除人工成本外最大的一项开支。因此,酒店设备管理工作的成效直接影响酒店的经济效益。设备管理做得好,可以大大降低设备故障率,延长设备使用寿命,降低能耗,从而降低设备开支,增加酒店纯收益,提高经济效益。当前酒店业竞争激烈,在行业微利的时代,开源与节流应该受到同等重视。

**3. 酒店服务质量的基础**

酒店产品质量包括硬件质量与软件服务质量,客人选择一家酒店,往往先从其硬件构成上感受,比如酒店硬件配备规格与种类、硬件环境的营造、硬件的舒适程度等,在这些硬件能够满足客人需求的情况下,才会进一步关注软件服务等,比如,会议客人选酒店首先要考虑是否有符合其会议要求的会议室、相应的会议设备等。因此,酒店设备质量是客人选择酒店产品的先决条件,是酒店质量的重要保证。

### (三) 酒店设备管理的特点

**1. 构成复杂,管理难度大**

酒店的设备种类和数量繁多,规格和型号不同,使用方法和维护保养也各不同,又分散在酒店的各个部门和各个岗位,技术门类很多,专业性又较强,给设备的管理增加了很大的难度。

**2. 消费性强,质量要求高**

酒店的设备和工业企业的设备有明显的不同。工业企业的设备是用来生产物资产品的,只限于企业的工人使用,而酒店的设备消费性很强,它本身就是商品,直接供客人使用，任何不足都会影响服务的质量；再加之人员复杂，设备的破损率高，这就要求加强设备的维护和保养，使设备始终处于完好的状态，以提高酒店的服务质量。

**3. 无形损耗较大**

酒店设备的损耗不仅表现为有形的损耗，也包括无形的损耗。新建酒店的设备损耗往往要低于相对较老的酒店。因为酒店设备使用一段时间后，无论是功能还是款式都不能赶上时尚的要求，所以，会出现无形损耗，虽然质量没有损耗，但是无形损耗已经实际产生。

**4. 资金投入大，回收期长**

酒店一般都将主要投资放在硬件建设上，用于营造消费环境和氛围感受。所以，酒店设备投资巨大，而且回收期较长。

## 三、酒店设备的选择与购置

酒店设备的选择和购置是酒店设备管理的第一个环节，酒店根据经济、技术和经营的需要，采购符合客人需要又能创造良好经济效益的物资设备。其影响因素有：

**1. 实用性和适用性**

酒店设备是酒店提供服务的载体，所以，在采购时要求既能满足酒店服务的需要，同时又兼顾酒店星级的要求。从酒店的实际出发，选择适用于本酒店的设备。

**2. 针对性和配套性**

酒店设备的采购要符合酒店经营的实际需要，有针对不同部门，不同岗位以及不同消费者的设备。还要在风格、功能、款式、花色、文化内涵等方面保持一致，使不同设备具备统一相配套的特点。

**3. 安全性和环保性**

酒店设备无论是客用还是员工使用，都要保证最基本的安全需要。同时，还要节约能源，提高利用率，降低损耗，污染少、噪音低和绿色环保。设备的节能环保不仅是酒店服务质量的要求，也是社会经济发展的要求。

## 四、设备的使用与保养

### （一）设备的使用管理

酒店设备寿命的长短除了取决于设备本身的质量外，还取决于设备的日常使用和保养。正确使用设备,不仅能够将设备的功能发挥最大,而且还能够保证设备的正常寿命,避免发生不必要的损耗,最终提高酒店的经济效益。

**1. 保证设备的技术状态良好**

酒店设备的技术状态良好是指设备的性能良好、运行正常和能耗正常三个方面。

**2. 设备使用的基本要求**

设备使用的基本要求是"三好、四会、五项纪律"。"三好"指用好、管好、维护好;"四会"指会使用、会维护、会检查、会排除故障;"五项纪律"包括:实行定人定机使用设备,遵守安全操作规程,经常保持设备整洁,按规定加油,保证合理润滑。遵守交接班制度(因生产需要进行连班工作时)。管好工具、附件、工装等,不得遗失。发现异常情况应立即停机检查,自己不能处理的问题应及时通知有关人员检查处理。

### (二)酒店设备的维护保养

**1. 酒店设备维护保养的基本内容**

酒店设备维护保养的基本内容是清洁、安全、整齐、润滑、防腐。清洁指各种设备要清洁。尤其是客房设备内外要做到无灰、无尘、无虫害,保持良好的环境。安全指设备的各种保护装置要齐全,各种安全防护装置要定期检查;做到不漏水、不漏油、不漏气、不漏电,保证安全,不出事故。整齐指各种工具、工件和附件放置要整齐,线路管道要完好,各种标志醒目美观。润滑指有些设备主要是后台设备,必须定时、定点、定量加油。保证润滑面润滑,保证运转顺畅。防腐是为防止酒店设备缓慢腐败而采取的一系列措施。同时还要注意,无论是一线对客部门,还是后台部门都要注意设备的保新。

**2. 酒店设备三级保养制度**

设备的维护保养方法很多,无论采用哪种方法,其目的都是为了使设备保持其良好性能,提高设备利用效率,降低成本,更好地为酒店经营服务。

(1)设备的日常维护保养

酒店设备的日常维护是全部维护工作的基础。具有经常化、制度化的特点。日常维护保养包括班前、班后和运行中维护保养。

参加日常维护保养的人员主要是操作工人。他们要严格按操作规程操作,集中精力工作,注意观察设备的运转情况和仪器、仪表的工作情况;通过声音、气味发现异常情况。设备不能在有故障的情况下运行,如有故障应立即停机检查及时排除故障,并做好故障排除记录。

日常维护保养的内容大部分在设备外部。其具体内容主要有：做好清洁卫生；检查设备的润滑情况，定时、定点加油；紧固易松动的螺丝和零部件；检查设备是否存在漏油、漏气、漏电等情况；检查各防护、保险装置及操纵机构、变速机构是否灵敏可靠，零部件是否完整等。

（2）设备的一级保养

设备的一级保养要求设备达到整齐、清洁、润滑和安全的要求，减少设备的磨损，消除设备的隐患，排除一般故障，使设备处于正常技术状态。通过一级保养，使操作者逐步熟悉设备的结构和性能。

设备一级保养的具体内容有：对部分零部件进行拆卸清洗；部分配合间隙进行调整；除去设备表面斑迹和油污；检查调整润滑油路，保持畅通不漏；清洗附件和冷却装置等。

参加一级保养的人员以操作工人为主、维修工人为辅。保养一般在每月或设备运行 500 小时后进行，每次保养后，要认真填写保养记录卡，谁保养，谁记录，并将其装入设备档案。

（3）设备的二级保养

设备二级保养的主要目的是延长设备的大修周期和使用年限，使操作者进一步熟悉设备的结构和性能，使设备达到完好标准，提高并保持设备的完好率。设备二级保养的具体内容有：根据设备使用情况进行部分或全部解体检查或清洗；检查、调整精度，校正水平；检修电器箱、电动机，修整线路；对各传动箱、液压箱、冷却箱清洗换油；修复和更换易损件。

参加二级保养的人员以维修工人为主；保养一年进行一次，或设备累计运转 2 500 小时后进行；二级保养也叫年保，保养后同样要填写保养记录卡。

（4）酒店设备的技术改造和更新

随着使用年限的增加，酒店设备由于损耗、效率降低、能耗增加，维修周期缩短，维修费用不断增加，继续使用已经不再经济，客观上要求酒店设备要进行技术改造和更新。

## 五、酒店设备的技术改造

酒店设备的技术改造是运用新的科技成果，对设备进行局部或全部技术改造，甚至达到新设备的水平。具体改造原则如下：

**1. 针对性**

酒店设备的技术改造要从实际出发,根据酒店的经营需要并结合设备在经营中的地位和技术状况,针对薄弱环节进行。

**2. 适应性**

酒店设备的技术改造既要考虑技术的先进性,还要考虑适应性,符合酒店的等级、档次、规模及实际需要,不能盲目追求高指标。

**3. 经济性**

在进行酒店设备的技术改造时,要考虑经济性的要求,做到投入与产出的最佳值,实现效益最大化。

**4. 可能性**

酒店改造还要紧扣可能性原则,在工艺、技术等技术改造上要可行,并且经过实践证明和技术论证是可行的。

## 六、酒店设备的更新

设备的更新是对老旧设备或者不能够跟上时代发展需要的设备的更换。其目的依然是要满足酒店经营发展的需要,使用新的设备更换旧的设备,用先进且经济的设备更换技术落后的设备,设备更新时要综合考虑设备的物质寿命、经济寿命和技术寿命。设备更新的条件如下:

1. 通过多次大修,技术性已经达不到要求,无法保证酒店的服务质量;
2. 技术性能落后,经济效益差;
3. 维修费用太高;
4. 不能适应酒店经营发展的需要;
5. 能耗大、污染严重,无法改造或者是改造不经济。

(【拓展阅读,扫码学习】:西藏饭店的能源管理)

## 第二节　酒店物资概述

### 一、酒店物资管理

#### （一）酒店物资管理的含义

酒店物资是酒店提供服务的基础，其地位与作用等同于酒店设备。广义的酒店物资通常是酒店中长期使用的物资装备，包括设施设备、消耗品等；狭义的酒店物资主要是指消耗用品。酒店物资管理是对酒店经营管理活动所需要的各种用品、用具、原材料、工具等物资资料的选购、储存、使用所进行的一系列的管理工作。酒店良好的物资管理能够有效地节约运营成本，提高酒店资金利用率，实现酒店的效益目标。

酒店物资管理的主要目标包括：适时采购保供应、适量储存保经营、择优对比提性价、合理保管高效用、物资分类看重点。

#### （二）酒店物资管理的特点

**1. 物资种类多，涉及部门广**

酒店对客服务有软硬件之分，既贯穿于顾客体验的全过程，又存在于酒店的各个部门，物资门类广、品类多，通常包括原材料、燃料、低值易耗品、物料用品和商品等。

其中原材料主要包括食品原材料、饮料、调料、配料及相关半成品、成品。燃料主要包括各种固体、液体和气体燃料；低值易耗品包括客房和餐饮所有的低值易耗品，如客人一次性用品等；物料用品包括酒店经营者所需要的经营管理用品，如床上用品、卫生间用品和清洁用品等；商品为酒店对外销售的商品品种。酒店在满足日常物资供应的同时，也面临着物资种类繁多、部门分散管理的状况。

**2. 酒店物资使用率高，管理构成复杂**

酒店物资使用率高，周转环节多，多数物资都存在重复使用的情况。如餐厅的桌布、餐具，客房的棉织用品等。同时，多数物资都是集中于一个部门收集、洗涤、分配等，设计部门和环节多，所以管理内容、方法也比较复杂。

**3. 物资管理影响酒店服务质量和效益**

酒店物资供应直接影响酒店经营服务质量，客观上需要及时供应，物资内容和标准要符合客人的需求，才能提升酒店服务质量。如出现菜品原材料供应不足、布草破损等情况,都会影响客人的满意度。同时,物资的采购、验收、储存、发放、使用等环节都会影响酒店的服务质量和整体效益。

## 二、酒店物资消耗定额管理

酒店物资消耗定额管理是酒店管理者对物资的量化管理方法,是确定在一定时期、一定服务接待水平下,为提供酒店产品必须消耗的物资数量标准。需要特别注意的是,物资消耗定额是一种期望值,它不等于实际的物资消耗量。

确定酒店物资消耗定额常用的方法有以下五种:

### (一)经验估算法

酒店的一些物资(例如时令性食品原材料)受到外界客观因素的影响较大,消耗量的变动不易把握。酒店会根据过去的经验,通过估算制定物资消耗定额。此方法简单易行,但是容易受到估算人主观因素的影响,准确性不高。一般适用于缺乏相关技术和统计资料时使用。

### (二)统计分析法

统计分析法是运用统计学的分析方法,对一定时期内实际消耗物资的统计数字进行输入、加工、整理、计算、分析后,总结物资消耗规律而制定物资消耗定额。此方法主要适用于确定重复性消耗物品的消耗定额。通过分析过去物资消耗的数据,寻找到其消耗规律,再作出科学的推断和预测。优点在于能够通过数据分析,得出物资消耗的规律,具有一定的客观性和准确性,一般是在有比较齐全的统计资料时使用。

### (三)实物实验法

实物实验法是指在当前酒店生产经营的条件下,通过反复地实地操作、测量、实验,分析总结物资实际消耗情况,来确定消耗定额的方法。此方法能够从实操出发,准确性强,但是准确程度取决于测定的次数和条件,受生产技术和操作水平以及测定人员的影响。如酒店燃料动力的消耗定额等,一般是在工艺简单、物资采购量大时使用。

### (四)技术分析法

技术分析法又称为技术计算法,是指按照酒店产品设计和服务的需求,从酒店产品组成部分和影响因素出发,以先进技术和经验积累为基础,制定物资消耗定额。这种方法计算较为准确,但工作量大,一般是在产品定型、技术资料较齐备时使用。

## （五）经济订货批量法

经济订货批量（Economic Order Quantity），通过平衡采购进货成本和保管仓储成本核算，以实现总库存成本最低的最佳订货量。经济订货批量是固定订货批量模型的一种，可以用来确定酒店一次订货（外购或自制）的数量。当企业按照经济订货批量来订货时，可实现订货成本和储存成本之和最小化。如图9-1所示。

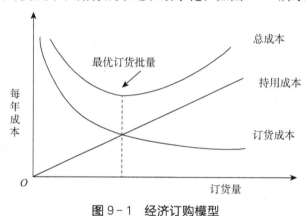

图9-1 经济订购模型

## 三、酒店物资采购及验收管理

### （一）酒店物资采购管理

**1. 采购管理的主要内容**

（1）认真分析酒店经营活动的物资需要，根据市场行情，科学合理地确定酒店计划。

（2）根据酒店各部门对物资的数量、质量需求与成本预算，选择最为合适的物资供应商。

（3）控制采购活动全过程，做好询价和物资质量比较，制定相关采购制度，规范采购行为，使物资采购按质、按价、按时到位。

（4）制作并妥善保管与供货商之间的交易合同，保证合同合法有效并对双方有利。

（5）协助财务部门做好酒店对供货商的贷款清算工作，以利于与良好供货商的长期合作。

**2. 酒店物资采购方法**

（1）招标采购法。这是酒店集团进行大批量采购常用的方法。酒店集团根据招标法相关要求,发布本公司欲采购的物资,在招投标公司的组织下,对3—5家应标企业进行评估,从中选出最合适的投标供货商。整个过程应公开、透明,有利于公平合理地招到供货商。

(2)竞争性采购法。竞争性采购是指采购单位先针对每一种采购物资取得至少三个供货单位的报价,对供货提供物资的质量、价格进行综合比较,在市场调查价格的基础上,选择其中性价比最优的供货商进行采购。

(3)成本加价采购。在某种原料的价格涨落变化较大或很难确定合适的价格时,酒店需要与供货商谈判,在供货商收购价的基础上,加上一定的百分比,作为酒店的买入价。

(4)归类采购。即对同一类的物资、原料,采购部门向同一个供货单位购买,往往可以获得批量折扣优惠及质量稳定的物资。同时,只需向供货单位开出一张订单,处理一张发票,将会大大节省人力和时间,也可以一次订货,分期收货。

(5)集中采购。酒店集团往往会建立地区性的采购中心,为本公司所在地区的各酒店企业集中采购各种物资。集团所属各酒店将各自所需的原料及数量定期上报给采购中心,采购中心汇总以后进行集中采购。这一做法的优点在于大批量购买,往往可以享受优惠的价格。

### (二) 酒店物资验收管理

酒店物资验收管理是对购回物资进行验收、入库的过程。

采购部门购回物品必须由库房根据申购表验收货物,验收合格的物资,验收员应作详细记录,填写验收单及进货日报表,并将这些物资分类后及时入库或发放给相关的使用部门,同时将入库单客户联交采购员或供应商办理结算。

库房在验货过程中如有专业性较强的物资,应主动请使用部门验收。在验收过程中库房或使用部门有权对不符合要求的物品提出退货要求,经确认不符要求的由采购人员或供应商办理退货。购买、收货和使用三个环节上的相关人员要相互监督、相互合作,共同做好物资供应工作。

## 四、 酒店物资仓储与发放管理

### (一) 仓储管理的工作内容

仓储管理的工作内容主要包括:

(1) 组织物资验收入库工作；

(2) 组织物资使用发放工作；

(3) 组织物资的储存整理工作；

(4) 组织废料的回收和利用工作；

(5) 及时处理呆滞积压的物资；

(6) 定期盘点，通过物料台账及其他的统计分析资料掌握库存物资的动态。

### （二）物资发放的原则和要求

**1. 物资发放的原则**

为确保物资发放过程的严谨性，在发放物资时应遵循先进先出、保证经营，并坚持补料审批、退库核错、以旧换新制度。

**2. 物资发放的基本要求**

物品发放要做到定时发放、履行必要手续和正确计价。仓库管理员必须在当日发货后逐一为领料单计价，并及时转交给相关物资成本控制人员，以保证库中物资原料与账卡相符。

## 第三节  酒店节能技术应用

### 一、酒店能源管理

#### （一）酒店能源管理的含义

面对日益短缺甚至枯竭的能源来源和能源价格的不断上涨，能源成本严重影响到酒店的生存和发展。对于酒店经营者来说，酒店投资回收期非常长、常态性资金压力、节能改造技术不专业等问题，如何节能已经成为酒店业界共同关注和迫切期望解决的课题。

酒店能源管理，是指控制和减少能源使用的具体政策和工程，维护酒店设备实施正常使用的管理活动。酒店的空调（制冷＋供暖）、照明、生活用热能耗占总能耗的70％—80％。在能源成本中，水、电、煤、油等支出费用约占酒店全年营业收入的10％，在酒店的成本开支中列第二位。受天气、客房使用率及经营活动等因素的影响，酒店的能耗处在不断变动的状态，导致酒店实际能耗与设计能耗之间存在较大差异。酒店迫切需要对其能源进行综合管理和优化控制。酒店能源利用效果，不仅取决于供能和用能设备的技术状况，还取决于酒店的管理水平。酒店能源管理对提升酒店能源利用率也起到至关重要的作用。随着酒店的设备设施现代化程度不断提高,更需要运用科学的方法和先进的技术手段进行管理,实现能源利用更合理、更高效的目标。

### (二) 酒店能源管理的主要影响因素

酒店经营中产生的消耗主要包括:日常生活能源消耗和设备运行能源消耗。其中,空调、热水、照明和机电四大项,能耗分别约占酒店总能耗的49%、27%、13%、7%,空调和热水是酒店能耗的主要项目,部分空调设施能耗甚至达到酒店总能耗的60%以上。影响酒店能耗的主要因素有以下方面:

**1. 酒店的地理位置**

酒店所处的不同地域和区位,影响着酒店的能耗。南北方气候差异,使得北方的酒店在控制温度方面的能耗要高于南方,但南方酒店在湿度控制方面又与北方不同。同时,日照、降雨以及城市热岛效应对酒店能耗管理都有着一定的影响。

**2. 酒店的建筑结构**

酒店建筑设计理念、年限、保温性能、原材料的质量、采光、通风以及建筑结构都会直接影响着酒店能耗管理。采用绿色环保,极大限度引入自然光和太阳能源的酒店,在能源消耗方面能够处于酒店竞争的优势地位。

**3. 酒店各机电系统的设计、安装水平**

机电系统的设计及安装水平也是影响酒店能耗的一个重要因素。机电体系设计理念陈旧、设施设备老化、设备维护成本高等问题,都会影响着酒店的能源管理。例如,酒店空调制冷系统占到能源消耗总额的50%以上,能够从技术运用、设备维护和管理手段等三个方面出发降低空调能源消耗,就可以大幅降低酒店运营成本。

### (三) 提升酒店能源管理的途径

1. 对酒店进行科学的规划和设计,贯彻执行国家有关节能的方针、政策、法规、标准及有关规定,制定并组织实施本酒店的节能技术措施,完善各项节能管理制度,降低能耗,完成节能工作任务。

2. 积极利用新技术改造高能耗的设备。如空调余热回收改造、厨房灶炉节能改造和感应电梯改造等。

3. 完善设备运行、使用及维保规范。按照合理的原则,均衡、稳定、合理地调度设备运行,提高能源利用率,避免用能多时供不应求,用能少时过剩浪费的现象。酒店能源控制可以分楼或分层设计,在酒店业务淡季,可以关闭一些楼层维修或歇业以减少能耗。

4. 制定科学合理的考核指标。建立健全酒店能源管理体系，明确各级管理者的职责范围；建立健全能耗原始记录、统计台账与报表制度；定期为各部门制定先进、合理的能源消耗定额，并认真进行考核。

5. 对员工进行节能减排的培训教育，培养员工的绿色环保意识，促进全员性节能减排行为的形成。

## 二、酒店节能管理的技术应用

### （一）酒店采用 5A 及 PDS 技术

酒店采用高科技不仅提高了档次、满足客人消费需求，而且还能节能。5A 技术是指：BA(Building Automation，楼宇自动化)；CA(Communication Automation，通信自动化)；OA(Office Automation，办公自动化)；SA(Safety Automation，保安自动化)；FA(Fire Automation，消防自动化)以及 PDS(Premises Distribution System，综合布线系统)，PDS 是针对计算机与通信的配线系统而设计的，对酒店水、电、汽、空调等实行自动控制，达到节能目的。

### （二）地源热泵空调系统的应用

地源热泵技术，它是利用水与地能(地下水、土壤或地表水)进行冷热交换来作为热泵的冷热源。冬季把地能中的热量"取"出来，供给室内采暖，此时地能为"热源"；夏季把室内热量取出来，释放到地下水、土壤或地表水中，此时地能为"冷源"。

地源热泵是既可供热又可制冷的高效节能空调系统，且不向外界排放任何废气、废水、废渣，因此是真正的绿色能源。与传统的空气源热泵相比，其能效要高出 40％左右，其运行费用为普通中央空调的 50％—60％。

### （三）采用新兴节能光源

节能光源发光效率高，是酒店采光设备的首选。其中 LED 照明是主流照明技术，因其在同样照明效果的情况下，耗电量是白炽灯泡的 50％、荧光灯管的 20％，其寿命是白炽灯的 100 倍，单体 LED 的功率一般在 0.05—1W，它的寿命可超过 5 万小时，之后的亮度依然能够维持初始灯光亮度的 60％以上。

### （四）智慧能源管理系统

智慧能源管理系统是以帮助酒店降低单位产品能源消耗、提高经济效益为目的信息化管理系统，它通过与互联网通讯、云计算大数据分析紧密结合，实现远程监控、数据云备份、大数据分析、远程诊断等功能,为酒店提供能源管理方案。它是通过对硬件和软件的有效分配和制定节能管理机制,有效降低热力、水、电、天然气等能源消耗,使酒店达到高效低耗的运营状态。例如:镇江明都大饭店智慧能源管理系统采用"1+5"的系统架构。全面整合中央空调智能运行维护系统、供热智能控制管理系统、空调末端智能运行维护系统、照明智能控制管理系统、生活热水智能控制管理系统等5大子系统,对融合数据进行深度分析和挖掘,及时发现和解决建筑管理、运行过程中的各类问题,实现建筑全部能源和各机电系统的远程、集中、可视化管理,以能效管理为核心,提供覆盖建筑各机电设备系统管控的定制化、组合化的智慧解决方案。系统架构图见图9-2所示。

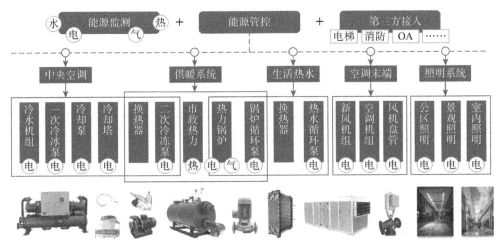

图9-2 镇江明都大饭店智慧能源管理系统架构图

## 三、绿色酒店

### (一)绿色旅游酒店的含义

20世纪80年代末期,"绿色酒店"首先在欧美国家出现,酒店经营者开始改变经营策略、加强环境意识、实施环境管理,极力营造酒店的"绿色"氛围。绿色酒店被称为"Green Hotel",也被称为"Eco-efficient Hotel""Environmental-friendly Hotel",意为"生态效益型酒店""环境友好型酒店"等。

20世纪90年代中期,"绿色酒店"的理念传入我国。国家文化和旅游部于2015年底颁布《绿色旅游饭店》行业标准,并于2016年2月开始实施。该标准中的绿色旅游饭店是指以可持续发展为理念,坚持清洁生产、维护饭店品质、倡导绿色消费、合理使用资源、保护生态环境、承担社区与环境责任的饭店。其核心是为顾客提供舒适、安全,有利于人体健康要求的绿色客房和绿色餐饮,并且在生产经营过程中加强对环境的保护和资源的合理利用。

### (二) 我国绿色酒店评定标准

2015年底,由我国文化和旅游部颁布了《绿色旅游饭店》行业标准(LB/T 007—2015),并于2016年2月起实施。

**1.《绿色旅游饭店》的等级划分及标志**

绿色旅游饭店分为金叶级和银叶级两个等级。金叶级应达到设施设备评分评定细则240分及以上,银叶级应达到设施设备评分评定细则180分及以上。全国范围内,正式开业一年以上,并满足饭店必备项目检查要求的饭店都具有参加评定的资格。

**2.《绿色旅游饭店》标准的基本要求**

(1) 环境管理要求

酒店在运营过程中应该遵守环保、卫生等方面的法律法规,构建有实施绿色旅游酒店的创建与管理的组织体系,开展培训并创造能使员工充分参与创建与管理绿色旅游酒店的内部环境。倡导绿色消费、绿色采购等方面的规章制度和管理要求,应因地制宜、形式多样地开展绿色旅游酒店的宣传活动,鼓励酒店消费者、供应商参与绿色旅游酒店的实施工作。

(2) 环境质量要求

对酒店锅炉大气污染物排放,厨房排烟,污水排放,垃圾分类及管理,酒店噪声排放,酒店新建、改建工程后,酒店室内空气质量应达到的标准作出明确规定。同时,提出了酒店能源计量系统标准,强调了申请绿色旅游饭店的酒店要在一年内未出现重大环境污染事故,无环境方面的投诉。

### (三) 创建绿色旅游酒店的意义

**1. 实现绿色环保发展理念**

旅游业一直被认为是"无烟产业",但随着旅游业的发展,环境污染问题也逐渐地困扰着旅游从业者。据研究表明,旅游业的碳排放占全球温室气体排放的5%,并有增长趋势,其中又以旅游航空、住宿占比较高。随着公众环境意识的增强,公众对环境问题的关心日益增加。绿色酒店的建设与普及,能够满足游客绿色消费需求,也对节能减排、环境保护和旅游的可持续发展有着积极意义。

## 2. 提升酒店企业的社会责任

绿色旅游饭店标准中强调酒店应该承担社会责任，具体通过绿色理念宣传，提高顾客的环保意识。定期发布绿色旅游饭店创建成效，采取奖励、优惠等措施引导顾客参与饭店绿色计划。通过绿色采购环节降低消耗、减少环境污染。通过社区服务，提升酒店社会形象，改善酒店社区环境。

## 3. 体现了客人的核心利益

绿色酒店倡导安全、健康、理性的消费理念，服务过程中为客人提供设施品质高、智能化程度高的客房，高品质、安全、健康食品。配备有利于客人人身及财产安全的硬件设施。如完善消防系统、门禁系统，对影响人体健康的室内装修材料、温度、湿度、噪声、光线、通风等也都有明确要求，这些要求保证了顾客的核心利益。

## 4. 有利于酒店品牌的塑造

绿色酒店会给消费者带来酒店企业的正面形象，通过开展和参与一系列有关健康、环保的社会活动，赢得社会公众的认可，从而将绿色酒店融进自身品牌的建设之中，绿色产品、绿色服务和绿色营销越来越成为酒店竞争的重要途径。

## 典型案例

### 绿色发展开新局，山水时尚酒店·华强北店再获"2020先锋绿色饭店"殊荣

2021年9月17日，深圳市饭店业协会主办了2021年深圳国际饭店发展论坛和第四届"琅琊榜"颁奖盛典，凭借在安全、健康、环保等评审环节的出众表现，中青旅山水时尚酒店·华强北店再次荣获"2020先锋绿色饭店"殊荣。

本届发展论坛主题为"莲花山下、绿动鹏城"，旨在结合2020年行业抗疫工作的效果及绿色饭店评选工作，全面落实党中央国务院全面促进消费的决策部署，贯彻"十四五"规划纲要精神，引领行业企业适应内循环下消费市场新需求，宣传贯彻绿色国家标准，转型绿色发展方式，提升绿色服务品质，搭建珠三角绿色产业资源合作交流平台，促进珠三角绿色发展和生态文明建设。作为本次论坛及颁奖盛典的主办方，深圳市饭店业协会特别邀请行业权威发布《深圳市饭店业年度发展报告》，同时就"绿色饭店如何赋能城市生态与活力"等话题进行圆桌对话，并对绿色饭店"国标3.0"的行业普及问题进行探讨。

作为深圳市饭店业协会副会长单位，中青旅山水酒店集团在业界率先升级绿色、环保的经营管理体系，从供给端全面满足人们在后疫情时代对健康安全的住

宿需求。连续四次荣获行业颁发的"绿色饭店"荣誉,再次见证了山水时尚酒店·华强北店全体同仁打造绿色服务口碑所付出的努力:为了赋予入住客人闹中取静、如临山水的愉悦体验,位于深圳市福田区最繁华商圈的酒店在环境设计上精心融入各种自然元素,店内以巨型棕榈树为景观,为顾客营造生机盎然、舒心怡人的都市绿洲。酒店不仅坚持给客人提供绿色、安全、健康的"绿色睡眠"服务,而且面向社会宣传和倡导绿色理念,坚持在循环经济、节能降耗、减少浪费等酒店经营管理环节坚守绿色酒店高标准要求,连续多年荣获"中国酒店业最受欢迎品牌酒店""改革开放40周年深圳名企名店""四叶级中国绿色饭店""全国绿色饭店领跑者TOP100"等多项行业表彰和荣誉。

  酒店负责人表示,作为进一步推动绿色饭店高质量发展的标志,此次荣誉将再一次鼓励大家在绿色酒店发展道路上勇开新局,酒店全体同仁将砥砺前行,不负使命,认真履行绿色饭店的使命和承诺,持续推进绿色公益活动,通过贯彻绿色饭店标准,倡导绿色文明的生活习惯和健康的消费观念,为绿色生态和低碳环保事业普及不断做出新的贡献!

  资料来源:迈点网

### 本章小结

  通过本章学习,要求学生掌握酒店设备维护管理的概念、特点、设备类型与组织管理;酒店物资的分类、定额管理、采购和验收管理及仓储管理;酒店节能管理的方法,认识绿色酒店的评价标准和创建意义。

# 第三单元　实践与训练

## 第一部分　课堂讨论

1. 提高酒店能源消耗的途径有哪些？
2. 绿色酒店在生态旅游中的地位和作用是什么？

## 第二部分　课外练习

1. 基本概念

（1）酒店设备管理

（2）酒店物资管理

（3）智慧能源管理系统

2. 填空题

（1）酒店设备是_____的总称，它包括所有列入固定资产的_____。酒店设备是指酒店在生产经营活动中长期、多次使用的机器、机具、仪器、仪表等_____的总称。

（2）设备使用的基本要求是"_____、_____、_____"。

（3）"三好"指_____好、_____好、_____好；"四会"指会_____、会_____、会_____、会_____；"五项纪律"包括：实行_____，遵守_____，经常_____，按规定_____，保证_____。

（4）酒店设备维护保养的基本内容是_____、_____、_____、_____、_____。

（5）酒店物资管理的主要目标包括：_____、_____、_____、_____、_____。

3. 单选题

（1）下列不属于酒店物资消耗定额常用方法的是（　　）。

① 经验估算法

② 统计分析法

③ 调查走访法

④ 实物实验法

(2)(　　)是酒店集团进行大批量采购常用的方法。

① 招标采购法

② 竞争性采购法

③ 成本加价采购

④ 归类采购

(3) 为确保物资发放过程的严谨性,在发放物资时应遵循(　　)、保证经营,并坚持补料审批、退库核错、以旧换新制度。

① 先进先出

② 先进后出

③ 后进后出

④ 后进先出

4. 多选题

(1) 酒店设备管理具有(　　)的特点。

① 构成复杂,管理难度大

② 消费性强,质量要求高

③ 无形损耗较大

④ 资金投入大,回收期长

(2) 酒店设备的选择与购置受(　　)的影响。

① 实用性和适用性

② 针对性和配套性

③ 安全性和环保性

④ 随机性和规律性

(3) 酒店设备的技术改造应遵循(　　)原则。

① 针对性

② 适应性

③ 经济性

④ 可能性

(4) 下列属于酒店能源管理主要影响因素的是（　　）。

① 酒店的地理位置

② 酒店的建筑结构

③ 酒店各机电系统的设计、安装水平

④ 酒店设备的使用方法

(5) (　　)是构成绿色酒店的四个理念。

① 环保、安全

② 节约、环保

③ 放心、健康

④ 生态、环保

5. 简答题

(1) 酒店设备的类型有哪些？

(2) 酒店设备管理的意义。

(3) 酒店物资管理的特点是什么？

6. 实训题

组织学生参观本地一家中国本土品牌五星级酒店，了解酒店的设备和物资管理，参观酒店的仓库管理及物资发放。通过对酒店管理人员的访谈，了解酒店的绿色发展和新技术的运用。学生分小组以PPT的形式对参观的酒店进行总结，并比较它们之间的不同点和各自的特点。

## 第三部分　案例分析

### 海航酒店集团：匠心打造国际化绿色酒店

海航酒店集团成立于1997年，是海航旅业集团旗下酒店业务集团，是世界饭店集团300强、中国最具竞争力的民族酒店品牌、中国最佳酒店管理集团公司。海航酒店集团旗下拥有唐拉雅秀、海航酒店等知名品牌，已形成包括高端酒店、商务酒店、度假酒店、快捷酒店、产权酒店等多元化的资产组合。

海航酒店集团以可持续发展为理念，将环境管理融入酒店经营管理之中，强化环境管理策略,将降低能耗、低碳环保融入设计、建造、运营等各个方面,从源头落实酒店设计和建造过程的可持续性,提升资源使用效益,打造中国酒店行业的民族品牌。

1. 强化绿色环境管理

创新绩效式环境管理策略。海航酒店集团建立绿色环保领导小组,制定能耗管理战略目标及老旧设备淘汰计划,将节能降耗总体目标分解落实到各成员酒店,定期开展能耗计量统计、节能检查与监督。公司制定节能环保目标,将节能减排工作与工作关键绩效考核指标挂钩,明确酒店各层级负责人节能降耗责任,以持续推进节能目标的实现。

提升环保意识,以管理促进节能。在硬件升级、技术改进的基础上,海航酒店集团加强内部管理以提高能源的使用效率。引入合同能源管理模式,持续推进合同能源管理的开展。海航酒店集团编制完成"绿色酒店认证指引"与"优秀实践案例集",倡导全面化前置节能工作,从源头实现节能降耗。如儋州海航新天地酒店太阳能热水系统供应的热水占整个酒店热水使用量的近70%。

2. 开展全面绿色行动

推进绿色酒店的设计与建造。海航酒店集团反思高能耗的运营及设计方式弊端,完成了"可持续发展:设计和建造指南"的编制,致力于将可持续发展理念传达至设计方和建造方,落实酒店建设全过程的可持续性管理,从源头上构建环保型建筑。

技术与设施改造节能。海航酒店集团在全面提升员工节能意识与实践能力的基础上,持续推进技术节能与管理节能,以有效提升能源使用效益,降低运营过程中的排放,为顾客提供更优质的服务。

减少废弃物排放。海航酒店集团重视生产运营中产生的废弃物可能对居住者生活环境造成的影响,采取多项环境保护措施,最大限度降低经营活动对环境的影响,打造绿色居住环境。

可持续性会议。北京唐拉雅秀酒店参照国家标准《大型活动可持续性管理体系要求及使用指南》及其他相关文件,建立可持续管理制度和相关指标体系,以绿色会议形式承办了"海航社会责任论坛",从会务、场地、餐饮、住宿、废弃物等多个维度,将减排细化为40项具体指标,切实将低碳理念融入会务管理和执行的全过程。

海航酒店集团始终秉承绿色环保、节能高效的理念,致力于全面打造环境友好型企业,推动企业全球化布局与可持续发展。未来,将继续推进设计与建造全流程可持续性,深化全方位节能降耗管理,强化全面节能减排措施,加强全球化布局下集团内部环保经验交流与分享,将可持续发展理念深入贯彻到重点基建项目的实施、绿色管理体系以及运营实践中,以匠心铸造国际化品牌酒店,引领酒店行业绿色环保的发展方向。

资料来源:网络

思考与分析:海航酒店集团在实现绿色酒店的过程中,关键点有哪些?

# 第十章 酒店安全危机管理

## 学习目标

◆ 思想目标

在对酒店存在的安全危机全面了解的基础上,丰富专业知识,具备危机意识与迅速作出反应的能力。

◆ 知识目标

(1) 掌握酒店安全的概念和类型;
(2) 掌握酒店安全危机管理计划的流程;
(3) 掌握酒店安全危机处理的流程和策略。

◆ 能力目标

(1) 具备安全危机意识;
(2) 能够制订酒店安全危机管理计划;
(3) 能够根据酒店所面临的危机模拟作出相应的处理流程。

导入案例

### 酒店信息安全成了"老大难"?

2018年8月28日,一张"黑客在黑市出售华住酒店集团客户数据"的截图在各大社交平台流传开来。该黑客声称,8月14日已获取华住集团旗下所有酒店的住客数据,包括官网用户注册数据1.23亿条,旅客入住登记的身份信息1.3亿条,及详细开房记录约2.4亿条;并以8个比特币(约5.6万美元)或520门罗币的价格出售。

近年来,酒店行业信息泄露的事件屡见不鲜,凯悦、洲际、汉庭、7天等国内外酒店均未能幸免。可即便如此,该现象并未得到有效的遏制。对此,某酒店行业资深业者表示,再强大的系统也会存在可被破解的漏洞——信息泄露事件虽在情理之中,但是如何泄露的才是关键所在。

在信息社会,数据安全是任何企业都应该做好的基础工作;而国内的酒店集团普遍在技术安全保障和管理流程机制方面有所欠缺,且整体落后于国外。据其介绍,国外酒店集团的信息化标准十分严苛,细致到每个系统的补丁、版本升级标准、岗位权限设置等,均有详尽的规定。可即便如此,国外酒店也依旧难以避免信息泄露的问题。如此看来,国内酒店对信息安全的不够重视,实则埋下了不小隐患。

资料来源:迈点网

# 第一单元　任务导入

## 📄 项目一　酒店安全管理知多少

### 一、下达项目学习任务书

通过课程学习、利用网络资源等形式,对我国酒店行业中对酒店产生安全威胁的因素有大致的了解。通过本章的学习,学生以小组为单位,以"酒店安全管理知多少"为主题,以 PPT 演示和讲解为形式,表达对酒店安全的认知和学习体会。学习任务书见表 10-1。

▼ 表 10-1　学习任务书

| 项目名称 | 酒店安全管理知多少 |
| --- | --- |
| 项目训练形式 | 主题汇报(小组为单位,PPT 演示) |
| 项目能力分解 | 观察能力、思维能力、沟通能力、团队合作能力 |
| 项目评价 | 教师点评、小组互评 |

### 二、项目准备

**1. 新闻收集**

收集近几年酒店行业出现的安全事故新闻及相关视频资料。

**2. 资源利用**

结合本章所学背景知识,查阅国内外酒店相关资料以了解其酒店安全管理理念。

### 三、项目学习目标

1. 做到理论学习和社会实践有机结合。
2. 增强学习能力、知识应用能力、观察能力、思维能力、沟通能力和团队合作能力。

## 四、项目学习情况评价

1. 对酒店业的安全管理有较全面的了解和认识。
2. 小组成员共同合作来完成一项任务。
3. 汇报项目主题突出,内容丰富;语言表达流畅;对问题思考有一定的深度。项目活动评分表见表10-2。

▼ 表10-2 "酒店安全管理知多少"项目活动评分表

| 项目名称 | 酒店安全管理知多少 |
| --- | --- |
| 材料准备(15分) | |
| 内容(30分) | |
| PPT(10分) | |
| 语言表达(15分) | |
| 团队合作(10分) | |
| 小组互评(20分) | |
| 合　计 | |

## 项目二　酒店卫生乱象之安全危机处理

### 一、下达项目学习任务书

通过课程学习、查阅相关资料、利用网络资源等形式,对酒店的安全危机处理有全面的认识。通过本章的学习,学生以小组为单位,通过网络资源分析,借助于PPT演示,选择适当的评价方法,对酒店的安全危机处理进行评价。学习任务书见表10-3。

▼ 表10-3 学习任务书

| 项目名称 | 酒店安全危机处理 |
| --- | --- |
| 项目训练形式 | 主题报告(以小组为单位、借助PPT) |
| 项目能力分解 | 分析能力、思维能力、语言表达能力、团队合作能力 |
| 项目评价 | 教师点评、小组互评 |

## 二、项目准备

结合本章所学背景知识,通过热点新闻收集,登录酒店网站,了解相关部门的安全危机处理方式。

## 三、项目学习目标

1. 做到知识学习与社会实践有机结合。
2. 提高自学能力、知识应用能力、观察与思考能力、设计能力、语言表达能力和团队合作能力。
3. 以酒店管理者和督导者的角色进行学习和实践。

## 四、项目学习情况评价

1. 对酒店的安全管理有较全面的了解和认识。
2. 小组成员合作完成酒店安全危机处理的方式。
3. 汇报内容主题突出,内容丰富;语言表达流畅;评价方法合适,评价结果合理,具有较强的指导性。项目活动评分表见表10-4。

▼ 表10-4 "酒店安全危机处理"项目活动评分表

| 项目名称 | 酒店安全危机处理 |
| --- | --- |
| 材料准备(15分) | |
| 内容(30分) | |
| PPT(10分) | |
| 语言表达(15分) | |
| 团队合作(10分) | |
| 小组互评(20分) | |
| 合 计 | |

# 第二单元　背景知识

## 第一节　酒店安全管理概述

### 一、酒店安全管理的概念和内涵

#### （一）酒店安全管理的概念

酒店是客人离开日常居住地后临时居住的场所，因此，保证住客的人身与财产安全是酒店管理中最为基础的部分。酒店安全主要指酒店经营过程中各相关主体的一切安全现象的总称。它既包括酒店经营活动各环节中的安全现象，也包括酒店经营活动中涉及人、设备、环境等相关主体的安全现象。酒店安全既指人身的安全，也包括财产的安全；既关注住店旅客的安全，也涉及酒店员工以及酒店财产的安全与保全。由此可见，酒店安全具有较为明显的综合性和复杂性的特点。这里可以将酒店安全简要概括与界定为：酒店内所有人员人身财产的安全，既包括涉及酒店内所有人员的人身财产安全的事故，也包括对上述群体的安全可能产生威胁的事件和情境。

而酒店安全管理就是要尽早发现并及时消除可能导致上述安全或威胁事故的因素，从而保障酒店经营管理工作的顺利进行。因此，为了保障酒店正常运营，且保障酒店范围内所有人员的人身、财产没有危险，不受威胁、不出事故，所进行的一系列计划、组织、指挥、协调、控制等管理活动，称为酒店安全管理。

我国国家旅游局在 2016 年 9 月 27 日公布了《旅游安全管理办法》，并自 2016 年 12 月 1 日起施行。在《旅游安全管理办法》中，旅游突发事件按照事件性质、涉及人数、影响范围等分为特别重大、重大、较大和一般四个等级，以及从经营安全、风险提示以及安全管理等方面对旅游安全的管理提出了具体的要求。该文件是对旅游业安全管理的指导性文件，酒店的经营管理者在面对酒店安全管理工作时，可参照上述管理办法中的安全管理体系。

【知识拓展】10.1

## 星级酒店标准之安全篇

在当前使用的国家星级饭店评定标准中,开篇第 9 部分就明确提出了安全管理的要求。

(1)星级饭店应取得消防等方面的安全许可,确保消防设施的完好和有效运行。

(2)水、电、气、油、压力容器、管线等设施设备应安全有效运行。

(3)应严格执行安全管理防控制度,确保安全监控设备的有效运行及人员的责任到位。

(4)应注重食品加工流程的卫生管理,保证食品安全。

(5)应制定和完善地震、火灾、食品卫生、公共卫生、治安事件、设施设备突发故障等各项突发事件应急预案。

同时,评定标准中也有不少涉及酒店安全管理的条款,以五星级酒店评定标准为例,第一条就是酒店布局和功能划分合理,设施使用方便、安全,同时,在客人的财产保全方面,也要求有酒店和客人同时开启的贵重物品保险箱,保险箱位置安全、隐蔽,能够保护客人的隐私。对于酒店的人员服务设置,设门卫应接员,18 小时迎送客人。在客房安全相关的要求方面,明确要求客房门能自动闭合,有门窥镜、门铃及防盗装置,并需要在显著位置张贴应急疏散图及相关说明。该评定标准中,对于厨房的安全更是有非常详尽的说明和要求。酒店的公共区域安全,评定标准中也明确需要有紧急救助室;有应急供电系统和应急照明设施;主要公共区域还应有闭路电视监控系统等。此外,值得注意的是,评定标准的总则中就强调评定星级后,若酒店营运中发生重大安全责任事故,所属星级将被立即取消,相应星级标识也不能继续使用。

(二)酒店安全管理的内涵

结合上述有关酒店安全管理概念的界定,我们可以从酒店安全管理的对象及其目标两个方面来对酒店安全管理的内涵进行理解。

当提及酒店安全管理的对象时,酒店管理者应该具有整体观和全局观,即酒店安全管理的对象除了是入住酒店或在酒店内消费的顾客外,所有在酒店范围内的人也都应该被纳入酒店安全管理对象的范围。可见,酒店中的人可以分为:在酒店消费的客人、酒店雇佣的员工、在酒店范围内但并未与酒店产生合约关系的人三类。这三类群体的人身以及财产安全都需要得到酒店管理者的关注与保证,但同时,酒店管理者也需尽量防止上述人群成为危及他人安全的危机因素。如非酒店住客在酒店大厅与朋友打招呼时,放在座位上的手提包的安全。

从酒店安全管理的目标来看,酒店安全管理就是要保障酒店全体人员的生命免受危害、人的身体不受任何损害以及保障酒店所有人的财物不遭受任何意外的损失。而随着时代的发展,酒店安全管理的目标除了包含人的身体避免遭受损伤外,人的精神以及人的基本权利受到侵犯的情形也应该被归入酒店安全管理的范畴。近年来高科技犯罪越来越多,这严重侵害了酒店住客的肖像权和隐私权,也应该属于酒店安全管理的重点内容。例如近几年频频被爆出的酒店偷拍事件,2016 年至 2018 年间,酒店内被偷装摄像头的案件有 27 件,涉及全国各地酒店 35 家,其中 400 元以下的经济型酒店 31 家,占比近九成。

## 二、酒店安全管理的意义

### (一)安全管理是提高服务质量的基本保证

安全是人类最基本的需求之一。宾客身处异地他乡,他们对自己的生命安全、心理安全和财产安全格外关注,免遭人身伤害和财产损失的期望比平时更甚。为此,从酒店经营管理的角度,为客人提供安全的食宿环境,满足客人希望受到保护和尊重的安全需求应该成为酒店各项工作和提高服务质量的前提。

### (二)安全管理直接影响酒店的社会效益与经济效益

从法律角度讲,酒店必须牢固树立安全意识,确保酒店内所有人员及所有财产的安全。在经营管理工作中,酒店有义务和责任来为酒店消费的宾客制定出能保证消费者安全的服务标准,配备能够保证消费者安全服务的设施,否则,酒店经营者将面临因安全问题而引起的投诉、索赔甚至承担法律责任,从而影响酒店的社会效益和经济效益。

### (三)安全管理有助于提高员工积极性

酒店安全管理不仅是对客人安全、酒店财产安全的管理,同时也包括对员工安全的管理。如果酒店在工作过程中缺乏各种防范和保护措施,将不可避免地产生工伤事故，使员工的身心受到伤害、健康状况受到影响。员工积极而有效地工作也就无从说起。

### 三、酒店安全管理的特点

#### （一）复杂性

酒店作为公共场所，人流量大，安全管理涉及范围较广，几乎包括酒店的各个部门和每项工作，所以其管理内容极为广泛而复杂。具体体现为：① 安全管理既涉及人身安全、心理安全，还涉及财产安全、信息安全等，且管理要求各异。② 人员进出频繁。酒店是公共场所，且大多数都是 24 小时对外营业。因此，接待的宾客构成复杂，且流动性较大。

#### （二）突发性

酒店行业由于自身特点，在日常运营过程中存在着潜在的不安全因素和突发的安全事故。酒店安全事故往往带有突发性和紧迫性，为了应对酒店发生的各种突发事件，酒店须根据自身情况，从可能发生的各种突发安全事件中寻找特点和规律，制定出相应的防范措施和应急预案，以此保障酒店正常运营和对客安全服务，降低酒店安全事故的发生概率，减少酒店因安全事故所造成的财产损失。

#### （三）服务性

酒店的安全管理不同于行政、企事业单位的安全保卫工作，既要保护好宾客，又要做好对客服务，要注意做到：① 遵循外松内紧的工作原则，即安全工作在形式上应适应环境，表现自然；在思想上则要保持高度警惕，防范各种安全隐患。② 在处理与客人关系时，既要按政策、原则、制度办事，又要文明执勤、助人为乐。③ 仪表仪容要符合规定要求，服务态度应友善，语言谈吐需礼貌，行为举止要得体。

#### （四）政策性

酒店是社会的组成部分，其安全管理涉及治安管理、消防安全管理、食品卫生管理、外籍公民管理等诸多方面，涉及国内的许多法律法规、民族政策以及一些国际法律，因此，具有很强的政策性和法制性。在进行酒店安全管理时，既要维护酒店和客人的合法权益，又要依法办事，不违背我国法律法规，且要注意内外有别，按照国际惯例行事，酒店安全管理人员还必须懂得一些外交、侨务、宗教、民族、对台、港、澳等方面的相关政策，才能更好地处理安全管理中的问题。

## （五）全员性

酒店安全管理不是仅仅靠安全部就能做好,更需要酒店全体员工的积极参与,因为酒店的安全工作涉及酒店的各个部门,涉及每个岗位和每位员工。因此,酒店安全工作具有明显的全员性,只有群防群治,让每位员工都树立本职工作与酒店整体安全有关的观念,才能真正把安全工作落到实处。

## （六）预防性

酒店安全管理工作应体现以预防为主的方针。酒店应建立健全安全保卫部门的岗位与职能,装备各种安全设施,健全各种有关酒店安全的制度,同时,加强安全知识培训和技能训练,如火灾、地震灾害的预防演练等,以预防和制止可能出现的各种不安全因素,以及提高安全事故发生时的快速反应能力。

## 四、酒店安全事件的类型

受行业特点的影响,酒店与许多行业部门都有广泛的关联性,且由于人员相对密集,因此,所面对的危机类型种类较多。

### （一）按照安全危机产生的原因分类

**1. 不可抗力导致的安全危机**

战争、疾病、自然灾害等不可抗力因素给酒店带来的危机。2003年的非典,2020年的新冠疫情,都对酒店产生了严峻的健康安全危机。2004年的印度洋海啸,2017年8月四川九寨沟景区发生7.0级地震,导致当地酒店住客人身和财产安全遭受损失。

**2. 顾客有意或无意的行为导致的安全危机**

酒店住客因为其自身有意或无意的行为可能导致对自身或其他酒店住客造成危害。例如2002年北京凯迪克大酒店"7.13"火灾,就是由于1020房间的住客在房间内划火柴后离开而引发,最终造成了三人死亡的重大安全事故。

**3. 员工行为导致的安全危机**

酒店员工的一些不恰当或不专业的行为也会引发安全危机。例如当明星入住酒店,而员工在朋友圈发布明星的住店登记信息、照片或是就餐信息。员工的这个行为,立刻暴露了该知名明星的行踪,明星受到不理智粉丝的骚扰,半夜被陌生人敲门,从而造成恶劣影响。此外,部分酒店被曝光的"毛巾门"事件也是源于员工在进行卫生清洁时不依照操作流程和规范，导致出现了影响整个酒店行业的安全危机。

**4. 酒店设施故障导致的安全危机**

酒店设施的陈旧老化，或者电子设备出现故障时，比较容易发生危害住客安全的事件。例如 2018 年 8 月哈尔滨太阳岛景区酒店因电气线路短路引起的火灾；近些年来国内频发的电梯故障导致的人身伤亡事故，都属于酒店设施故障或存在安全隐患导致的。

**5. 外部人员导致的安全危机**

这里所谓的外部人员主要是指酒店中非住客、非工作人员的一类群体。由于酒店属于相对较为开放的区域，非酒店住客也有可能给酒店带来安全隐患。例如 2016 年成为社会热点的和颐酒店女生遇袭事件，其中劫持女住客的陌生男子，就并非酒店住客。

**6. 酒店供应链导致的安全危机**

酒店往往需要与其他行业进行合作，供应链是合作中的重要载体，是合作能够顺利进行的重要基础。如何保证供应链上相关产品和服务的品质，以确保酒店住客的安全，是供应链安全危机管理的主要内容。一般而言，一个中型的酒店，采购的品种在 2 000—4 000 种。如此大数量的品种对酒店采购组织的安排和库存能力都有较高的要求。如果因为酒店餐厅原材料供应商的问题，而导致酒店住客发生食品中毒等事件，便属于此类安全危机。

**7. 酒店信息系统导致的安全危机**

酒店智能化的浪潮正在为酒店业带来全新的产业革命，酒店引进智能设备，人脸识别、语音助手、手机房卡、机器人门房等，并开始将智能服务作为全新的卖点，这对酒店信息系统的要求也越来越高。网络安全威胁事件频发，对企业造成巨额损失，酒店业就是重灾区之一。如奥地利的"Jägerwirt 浪漫酒店"电子门禁系统被黑客渗透，将数百位客人锁在屋外，黑客要求酒店支付 1 600 美元用以支付赎金。酒店为了尽快恢复运营只得照做。2020 年 4 月，万豪酒店因管理不善导致大约 520 万名客人的姓名、通信地址、会员账号和其他个人信息泄露出来，这是万豪酒店在 2020 年发生的第二起数据泄漏事件。

(【拓展阅读,扫码学习】:《个人信息保护法》落地,酒店如何实现数据资产管理升级)

此外,按照我国《突发事件应对法》的定义,酒店安全事故划分成四大类型:事故灾难、公共卫生事件、社会安全事件和自然灾害。其中事故灾难主要分为消防事故、设施事故和施工事故三个方面;公共卫生事件主要包括食物中毒、突发疾病与死亡、精神安全问题及职业危害等内容;社会安全事件涵盖的内容主要有刑事治安事件、人员冲突事件及非正常伤亡等;自然灾害主要包括气象灾害、地震等各类自然灾害以及由此引起的二次灾害等。

（二）按照安全危机的性质分类

根据酒店面临的安全危机的性质,具体而言,根据危机的可预测性和可控制性的不同,大体分为以下危机类型:

1. 意外型安全危机

这种危机是难以预测的,因为此类危机事件的发生概率低。恐怖袭击、地震和飓风等都是此类安全危机的代表。尽管此类事件较反常或者很少出现,但是,一旦出现此类危机,将会波及或影响到较为广泛的区域。

2. 可控型安全危机

此类危机主要包括那些有相对高的可预测性和高控制水平的危机。例如顾客财物丢失、人身伤亡事故、深夜加班员工受到伤害等均属于此类。这些危机导致了相对直接的财物损失,并且是酒店在发展中受到较为直接的威胁。

3. 外部型安全危机

这类危机主要是不定期运营危机,包括火灾、食物中毒、溺水、煤气泄漏或企业资料丢失等。这些危机是以一个相对低的发生概率但是相对高的控制水平为特征。

(【拓展阅读,扫码学习】:未雨绸缪:香格里拉酒店集团安全管理的4项黄金法则,值得全行业学习)

## 五、酒店安全管理的内容

酒店安全管理是酒店管理工作的重要内容之一。酒店安全管理的目的主要是要在事故未发生时,采取措施尽可能减少事故所造成的危害。酒店安全管理包括以下内容:

### (一)建立健全安全意识与组织

安全意识是指导酒店员工正确开展安全管理工作的基础,因此,酒店应将安全意识融入酒店的企业文化中,在酒店范围内树立"安全第一""酒店安全人人有责"的观念,让每一位员工都认识到安全对于酒店经营的重要性。同时,酒店也要提供组织保障,将安全管理落实到位,如成立专门的安全部门,一般称保安部或是安保部。此外酒店应成立酒店安全委员会,在酒店总经理的领导下,依靠全体员工做好酒店安全保卫工作。

### (二)开展安全工作培训

首先,要对服务员进行严格的挑选。酒店招聘员工时,应严格把关,防止一些不法分子混入酒店员工队伍。对所有招聘的员工要经常进行培训教育,提高他们的素质,培养他们遵纪守法的自觉性。

此外,保安部要从专业化的角度承担起酒店安全法制教育培训工作,根据教育对象的不同确定培训重点,并负责员工安全素质的考核。面对新入职的员工,保安部要重点介绍酒店管理的重要性及消防、治安等基本安全责任和防范措施,并经考试合格方能上岗;对于老员工,则要时刻提醒其强化安全意识,任何时候不能有任何懈怠心理和侥幸心理;针对宾客,则要重点告知如何强化自我保护能力,免遭意外伤害。

### (三)健全安全管理制度和应急预案

酒店安全管理几乎涉及酒店内的每个部门和人员,为保证安全管理工作的一致性和严谨性,保安部要根据国家安全部门和上级主管部门的有关规定和要求,结合酒店,拟定和落实各项基本安全制度。此外,酒店应针对重大安全事故制定安全应急预案,降低事故对生命、财产和环境的损失。安全预案要具有很强的预见性和可操作性。

## 第二节 酒店安全管理计划

尽管危机的发生具有突发性,酒店也应该在危机管理思想的指导下,预先对可能发生的危机事件作出管理计划。即酒店应该根据可能发生的不同类型的危机制订一整套危机管理计划,明确怎样防止危机爆发,一旦危机爆发如何立即作出针对性反应等。酒店制订的危机管理计划应该囊括酒店多方面的应对预案,并重点体现危机事件预防及处理措施。酒店安全危机管理计划涉及的主要内容包括:

## 一、酒店安全危机管理计划的体系构成

酒店安全危机管理计划体系,一般来说由信息收集子系统、信息加工子系统、危机警报子系统、危机决策子系统、危机应对预案子系统、危机后管理子系统等构成。

### (一) 信息收集子系统

信息收集子系统的任务是对有关安全及危机风险源和危机征兆等信息进行收集。信息收集子系统设计时要保证信息收集的全面性,不能遗漏可能显示关于危机的各种信息。根据全面性的要求,危机预警系统要确定信息收集的范围,而信息的收集又要以可能的风险源为导向,因而在建立危机预警系统时要分析危机风险源的分布状况。

### (二) 信息加工子系统

信息加工子系统的功能包括信息整理和归类、信息识别和信息转化三大功能。安全与危机预警系统收集到信息之后一般是无法直接加以利用的,需要对信息进行整理和归类,尤其是指标性危机预警系统中,信息与危机之间缺乏显而易见的联系,信息的整理和归类就显得更重要。此外,该子系统还应具备识别真假信息和排除干扰信息的能力,从而能将繁多的信息转化成能为危机管理系统所用的有用信息。

### (三) 危机警报子系统

危机警报子系统主要根据信息加工子系统的结果(信号和指标)决定是否发出安全危机警报和危机警报的级别,并发出警报指令。其功能是向危机反应者和危机潜在受害者发出明确无误的警报,使他们采取正确的措施。

### (四) 危机决策子系统

危机决策子系统的主要功能就是根据酒店安全和危机发生的实际情况,为酒店或其他相关群体避免因危机遭受损失。因此,决策子系统的建立主要是明确酒店危机发生时相关管理者和员工的责权利的问题,同时,在组织架构方面给予危机决策和应对以一定的保障。

### (五) 危机应对预案子系统

危机应对预案子系统就是预先设想若干可能的危机情况,并制定可行的具体应对

方案,从而让酒店在遭遇安全危机事件时能够从容应对。与此同时,应对预案子系统还包括对员工进行相关情境培训的功能。

### (六) 危机后管理子系统

危机后管理子系统主要指在安全危机事件爆发之后,酒店在恢复期,如何借助有效的管理来减轻事件对酒店品牌形象的影响,甚至如何借助危机,树立更为正面的酒店形象。

## 二、制订酒店安全危机管理计划的原则

### (一) 可操作性原则

酒店安全危机管理计划是一份直接指引酒店员工如何应对突发事件的应急处理预案。由于安全危机会对酒店住客以及酒店声誉产生严重的影响,为保证安全危机管理的有效性,酒店制订的安全危机管理计划需要注重内容与酒店的实际情况紧密结合,具备较强的可操作性。因此,一般来说危机管理计划需要针对不同的情境提供流程式的指引,从而让员工在紧急情况下,仍然有标准化的操作流程(SOP)可供参考。

### (二) 一致性原则

酒店安全危机管理计划除非有特殊情形需要做出大的调整,一般情况下,计划应该具备系统性、全面性和连续性。尽管每年都需要对危机管理计划作出检视和优化,但是在不同类型危机事件的应对方案方面,主要的负责部门和人员设定应相对稳定,以免由于资讯混乱而影响危机管理的实际效果。

### (三) 前瞻性原则

由于酒店所面临的环境瞬息万变,加之安全危机事件发生时的情形充满未知,因此,酒店安全危机管理计划不能过于僵化和教条,且不能过于细节化。一份好的安全危机管理计划应该注重不同危机事件下的应对原则和总体处理方向,同时,应重视为危机管理的员工保留一定的弹性操作空间,以便在面对不同危机情境时,员工有发挥自己主动性的可能。

### (四) 全员参与原则

在危机管理计划的制订过程应该是全员参与,应该是决策者、管理者及执行者精诚合作。要发挥员工的积极性,对于酒店可能面临的各类潜在危机,让酒店员工也参与探讨,集思广益。此外,在危机管理计划的执行流程设置时,应明确所涉及组织及人员的权利和责任,对人员进行有效配置,做到事事有人管,人人有事做。

## （五）应用导向原则

酒店安全危机管理计划是实战导向的战略管理文件，因此，其不仅应该为未来的酒店危机应对与管理提供指引，还应从各方面保证该计划的实际应用不会有障碍。因此，一般而言，酒店危机管理计划应该具有可读性，即除了简练的文字描述外，还应尽可能多地使用各种图表形式，让危机发生后的报告流程和业务流程变得更为直观。此外，为了保证实际应用，一般还需要根据酒店自身的人力、物力、财力资源基础为依据，明确酒店危机管理的预算安排，同时，还需要制订酒店员工在面对不同危机事件时的演练和培训计划。

## 三、酒店安全危机管理计划的内容

从内容上来看，尽管酒店安全危机管理计划较为繁杂，但可大致分为四大板块，分别是安全危机管理的目标、危机管理组织构建、全程危机管控的策略和预案，以及危机管理过程中的相关表格和工具等。

### （一）安全危机管理的目标

一般来说，安全危机管理计划首先需要明确的是，对于酒店而言，该安全危机管理体系构建的意义何在？本安全危机管理计划在酒店发展和经营管理中的地位和要达成的目标是什么？

具体来说，以科学发展观为纲领，坚持安全发展理念，全面贯彻"安全第一、预防为主、综合治理"的方针，深入持久地开展安全标准化工作，进一步落实安全责任，强化安全经营和全员、全过程的安全危机管理，不断提升安全经营条件，夯实安全管理制度，制定酒店安全危机管理目标。

1. 各部门根据业务特点制定安全危机预案，以提高酒店的安全和处置突发事件的能力，有效地预防和减少突发事件及造成的损害，保障生命财产安全，维护酒店及社会稳定，促进酒店品牌形象的建设和提升。

2. 明确在安全危机处理过程的责任部门及责任人，以规范危机管理的全过程，使危机处理过程中有法可依。

3. 认真执行和落实酒店的各项规章制度和工作要求，不断加强对工作人员的安全危机知识学习和教育。

4. 学习和实践相结合，严格执行例会制度，认真总结经验与教训，发现问题立即解决和处理，消除安全危机隐患，确保实现安全危机工作目标。

### (二) 安全危机管理的组织构建

组织体系的构建是安全危机管理计划成功实施的重要保障。在酒店面对危机事件时,只有所有员工明确具有管理责权的最高决策者和领导机构,明确危机管理的基本制度,才能让员工具有整齐划一的行为模式。

一般而言,危机管理的成员应该为酒店全体员工。然而,为了进一步明确分工与职责,通常会将危机管理统筹者设定为酒店总经理,若当酒店总经理不在酒店时,当班的最高酒店负责人则作为总体的统筹管理者。此外,还会设置一个危机管理小组,这个小组是整个酒店中唯一有权进行危机处理的团队。由于酒店面临的危机种类以及涉及的部门都不太相同,因此,危机管理小组的成员不会完全固定,一般都会视具体危机的类型而进行组合和搭配。为此,在危机管理的组织架构方面,酒店危机管理计划的制订者需要明确组建危机管理小组的原则、流程与方法,并清晰界定管理小组和其他相关业务部门或咨询部门之间的关系。

通常情况下,危机管理小组的工作任务包括:制定企业的危机管理目标及战略;讨论企业的薄弱环节并建立优先顺序;作出行动计划,分担责任,确定最后完成期限;制定、修改、批准企业的危机管理计划和危机反应手册;挑选合适的酒店发言人;确保危机得到优先处理;向决策层提供建议、反馈和忠告等。

### (三) 全程危机管理的策略与预案

这个部分是酒店安全危机管理计划中最为核心,也是内容较为综合的部分。主要从危机管理的全过程来进行规定,包括危机的分类与等级划分、危机监测与预防、危机预警与通报危机的应对处理流程、危机的公关流程、员工的培训计划、酒店资源的调配保障等。一般情况下,此部分内容将非常详细地将各种类型危机事件的应对策略进行说明,从而形成具有类似于行动指南功能的文件。

### (四) 危机管理过程中的相关表格与工具

由于危机管理计划具有较高的实战性要求,因此,除了在文字上对危机管理流程和操作有明确说明外,一般还会同时提供一定数量的标准化表格与危机管理工具。这些表格或管理工具能够让危机管理计划中的相关规定更容易让人们接受和落实。有学者也将危机管理计划所附带的相关表格和工具称为 PACE 清单。其中 P 指 Preparation,即准备;A 指 Action,行动;C 指 Contact,联络;E 指 Equipment,装备。具体而言,此类附件包括危机管理各流程的图表;危机管理程序中所涉及的环节中必须应用的表单,如危机记录和监控表单、危机汇报表单等应用性表单;记录有危机管理人员的姓名、职位、联系方式及职责的内部联络表;在危机应对过程中,相关的外部组织联络表等。

(【拓展阅读,扫码学习】:酒店新科技如何保障客人安全?)

## 第三节 酒店安全危机处理

### 一、酒店安全危机处理流程

#### (一)安全危机事件的调查与确认

安全危机的发生会给酒店带来严重的负面影响和损害。而安全危机爆发之初,往往是危机公关处理的最佳时刻,当务之急就是在第一时间进行现场调查,通过收集信息,进一步确认安全危机事件的性质、原因及危机发生的详细过程,形成基本的调查报告,从而形成对安全危机的正确认识,并且为后续的安全危机处理提供基本依据。安全危机调查一般涉及以下内容:

1. 安全危机事件的基本情况,包括事件发生的时间、地点、原因、事件发生时的环境状况。

2. 事件的现状和发展态势,包括事态目前的状况,影响是否还在发展,朝什么方向发展,已经采取了哪些措施,效果如何等。

3. 事件产生的原因和影响,包括事件发生的原因,人员伤亡情况,损坏的财产种类、数量及价值,事件涉及的范围以及产生的舆论、经济、社会甚至政治影响等。

4. 查明导致事件发生的当事人和责任人,特别要关注是否存在故意破坏行为,这样有助于了解事件的真相与性质。

5. 查明事件涉及的对象,包括直接或间接的受害者,与事件有直接或间接的组织和个人,与企业有利害关系的部门和个人,与事件的处理有关的部门及新闻界、舆论界的人士等,还要与事件的见证人保持密切联系。

#### (二)安全危机事件的评估

一旦对安全危机进行了确认,危机管理领导小组必须在最短的时间内对事件的发展趋势,对企业可能带来的影响和后果,对企业能够和采取的应对措施以及对安全危机事件处理的方针,对人员、资源保障等重大问题作出初步的评估和决策,并对安全危机事件的等级和性质进行判定。一般按照影响程度的不同分成不同级别的安全危机事件。

（三）安全危机诊断及应对

安全危机诊断是根据所做的调查和评估结论,进而探寻安全危机发生的具体诱因的过程。通过安全危机诊断来判断安全危机产生的根源。对不同程度的安全危机采取不同类型的处理方式。

## 二、酒店安全危机处理的策略

（一）确认安全危机事件和分级

酒店在面临安全危机时,需要对其情况作出及时的判断,快速决策,并积极采取科学合理的方案和措施,以应对危机事件对酒店形象的损害。

（二）保护当事人权益,尽全力止损

人身安全和相关利益者的权益保障永远要放在第一位。因此,当酒店爆发的安全危机事件对客人或其他利益相关者造成了实质性的损害时,酒店危机管理负责人就要尽可能地保护相关当事人的权益,使其遭受的损失降到最低。无论判定责任的归属方为哪一方,酒店方面都应在第一时间给予一定程度上的补偿或精神安慰。

（三）做好内部和外部沟通

**1. 信息时代,媒体沟通是一柄双刃剑**

当今社会,各类媒体高度发达,沟通的品质决定了危机管理的成败。在这样的时代背景下,危机传播的速度不断加快、危机的影响面不断扩展、危机的破坏力也不断增强。尤其是以网络为基础的新媒体的不断涌现,危机在网络舆情的发酵下,爆发力度和强度都呈现几何级数的增长。

网络舆情是指通过互联网表达和传播的,公众对自己关心或与自身利益紧密相关的各种公共事务所持有的多种情绪、态度和行为倾向的总和。如果酒店在危机处理方面,对于信息的沟通处理不当,可能引发新一轮的网络舆情危机。所谓网络舆情危机是针对某一特殊刺激事项所产生的涉及民众利益较深较广的舆情,在相对短时间内生成大量信息,并在一个社区或更大范围内及民众中掀起范围更大、强度更强的社会反应,最终与事项刺激方或事项本身形成激烈的认识或观点对抗。比如2018年11月的一条网络视频曝光多家五星级酒店的服务员混用脏毛巾与抹布擦拭杯具、洗手池、坐便器等,一时之间众多五星级酒店及国际品牌处于风口浪尖,声誉也受到较为严重的冲击。

**2. 企业不仅要注重对外沟通,内部沟通同样重要**

在危机公关中,组织内部加强沟通,统一认识、统一口径至关重要,否则如果在酒店内出现了不一致的声音,也会导致危机管理工作陷入被动。如在2016年"和颐酒店女子遇袭"事件中酒店方面就出现了此种情形,即酒店一边向当事人和公众致歉,另一边却有内部员工随意发声,声称是当事人炒作。酒店的一位刘经理在接受媒体采访时表示,既没死人、又没着火、又没发生强奸案,这是一次炒作。这种前后矛盾的说法让公众质疑酒店道歉的态度,否定酒店的诚信。

### 三、酒店安全危机公关的原则

#### (一)速度第一原则

在危机公关中,常常有"黄金24小时""速度第一"的说法,都说明了时机对于公关的重要性。把握住时机,公关效果就会事半功倍,反之则事倍功半。为此,组织应当在危机爆发后的"黄金一小时"内做出危机反应。这种反应可以是阶段性的努力,例如及时地披露一些信息,及时降低危机事件对消费者的影响等。酒店对于危机作出快速的响应,反映出酒店在危机管理方面的态度和责任心,会直接影响公众对酒店品牌形象的认知。

#### (二)言行一致原则

言行一致主要有两个方面的含义,其一是指陷入危机事件中的酒店,需要用"一个声音说话",要求所有危机小组官方发言人传播的信息准确且具有一致性,并阻止组织其他成员变成非官方发言人,只有酒店对外作出的反应和表态具有一致性,那么酒店的行为和态度才具有较高的可信度。

另一个含义是指酒店在危机管理的沟通策略方面,应具有一贯性的逻辑思路和安排,即酒店需要尽快查明导致危机事件来源等信息,并依据具体的情境选择对应的沟通策略。

#### (三)反应公开原则

酒店危机管理的全程都应该纳入沟通公关之中。为此,危机产生后,酒店所作出的一切努力和举措,都需要通过合适的途径让媒体和公众知悉。将一切放在太阳底下,反而会增强公众对酒店的信任。如果遮遮掩掩,则会导致相反的后果。

## （四）真诚沟通原则

态度与情感的交流是危机管理和沟通获得成功的重要保证。酒店处于危机漩涡中时，是公众和媒介的焦点。酒店的一举一动，公众都看在眼里，一个不恰当的行为，都会成为受质疑的原因。在危机事件发酵的开始，有的酒店第一时间发布了致歉声明，那些对此不作回应的酒店，孰是孰非，群众心中自然有数。对待危机事件受害者和社会公众时，酒店应该表现出真诚的态度和具有同理心的言行，这样能够让公众更容易接受酒店所作出的努力，并很快恢复公众对酒店的信心，重建大家的信任。

## （五）系统运作原则

建立健全有效的危机公关处理机制是使危机稳妥度过的关键。危机爆发过程中，会伴随着很多不确定的因素干扰，"多米诺骨牌效应"时有发生，由一个问题而引发系统性的灾难，将会是致命的打击。因此，在安全危机发生的整个过程中，酒店必须始终保持高度的警惕性，时时关注事态变化，同时要有预见性，及时分析可能产生的其他问题，统一协调部署，系统运作，切不可顾此失彼，招致更大的灾难。此外，危机管理者也应当采取逆向思维的方式，在系统化运作过程中寻找、放大、使用有利的机会点，挖掘出危机事件中蕴涵的机遇，尽快转危为机。

**典型案例**

### 酒店小房卡关乎安全"大问题"，岂能失防？

在近期发生的"阿里女员工被侵害"等几个热点新闻事件中，入住酒店的安全问题再次受到关注。"酒店房卡可以被他人补办吗？""酒店在房卡办理的相关制度上是否存在漏洞？"等成为人们关注的焦点。

相关酒店从业者和专家向记者表示，酒店除了依照相关法律规定从严制定办卡流程外，也需要加强员工的安全责任意识，杜绝"人防"漏洞。

#### 一、"连身份证都不用出示吗？"

"有一回我把房卡落在了房间，一时记不起房号，告诉前台服务员后，她只是确认了我的姓名和电话，很快就又给我办了一张房卡。"8月18日，北京市民刘女士向记者介绍了她在北京一家连锁酒店住宿时的经历和担忧，"连身份证都不用出示吗？"

记者采访发现，不少住客在入住宾馆时都曾有过类似的经历。而这样看似"方便"的补卡流程，其实暗藏着很大的安全隐患。这意味着不法分子在知晓住客部分信息后，就可以通过一些手段获得打开住客房门的"钥匙"。

## 二、"人防"环节失守

记者在梳理一些被媒体曝光的和酒店房卡相关的事件时发现,这往往源自"人防"环节的失守。一些酒店在操作登记系统时出现人为疏漏、未经住客同意便轻信所谓熟人关系给访客提供房卡等也是出现这类安全问题的重要原因。

例如,2019年,黄女士入住广西南宁一家酒店,酒店未经过她同意就给其丈夫办理了房卡。对此,酒店方表示,当时对方表明自己是黄女士丈夫,又跟酒店说了很多好话,就把房卡给了他。

2020年7月,余女士入住广东新丰某酒店房间休息时,3位男士突然用房卡打开房门走了进来……酒店负责人解释说,是由于该酒店前台操作失误,在余女士未办理退房手续时就将该房间开给了另外入住的客人。

2021年7月,一对情侣入住江苏徐州某酒店后,遭陌生男子持房卡开门闯入。酒店负责人表示,这是由于前台工作人员错将刚退房且需进行电路维修的房间登记为该情侣入住的房间,并通知电工前来维修,因而电工拿着前台提供的万能房卡打开了房门。

而除了房卡办理环节有漏洞,一些消费者还向记者表示,他们遇到过楼层门禁刷卡系统形同虚设,无论刷哪层卡都可以点亮任意一层电梯的情况。

"很多酒店都有标准的流程,主要在于没有认真执行,或者员工缺乏安全意识,才造成了一些安全漏洞。"四川某五星级酒店安保部经理向记者表示,为了筑牢员工的安全意识,他们会进行定期培训和内部突击检查。

资料来源:中国青年报 2021-8-23

## 本章小结

酒店产品在给客人带来愉悦感、舒适感和满足感的前提是酒店的安全,缺乏安全的酒店产品,不仅满足不了客人的基本需求,还会对客人的安全造成威胁,同时也会给酒店带来无法弥补的损失。酒店安全是酒店内所有人员人身财产的安全,酒店安全管理要尽早发现并及时消除可能导致上述安全威胁的因素。酒店应在制定酒店安全管理计划体系的基础上,严格执行,减少安全事故的发生率。此外酒店安全危机发生时要有安全危机处理流程和对策,这样酒店才能快速解决安全与危机事件带来的影响。

# 第三单元　实践与训练

## 第一部分　课堂讨论

1. "女子入住海南一酒店,陌生男领房卡开门强行拉扯""女子入住重庆一酒店,惊见生人洗澡""入住'七天连锁酒店'男子和女友疑被偷拍"等负面新闻密集出现。针对以上案例,讨论酒店安全管理应从哪些方面入手?

2. 讨论媒体在酒店安全危机公关中的作用。

## 第二部分　课外练习

1. 基本概念

(1) 酒店安全

(2) 酒店安全管理

2. 单选题

(1) 对于酒店而言,_____是宾客对酒店产品的第一需求。

① 清洁　　　② 舒适　　　③ 方便　　　④ 安全

(2) 酒店安全管理的工作内容涉及酒店的每一个部门、每个工作岗位和每位员工。这体现了酒店安全管理的 _____ 特征。

① 政策性　　② 全员性　　③ 复杂性　　④ 服务性

3. 多选题

(1) 根据性质来分类,安全危机可以分为_____。

① 意外性安全危机　　　　　② 可控性安全危机

③ 外部性安全危机　　　　　④ 内部性安全危机

(2) 根据我国《突发事件应对法》,酒店安全事故可以划分为_____。

① 事故灾难　　　　　　　② 公共卫生事件

③ 社会安全事件　　　　　④ 自然灾害

(3) 酒店安全危机管理的内容包括_____。

① 安全危机管理的目标

② 危机管理组织构建

③ 全程危机管控的策略和预案

④ 危机管理过程中的相关表格和工具

4. 简答题

(1) 导致酒店产生安全危机的原因有哪些？

(2) 简述酒店安全危机公关的原则。

# 第三部分  案例分析

### 案例1：杯子的秘密——酒店卫生安全危机

2018年11月14日晚间，社交网络发布了一篇名为《杯子的秘密：你所不知道的酒店潜规则》的文章，瞬间刷爆了网络。发布的视频爆料：中国酒店行业包括几千元一晚的豪华五星级酒店存在巨大的卫生隐患。视频中，十几家五星级酒店的客房服务员用各种不卫生的做法擦拭杯子，甚至使用浴室内的洗脸毛巾、浴巾擦拭杯子。一时间，涉及的万豪、希尔顿、香格里拉、四季、文华东方等集团旗下的多家五星级和非星级酒店卷入舆论漩涡。这条新闻发布之后，瞬间在社交网络引发强烈的关注。

截至11月18日，"五星酒店卫生乱象"微博话题阅读量达到8亿次，讨论量高达66.2万次。整整4天都处在舆论焦点。媒体大规模跟进，文章及视频发布者也多次接受媒体采访。

11月14日视频发出来之后，最先红遍网络的是各家五星级酒店的回应。其中的12家酒店第一时间作出的回应如出一辙：公关下班了，后续将由公关部调查并回应。后来当然迫于舆论压力，涉事酒店纷纷回应。这些回应相当滞后，不仅如此，回应话术大同小异。回应的大致逻辑如下：

(1) 深表歉意。

(2) 内部已在第一时间展开了调查。

(3) 视频内容无法代表日常运营和服务标准。

(4) 相关服务员的行为，没有按照标准执行，属于个人行为。

(5) 后续将加强监督以确保各项质量指标和卫生制度得到贯彻执行，并秉持一贯以客人的安全与健康为核心的经营原则。

缓慢、傲慢、保守，成为五星级酒店这次深陷卫生门采取的公关策略。

请结合案例分析，评价此次五星级酒店的卫生安全危机公关。如果你是酒店的公关部人员，如何应对此次危机？

资料来源：百度

### 案例2：客人在酒店溺亡，泳池竟无救生员在场

2021年1月19日，原《GQ》美容编辑、《时尚先生fine》执行主编邹先生在三亚柏悦酒店突发意外去世。事发地为酒店室内泳池旁的按摩池，当时邹先生意识清醒，情绪状态良好，在按摩池中移动时突发呛水，由于当时泳池无任何救生员在场，有打扫人员和住客远处路过均未发现，邹先生在挣扎20多秒后沉入水下，5分钟后由住客发现并寻找救生员，7分多钟后救生员方才到达现场，但为时已晚。截至2021年2月3日，三亚柏悦酒店一直未对此事件作出公开回应。

2020年10月，一位客人在惠州市某度假酒店的"私人海滩"游泳，因未注意到酒店放在角落的警示牌，不幸溺水，待救援队赶到时已经遇难。

2020年11月，一名客人在太原某酒店的游泳馆游泳时溺亡。据死者家属描述，死者是被一旁游泳的其他客人抬到了岸边。监控画面显示，在等待120救援的过程中，酒店游泳馆的工作人员并没有采取心肺复苏和人工呼吸等救治措施。

请结合案例分析酒店频频发生此类事故的原因。如果你是酒店经理，应采取哪些措施进行改进？

资料来源：搜狐网

# 第十一章 酒店业发展趋势

## 学习目标

◆ 思想目标

（1）加速民族酒店品牌建设，提升民族自信心；
（2）提高酒店行业认识，坚定职业发展信心。

◆ 知识目标

（1）掌握酒店集团化的经营模式；
（2）掌握酒店品牌建设的重要意义；
（3）了解酒店业在共享经济理念下的新发展；
（4）了解大数据对酒店业发展的推动作用。

◆ 能力目标

（1）对不同的酒店集团化经营模式进行比较和分析；
（2）了解国内外酒店的发展动态和趋势；
（3）能够以跨界思维分析科技的发展对酒店业的影响。

 导入案例

### 全球性住宿的共享平台——Airbnb

Airbnb中文名是"爱彼迎"，是旅游者和有空房人群的沟通桥梁，通过房主的意愿为用户提供多种多样的住宿资源信息。Airbnb于2008年成立，总部在旧金山市。Airbnb是一个有丰富信息的旅行房屋租赁社区，房主通过电脑或手机发布房屋信息，而旅游者通过搜索匹配信息与房主预订房屋。《时代周刊》把Airbnb称为"住房中的eBay"。

在经济发展的今天，几乎每家每户都会有自己的住房，但是很多年轻人由于工作、学习等问题常年都不住在家中,所以世界各地都有很多空闲房屋资源;而另外一部分人喜欢到处游玩,但是几乎各个旅游区的酒店、旅馆的价格都比较高,而且基本都是一体化的设置,很难体验到当地居民的真实生活状况。

Airbnb 基于许多有空闲住房却没有交易手段和有短期住宿需求却没有可靠信息的人群建立了一种新的租住方式。它不像酒店、旅馆一样有固定的经营模式和住房规模,只是在拥有空闲房间的房主和有住房需求的游客之间建立联系,让他们能够达成一致的住房要求,然后形成交易。这种方式对于房主来说,提供了另外一条增加收入的途径,而且解决了资源闲置浪费的问题;对于游客而言,这样的入住方式往往会带来不同的体验,不再是酒店一体化的居住条件,而是有着当地居民更深的文化气息,而且减少了住宿的费用,同时还可以更深入地了解当地的风俗习惯。

Airbnb 不是第一家开始做共享房屋的团队,但是他们开拓了共享房屋的市场,培养了一大批用户。虽然在发展过程中也经历过信任危机等问题,但他依然快速发展至一百多个国家,并做得越来越优秀。

资料来源:张议云等《共享经济:红利分配新模式》

【拓展阅读,扫码学习】:Airbnb 房东给酒店人的运营之道

# 第一单元 任务导入

## 项目一 我身边的共享经济

### 一、下达项目学习任务书

通过"我身边的共享经济"项目,了解共享经济的内涵与表现形式,共享经济在我们衣食住行的哪些方面改变了我们的生活。认识到共享经济对服务业尤其是酒店业带来的颠覆性变革,从而树立以发展的眼光、动态的思维方式去思考未来的酒店业。学习任务书见表 11-1。

▼ 表 11-1 学习任务书

| 项目名称 | 我身边的共享经济 |
| --- | --- |
| 项目训练形式 | 案例调研与讨论 |
| 项目能力分解 | 共享经济、共享住宿 |
| 项目评价 | 小组汇报 |

### 二、项目准备

（一）认识共享经济的本质与内涵

1. 通过阅读书籍、文章的方式初步了解共享经济及相关概念；
2. 总结共享经济的本质和特点。

（二）认识市场中客观存在的共享经济案例

1. 上网了解知名共享经济模式下的企业及其产品；
2. 重点了解住宿业的共享企业并作案例学习。

（三）展示汇报并讨论分享

1. 以小组为单位分享案例学习成果；
2. 讨论总结共享经济对市场发展和对住宿业的深远影响。

## 三、项目学习目标

1. 了解共享经济内涵;
2. 认识共享经济对酒店业的影响;
3. 能够以共享经济的理念认识和思考未来的酒店业发展。

## 四、项目学习情况评价

1. 对共享经济有较全面的了解和认识;
2. 小组成员合作完成项目成果展示;
3. 汇报语言表达流畅,内容有一定深度。项目活动评分表见11-2。

▼ 表11-2 "我身边的共享经济"项目活动评分表

| 项目名称 | 我身边的共享经济 |
| --- | --- |
| 内容(40分) | |
| 展示(15分) | |
| 语言表达(15分) | |
| 团队合作(10分) | |
| 回答问题(20分) | |
| 合　计 | |

# 项目二 "5G技术在酒店中的应用"调研

## 一、下达项目学习任务书

通过专题调研认识5G技术的内涵、特点、对酒店业未来发展的影响以及技术应用的实践情况,培养学生将行业及职业发展与新技术新革命紧密联系,认识到信息科技对行业发展的巨大推动力。汇报形式为调研报告PPT。学习任务书如表11-3。

▼ 表 11-3  学习任务书

| 项目名称 | 5G 技术在酒店中的应用 |
|---|---|
| 项目训练形式 | 调研汇报（以小组为单位、借助 PPT） |
| 项目能力分解 | 思维能力、分析能力、设计能力、语言表达能力、团队合作能力 |
| 项目评价 | 教师和其他小组现场提问 |

## 二、项目准备

1. 了解 5G 技术的基本情况；
2. 了解 5G 技术在酒店业的应用；
3. 探讨 5G 技术革命将会对未来的行业和市场带来怎样的影响。

## 三、项目学习目标

1. 通过项目的学习，学生能够认识和了解 5G 技术的基本情况；
2. 能够评价 5G 技术在酒店行业的应用情况及限制条件；
3. 能够科学地展望新技术革命会对酒店业带来了机遇与挑战。

## 四、项目学习情况评价

1. 对 5G 技术有较全面的了解和认识；
2. 小组成员合作完成项目活动的展示；
3. 展示内容主题突出，特色鲜明，内容丰富；语言表达流畅。活动评分表见表 11-4。

▼ 表 11-4  "5G 技术在酒店中的应用"项目活动评分表

| 项目名称 | 5G 技术在酒店中的应用 |
|---|---|
| 材料准备（15 分） | |
| 内容（30 分） | |
| PPT（10 分） | |
| 语言表达（15 分） | |
| 团队合作（10 分） | |
| 回答问题（20 分） | |
| 合　计 | |

# 第二单元　背景知识

## 第一节　现代酒店业的集团化

### 一、酒店集团概念

酒店集团也叫旅馆联号（Hotel Chain），是指在本国或世界各地直接或间接控制两个以上的酒店，以相同的店名和店标，统一的经营和管理方法，一致的操作程序和服务标准，以品牌和资产为纽带联合经营的企业。

### 二、国际酒店集团化发展历程

#### （一）区域发展阶段（二十世纪四五十年代）

第二次世界大战结束后，欧美等国家进入经济复苏与高速发展阶段，商务活动日益频繁，人民收入水平大幅提高及5天工作制的实施，高速公路、私人汽车及短途商用飞机的普及直接刺激了本国商务与大众旅游市场迅猛发展。旅游市场需求的扩大直接刺激酒店供给的增加。传统单体酒店的缓慢发展方式已经不能有效满足市场需求和酒店供给的发展需要。正是在这一背景下，欧美国家一大批在区域或本国具有雄厚实力的现代酒店纷纷涌现，因此也出现了最早的一批酒店品牌。最具实力和代表性的有：1949年康拉德·希尔顿成立"希尔顿国际集团"，希尔顿品牌开始步入区域性跨国扩张道路，并在20世纪50年代末发展成为美国最大的以委托管理形式为主的酒店集团；1946年泛美航空公司成立了第一家由航空公司所有的酒店集团——洲际酒店集团，并开始向美洲扩张；凯蒙斯·威尔逊于1950年通过特许假日酒店品牌使用权并建立全国性预订网络系统的方式，充分利用酒店联号概念，在20世纪50年代末发展成为美国最大的特许经营酒店集团。在区域发展阶段，各国酒店扩张方向是由其本国或本地区游客的流向来决定的。由于受交通工具的制约，当时欧美各国的商务与休闲游客的活动范围局限于本国或周边邻国。因此，市场需求决定了当时欧美国家酒店扩张大多处于国内或周边区域。

## （二）洲际发展阶段（二十世纪六七十年代）

20世纪60年代世界民航业取得突破性发展，伴随着波音707和波音747等高速度、大容量、远距离、低价位的喷气式飞机大批量投入使用，航空旅行成本大幅度下降，这使得飞机逐渐成为大众休闲旅游、商务旅游的首选；同时，带薪年假制度在欧美国家的逐渐普及使得普通大众的闲暇时间增多，旅游者不再满足于本国或区域小范围内旅行，洲际旅游、跨国旅游逐渐成为潮流。为了有效占领新兴的出境游客市场，欧美国家的许多酒店纷纷联姻航空公司，在本国旅游者出境流向的主要外国旅游目的地或中心门户城市接管或开设酒店。典型的例子有美国的希尔顿国际与环球航空公司（TWA）的联姻（1967年），美国的西方国际（WI）与联合航空公司（UA）的联姻（1970年），法国的子午线（Meridien）与法航（AF）的联姻（1972年）等案例。与此同时，一些实力雄厚的跨国公司在经济利益的驱动下也纷纷投资进入酒店业。例如，以经营餐饮连锁店而著称的万豪国际集团在1957年投资第一家酒店后，在短短30年的时间里迅速发展成为世界最大规模的酒店集团之一。在20世纪70年代末，一大批跨国、跨洲、跨地区经营的国际酒店品牌迅速成长起来。

## （三）全球发展阶段（二十世纪八十年代至今）

20世纪80年代世界政治、经济形势发生了一系列历史性的重大变化。在政治上，以苏联为代表的许多社会主义国家开始实行政治经济体制改革，对西方资本的管制逐渐放松，从而也为欧美国家的酒店品牌进入社会主义国家提供了政策条件。在经济上，欧美是世界经济最发达的工业化国家。20世纪80年代以来随着新技术革命的发展，国际分工进一步深化，各国之间经济联系日益紧密。经济全球化成为世界经济发展的趋势；世界经济发展格局出现重大变化，亚太地区成为世界经济最具活力的地区之一。经济全球化刺激世界酒店业在全球范围内扩张。1999年酒店集团所在国家数量超过50个的多达8所，当时最大的巴斯集团的酒店遍及世界95个国家和地区。与此同时，世界国际旅游发展的格局也出现明显的变化。在世界旅游者分布上，欧洲地区旅游者数量增长缓慢，美洲地区增长停滞甚至出现负数，而亚太地区则后来者居上，旅游者数量增长迅猛。全球范围内的人员流动客观上刺激了旅游消费需求的增长，带动了酒店集团的全球化扩张。表11-5显示了2020年度全球酒店集团225强排行榜前十的酒店集团名单。

▼ 表 11-5　2020 年度全球酒店集团 225 强排行榜前十酒店集团名单

| 排名 | 名称 | 总部所在地 | 房间数 | 酒店数 |
| --- | --- | --- | --- | --- |
| 1 | 万豪国际 | 美国 | 1 423 044 | 7 642 |
| 2 | 上海锦江国际酒店集团 | 中国 | 1 132 911 | 10 695 |
| 3 | 希尔顿 | 美国 | 1 019 287 | 6 748 |
| 4 | 洲际酒店集团 | 英国 | 886 036 | 5 964 |
| 5 | 温德姆酒店集团 | 美国 | 795 909 | 8 941 |
| 6 | 雅高酒店集团 | 法国 | 793 000 | 5 100 |
| 7 | 华住酒店集团 | 中国 | 652 162 | 6 789 |
| 8 | 精选国际酒店集团 | 美国 | 597 977 | 7 147 |
| 9 | 北京首旅如家酒店集团 | 中国 | 432 453 | 4 895 |
| 10 | BWH 酒店集团 | 美国 | 363 989 | 4 033 |

（资料来源：全球酒店 225 强最新榜单：锦江华住首旅如家格林东呈争霸，中国力量崛起—环球旅讯）

### 三、酒店集团的经营模式

#### （一）直接经营

直接经营指酒店集团直接投资建造、购买、兼并酒店，然后由酒店集团直接经营管理，自己承担经营风险的经营形式。酒店集团既是酒店的经营者，又是所有者。直接经营要求酒店集团要有较强的经济实力、丰富的管理经验和优秀的管理团队。

直接经营是现代酒店集团最基本的经营模式之一。但由于受资金、土地、人才和经营风险等因素的制约，酒店集团想通过直接经营的形式快速扩张，通常比较困难。各大酒店集团仅对少数具有战略性意义的酒店或品牌成长初期的旗舰店采用该经营模式。

#### （二）合同经营

合同经营也称委托经营或合同管理，是酒店集团或酒店管理公司与酒店所有者签订合同，接受业主委托，根据酒店集团的经营管理规范和标准经营管理酒店，从中获取管理酬金。在合同经营的模式下，酒店集团无须对酒店建设进行投资，只负责酒店的经营管理工作，并根据经营合同向酒店业主收取管理酬金。在合同期内，合同经营的酒店使用该酒店集团的名称、标志，加入该集团的市场营销和客房预订系统。酒店集团指派包括总经理在内的部门主要管理人员,根据酒店集团的经营模式和操作程序,组织酒店的日常经营管理活动,达到该酒店集团确立的服务水准和风格特色。

合同经营是典型的企业所有权和经营权分离的经营形式。酒店集团以最小的成本和风险扩大集团的规模,依靠人力、信息、技术、网络等资源优势增加收入。而业主则利用酒店集团的品牌、声誉等无形资产取得投资回报,获得预期的经济效益。

根据国际惯例,合同经营遵循三个主要原则:第一,业主将所有经营责任授权给经营者,不得干涉其日常业务运营;第二,业主支付所有的经营费用并承担可能的财务风险;第三,经营者的行为受到保护,除非具有欺诈或严重的失职行为。

随着酒店业竞争的日趋激烈,越来越多的业主还要求在合同中加入经营业绩的条款,作为支付管理酬金的基础,并提出合同经营中必须达到的最低财务业绩标准,否则,业主有权终止合同。同时,合同期限一般为5—10年,逐渐变短。定期的业绩检查也成为一种趋势。有的业主还要求酒店集团投入部分风险金。这些都对酒店集团提出了更高的要求。

酒店集团收取管理酬金的方法很多。可以只收取基本酬金,也可以是基本报酬加奖励酬金,一般采用后一种形式的较多。基本报酬可按全年营业收入的2‰—5‰或净利润的10%—25%收取。奖励酬金的支付,可根据经营合同中的有关规定进行。有些是将计划净利润指标的超额部分分成若干等级,酒店集团按不同比例从超额部分提取奖励酬金。

合同经营是一种投资规模小、扩展速度快,且管理权可以高度集中在酒店集团手中的经营模式,往往成为高端酒店品牌扩张的首选经营模式。

### (三) 租赁经营

酒店管理集团与业主签订租约,租赁业主的酒店、土地、建筑物、设施设备等,由酒店管理集团作为法人直接经营管理。租赁经营的具体形式主要有以下三种。

**1. 直接租赁**

直接租赁是由承租公司使用酒店的建筑物、土地、设备等,负责经营管理,每月缴纳定额租金。一家酒店要经营成功需要一段较长的时间,所以租赁合同要规定较长的租赁年限,以避免经营公司在经营成功之时,被业主将财产收回。

**2. 利润分享**

租赁在酒店行业中,有许多公司采用分享经营成果的租赁方法,业主企业愿意将收入或利润分成作为租金。因为各国都存在通货膨胀现象,土地和建筑物的价值也会随之增长。采取根据收入或利润分成的方式可以消除通货膨胀的因素,不需要在合同中规定租金与通货膨胀率之间的条款。

**3. 出售—回租形式**

出售—回租是指企业将酒店产权转让给它方后,再将酒店租回继续经营。企业出售酒店往往处于各种不同的动机,有些企业拥有酒店产权但急需大量现金周转,便将酒店资产转变成现金;有些企业想减少风险而不愿在经营某酒店的同时拥有这家酒店的产权。这些企业将产权出售给另一家公司时,如果要求继续经营该酒店,双方则签订出售—回租协议,承租经营的公司必须定期向买方交纳租金。对产权的卖方来说,这也是一种筹措资金的方法,这种租赁形式在国际上比较流行。

租赁经营与合同经营既有相同之处,又有所不同。首先,在酒店的所有权与经营权分离、收取管理费和收取租金的方法上比较一致。但是,它们的性质不同。在租赁经营中,承租的酒店集团作为法人进行经营管理,员工属于酒店集团,酒店集团单独承担经营亏损的风险。合同经营中,酒店集团是酒店业主的代理人,与业主的关系是合同关系,员工由业主负责,酒店集团一般不承担或只承担部分经营亏损带来的风险。

采用租赁经营模式,可以使酒店集团节省巨额固定资产投资,有利于酒店集团规模的迅速扩大。酒店业主则可以利用酒店集团的品牌和声誉筹集资金,通过对酒店的投资获得理想的收益。

**(四)特许经营**

特许经营指特许经营权人向特许权人提供特许经营权,并在组织、经营和管理等方面提供支持,并从受特许权人获得相应回报的一种经营形式。在特许经营中,双方是合同关系。酒店集团向酒店业主让渡特许经营权,允许受让者的酒店使用集团的名称、标志,加入集团的营销和预订网络,成为集团的成员。同时,特许经营权的让渡者对酒店的可行性研究、地点选择、建筑设计、营销、人员培训、管理方法、服务质量等方面给予指导和帮助。一般受让者向让渡的酒店集团支付特许权让渡费作为报酬,但酒店在所有权和财务上保持相对独立,不受酒店集团的控制。

酒店集团的特许经营主要有两种:一种是产品和品牌特许经营,这一类在特许经营中占的比例最大;另一种是酒店经营模式特许经营,受特许权人通常获许使用特许权人的品牌名称、形象、产品、经营模式、服务规范和加入集团营销等。

目前,特许经营已经成为酒店业最常见的一种酒店集团扩张的形式。拥有特许经营权的酒店集团一般拥有知名的品牌、良好的市场声誉以及一流的服务和管理水平。采用特许经营的形式,可以使酒店集团以极少投资迅速占领市场,扩大规模,并能够获取较稳定的收益。特许经营的成员酒店通常自负盈亏,酒店集团不直接投资,也没有人员费用的负担。随着酒店信息化的不断发展,许多酒店集团通过信息管理系统进行动态管理,而受特许权人则通过酒店集团的销售网络,参与集团经营,获得成功的管理经验和系统的员工培训等,最大限度地降低酒店经营失败的风险。

特许经营与合同经营的相同之处是,它们都不涉及酒店所有权的变化;不同之处是,前者主要提供经营管理的咨询或指导,后者须对合同经营酒店的标准、质量等进行完全的控制,并从事酒店的日常经营管理活动。

（五）联盟经营

联盟经营指酒店集团与集团之间或独立的酒店业主与业主之间通过契约的形式组织起来的酒店联合体。它们之间的联系一般只是使用共同的预订系统或为组织成员提供有限的营销服务,目的是创造总体形象,增加推销的效果和互荐客源,与那些庞大的集团和 OTA 相抗衡。酒店之间联合形式比较分散。

（六）第三方管理

第三方管理模式是指接受业主(投资方)委托,独立于酒店品牌和业主关系之外,由第三方专业酒店管理公司负责酒店日常运营的管理模式,其涉及三个不同实体:酒店业主、所选的国际或当地酒店品牌、独立的第三方酒店管理公司,业主取得某酒店品牌的特许经营权,然后业主再与第三方酒店管理公司签订酒店管理合同。酒店业主向品牌持有人支付品牌费,第三方酒店管理公司依据管理合同收取管理费。第三方酒店管理模式在美国等市场已经相当成熟,诸如希尔顿、万豪、喜达屋、洲际酒店、凯悦等国际大品牌酒店集团多数已将部分旗下酒店交由第三方酒店管理公司管理,例如,希尔顿旗下 91% 的酒店由第三方酒店公司管理,万豪这一比例则达到 66%。

【拓展阅读,扫码学习】:第三方酒店管理为何是特许经营的最佳搭档?）

总之,酒店集团在发展过程中经历了从自己拥有并管理酒店,到参股、控股酒店,向合同经营、特许经营权转让等不同的经营形式,体现了酒店集团减少经营风险、取得较快的现金流动、以最少的投资扩张酒店集团规模、取得良好经济收益的经营目标。

### 四、酒店集团的经营管理优势

**1. 品牌优势**

酒店品牌是酒店集团对产品和服务规定的有利于识别的名称和标志。在使用统一品牌和标志方面,酒店集团形成了具有自身特色的企业形象识别系统(CIS),并以视觉识别系统(VIS)为其传达形式。视觉识别系统通常包括酒店集团的名称、标志等,一般采用简单而易于识别和记忆的名称和图形标志(见图11-1所示),这对酒店集团及其成员扩大知名度和市场规模起着重要的作用。进行多元化经营和市场细分化经营的国际酒店集团,通常还在集团名称后面加上产品和服务的品牌名称和标志,向客人表明其属于不同类型和档次的酒店产品,有利于各个品牌的市场宣传。

图11-1 世界著名酒店品牌标志

## 2. 管理优势

酒店集团通过统一的名称、标志,统一的服务标准、质量要求,在公众中留下深刻的印象。此外,品牌还是酒店对客人在酒店产品和服务质量方面做出的承诺。这对集团的市场宣传,引导客人对酒店产品的品牌联想,形成对产品的质量预期和感知,进而培养客人对品牌的忠诚非常有利。特别是在开拓国际市场方面,一个为公众所熟悉的国际酒店集团品牌,非常容易吸引客人,并使客人对酒店集团产生信赖感。在激烈的酒店竞争中,品牌成为酒店集团占领市场、扩大市场份额、降低营销成本强有力的手段。

在长期的发展过程中,酒店集团积累了丰富的管理经验,形成了较为完善的管理系统,能为所属连锁酒店制定统一的经营管理程序和方法,制定制度化、规范化、标准化、程序化的服务标准。在酒店建筑设计、内部装饰和硬件设施等方面也制定有国际性标准。酒店集团各成员酒店运用集团统一的管理程序和服务标准,确保了各酒店的管理水平和服务质量的一致性。酒店集团总部还不定期派遣巡视人员到所属酒店检查,督促其达到经营标准,并对检查过程中发现的问题以及不合格的服务提出改进意见,指导后续管理与服务工作。

一些规模较大的酒店集团都有自己的培训基地和培训系统。如假日酒店集团在其总部美国孟菲斯有一所假日大学;希尔顿酒店集团在美国休斯敦大学设立自己的酒店管理学院。酒店集团总部定期组织一些管理与业务方面的培训,以不断提高成员酒店的经营管理水平和业务能力。

## 3. 营销优势

国际酒店集团拥有全球网络预订系统,强大的市场营销能力和集团价格、成本优势以及完善的服务系统和客户反馈系统。酒店集团的成员酒店可以利用集团统一的名称和标识,一致的产品和质量标准,统一进行宣传和营销,提高集团成员酒店的知名度,形成品牌效应。由于客人往往根据酒店品牌来选择住宿和餐饮服务,因而酒店集团的品牌具有促销功能,通过各种宣传媒介,建立相对稳定的客源,并且不断发展新的客源市场。

酒店要开拓国际市场,广告宣传是重要的促销手段。但营销广告方面的费用支出很高,特别是在国际营销方面,单体酒店难以承受。酒店集团由于资本雄厚,甚至可以集合各酒店的资金进行世界范围的广告宣传。此外,集团还可以到世界各地参加旅游交易会、洽谈会、展览会、艺术节和各种体育盛会,并与相关的经销商推销集团所属酒店的产品和服务。更为重要的是,酒店集团先进的网络预订系统,可以为所属酒店处理客房、餐饮、会议等预订业务,并在各成员酒店之间相互推荐客源,提供客源信息。

**4. 财务优势**

一是酒店集团具有较强的融资调控能力。酒店集团既可以在本集团成员酒店之间聚集和调动资金,解决酒店资金短缺的问题,对于新酒店或经济暂时困难的酒店予以重点扶持。二是酒店以其较大的经营规模、雄厚的资本实力、可靠的融资信誉,可以从银行等金融机构得到商业贷款、吸纳社会资金,从而不断扩大酒店规模、发展酒店业务、加快设备设施更新。

**5. 人力资源优势**

首先,酒店集团中的人才资源是共享的。酒店集团通常由总部的人力资源部门负责在世界范围内招聘、考评各级员工,并为他们制订工资福利计划,建立能力和绩效档案和个人职业生涯发展规划。酒店集团从整个酒店集团的需要出发,对业务管理、质量管理、人力资源管理、工程技术、计算机信息技术、食品技术、财务会计、市场营销、装潢艺术设计等方面的人才进行合理调配,为集团各成员酒店服务。由于这些人员了解集团整体的经营战略与经营状况,熟悉集团的工作程序、标准和各方面要求,因此,能够合理解决酒店中存在的问题,并能帮助酒店特别是新开业的酒店打开局面,并在经营管理活动中发挥积极作用。此外,经营、管理、技术和服务人才在酒店集团各成员单位之间的工作流动,为员工提供了更大的发展空间和更多的成长机会。

其次,酒店集团具有人才培训上的优势。许多酒店集团在集团总部或地区中心建立自己的培训基地和培训系统,用于轮训集团成员酒店的管理人员和培训新生力量。不少国外酒店集团设有独立的培训部门,有些还建有专门的培训学校。通过人才培养,不断提高员工的业务素质和专业技能,更好地适应酒店业不断发展的需要,从而提高酒店的竞争力。如2004年,香格里拉酒店集团在位于珠海的中山大学校区建立了香格里拉酒店管理培训中心,为集团不同类型和层次人员的提升进行专业培训。

**6. 技术优势**

酒店集团能为所属的酒店提供的技术服务表现在两方面,一是技术指导和技术支持,如酒店设计、开业前的筹备、酒店管理等;二是提供统一的物资采购,为成员酒店集中采购设备,如酒店家具用具、电器、客房布草、厨房用具、食品原料、酒水饮料、办公用品等集中、批量采购,可以获得价格和条件等方面的优惠,从而降低企业成本。

### 7. 信息优势

随着网络技术的不断发展,酒店集团利用先进的信息技术,尤其是计算机信息技术,收集和处理信息的能力大大加强。快速、准确地获得全球范围内的信息并迅速做出反应,是获得竞争优势的又一重要手段。

## 第二节 现代酒店业的品牌化

### 一、酒店品牌的概念

酒店品牌是指酒店为了识别酒店企业或产品,并区别于其他酒店所使用的一种具有显著特征的标记。酒店品牌是一个符合概念,由品牌名称、品牌标志、品牌认知、品牌联想、品牌色彩、品牌包装等要素组成。酒店品牌是酒店在长期发展过程中逐渐积累的,蕴含其企业文化、经营特点、管理理念和自身特色,是酒店整体形象的高度集中反映。

### 二、酒店品牌的特点

#### (一) 专有性

酒店品牌具有专有性,为酒店品牌所有者所独有,享有品牌专用权,它受法律保护,具有明显的排他性。而其他酒店要想使用这一品牌必须缴纳品牌特许权使用费。品牌的专有性保护了酒店产品、服务和经营管理的特色。目前,世界很多酒店都是利用转让品牌特许经营权而发展成为世界著名酒店集团。例如,假日集团、万豪集团、希尔顿集团等都是酒店特许经营的成功范例。

#### (二) 识别性

识别性是酒店品牌最基本、最重要的特征。酒店品牌包含着其所提供的服务产品的功能、质量、特色、文化等丰富信息,在消费者心目中代表着服务形象和企业形象。品牌在消费者心目中是服务质量的标志,它代表着服务的品质、特色。酒店的品牌必须突出酒店的产品与服务的特色,将竞争对手的产品与服务区别开来,从而便于消费者识别和购买。因此,具有鲜明的识别性是酒店品牌的重要特征。

#### (三) 无形性

品牌是酒店最重要的无形资产之一,但这种价值却是看不见、摸不着的,品牌不具有有形的实体、不占有空间,它不像有形资产直接体现在资产负债表上;但它却是酒店资产的重要组成部分,酒店能够凭借品牌获取利润,有时酒店的品牌资产甚至超过了有形资产的价值。品牌可以通过一些有形的载体来体现,例如,直接载体是品牌名称、品牌标识等,而间接载体是酒店的市场占有率、企业形象、市场知名度、口碑等。

### (四) 价值性

酒店品牌是企业重要的无形资产之一,它具有价值,它可以作为商品被买卖,主要体现为商标价值、市场价值和商誉价值三个方面。例如,据有关资料显示,假日酒店品牌价值仅次于可口可乐和万宝路,达上百亿美元。商标价值是酒店重要的财富之一,评价商标的价值应该从商标的欣赏价值、商标的知名度、商标的专利权价值等方面考虑。其中,商标的专利权价值取决于商标权具有的收益能力、投资能力和获得赔偿的能力。酒店品牌的市场价值表现为酒店品牌在市场上的知名度、品牌认知度、品牌联想度、品牌忠诚度和品牌市场份额。酒店品牌的商誉价值可以从品牌寿命、品牌产品质量和品牌形象三个方面进行考察。酒店品牌资产会随时间而逐渐积累,一个品牌的寿命越长则代表了酒店悠久的经营历史和长久的市场生命力,从而赢得市场赞誉和信赖。

## 三、酒店品牌的作用

### (一) 品牌是促进酒店资本增值的重要途径

一方面,品牌本身就是酒店无形资本的重要组成部分,酒店品牌自身价值增值可以实现酒店资本增值。国际资产评估界人士的统计表明,企业的无形资产可以是企业有形资产的 4—5 倍。品牌资本的构成要素包括品牌知名度、品牌认知度、品牌联想度、品牌忠诚度和其他专有资产(如专利、商标、渠道关系)等。品牌资本的竞争功能和垄断功能带来强大的资本增值能力,表现为:① 酒店品牌资本提高顾客重复购买。品牌资本有助于消费者认识酒店的品牌内涵与产品价值,从认识品牌到认同品牌直至品牌忠诚。当消费者对酒店品牌产生较高的顾客忠诚时,其在以后相当长的时间内就会不断地重复购买该酒店产品,并向与其关联的社会大众传播该酒店的产品、品牌。因此,品牌资本有助于配合酒店的营销计划提高消费者重复购买酒店产品,增加酒店产品的市场份额,提高盈利水平。② 酒店品牌资本促进酒店产品溢价销售。良好的酒店产品品牌形象使消费者愿意支付较高的价格,其中高于产品内在价值的价格就是溢价。只要品牌产品的溢价在消费者心理承受范围之内,消费者都愿意购买品牌产品,因为消费者在购买酒店产品与服务的同时也在体验品牌所带来的企业精神和文化。品牌资本可使酒店的产品和服务占据很高的市场份额,从而使其获取丰厚的利润。因此,品牌资本增值是酒店资本增值的重要途径,要注意正确认识和评价品牌资本,防止出现只见有形资产不见无形资产的错误观念。

另一方面,品牌等无形资产能够驱动更多的有形资本,从而带动酒店整体资本"滚雪球"式增长。酒店品牌不是物质生产要素,但是它能够驱使社会资源向强势酒店品牌聚拢,从而使酒店用一定的品牌资本驱动更多的有形资产运转,形成有形资产和无形资产之间的良性互动。酒店产品具有不可储存性、不可异地消费和不可试用等特点,和酒店消费是一种心理感受的特性,决定了酒店品牌形象的重要作用。酒店的有形资产只有通过品牌等无形资产的运营才能发挥倍增效应。酒店以品牌为载体,利用品牌强大的竞争功能和垄断功能在市场上通过特许经营、购并、融资等方式实现社会资源向强势酒店品牌聚集。世界酒店之间的兼并、联合导致超级酒店集团的诞生。例如,万豪集团就是通过兼并喜达屋集团迅速成长为超级酒店集团。具体实施方式有:① 酒店品牌资本的所有者以获得资本增值为目标,依据品牌出资者的所有权经营品牌资本权益;② 酒店经营者依据其拥有的法人财产权经营企业的品牌资本权益,从而实现品牌资本权益的保障与增值。酒店为了实现品牌资本的不断增值和价值最大化,需要对品牌资本进行系统、科学的经营管理。因此,以品牌经营促进酒店资本增值已经成为酒店业主和投资者的重要经营战略之一。

(二) 品牌是推动酒店市场扩张的重要工具

酒店通过品牌经营形成连锁集团,才能够实现市场的低成本扩张和经营的规模经济效应。从经济学的角度来看,酒店的一切生产经营活动都是在努力实现企业资源的最优配置以获得最大的效益产出。酒店经过一定时期的发展,积累了一定的经营资源,例如资金、技术、人才、品牌等。当品牌资源积累至一定程度,超过酒店内部合理配置与利用的限度时就会出现品牌资源闲置的问题。资源优化配置的内在动力就会驱使酒店在企业外部寻找合理配置过剩品牌资源的空间。酒店会运用品牌等无形资产的转让和特许经营来扩张市场。国际著名酒店正是由于成功地实施了品牌扩张战略,在短时期内迅速拓展全球市场网络,综合竞争实力日益增强。品牌扩张可以充分体现酒店品牌的形象价值,从而实现收益的最大化。酒店以品牌为工具,通过横向一体化扩张、纵向一体化扩张、多元化扩张等方式促进品牌资源的优化配置。在横向一体化扩张方面,酒店可以借用成功产品品牌在消费者心目中的良好形象、声誉、口碑等,将原有品牌名称用于新开发产品系列。消费者和公众出于对成功品牌的信任与偏好,会把品牌忠诚延伸到新产品,把品牌对市场的影响力和支配力持久延续,从而增加新产品取得市场成功的机会。例如,雅高集团面向豪华、中档、经济型等不同的酒店细分市场,在 Accor 品牌下延伸出索菲特(豪华型品牌)、诺富特(商务型品牌)、美居(中档品牌)和宜必思(经济型品牌)等多个品牌,实现酒店产品多元化。在纵向一体化扩张方面,酒店以品牌为纽带,将酒店上下游企业(如旅行社、航空公司、旅游景区、旅游车船公司、娱乐业、餐饮业等)整合在酒店中,通过对酒店内部资源的优化配置合理调节各环节之间的利益关系,降低生产成本,提高生产效率,从而提高企业盈利水平。在多元化扩张方面,酒店利用成功酒店品牌在消费者心目中的良好声誉拓展与酒店业务无关的行业市场,例如,会展服务业、房地产业、娱乐业、金融业、商业、高科技、文化教育等。消费者基于对知名酒店品牌的信任,在购买其他类型商品时也往往显示出同样的品牌偏好和品牌信任。从酒店角度来看,酒店利用品牌延伸拓展多元化业务领域,可以利用成功酒店品牌的知名度、美誉度迅速打开市场,缩短新产品的投入期,增加销售量,从而增加了新产品取得市场成功的机会,提高了品牌整体的盈利水平。因此,运用品牌扩张酒店市场已成为现代酒店的普遍选择。

### (三) 品牌是展示酒店形象的有效手段

在市场经济高度发达的时代,酒店之间的市场竞争日益激烈,竞争不再局限于酒店产品的价格、质量,而且延伸到酒店的企业形象层面。世界著名酒店通过塑造良好的企业形象来塑造酒店核心竞争力。其中,品牌充当了酒店形象展示媒介的作用。酒店的企业形象必须借助于有形的物质载体传递给目标市场,例如酒店的建筑物、环境、设施设备、员工、产品等。但这些载体仅对有机会接触酒店的顾客有效,而对没有机会接触酒店的顾客来说,品牌承担着形象宣传的重任。酒店可以在各种营销活动中运用品牌名称、品牌标识、品牌标语等传播酒店产品与企业形象信息。品牌传播效率越高,市场对酒店形象的知晓度就越高;而好的品牌有助于目标市场识别酒店产品。消费者通过品牌联想酒店提供的产品与服务的质量、特色、形象等,促进顾客对其优先购买。因此,在现代市场竞争中品牌已经成为酒店形象的象征。

### (四) 品牌是提高酒店市场顾客忠诚的重要方式

酒店产品具有无形性特征,顾客在购买酒店产品时不能得到明确的品质和效果预期。因此,消费者在购买酒店产品时必须基于经验和信任的前提。而品牌则是酒店向顾客提供产品质量承诺,减少顾客购买风险的工具。成功酒店品牌的优势主要表现为:① 品牌有助于消费者认识酒店的品牌内涵与产品价值。品牌代表着酒店的产品、服务和某种特质,具有强大震撼力和感召力,能牢牢抓住顾客的视线,引起顾客极大的关注;如果酒店品牌适应了顾客群体的情感、喜好、身份和地位,那么消费者就会形成牢固的顾客忠诚。当消费者对酒店品牌产生较高的顾客忠诚时,其在以后相当长的时间就会不断地重复购买该酒店的产品,并向与其关联的社会大众传播该酒店的产品、品牌。因此,品牌有助于促使顾客重复购买酒店产品,增强顾客忠诚。② 成功的酒店品牌往往有利于形成良好的社会形象和社会关系,从而容易赢得社会公众的认同。例如,知名品牌的酒店往往容易得到政府部门的优惠政策扶持、金融机构的贷款优惠、上下游企业的支持和合作、社区居民的友好态度等。

## 第三节 酒店业的共享经济

### 一、共享经济的概念

共享经济从狭义来讲,是指以获得一定报酬为主要目的,基于陌生人且存在物品使用权暂时转移的一种商业模式。共享经济的本质即为:整合线下的闲散物品或服务者,让他们以较低的价格提供产品或服务。这其中主要存在三大主体:商品或服务的需求方、供给方和共享经济平台。

对需求方而言,不直接拥有物品的所有权,而是通过租、借等共享的方式使用物品;对于供给方来说,通过在特定时间内让渡物品的使用权或提供服务,来获得一定的金钱回报;共享经济平台一般是第三方创建的、以信息技术为基础的市场平台。这个第三方可以是商业机构、组织或者政府。共享经济平台作为连接供需双方的纽带,通过移动 LBS(Location Based Service 基于位置的服务)应用、动态算法与定价、双方互评体系等一系列机制的建立,使得供给与需求方通过共享经济平台进行交易。

共享经济是伴随着物联网、云计算、大数据、移动互联网等各类信息技术而兴起的新经济形态,符合"创新、协调、绿色、开放、共享"的五大发展理念,共享经济作为一种高效合理的资源配置模式,有利于促进社会经济和社会的协调发展,共享经济已经成为国家发展战略。中共十三五规划纲要中,首次出现"共享经济"概念,中国政府在战略层面积极推动共享经济的发展。

## 二、共享经济在中国的发展节点

（一）1993年，互联网开始商业化应用。互联网与生俱来的开放协作特质，推动了一个乐于创造和共享时代的到来。最早出现的共享平台主要是文件、音乐之类的内容平台，20世纪90年代后期开始出现一些实体物品的共享平台，如Zipcar汽车共享平台。2000年后，我国出现了一批基于互动式问答的知识分享网站和一些众包平台，如K68、威客中国等。这一时期，共享经济的发展仍处于萌芽阶段。

（二）2008年，全球金融危机爆发，推动共享经济走上了高速发展的快车道。金融危机之所以促进了共享经济的加速发展，① 刺激了需求的爆发。突如其来的金融海啸让无数人失去了赖以养家糊口的工作，面对大幅降低的收入和严重缩水的资产，人们不得不放弃以往优越甚至有些铺张浪费的生活习惯，开始过起精打细算的朴素生活。② 刺激了技术的快速应用。大数据、云计算、物联网、移动互联网、人工智能、数字地图、在线支付、现代物流等新一代信息技术及其创新应用层出不穷。这些技术和创新应用为共享经济提供了强大推动力和重要支撑。③ 刺激了积极政策的出台。为走出金融危机阴影，各国都在寻求突破，对新业态、新模式寄予厚望，使得共享经济有了一个较好的政策环境和舆论氛围。世界上发展较早、成长较快的共享平台大多都是这一时间段开始创立的，比如优步、爱彼迎等。伴随着国外共享经济的快速发展，国内众多领域的共享型企业也开始大量涌现。

（三）2013年，资本开始大量涌入，推动了共享经济的迅速崛起。根据Crowd Companies的统计，2010—2013年，全球流向共享经济的投资额累计约43亿美元，而2014年和2015年两年的投资额则高达约85亿美元和约142.06亿美元，两年内增长了5倍多。2016—2017年，互联网行业投融资相对趋冷，但共享经济企业的融资规模继续保持大幅扩张。国家信息中心研究报告显示，2016年和2017年中国共享经济领域融资规模分别为1710亿元和2160亿元，增速远超过互联网整体投资水平。

（四）2018年，一系列监管措施出台。由于网约车、共享单车、共享金融和网络内容共享等共享经济主要领域问题集中爆发，甚至出现了一些影响重大的恶性事件出现，加之公众和舆论对共享经济规范发展的诉求更加强烈，针对实践中出现的问题，相关部门进一步完善政策法规，加大政策落地与执行力度。在强监管态势下，平台运营合规化取得积极进展,平台安全保障水平进一步提升,资本市场投资趋于理性。这种背景下,市场竞争的重点开始出现显著变化。在经济下行压力加大以及"去杠杆、减负债、防风险"的新形势下,从政府到市场投资机构,都更加注重效率、收益和风险控制。

### 三、共享经济的基本特征

#### (一)技术特征:基于互联网的智能化供需匹配

共享经济的本质是通过互联网整合线上线下资源,离开互联网,现代意义上的规模化共享经济将成为无源之水,无本之木。在共享经济实践中,网络平台发挥着不可或缺的作用:一是资源整合。共享经济平台上聚集了大量客源及货源,供给方与需求方只需在平台上注册即可以最低成本获得对方信息,大大节省了寻找客户或供应方的时间和搜索成本。二是交易匹配。在运营过程中,平台利用大数据技术、位置服务、在线支付等技术手段迅速准确地实现供需双方的匹配和交易的实现。三是规则制定。平台需要制定整个分享过程中的交易规则,如时间约定、定价、交易双方的权责、反馈与评价机制、惩戒措施等。四是安全保障。共享经济大规模爆发的直接结果是我们需要面对各式各样的陌生人,并与之展开广泛的交易,因此确保安全也成了平台非常重要的作用。

#### (二)主体特征:大众参与

数量巨大的供方和需方的共同参与是共享经济得以发展的前提条件。在开放性的互联网平台上,普通个体只要拥有一定的资源和一技之长,就可以很方便地参与到共享经济中来。共享经济的参与者可以是任何的个人、社团、企业、联盟、政府等,参与者们为系统运转贡献着自己的力量,并从中获益。参与者身份也不是单一和一成不变的,而可能在多重身份之间频繁地转换,时而是产品和服务的供给者,时而是消费者。这一特点使参与者个体的潜能与价值都得到最大限度发挥。

#### (三)客体特征:海量分散化社会资源的快速流动

现实世界的资源是有限的、稀缺的,但闲置与浪费现象也普遍存在。在很多国家,过度消费带来的个人资源过剩的例子比比皆是。共享经济就是要将这些海量、分散的各类资源通过网络整合、流动起来,让其使用价值最大化,满足日益增长的多样化需求,实现"稀缺中的富足"。

#### (四)行为特征:使用权分享

传统的经济活动,大都涉及产品和服务所有权在交易双方之间的转移,而且这种所有权是排他性的。但在共享经济活动中,所有权与使用权的分离,交易过程中,双方经常采用以租代买、以租代售等方式让渡产品或服务的全部或部分使用权。平台上闲置房间的租用、网络上音乐的无限复制等,表面上看人们是在分享房间、车等实体产品或虚拟服务,实质却是在分割购买和租赁,是使用权的暂时性转移。

（五）效果特征：用户体验第一

共享经济能大幅增进个性化体验。以传统酒店为例,其提供的是高度标准化的酒店产品与服务;共享民宿则能提供个性化的住宿体验,并提升用户体验。共享经济还极大地提升了消费者的参与感。平台所提供的用户评价功能,使得用户不仅可以参与评价,而且其评价通常能够得到及时反馈,并对其他消费者的选择产生直接影响,这将推动平台与服务提供方注重提升用户体验,不断完善服务。

## 四、共享住宿与传统酒店的对比

（一）商品种类

传统酒店产品单一,仅仅能提供经济房、标准房、豪华套房等,其产品尊崇标准化和品质的始终如一;在线短租品类丰富,提供的房屋类型多种多样,囊括度假公寓、别墅、小木屋、城堡、房车、圆顶小屋、灯塔、蒙古包、洞穴、树屋、游艇、飞机和岛屿等。

（二）交易成本

租赁地产、管理和推广酒店品牌以及工作人员的雇佣成本为传统酒店的主要成本,相较之下共享住宿的成本仅仅为人力成本和研发运营平台成本。

（三）扩张模式

传统酒店因为性质都是重资产扩张,输出的是土地、人员、品牌和管理,其中土地占用所需的巨额成本无疑给扩张造成不小的阻碍。与此相对的在线短租企业的扩张无疑是轻资产,它们可以完全专注于管理输出,提高用户体验。

（四）社交属性

传统酒店社交属性较弱,住一晚酒店所需要的交流不会多于在超市的一次购物。在线短租的社交功能要远超过传统酒店,结合社交网站整合租客住宿后留下的评价,借助过亿人数的社交力量和多种认证、增值服务,降低服务的不确定性,同时可帮助用户快速找到附近住宿地点,极大地降低平台认证所需的成本。

## 五、共享经济下的酒店共享

正在兴起的共享经济呈现出百花齐放、百家争鸣之势。由于共享的方式、内容不同,共享经济表现为不同的共享模式。酒店业的共享可以由共享资源、共享管理、共享员工三个模式出发。

### (一)共享资源

酒店业的共享资源主要体现在大量的闲置房屋。共享住宿优秀企业如 Airbnb、途家、木鸟民宿、小猪短租等,其存在的基础就是市场上大量房东闲置的房屋,因其闲置房屋本身具有房屋资源差异性、投资成本低的特点,能够高效地转化成为市场上可产生经济效益的住宿单位。

### (二)共享管理

共享住宿的所有者往往不具备专业的住宿接待管理能力和经验,在住宿接待的运营管理方面往往难以胜任。非专业的共享住宿管理会带来诸如房屋设备资源损耗严重、顾客满意度低、难以形成良好的市场口碑进而影响经济效益的结果。但民宿因其房屋数量有限,接待规模小的原因聘请专业的管理人员客观上会提高运营成本。共享管理则可以解决这一问题。房东可以借助信息化平台由远程的专业民宿运营管理公司代为解决房屋预定、客账管理、线上采购、财务管理等后台业务。通过共享管理实现管理的专业化、信息化和成本效益最优。

### (三)共享员工

人力成本往往在民宿运营中占有较高比重。民宿因规模小、淡旺季明显的特点易造成人力资源的闲置。与雇佣全职员工相比,共享员工这一方式则能够更好地解决小型住宿企业的用人难、成本高的问题。例如,位置临近的若干家民宿可以通过共享一个前台人员来完成接待入住工作;共享客房清洁人员来进行民宿的日常清洁和整理。

## 第四节 酒店大数据应用

随着云计算的诞生,各行各业都迎来了大数据时代。"大数据"这一互联网领域的主流词汇,也开始触动着各个行业的神经,酒店行业亦是如此。合理而恰当地利用大数据,对酒店服务、酒店管理都有重大的意义。酒店作为一个公共场所,每天迎接着不同宾客在此停留,并且有数量不少的服务人员,对收集大数据有天然优势。

## 一、大数据的概念

大数据(Big Data),指无法在一定时间范围内用常规软件工具进行捕捉、管理和处理的数据集合,是需要新处理模式才能处理的具有更强的决策力、洞察发现力和流程优化能力的海量、高增长率和多样化的信息资产。

## 二、大数据的特征

"大"是大数据的一个重要特征,但远远不是全部。大数据还具有以下"4V"特征:

(一)数据规模大(Volume)。大数据通常指100TB(1TB=1024GB)规模以上的数据量,数据量大是大数据的基本属性。根据国际数据资讯(IDC)公司监测,全球数据量大约每两年就翻一番,预计到2020年,全球将拥有35ZB(1ZBD大约为10亿G)的数据,并且85%以上的数据以非结构化或半结构化的形式存在。

(二)数据种类繁多(Variety)。数据种类繁多、复杂多变是大数据的重要特性。随着传感器种类的增多及智能设备、社交网络等的流行,数据种类也变得更加复杂,包括结构化数据、半结构化数据和非结构化数据。其中,10%是结构化数据,存储在数据库中;90%是非结构化数据,与人类信息密切相关。

(三)数据处理速度快(Velocity)。新时代人们从信息的被动接受者变成了主动创造者。数据从生成到消耗,时间窗口非常小,可用于生成决策的时间非常短。

(四)数据价值密度低(Value)。数据呈指数增长的同时,隐藏在海量数据的有用信息却没有相应比例增长。恰恰相反,挖掘大数据的价值类似沙里淘金,从海量数据中挖掘稀疏珍贵的信息。

## 三、酒店大数据分类

在酒店行业,对用户行为进行大数据分析,并以此为依据开展酒店运营及定价策略管理早已拉开序幕。对于酒店行业来说,一位顾客从预订行为产生,再到入住行为完成,这一系列的动作中,大约会产生以下三类数据:

(一)住前数据

住前数据即入住行为发生前产生的数据包括顾客在网页及APP中的搜索、浏览、预订、相关产品选择等。这类数据,能够非常客观地反映出用户的真实需求与偏好。

此外,顾客付款又取消后的流向、对点评的关注程度等,都是对酒店管理者来说极具参考价值的数据。然而,住前数据中的大部分高价值内容都被OTA牢牢掌握,目前国内酒店想要大规模地获取还存在一定的难度。

### (二) 住中数据

住中数据即入住过程中形成的数据,包括房价、RevPAR、入住人数,以及对酒店哪类增值服务的需求最多、餐厅的哪些食品最受欢迎、入住和离店的时间分布、投诉事件发生的原因等。这部分数据能够一定程度上反映出酒店的整体经营状况,也是国内酒店目前掌握得最多使用最广泛的数据。一般来说,住中数据的大部分内容,酒店能够在PMS系统中获取。另外一些部分,则必须借助大数据分析工具的帮助。

### (三) 住后数据

住后数据即客人离店之后的反馈数据,如对酒店的整体评价、对某一特定区域或服务的评价,甚至离店之后的流向(是否有转向其他酒店消费)、希望今后享受到怎样的产品和服务等。这部分数据可以较真实地反映出酒店产品及服务在顾客眼中的价值。同时,这些数据也是酒店进行质量管理、新产品开发、市场营销和竞争策略调整的最重要依据。

然而,住后数据的获取本身就存在一定难度(可能需要有针对性地回访、开发调查问卷等),加之国内酒店对这一部分数据的认识和使用也较晚,因此,针对住后数据的持续开发、使用,很可能会成为今后酒店管理者的重点关注方向。

## 四、酒店大数据的作用

随着行业生态不断饱满,各类细分品牌涌现,市场竞争日益激烈。与此同时,消费者的需求升级,使其对服务品质、品牌文化、产品个性有了更高的要求。如何更好地探测核心客户群需求,为其提供恰当的产品与服务,决定了品牌能否在下一个竞争阶段中脱颖而出。

大数据能够从以下两个方面为酒店做出帮助。

(一) 更精准、客观、全面地分析消费者行为,从而促使酒店调整策略,展开针对性更强的精准营销。精准营销可以一定程度上提升酒店顾客关系管理的有效性,增强顾客黏性。这会助力酒店实现品牌价值提升,甚至间接提升入住率,改善收益。

（二）帮助酒店了解到更加详细的市场环境信息和竞争对手信息。如消费群体行为偏好、市场容量、财务指标、市场动机、发展策略、顾客来源等。在这些信息的辅助下，酒店更有针对性地展开动态预测、制定竞争策略就成为可能。

### 五、酒店大数据的应用环节

大数据的核心在于可以帮助客户挖掘数据中蕴藏的价值，而不是简单的数据计算。酒店可从前期市场定位、营销管理、收益管理和客评管理这几个管理环节入手，通过大数据的应用来推进工作，最终构建正确的产品、赢得更多的忠诚客户，提高市场竞争力，实现收益最大化。

#### （一）前期市场定位

建造一座酒店，首先要进行项目评估和可行性分析，只有通过项目评估和可行性分析才能最终决定是否适合建造一家酒店。如何建造一家酒店，那么应该考虑以下问题：

1. 酒店的文化主题是什么？
2. 酒店的规模和档次如何？
3. 设计什么样的产品？
4. 酒店的客源群体是什么？
5. 酒店的价位是多少？
6. 未来市场的供需情况等。

以上这些内容都需要在酒店建造之前来确定，也就是我们常说的前期市场定位。建造一家酒店不仅需要投入大量的资金，而且建设期一般需要 3—5 年或者更长时间，建造成本很高；一旦酒店建好投入运营，再想改变其市场定位就非常困难，可以说前期市场定位是一项不容有任何偏差的工作，否则，将会给投资商带来不可估量的后期损失。由此看出，前期市场定位对建造酒店非常重要，只有定位准确乃至精确，才能使建造出的酒店与未来市场环境相适应，构建出能满足市场需求的酒店产品，使酒店在竞争中立于不败之地。然而，要想做到这一点，就必须有足够的相关数据和市场信息来供酒店研究人员分析和判断，仅凭工作经验是远远不够的。

通常，在酒店前期市场定位中，相关数据的收集主要来自统计年鉴、行业管理部门数据、相关行业报告、行业专家意见及属地市场调查等，这些数据多存在样本量不足、时间滞后和准确度低等缺陷。酒店研究人员能够获得的信息量非常有限,使准确的市场定位存在着数据瓶颈。随着大数据时代的来临,借助云计算和数据挖掘技术不仅能给研究人员提供足够的样本量和数据信息,还能够通过建立数学模型借助历史数据对未来市场进行预测,为研究人员数据收集、统计和分析提供更加广阔的空间。

### (二) 营销管理

在酒店市场营销工作中,无论是产品、渠道、价格还是顾客,可以说每一项工作都与市场数据息息相关,而图 11-2 所示的两个方面又是酒店市场营销工作中的重中之重。

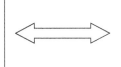

图 11-2 酒店市场营销工作的重中之重

**1. 市场信息收集**

在传统的市场竞争模式中,由于酒店获取数据资源的途径有限,只能够依靠有限的调查数据对个体竞争者进行比较分析,无法全面掌握市场动态和供需情况,特别是竞争态势,更难以确定酒店在竞争市场中所处的地位,给酒店制定正确的竞争策略带来困难。随着酒店营销管理理念的不断更新,原有传统营销模式已面临着严峻的挑战,对管理者准确掌握市场信息、精确了解竞争对手动态、制定合适的价格策略提出了更高的要求。市场竞争的分析也由原来简单的客房出租率、平均房价、RevPAR 分析转化为对竞争群的数据分析。

通过对这些市场标杆数据的分析,可以使酒店管理者充分掌握市场供求关系变化的信息,了解酒店潜在的市场需求,准确获得竞争者的商情,最终确定酒店在竞争市场中的地位,从而对酒店制定准确的营销策略,打造差异化产品,制定合适的价格起到关键的作用。而大数据的应用,正是需要酒店获取这些市场数据,并通过统计与分析技术来为酒店提供帮助。

**2. 顾客信息收集**

在对顾客的消费行为和价值趋向分析方面,如果酒店平时善于积累、收集和整理顾客在酒店消费行为方面的信息数据,例如:顾客在酒店的消费、订房渠道、偏好的房型、停留的平均天数、来酒店属地的目的、喜欢的菜肴等,由此便可通过统计和分析来掌握顾客消费行为和兴趣偏好。

## 【案例】11.1

### 四季酒店巧用社交平台

四季酒店曾举办过的 Maxine 畅游曼哈顿竞猜活动,同时启用了包括 Pinterest、Twitter、Instagram 和 Vine 在内的多个社交平台,通过对上述平台用户数据的挖掘对比(如用户习惯分享的内容是否与家庭出行有关、是否迫切地渴望家庭出游等),最终精准地定位到了目标客户群(有家庭周末旅行需求的)。而活动取得的效果也十分显著:酒店在周末的收入同比增长 6%,Facebook 粉丝增长 10%,Twitter 粉丝增长 19%。

### (三)收益管理

收益管理作为实现酒店收益最大化的一门理论学科,近年来已受到业界的普遍关注并加以推广运用,收益管理的含义是把合适的产品或服务,在合适的时间,以合适的价格,通过合适的销售渠道,出售给合适的顾客,最终实现酒店收益最大化目标。要做到以上五个要素的有效组合,则需要把握以下三个重要环节:

#### 1. 需求预测

需求预测是通过数据的统计与分析,采取科学的预测方法,通过建立数学模型,使酒店管理者掌握和了解潜在的市场需求,未来一段时间每个细分市场的订房量和酒店的价格走势等,从而使酒店能够通过价格的杠杆来调节市场的供需平衡,并针对不同的细分市场来实行动态定价和差别定价。例如,在市场需求旺盛的时期通过提高价格来赢得更大的收益;在市场疲软的时期通过推出促销价和折扣价等方式来招揽客源。

通过以上措施的实行,以此来保证酒店在不同市场周期中的收益最大化。需求预测的好处在于可提高酒店管理者对市场判断的前瞻性,并在不同的市场波动周期以合适的产品和价格投放市场,获得潜在的收益。

## 【案例】11.2

### 巧用大数据,提升综合收益

以美团点评为例,该平台在一站式服务满足用户多种需求的同时,给酒店收益的提升带来了机会。数据显示,32%的用户在入住酒店的时候有美食需求,17%的用户有休闲娱乐需求。发现这些需求后,平台通过提供"住宿+餐饮"的打包服务,使流量提升了将近17%,酒店的增量收益也提升了接近20%,效果非常明显。

**2. 细分市场**

细分市场为酒店准确预测订房量和实行差别定价提供了条件。差别定价是通过对同一种酒店产品(如同类型的客房、餐饮和康体项目等)按不同的细分市场制定不同价格的行为和方法。其特点是对有高支付意愿的顾客收取高价,对有低支付意愿的顾客收取低价,从而把产品留给最有价值的顾客。其科学性体现在通过市场需求预测来制定和更新价格,使各个细分市场的收益最大化。

**3. 敏感度分析**

敏感度分析是通过需求价格弹性分析技术,对不同细分市场的价格进行优化,最大限度地挖掘市场潜在的收入。酒店管理者可通过价格优化方法找到酒店不同市场周期每个细分市场的最佳可售房价,并通过预订控制手段为最有价值的顾客预留或保留客房,较好地解决了房间因过早被折扣顾客预订而酒店遭受损失的难题。

大数据时代的来临,为酒店收益管理工作的开展提供了更加广阔的空间。需求预测、细分市场和敏感度分析对数据需求量很大,以往多根据采集的酒店自身的历史数据来进行预测和分析,容易忽视外界市场信息数据,难免使预测的结果存在一定的离差。酒店在实施收益管理过程中如果能在酒店自有数据的基础上,借助更多的市场数据,了解更多的市场信息,同时引入竞争分析,将会对制定准确的收益策略,赢得更高的收益起到推进作用。

**(四)客评管理**

网络评论,最早源自互联网论坛,是供网友闲暇之余相互交流的网络社交平台。过去,顾客住店后对酒店在互联网上的评价并没有引起酒店管理者的足够重视,针对顾客反映的问题,多数酒店没有做到及时回复甚至是根本不回复,日常管理中是否及时解决了客评中反映的问题就更不得而知了。这不仅拉大了与顾客之间的距离,而且顾客与酒店之间的信息显得更加不对称,失去了酒店与顾客情感互动和交流的机会。

随着互联网和电子商务的发展,如今的酒店客评已不再是过去简单意义上评论,已发生了质的转变,由过去顾客对酒店服务简单表扬与批评演变为多内容、多渠道和多维度的客观真实评价,顾客的评价内容也更趋于专业化和理性化,发布的渠道也更加广泛。因此,如今的客评不仅受到酒店管理者的重视,更是受到消费者的高度关注。

有市场调查显示,超过70%的客人在订房前都会浏览该酒店的客评,成为主导顾客是否预订这家酒店的主要动机因素之一。从某种角度看,客评在互联网走进人们生活的今天已成为衡量酒店品牌价值、服务质量和产品价值的重要因素。多维度地对客评数据进行收集、统计和分析将会有助于酒店深入了解顾客的消费行为、价值趋向和酒店产品质量存在的不足,对改进和创新产品、量化产品价值,制定合理的价格及提高服务质量都将起到推进作用。要做到这一点,就需要酒店平时善于收集、积累和统计客评方面的大量数据,多维度地进行比较分析,从中发现有价值的信息,将会更有益于推进酒店的营销和质量管理工作,从中获取更大的收益。

**本章小结**

1. 酒店集团是当今酒店业发展的主要趋势,发达国家酒店集团化率是我国酒店集团化率的三倍左右,中国酒店集团化率仍有很长一段时间的路要走。

2. 酒店集团有直接经营、委托管理、租赁经营、特许经营、联盟经营和第三方管理公司等模式,随着中国酒店管理专业队伍的成长,特许经营和第三方管理公司管理将是未来我国很重要的酒店经营模式。

3. 以品牌为核心的发展道路已成为新时代酒店业发展的一个重要特征,探索适合我国国情和企业实际的品牌建设道路是我国酒店业发展的重要战略。

4. 以Airbnb、途家、小猪短租为代表的共享经济理念在住宿业快速发展,给未来酒店物业管理提出了新的思考和方向。

5. 酒店业离不开数字化浪潮的带动,大数据应用不再仅仅局限于客户关系管理和市场营销业务,也给酒店运营的每一个环节都带来了新的机遇和挑战。

# 第三单元　实践与训练

## 第一部分　课堂讨论

1. 为什么说酒店业的共享经济有广阔的发展前景？
2. 我国酒店品牌发展的现状与问题有哪些？

## 第二部分　课外练习

1. 基本概念

（1）酒店集团

（2）酒店品牌

（3）共享经济

（4）酒店大数据

2. 填空题

（1）酒店集团的在经营管理上具有_____、_____、营销、财务、_____、技术和信息等方面的优势。

（2）共享经济三大主体为_____、_____和_____。

（3）共享酒店可以在_____、_____和_____三方面进行共享。

（4）酒店大数据包括_____、_____和_____。

3. 单选题

（1）酒店品牌的（　　）保护了酒店的产品、服务和特色。

① 价值性

② 专有性

③ 无形性

④ 识别性

（2）酒店集团或酒店管理公司与酒店所有者签订合同，接受业主委托，根据酒店集团的经营管理规范和标准经营管理酒店，从中获取管理酬金。酒店集团的这种经营形式属于( )。

① 租赁经营

② 特许经营

③ 直接经营

④ 合同经营

4. 多选题

(1) 我国酒店集团经营的主要形式有( )和第三方管理等。

① 直接经营

② 合同经营

③ 租赁经营

④ 特许经营

(2) 酒店品牌具有( )的特点。

① 价值性

② 专有性

③ 无形性

④ 识别性

(3) 酒店大数据具有( )的特点。

① 数据规模大

② 种类繁多

③ 处理速度快

④ 价值密度低

5. 简答题

(1) 什么是酒店集团？简述酒店集团的优势。

(2) 简述酒店品牌的作用。

(3) 简述酒店大数据应用的意义。

(4) 共享住宿的本质是什么？

6. 实训题

组织学生走访当地的民宿企业，了解其运营情况并探讨民宿企业如何提高竞争力。

## 第三部分 案例分析

### 传统酒店的挑战者——途家模式

途家包括线上的途家网和线下的途家度假公寓。途家网是一家高品质的中高端度假公寓在线平台,是中国首个依托分散式酒店管理和专业服务标准,结合线下旅游地不动产存量以及呼叫中心服务的新型平台,提供旅游地度假公寓的在线搜索、查询和交易服务;途家度假公寓是提供管家式物业管理和星级酒店式服务的可租赁度假公寓。

#### 一、途家的运营模式

从运营模式来看,途家不只是"中国的 Homeaway"或者"中国的 Airbnb",它所涵盖的服务要更为丰富,是"物业管理+租赁经营+OTA 平台"的组合体。

1. 物业管理:途家采用自营的维斯登品牌提供标准化的公寓式酒店管理服务为业主提供物业管理服务。

2. 租赁经营:途家将签订了租赁合约的公寓通过自营平台途家网,和其他分销渠道比如携程网的途家公寓频道进行销售,途家与业主按约定比例分成,同时业主享有固定天数的全国免费交换入住权。

3. OTA 平台:途家还通过自营的平台销售由第三方管理的酒店式公寓,并按照约定的比例与酒店式公寓管理公司进行分成。

#### 二、途家的房源来源

途家公寓的房源来源于开发商、个人业主、政府以及第三方的酒店式公寓。

1. 开发商与途家签约合作,一次性购买途家的物业管家服务,借助途家的体验营销平台,增加项目人气,盘活库存产品,促进项目的销售,购买房产后小业主可自由选择与途家签订托管经营合约。

2. 个体业主拥有 10 套以上可经营的房屋可与途家签订经营托管合同,销售自住以外的时间,途家与业主签约基本上按经营收入 5∶5 分成,个别地方采用保底的方式。政府签约途家,能够促进当地经济繁荣,提高客房准备量,促进房地产销售,增加就业。

3. 第三方服务式公寓与途家的合作方式有两种,一种是结盟途家,途家收取品牌合作费用,另一种则是将公寓客房放在途家网上销售,途家按预订量收取费用。

### 三、途家的发展历程

途家于2011年12月正式上线,选择了住房空置率最高旅游城市三亚作为试点,获得了第一批房源。随后途家在桂林、成都、南京、苏州四个综合旅游城市进行了战略布点,兼顾了商务和旅游的需求。2012年4月,途家与世茂地产签订全国战略合作协议,开启了与开发商的合作模式,随后签约40多个开发商,大规模地获得上游房源。2012年10月,途家与山东省政府签订战略合作协议,随后与多个省级、县市级政府合作,进一步扩大房源规模和品牌影响力。2014年1月携程网的途家公寓频道正式开通,为途家提供了更多的精准流量导向。除了携程以外,途家还与360旅游频道和其他OTA、旅行社等合作,形成线上线下强大的营销渠网络。

自上线以来途家已经经历了四轮融资并受到资本市场的大力支持,前两轮融资金额达4亿元人民币,第三轮融资1亿美元。2015年6月18日,消息指出途家完成新一轮的融资,融资金额2.5亿美元。途家的投资方包括纪源资本、光速安振、中国创投、启明创投、宽带资本、鼎晖创投、Homeaway、携程。

途家的创新与成功在于,一方面途家区别于传统的线上度假公寓租赁,深度地介入了物业的管理和服务,以及度假公寓的运营和管理,盘活存量房产的同时,为业主带来了额外的收入。另一方面,途家的出现也满足了在中国休闲旅游迅速发展的过程中,旅游者对于高品质的、体验丰富的度假需求。

资料来源:华美顾问集团陈淑欣,传统酒店的挑战者——途家模式简析

思考与分析:途家模式成功的原因有哪些?

# 参考资料

1. 朱承强.现代饭店管理[M].2版.北京:高等教育出版社,2011.
2. 马勇.酒店管理概论[M].重庆:重庆大学出版社,2017.
3. 魏卫.酒店管理概论[M].武汉:华中科技大学出版社,2019.
4. 朱承强,杨瑜.酒店管理概论[M].2版.北京:中国人民大学出版社,2020.
5. 邹益民.现代饭店管理:原理与实务[M].北京:高等教育出版社,2010.
6. 郑向敏.酒店管理[M].2版.北京:清华大学出版社,2010.
7. 韩军.酒店管理概论[M].武汉:华中科技大学出版社,2017.
8. 郭琰.酒店管理[M].北京:旅游教育出版社,2016.
9. 郭琰,孙靳.酒店管理[M].郑州:郑州大学出版社,2010.
10. 陈为新,黄崎,杨荫稚.酒店管理信息系统教程:Opera系统应用[M].北京:中国旅游出版社,2012.
11. 戴斌,束菊萍.经济型饭店:国际经验与中国的实践[M].北京:旅游教育出版社,2007.
12. 祖长生.饭店收益管理[M].北京:中国旅游出版社,2016.
13. 胡质健.收益管理:有效实现饭店收入的最大化[M].北京:旅游教育出版社,2009.
14. 邓逸伦.收益管理[Z].湖南省线上线下一流本科课程.长沙:湖南师范大学,2021.
15. 唐秀丽.现代酒店管理概论[M].2版.重庆:重庆大学出版社,2018.
16. 王大悟,刘耿大.酒店管理180个案例品析[M].北京:中国旅游出版社,2007.
17. 简明,胡玉立.市场预测与管理决策[M].5版.北京:中国人民大学出版社,2014.

18. 缪真健,杨洋.论智慧能源管理系统在酒店节能改造中的应用:以镇江明都大饭店为例[J].镇江高专学报,2021,34(4):31-34.

19. 刘淑芹,汪寿阳.酒店收益管理研究:客房预订与定价决策[M].北京:科学出版社,2013.

20. 李晓莉,李诗洁.酒店收益管理中客房价格策略的分析与应用[J].桂林旅游高等专科学校学报,2005,16(6):99-102.

21. 王坚.收益管理在饭店营销中的应用[J].饭店现代化,2005(2):39-43.

22. 张婷.共享经济催生的短租商业模式创新[D].北京:北京邮电大学,2018.

23. 张议云,李夏炜,冯志东.共享经济:红利分配新模式[M].北京:清华大学出版社,2018.

24. 罗宾·蔡斯.共享经济:重构未来商业新模式[M].杭州:浙江人民出版社,2015.

25. 容莉.互联网＋酒店运营手册:互联网思维创新酒店全新运营升级和管理运作[M].北京:化学工业出版社,2020.

26. 刘伟.酒店管理[M].2版.北京:中国人民大学出版社,2018.

27. 陈雪钧,马勇,李莉.酒店品牌建设与管理[M].重庆:重庆大学出版社,2015.

# 学习笔记

酒店管理